C000193627

Apollonius de Tyane, sa vie, ses voyages, ses prodiges

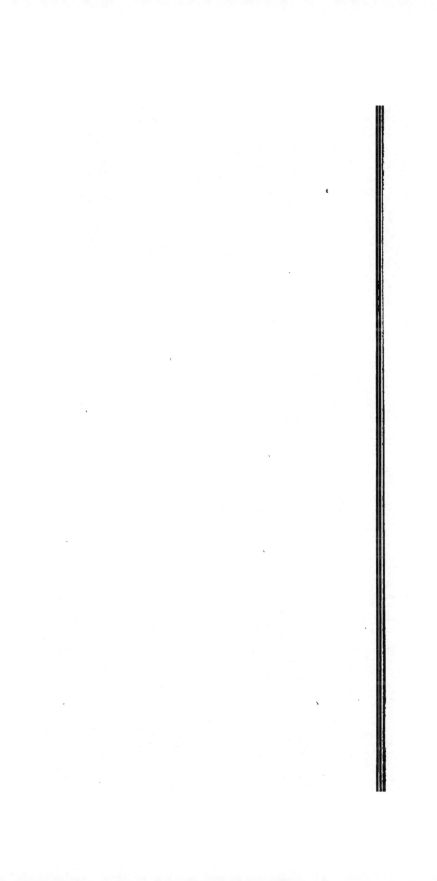

2 600
4 543

LE MERVEILLEUX DANS L'ANTIQUITÉ

APOLLONIUS

DE TYANE

SA VIE, SES VOYAGES, SES PRODIGES

PAR PHILOSTRATE

ET SES LETTRES

OUVRAGES TRADUITS DU GREC

Avec Introduction, Notes et Éclaircissements

82

PAR A. CHASSANG

Maître de Conférences à l'École normale supérieure.

PARIS

LIBRAIRIE ACADÉMIQUE

DIDIER ET Cie, LIBRAIRES-ÉDITEURS

35, QUAI DES AUGUSTINS

LE MERVEILLEUX DANS L'ANTIQUITÉ

APOLLONIUS DE TYANE

SA VIE

SES VOYAGES, SES PRODIGES.

A la même Librairie

HISTOIRE DU ROMAN

DANS

L'ANTIQUITÉ GRECQUE ET LATINE

ET DE SES RAPPORTS AVEC L'HISTOIRE

PAR A. CHASSANG

Ouvrage couronné par l'Institut

Un volume in-8. — Prix : 7 francs.

Paris. — Imprimerie de P.-A. BOURDIER et Cie, 30, rue Mazarine.

LE MERVEILLEUX DANS L'ANTIQUITÉ

APOLLONIUS

DE TYANE

SA VIE, SES VOYAGES, SES PRODIGES

PAR PHILOSTRATE

ET SES LETTRES

OUVRAGES TRADUITS DU GREC

Avec Introduction, Notes et Éclaircissements

PAR A. CHASSANG

Maître de Conférences à l'École normale supérieure.

PARIS

LIBRAIRIE ACADÉMIQUE

DIDIER ET Cⁱᵉ, LIBRAIRES-ÉDITEURS

35, QUAI DES AUGUSTINS

1862

Réserve de tous droits

PA4272
F5A3
1862

𝕴

64251

THE LIBRARY
OF CONGRESS

INTRODUCTION.

A LA VIE D'APOLLONIUS DE TYANE

COUP D'ŒIL SUR L'HISTOIRE DU LIVRE DE PHILOSTRATE ET DE LA REPUTATION DE SON HÉROS

Le nom d'Apollonius de Tyane a eu un grand retentisse-
ment Apollonius a été, de son vivant même, non-seulement
honoré comme un sage, mais redouté par les uns comme
un magicien, adore par les autres comme un dieu, ou tout
au moins vénéré comme un être surnaturel. Dans la primi-
tive Église sa renommée, à un certain instant, parut un
danger Au xviii° siècle , la polémique antichrétienne a
cru trouver dans la vie de ce personnage une occasion d'attaques detournées. Aujourd'hui le dieu s'est evanoui, le philosophe a perdu sa portée, il ne reste d'Apollonius de Tyane
que le thaumaturge. Après avoir eté présente comme un
continuateur de Pythagore et un rival de Jésus-Christ, il
n'est plus considéré que comme un precurseur de Swedenborg.

La vie d'Apollonius de Tyane nous a paru de nature à
intéresser une époque où les spéculations de la nature de
celles de Swedenborg, après un long discrédit, trouvent
chaque jour de nombreux et ardents adeptes. Nous n'a-
vons pas l'intention de nous mêler aux débats suscités
par les questions de ce genre. Nous voulons seulement

montrer, dans un exemple illustre, les lointaines origines de
croyances qui font tant de bruit autour de nous, et qui sont
moins nouvelles qu'elles ne le paraissent. Il nous a semblé
qu'il n'était pas sans intérêt, pour l'historien et pour le psy-
chologue, de voir quelle peut être la ténacité de ces opinions,
qui ne s'inquiètent nullement des démentis de la science,
et qui ne s'effacent un instant que pour reparaître bientôt
avec plus d'intensité.

Les hommes de science positive sont portés à oublier une
chose : c'est que le goût du merveilleux, du surnaturel, et
cela indépendamment de ce qui touche à l'Être suprême, est
un des besoins de l'esprit humain. Ce besoin se fait sentir avec
une force irrésistible chez certaines natures, même au milieu
d'une société chrétienne, et parmi les âmes dont la foi est
la plus entière en une religion arrêtée, définie, déterminée;
il en est qui ne trouvent pas dans les dogmes révélés un
aliment suffisant à leur imagination impatiente; il leur faut
s'élancer au delà et pénétrer plus avant dans les mystères
de la tombe. En vain leur curiosité est-elle blâmée comme
indiscrète : l'attrait du merveilleux est le plus fort, et nous
connaissons des chrétiens convaincus qui ne craignent pas
de s'y abandonner. Qu'était-ce donc dans les siècles qui
ont suivi l'apparition du christianisme, alors que toutes les
vieilles croyances étaient ébranlées et que les nouvelles
n'étaient pas encore solidement assises ?

Le rhéteur qui a écrit la *Vie d'Apollonius de Tyane*, Philostrate [1], était un homme curieux de merveilleux. On le

1. Flavius Philostrate naquit à Lemnos, sous le règne de Néron. On
ignore la date précise de sa naissance et de sa mort. Tout ce qu'on sait
de lui, c'est qu'il enseigna la rhétorique à Athènes et à Rome, et se con-
cilia la faveur de l'impératrice Julia Domna, femme de Septime-Sévère,
qui lui demanda d'écrire la *Vie d'Apollonius de Tyane* (V. p. 5 et 427). Il

voit par cet ouvrage, et par un autre, intitulé l'*Héroïque*,
qui est un dialogue sur les génies ou les ombres des héros
de la guerre de Troie. On a voulu en faire un sectaire Parce
que, au IV° siècle, un gouverneur de province, qui était
en même temps un sophiste, Hiéroclès, a prétendu opposer
la *Vie d'Apollonius de Tyane* aux *Évangiles*, et Apollonius
lui-même à Jésus-Christ, parce que, depuis, la polémique du
XVIII° siècle s'est servie des prodiges attribués à Apollonius
de Tyane pour infirmer la foi aux miracles que proclame
l'Église, on a fait remonter jusqu'à Philostrate la responsabilité de ces attaques. Nous avons combattu ailleurs[1] cette
opinion, nous ne rentrerons pas ici dans cette discussion,
mais nous croyons plus que jamais qu'on a fait trop d'honneur à Philostrate de lui attribuer une intention de polémique religieuse Pour nous, ce n'est qu'un rhéteur à
courte vue, et, en écrivant ce livre, il n'a songé qu'à faire
œuvre de style, tout au plus à satisfaire une princesse et
une époque préoccupées de merveilleux. Ne demandez pas
à Philostrate ce qu'est pour lui Apollonius, il n'en sait rien.
On peut citer des passages tout à fait contradictoires : il fait
entendre, ici qu'Apollonius est un dieu, là, qu'il est un

nous reste de lui plusieurs ouvrages fort utiles pour l'histoire des opinions, de la littérature et de l'art au II° siecle de l'ère chretienne :
1° la *Vie d'Apollonius de Tyane* ; 2° l'*Héroïque* ; 3° les *Vies des sophistes*,
4° les *Tableaux* (description d'une galerie de tableaux, peut-être imaginaire), 5° des *Lettres* Le goût de ce rhéteur n'est pas très-pur, mais il a
de l'imagination, de la vivacité, de l'agrément, et sa langue n'est pas indigne d'un contemporain de Lucien. Sur les œuvres de Philostrate et
celles de son neveu, Philostrate le Jeune, voyez deux excellents articles
de M. Miller, *Journal des savants*, octobre et decembre 1849.

1. **Nous** demandons la permission de renvoyer à notre *Histoire du
roman dans l'antiquité* (p. 213 à 230), plutôt que de répéter ici ce que
nous avons dit de la *Vie d'Apollonius de Tyane*. Nous donnons du reste
plus bas (p. XII, n° 2) les autorités pour et contre cette opinion.

être surnaturel, un *démon;* ailleurs, qu'il n'est qu'un homme[1].
Pourquoi ces hésitations? Le Panthéon ancien était assez
large pour contenir un dieu de plus, et Philostrate n'avait
assurément rien qui pût lui faire craindre de dire toute sa
pensée. Mais Philostrate n'était pas un homme de doctrine :
qui essayerait, d'après son ouvrage, d'étudier à fond les idées
philosophiques d'Apollonius de Tyane, serait fort désap-
pointé. C'était un esprit avide de récits extraordinaires et de
beau langage. Il n'a vu dans la biographie d'Apollonius de
Tyane qu'une matière à développements littéraires et à nar-
rations merveilleuses.

La véritable clef de cet ouvrage, c'est l'*Héroïque* du
même Philostrate. Il y a plus d'un point par où ces deux
ouvrages se rapprochent et se touchent. Dans l'un comme
dans l'autre, on trouve les mêmes préoccupations littéraires,
le même goût pour le merveilleux, et jusqu'au remaniement
des mêmes récits, sur l'ombre d'Achille, par exemple, et sur
le héros Palamède [2]. L'un et l'autre doivent être classés
parmi les ouvrages romanesques que nous a laissés l'antiquité. La *Vie d'Apollonius de Tyane* paraît à l'auteur d'une
traduction inédite de cet ouvrage[3] une production du même
genre que les romans français de *Huon de Bordeaux*, de
Perseforest, de *Lancelot du Lac*, d'*Amadis des Gaules*.
G. Naudé n'ajoute pas plus de foi à ces récits qu'à ceux
dont le paladin Roland est le héros [4]. M. l'abbé Freppel

1. Voyez les *Éclaircissements historiques et critiques*, p. 478.
2. Voyez p. 147-155 ; et p. 464.
3. Th. Sibilet, qui a composé cette traduction vers 1560. Elle a été
conservée manuscrite à la Bibliothèque impériale. Voyez Miller, *Journal
des savants*, 1849, p. 625.
4. *Apologie pour les grands personnages accusés de magie*, 1553,
p. 296. Telle est aussi l'opinion de l'abbé Du Pin, l'*Hist. d'Apollonius*

entre encore plus avant dans cette vue, et, après avoir reconnu que cette singulière composition ne manque pas de
mérite au point de vue littéraire [1], il établit une sorte de
comparaison en règle entre cet ouvrage et celui de Cer-
vantes; il voit dans Apollonius comme « un Don Quichotte
« de la philosophie, qui s'en va chevauchant par le monde,
« en quête de luttes et d'aventures », et qui, dans le personnage de Damis, a son Sancho-Pança

Ce n'est pas a dire que tout soit faux dans l'ouvrage de
Philostrate. A coup sûr, le vrai est difficile a y démêler au
milieu des embellissements dont la légende populaire et l'i-
magination de Philostrate ont entouré Apollonius de Tyane;
mais les principaux traits de cette figure subsistent C'est
pour nous le type le plus original de ces philosophes
voyageurs comme il y en avait alors chez les païens, un
Dion Chrysostome, par exemple, mais un Dion Chrysostome
double de Plotin ou de Porphyre, c'est à dire plus ou moins
adonné aux sciences occultes [2].

Quelque opinion que l'on se fasse de l'ouvrage de Philostrate (et nous ne serions pas étonné que les récits du rhéteur de Lemnos ne trouvassent aujourd'hui des esprits disposés a les défendre contre le scepticisme de la critique),
c'est pour nous la seule source ou il soit possible de puiser
des renseignements sur la vie du célèbre thaumaturge.

convaincue de fausseté, ch 2. C'est celle que nous avons exposée dans
l'_Histoire du roman dans l'antiquité_, p. 213 et suiv.

1. _Cours d'éloquence sacrée_, les _Apologistes chrétiens_, 2e série, p. 94
et suiv.

2. Le cabinet des antiques de la Bibliothèque impériale possède un
contorniate d'une haute antiquité, sur lequel est représenté le buste d'A-
pollonius de Tyane. Les traits sont nobles, la tête porte une couronne,
et le corps est revêtu de la tunique et du pallium. Voyez la gravure de
ce contorniate dans l'_Iconographie grecque_ de Visconti (planche xvii).

C'est à tort que, à la fin du dernier siècle, Legrand d'Aussy a entrepris de donner une histoire critique d'Apollonius de Tyane : il n'est pas arrivé à constituer une biographie authentique du personnage qui n'est pour lui qu'un « philosophe philanthrope[1] », et il a supprimé ce qui fait le principal caractère de cette physionomie, le merveilleux. Pour qui veut se faire une idée de ce personnage, c'est toujours à Philostrate qu'il faut revenir : aussi nous sommes-nous contenté de donner une traduction de son livre, en l'accompagnant d'un résumé des diverses opinions émises sur les points les plus controversables. Nous nous bornons au rôle de rapporteur, laissant chacun libre de prononcer.

Ces *Éclaircissements historiques et critiques* portent sur des points de détail. Avant d'y renvoyer le lecteur, il nous a semblé indispensable de présenter ici, dans un rapide aperçu, l'histoire du livre de Philostrate et de la réputation de son héros, depuis l'époque de l'un et de l'autre jusqu'à nos jours. On verra mieux ainsi et l'importance du rôle qu'a joué dans l'histoire des idées le livre de Philostrate, et la divergence des opinions qui se sont produites à l'égard d'Apollonius de Tyane.

Tout porte à croire, comme le dit Philostrate, que de son vivant même, et surtout après sa mort, qu'il eut soin de cacher[2], Apollonius de Tyane était considéré, par un certain nombre de païens, comme un être divin. Eunape dit[3] qu'il tenait le milieu entre les dieux et les hommes, et définit sa vie *le voyage d'un dieu sur la terre.* L'historien Vopiscus nous apprend qu'il se propose d'écrire la vie de ce sage,

1. Voyez *Vie d'Apollonius de Tyane*, t. I, p. 173.
2. Voyez la *Vie d'Apollonius*, p. 391.
3. *Vie des sophistes*, p. 3. Éd. Boissonade.

qui est pour lui plus qu'un homme, et dont il raconte une
sorte de prodige posthume [1]. Dion Cassius insère dans son
Histoire romaine [2] un des faits les plus merveilleux qui
soient racontés d'Apollonius Ammien Marcellin [3] le met,
avec Pythagore, Socrate , Numa Pompilius et Plotin, au
nombre des hommes privilégiés qui vécurent assistés d'un
génie familier. Caracalla lui consacre un *heroum* [4], Alexandre-
Sévère place son image dans son *lararium*, a côté de celle
de Jésus-Christ, d'Abraham et d'Orphée [5], plusieurs villes
lui élèvent des autels [6], et Aurélien fait vœu de lui construire un temple [7].

Déjà cependant, et Philostrate. nous le dit en maint endroit, il ne manquait pas de gens qui, parmi les païens
mêmes, ne voyaient en Apollonius qu'un magicien une
grande partie de la *Vie d'Apollonius de Tyane* est consacrée a détruire cette opinion, qui avait fait mettre Apollonius en jugement sous Domitien, et que ne put détruire
l'apologie de Philostrate. Apulée, accusé de magie et re-
poussant cette accusation, se défend d'être un Apollonius
de Tyane [8]. Lucien, qui ne croyait guère à la magie, parle
d'Apollonius comme d'un fourbe qui s'est attaché, ainsi que
les autres prétendus magiciens, à se jouer de la crédulité
humaine [9]

1. Voyez lès *Éclaircissements historiques et critiques*, p. 480
2. *Ibid.* p. 477.
3. Livre XXI, ch. 14.
4. Voyez Dion Cassius, LXXVII, 18.
5 Voyez Lampride, *Vie d'Alexandre-Sévère*, ch. 29, 31.
6. Voyez la *Vie d'Apollonius*, p. 6.
7. Voyez Vopiscus, *Vie d'Aurélien*, ch. 24, cité dans les *Éclaircissements*, p. 480.
8 *Apologie*, trad. Bétolaud, 2e vol., p. 510, in-12.
9. *Alexandre ou le Faux Devin*, § 5.

Mais les sceptiques absolus comme Lucien étaient rares. En général on croyait aux prodiges d'Apollonius de Tyane: seulement les uns les attribuaient à une vertu divine, les autres à la magie. Aussi lorsque, dans les premières années du ive siècle, Hiéroclès entreprit, dans son *Philalèthe*, de soutenir la première de ces opinions, Eusèbe n'hésita pas à se prononcer pour la seconde, dans le discours où il réfute Hiéroclès, et qui nous est resté [1]. Eusèbe ne fait pas de difficulté de mettre Apollonius au rang des plus célèbres philosophes; mais il révoque en doute les prodiges qui lui sont attribués, ou déclare qu'ils ne peuvent venir que de la magie. C'est à la magie que les avaient également rapportés Lactance [2] et Arnobe [3]. L'auteur des *Questions et Réponses à l'adresse des orthodoxes*, ouvrage attribué à saint Justin, se place à un point de vue un peu différent de celui d'Eusèbe, et son point de vue est celui où se tiendront plus tard presque tous les docteurs chrétiens: il ne nie pas la réalité de ces prodiges, mais il y voit le résultat, en partie des connaissances d'Apollonius dans les sciences naturelles, en partie de l'intervention du démon [4].

A partir du moment où Hiéroclès, « seul entre tous les écrivains qui avaient attaqué la foi chrétienne [5], » se fut avisé d'opposer Apollonius de Tyane à Jésus-Christ, il semble que son nom seul dût être odieux à tous les chrétiens. Cependant, même après Eusèbe, nous voyons, au

1. Nous en avons donné plusieurs extraits dans les *Éclaircissements*. Ils suffisent pour avoir une idée de l'ouvrage entier.
2. *Institution divine*, V, 3.
3. *Traité contre les Gentils*, livre I.
4. Voyez la *Question* xxvi.
5. Eusèbe, *Réponse à Hiéroclès*, au début. On voit qu'Eusèbe, mieux au courant que les modernes, ne partage nullement l'opinion qui fait de l'ouvrage de Philostrate une parodie des Évangiles.

vᵉ siècle, Cassiodore[1] et le moine Isidore de Péluse[2] prononcer ce nom avec estime, et l'évêque de Clermont, Sidoine Apollinaire[3], traduire en latin l'ouvrage de Philostrate, qui avait été précédemment abrégé ou remanié par divers auteurs, un Nicomaque et un Tascius Victorianus, cités par Sidoine lui-même, et un certain Soterichus de l'Oasis, contemporain d'Hiéroclès, signalé par Suidas

On ne s'étonnera pas qu'un moine comme Isidore de Péluse, et un rhéteur devenu tardivement évêque, comme Sidoine Apollinaire, aient été peu frappés du danger que présentait, au milieu du christianisme encore mal affermi, la renommée d'un personnage aussi étrange qu'Apollonius de Tyane. Mais les prêtres qui étaient mêlés au mouvement théologique, les Pères de l'Église au ivᵉ siecle, par exemple, sont unanimes pour accuser Philostrate de mensonge ou pour taxer Apollonius de magie[4]. Il y a un endroit de saint Augustin où le saint docteur compare Apollonius de Tyane à Jupiter, et accorde qu'au moins Apollonius était supérieur, pour la continence, au dieu de l'Olympe Ce passage, joint à quelques pages de la *Réponse* d'Eusèbe *à Hiéroclès*, donne à entendre qu'il y avait encore des adorateurs obstinés d'Apollonius de Tyane. Mais le moment n'était pas loin où cette chétive divinité allait être emportée avec les plus robustes.

Il était naturel que le triomphe incontesté du christia-

1. *Chroniques.*
2. *Lettres,* I, p. 398.
3. Voyez, à ce sujet, le recueil de ses lettres, VIII, 3 (à Léon, conseiller du successeur d'Alaric); et Fabricius, *Bibliotheca græca,* t. V, p. 549, 564, Harles.
4. Voyez saint Jean Chrysostome, *Contre les Juifs,* saint Jérôme, *Lettre à Paulin*; *Prologue de sa traduction de la Bible*, saint Augustin, *Lettres* 49, 102, 138 (Tillemont, *Hist. des Empereurs,* t. II, p 134).

nisme fît tomber toutes les colères qu'avait pu susciter le
nom d'Apollonius de Tyane. Les écrivains byzantins parlent
bien quelquefois d'Apollonius comme d'un magicien, mais
sans attacher à ce mot de sens défavorable[1] : encore certains magiciens de profession attribuaient-ils ses prodiges à
la connaissance des causes secrètes, et les trouvaient-ils
indignes d'être comparés aux œuvres de la vraie magie[2].
Cédrénus, Georges Syncelle et Jean Malalas insèrent dans
leurs histoires un abrégé de la vie d'Apollonius, d'après
Philostrate, comme pour rendre hommage à un des saints
du paganisme; Tzetzès, dans ses *Chiliades*[3], répète les
mêmes récits, et en ajoute d'autres qui ne sont pas moins
merveilleux. Photius[4] seul parle avec mépris du livre et du
héros : la *Vie d'Apollonius de Tyane* n'est pour lui qu'un
tissu de fables impertinentes, et il déclare que c'est une
lecture frivole et inutile. Mais en même temps il fait l'éloge
de l'auteur et vante les agréments de sa narration.

Le jugement de Photius est celui de bien des modernes.
Il est même des critiques[5] qui inclinent à croire que la renommée d'Apollonius de Tyane est en grande partie l'œuvre
de Philostrate. Mais, on l'a vu par ce qui précède, c'est

1. Voyez le passage de la *Chronique d'Alexandrie* cité dans les *Éclaircissements*, p. 469.
2. Voyez le passage de Cédrénus cité par Oléarius (*Préface* de son
édition de Philostrate, p. xxxiv) et par Legrand d'Aussy (*Vie d'Apollonius*, t. II, p. 297).
3. Livre I.
4. *Bibliothèque*, ch. 44, p. 29.
5. Voyez L. Vivès (*de la Méthode d'enseignement*, livre V); Joseph
Scaliger (notes à la *Chronique d'Eusèbe*, p. 191); Vossius (*Historiens
grecs*, livre II); G. Naudé (*Apologie pour les grands personnages accusés
de magie*, p. 239, 302); l'abbé Du Pin (*Histoire d'Apollonius de Tyane
convaincue de fausseté*, ch. 1 et 2).

exagérer l'importance de ce rhéteur que de croire que, sans
lui, Apollonius eût été ignoré Assurément ce n'est pas
l'ouvrage de Philostrate qui a valu à son heros les honneurs
divins Il a pu perpétuer jusqu'a nous le nom d'Apollonius
de Tyane, mais ce n'est pas lui qui a répandu ce nom dans
l'antiquité, ni qui a donné à ce personnage la physionomie
sous laquelle il nous apparaît. Parce que Philostrate a
mêlé bien des fictions au récit de la vie d'Apollonius, ce
n'est pas a dire que toutes ses fictions viennent de lui,
ni que tout soit fiction dans son récit

Depuis le xvie jusqu'au xviiie siècle, la critique n'a guère
envisagé Apollonius de Tyane avec un esprit impartial. Le
merveilleux dont sa biographie est remplie ayant paru
propre a être tourné contre les Évangiles, les écrivains
préoccupés des périls de la foi n'ont parlé de lui qu'avec
mépris et indignation. Pour les uns, c'est un fourbe, un imposteur, et tout les prodiges que lui attribue Philostrate sont
autant de mensonges [1], pour les autres, c'est un magicien
qui a fait pacte avec le diable, et qui, par ce détestable
commerce, a réussi a étonner et à séduire les hommes [2].
D'un autre côté, les philosophes du xviiie siècle, Voltaire a

---

1. Le savant Alde Manuce hésita longtemps avant de donner la première édition de la Vie d'Apollonius de Tyane, et ne triompha de ses
scrupules qu'en ayant soin de publier en même temps la Réponse d'Eusèbe à Hiéroclès, c'est-à-dire, comme il dit lui-même (Préface), de
donner apres le poison le contre-poison. Apollonius est un fourbe pour
l'abbé Du Pin (Histoire d'Apollonius convaincue de fausseté), et pour
M. Rohrbacher (Hist. univ. de l'Église catholique).

2. Artus Thomas (Notes à la traduction de Blaise de Vigenere), Pic
de la Mirandole (de la Prescience), Bodin (Démonologie, p. 18, 193),
Baronius (Annales ecclésiastiques), Tillemout (Hist. des empereurs);
Fleury (Hist. ecclésiastique); le P. Possevin (Bibliotheque choisie), Bos-
suet (Traité de l'Apocalypse), l abbé Freppel (les Apologistes chrétiens,
2e partie, p. 106).

leur tête [1], ont affecté de confondre dans un égal scepticisme les prodiges d'Apollonius de Tyane et les miracles
de Jésus-Christ : la tentative d'Hiéroclès fut en quelque
sorte renouvelée par une traduction française [2], que précédait une dédicace ironique au pape Clément XIV, dédicace signée *Philalèthe*, et attribuée à Frédéric II.

Aujourd'hui que la polémique religieuse s'est transportée
sur un autre terrain, on juge avec un esprit plus libre l'ouvrage de Philostrate : on n'y voit plus guère une contrefaçon systématique des Évangiles, ni une arme dirigée indi-
rectement par l'auteur contre le christianisme [3]. On y reconnaît en général un Livre consacré à la gloire de la phi-

---

1. *Essai sur les mœurs*, Ed. Beuchot, t. XV, p. 150 ; Bayle, *Diction.*
historique et critique ; Ch. Blount, *Notes* à sa traduction, en anglais, de la
Vie d'Apollonius (1680) ; Legrand d'Aussy, *Vie d'Apollonius de Tyane*,
ouvrage qui n'a été publié qu'après la mort de l'auteur. 2 vol. 8° (1807).

2. La traduction de Castillon (1779) est accompagnée de notes de
Blount. Une seule citation de la *Dédicace* donnera une idée de l'esprit qui l'a
inspirée : « A moins d'avoir travaillé, comme commis, de longues années
« dans les bureaux de la politique infernale, on n'en dira pas davan-
« tage que M. de Tillemont : cependant l'Église semble désirer une ré-
« futation plus forte des miracles d'Apollonius que n'en ont fait les
« premiers Pères.... C'est à Votre Sainteté de nous enseigner les preuves
« caractéristiques auxquelles on distingue les prestiges de la friponnerie
« des miracles du démon, et ceux du démon de ceux que Dieu a daigné
« opérer par le ministère de ses serviteurs,.... »

3. Cette opinion, qui est celle de Naudé (ouvrage cité), de Huet
(*Démonstration évangélique*, propos. IX, c. 147) ; de Jenkin (*Observ. sur.*
la vie de Pythagore, Acta eruditorum, 1704, p. 36, etc.) ; de Letronne
(*Acad. des Inscript.*, nouv. série, t. X, p. 296), et de M. l'abbé Freppel (ou-
vragé cité), est combattue par Lardner (*Testimonies*, III, 252) ; Gibbon
(*Hist. de la décadence*, etc.) ; Meiners (*Hist. des origines et de la chute*
des sciences, t. I, p. 258) ; Buhle (*Encyclop.*) ; Neander (*Hist. de la re-*
ligion chrétienne) ; Baur (*Apollonius et le Christ*) ; Ritter (*Hist. de la*
philosophie ancienne, livre XII) ; Matter (dans le *Diction. des sciences*
philosophiques), etc.

losophie, une peinture idéalisée d'un des derniers représentants de la sagesse antique Mais il est probable que la narration de faits merveilleux préoccupait encore plus Philostrate que les spéculations auxquelles avait pu se livrer son
héros M Ritter pense que les doctrines d'Apollonius
avaient « un sens profond [1] » il faut avouer qu'il est difficile d'en juger par l'exposition superficielle, incomplète et
confuse qu'en donne Philostrate. Philostrate fait moins
connaître le philosophe que le thaumaturge. Tout porte a
croire que c'est lé thaumaturge qui l'intéresse le plus dans
son héros . pour s'en convaincre, il suffit de rapprocher de
l'*Héroïque* la *Vie d'Apollonius de Tyane* [2].

    Ce qui ne saurait être contesté, c'est la part d'Apollonius
dans l'histoire du merveilleux chez les Grecs, et celle de
son biographe dans la littérature consacrée a cet ordre
d'idées Le nom d'Apollonius de Tyane, comme celui de
Simon le Magicien, de Plotin, de Porphyre, etc , se présente de lui-même à tout écrivain qui, dans un sens ou dans
un autre, traite de l'histoire du merveilleux [3] Selon les représentants les plus accrédités du *spiritisme* ou de la *doctrine spirite*, la plupart des faits réputés merveilleux seraient le produit de l'action du monde invisible sur le monde
visible, une des forces actives de la nature méconnue jusqu'a
ce jour par la science, et rentreraient ainsi dans le domaine

1. *Hist. de la philosophie ancienne,* livre XII.
2. **M. Denis** (*Hist. des idées morales dans l'antiquité,* t. II) nous
semble de cet avis, lorsqu'il signale une sorte de contradiction « entre
« le profond esprit de moralité d'Apollonius, qui se rapprochait beau-
« coup d'Épictète et de Marc-Aurèle, et le rôle de magicien et de char-
« latan qu'on serait en droit de lui prêter d'après les récits extrava-
« gants de son historien. »
    3. Figuier, *Histoire du merveilleux.*

des faits naturels. Le *spiritisme*, sans accepter comme
authentiques, ou même comme possibles tous les faits
attribués à Apollonius de Tyane, en explique une grande
partie par leur similitude avec les phénomènes qui se
produisent sous l'influence de certains *médiums*, et dont
il donne la théorie; d'où il conclut qu'Apollonius était une
sorte de médium[1]. Récemment un homme d'esprit, qui
a touché à tout, après avoir cherché dans diverses époques
de l'histoire des sujets de romans, s'est emparé des récits de Philostrate sur Apollonius de Tyane pour en remplir plusieurs chapitres d'un roman fantastique[2]. Désormais,
on peut le dire, le nom d'Apollonius de Tyane n'appartient
plus à la polémique religieuse; il est descendu dans la
sphère plus modeste de la polémique relative au merveilleux.

Notre but, en publiant une nouvelle traduction de l'ouvrage de Philostrate, a été de donner une idée exacte d'un
des plus curieux épisodes de l'histoire de la thaumaturgie
dans l'antiquité grecque et latine. Pour cela, il n'y avait,
ce nous semble, rien de mieux à faire que de remettre en
lumière le livre de Philostrate, livre singulier, intéressant

---

1. Ainsi Méric Casaubon, le fils du célèbre Isaac, dans sa *Relation*,
écrite en anglais, *sur ce qui se passa entre John Dee et quelques esprits,*
parle d'Apollonius de Tyane, et dit qu'il opérait ses prodiges grâce au
commerce qu'il avait avec les esprits. (Préface de l'édition de la *Vie
d'Apollonius*, par Oléarius, p. xxxiv.) Voyez le *Livre des esprits* et le
Livre des médiums de M. Allan Kardec, et les ouvrages de MM. le
marquis de Mirville, le baron de Guldenstubbé, Mathieu, Des Mous-
seaux, etc.

2. *Isaac Laquedem*, du ch. 21 au ch. 33 (3e-5e vol.). M. Alexandre
Dumas y mêle les aventures d'Apollonius de Tyane à celle du Juif
errant, et développe au gré de sa fantaisie les principaux épisodes de
l'ouvrage de Philostrate, surtout celui de l'empuse et du philosophe
Ménippe. (V. p. 447, et les ch. 22-24 d'*Isaac Laquedem*.)

à la fois comme peinture d'une époque, et comme indice de
ce goût pour le merveilleux qui est une des passions de l'humanité. Nous ne pouvions songer a rééditer la traduction de
Blaise de Vigenère (1596), qui a écrit dans la langue d'Amyot,
mais non pas avec son talent. Quant a la traduction de Castillon (1779), elle est fort inexacte, et il suffit d'y jeter un
coup d'œil pour se convaincre qu'elle est faite, non sur le
texte grec, mais sur la traduction latine. Castillon était un
homme de ressources · Italien de naissance, il écrivait assez
bien en français, il était versé à la fois dans les sciences et
dans les lettres, et, pour cette double aptitude, était fort prisé
à la cour de Berlin . il a traduit convenablement les *Acadé-
miques* de Cicéron , mais il n'était pas assez helléniste pour
se mesurer avec un texte grec, et peu s'en faut qu'il n'en
fasse l'aveu dans sa *préface*. Il reconnaît d'ailleurs n'avoir eu
sous les yeux, comme Blaise de Vigenère, que l'édition de
Morel, et regrette de n'avoir pu se procurer à temps celle
d'Oléarius. Aujourd'hui l'édition d'Oléarius elle-même est
arriérée, et c'était un devoir pour le traducteur de profiter
des corrections du texte de Philostrate que l'on doit à
MM. Kayser, Westermann et Piccolos[1]. C'est ce que nous
avons fait, en suivant d'ordinaire le texte de M. Westermann, mais en ayant soin d'avertir quand nous avons cru
devoir nous en éloigner.

                                        A. CHASSANG.

1. M. Kayser a donné une excellente édition des œuvres de Philostrate
(1838), dont M. Westermann a beaucoup profité pour la sienne, qui
est accompagnée de la traduction latine revisée par lui (collection Didot,
1849); M. Piccolos a fait sur le texte de la *Vie d'Apollonius de Tyane*
un certain nombre de corrections indiquées dans les articles de M. Miller sur Philostrate (*Journal des savants*, 1849, p. 752 et suiv.). Pour
compléter les renseignements sur Apollonius de Tyane, nous ajouterons

quelques indications bibliographiques à celles que nous avons déjà données : l'édition *princeps* de l'ouvrage de Philostrate a été donnée, en 1501,
par Alde Manuce, et la même année a paru la traduction latine du Flo-
rentin Alemanmus Rinuccinus. Outre les traductions françaises et anglaises
que nous avons citées (et il en a paru une nouvelle à Loudres en
1800), il en a été publié deux traductions allemandes (1776 et 1828), et
trois italiennes (1549, 1550 et 1828). Apollonius a été aussi le sujet de
plusieurs monographies : Herzog, *Philosophia practica Apollonii Tyanei*,
1709, 4°; Klose, *Dissertationes III de Apollonio Tyanensi*, 1723, 4°;
Luederwald, *Jesus Christus und Apollonius von Tyane in ihrer grossen
ungleichheit vorgestellt*, 1793, 8°; Chauffepié, *Dissertat. sur Apollonius
de Tyane*, 1808, 8°; Wellauer, *Dissertation sur Apollonius de Tyane*,
dans les *Archives de Iahn*, 10e vol., 1844; Newmann, *Life of Apollonius Tyaneus*, 1853, 8°; Ed. Müller, *De Philostrati in componenda
memoriâ Apollonii Tyanensis fide*, 1860, 8°. (V. Engelmann, *Biblioth.
classica*, art. *Philostratus*: OEttinger, *Bibliographie biographique universelle*, art. *Apollonius de Tyane*.)

APOLLONIUS

DE TYANE

SA VIE, SES VOYAGES, SES PRODIGES

LIVRE I.

JEUNESSE D'APOLLONIUS — SÉJOUR A BABYLONE CHEZ LE ROI VARDANE.

I. On lit dans les ouvrages consacrés à l'éloge de Pythagore[1], qu'avant d'être le sage de Samos, il avait été le Troyen Euphorbe : il était mort, comme le rapporte Ho-

---

1. Voyez Diogene de Laërte, VIII, 1, 4, et les *Vies de Pythagore* par Porphyre et Jamblique. Pythagore vivait au vi⁰ siècle avant J.-C.

1

mère [1]; puis, étant revenu à la vie, il n'avait jamais voulu
se vêtir d'étoffes fournies par la dépouille des animaux, il
s'était abstenu de viandes et de tout sacrifice qui dût coû-
ter la vie à un être animé : au lieu d'ensanglanter les autels, c'était avec des gâteaux de miel, avec de l'encens, avec
des chants, que ce sage avait coutume d'honorer les Dieux;
« de telles offrandes, disait-il, leur sont bien plus agréables
« que des hécatombes, avec *le couteau dans la corbeille.* »
Pythagore le savait : car il était visité par les Dieux, et ils
lui avaient appris ce qui, chez les hommes, leur est agréable
ou odieux; c'est d'eux qu'il tenait tout ce qu'il disait sur la
nature. Pour ce qui concerne les Dieux, les autres n'avaient
que des conjectures, que des opinions contradictoires; Pythagore avait vu lui apparaître et Apollon, qui s'était déclaré à lui, et d'autres Dieux, qui s'étaient révélés moins
complétement, par exemple, Minerve et les Muses, et même
des divinités dont les hommes ne connaissent ni la forme
ni le nom. Tous les enseignements de Pythagore étaient des
lois pour ses disciples qui l'honoraient comme un envoyé
de Jupiter. Ils gardaient le silence sur les manifestations de
la divinité : souvent, en effet, ils entendaient en secret des
voix divines, sur lesquelles il leur eût été difficile de se
taire, s'ils n'avaient appris auparavant que le silence aussi
est un langage. Empédocle d'Agrigente [2] suivit, dit-on, cette
doctrine. On le voit par ces vers :

> Adieu! je ne suis plus pour vous un homme, mais un Dieu
> habitant de l'Olympe.

Et ailleurs,

> Je fus autrefois une jeune fille, un jeune homme.

Et l'offrande que, suivant la tradition, il fit à Jupiter Olym-

1. *Iliade*, XVII, 59.
2. Empédocle est du ve siècle avant J.-C.

pien d'un gâteau représentant un bœuf, n'indique-t-elle pas
encore un disciple de Pythagore ? Il y aurait encore bien
d'autres détails à rapporter de l'école de Pythagore ; mais
il est temps d'en venir à mon sujet

II Apollonius est entré dans la voie frayée par Pythagore ; mais il y a encore un caractère plus divin dans sa
recherche de la sagesse, et il s'est élevé bien au-dessus des
rois de son temps. Bien qu'il ne soit, par son époque, ni
trop éloigné ni trop rapproché de nous, on ne connaît pas
encore au vrai quelle fut sa philosophie, si digne d'un esprit sage et d'une âme saine ; les uns le louent d'une façon,
les autres d'une autre. Quelques-uns, parce qu'il s'est
trouvé en rapport avec les mages de Babylone [1], les Brachmanes de l'Inde et les Gymnosophistes de l'Égypte, pensent
qu'il était magicien, et que sa sagesse n'était que violence :
c'est une calomnie qui vient de ce qu'il est mal connu.
Empédocle, Pythagore lui-même et Démocrite [2] ont fréquenté des mages, ils ont dit beaucoup de choses divines ;
et cependant on n'en a pas encore fait des adeptes de ce
genre de science. Platon a fait un voyage en Égypte, il
a beaucoup emprunté aux prêtres et aux devins de ce
pays, il s'en est servi comme un peintre qui prendrait une
esquisse et y mettrait de riches couleurs, et cependant on
n'en a pas fait encore un magicien, bien que nul homme
n'ait été, à cause de sa sagesse, plus en butte à l'envie
Parce qu'Apollonius a pressenti et prévu plusieurs événements, on ne saurait l'accuser de s'être adonné à la magie,
ou bien il faut tourner la même accusation contre Socrate,
à qui son démon a fait souvent prévoir l'avenir, et contre

---

1. « On appelle *mages* les prêtres et les devins chez les Perses, les
« Saces, les Mèdes et plusieurs autres peuples barbares » (Lucien, *Les
hommes à longue vie*, ch. 6.)

2. Démocrite d'Abdère, philosophe du Ve siècle avant J.-C.

Anaxagore[1] dont on rapporte plusieurs prédictions. Qui ne
connaît ces faits de la vie d'Anaxagore? Un jour, à Olympie,
par un temps fort beau en apparence, il se présente dans
le stade, enveloppé dans son manteau : la pluie, en effet, ne
tarda pas à tomber. Une autre fois il prédit la chute d'une
maison, ce qui ne manqua pas d'arriver. Il annonça encore
à l'avance qu'il y aurait une éclipse, que des pierres tom-
beraient du ciel près d'Ægos Potamos; et ce qu'il avait dit
se trouva vrai. Tout cela, on ne fait pas difficulté de l'attribuer à la haute sagesse d'Anaxagore; pour Apollonius, on
ne veut pas que ses prédictions soient l'effet de sa sagesse,
et l'on prétend qu'il ne fit rien que par la magie. Je ne
puis supporter cette erreur, devenue vulgaire. C'est pourquoi je me suis proposé de donner ici des détails exacts
sur l'homme, sur les moments où se sont produites telles
de ses paroles ou de ses actions, enfin sur le genre de vie
qui a valu à ce sage la réputation d'un être au-dessus de
l'humanité, d'un être divin. Ces détails, je les ai recueillis,
soit dans les villes qui l'ont aimé, soit dans les temples
dont il a restauré les rites tombés en désuétude, soit dans
les *Lettres* qui nous sont restées de lui : ces lettres sont
adressées à des princes, à des sophistes, à des philosophes,
aux Éléens, aux Delphiens, aux Indiens, aux Égyptiens,
et traitent de la religion, des coutumes, des institutions,
enfin des lois qu'il ne pouvait voir violer sans se plaindre.
Mais j'ai trouvé des renseignements encore plus précis dans
l'ouvrage d'un certain Damis.

III. Damis était un des hommes les plus savants de l'ancienne Ninive : il fut disciple d'Apollonius, et nous apprend
qu'il l'accompagna dans ses voyages. Il a écrit une relation
de ces voyages, où sont rapportés les pensées, les discours

---

1. Anaxagore de Clazomène, philosophe du vᵉ siècle avant J.-C., qui
eut parmi ses auditeurs Périclès, Euripide et Socrate.

et les prédictions d'Apollonius Ces mémoires, qui étaient
restés inédits, furent portés par un ami de Damis à la connaissance de l'impératrice Julie[1] Comme je faisais partie
du cercle de cette princesse, qui aimait et protégeait tout ce
qui tenait aux lettres, elle m'ordonna de refaire l'ouvrage
de Damis; en donnant plus de soin au style en effet, la
relation du Ninivite était intelligible, mais peu élégamment
présentée. J'ai eu encore sous les yeux le livre de Maxime
d'Égées, qui rapporte tout ce qui a été fait dans sa ville
natale par Apollonius, et le *Testament d'Apollonius*, écrit
par lui-même, et qui est un témoignage de l'esprit divin
dont était animée toute sa philosophie. Quant aux quatre
livres de Mœragène sur Apollonius, il n'y a pas à s'y arre-
ter . un grand nombre des actes de ce sage lui ont été
inconnus. J'ai dit où j'ai puisé mes renseignements, et
comment j'ai réuni ce qui était épars . puisse maintenant
cet ouvrage apporter quelque honneur à l'homme dont il
consacre la mémoire, et quelque utilité aux personnes qui
aiment à s'instruire ! On y trouvera, j'ose le dire, des choses
toutes nouvelles.

IV Apollonius naquit[2] à Tyane, ville grecque de Cappadoce ; son père se nommait, comme lui, Apollonius, il descendait d'une famille ancienne, qui avait fourni a la ville
quelques-uns de ses fondateurs. Il était de beaucoup le plus
riche citoyen d'une ville opulente. Comme il était encore
dans le ventre de sa mère, elle eut une vision . c'était le dieu
égyptien Protée, le même qui, chez Homère, prend tant de
formes diverses. Sans se déconcerter, elle lui demanda qui
elle devait enfanter. « Moi, répondit le Dieu. — Qui, toi ?
« — Protée, dieu égyptien[3]. » Quelle était la sagesse de

1. Voyez les *Éclaircissements historiques et critiques*.
2. Voyez les *Éclaircissements historiques et critiques*.
3. Il est dit plus bas (III, 23-24 ; VI, 21) qu'avant d'être dans le

Protée, il est inutile de le rappeler. Il suffit d'avoir lu les
poëtes pour savoir combien il était habile à se changer, a
se transformer, à échapper à qui voulait le prendre, il
semblait qu'il n'ignorât rien, même l'avenir. Mais il est
impossible, au sujet d'Apollonius, de ne pas se souvenir de
Protée même la suite de ce récit montrera que l'homme
alla plus loin que le Dieu dans la science de l'avenir, et
qu'il sut, jusque entre les mains de ses ennemis, se soustraire souvent à des périls qui semblaient inévitables.

V. On rapporte qu'il vint au monde dans une prairie, non
loin de laquelle s'élève le temple qui lui est consacré. La
manière même dont il a été engendré mérite d'être dite.
Comme le moment de la délivrance approchait. pour sa
mère, elle eut un songe. Elle crut qu'elle se dirigeait vers
la prairie, en cueillant des fleurs sur la route; quand elle
fut arrivée, elle laissa ses suivantes se répandre de tous
côtés pour continuer à cueillir des fleurs, se coucha sur.
le gazon, et s'endormit. Pendant son sommeil, des cygnes,
que nourrissait cette prairie, formèrent un chœur autour
d'elle battant des ailes, comme c'est leur coutume, ils faisaient entendre un chant mélodieux, qu'accompagnait un
doux souffle de zephyr. Réveillée par ce chant, elle se leva
précipitamment et elle fut délivrée : on sait, en effet, que
toute émotion peut provoquer l'enfantement, même avant
le terme. C'est une tradition du pays, qu'au moment où
Apollonius vint au monde, la foudre tomba sur la terre,
puis, remontant aussitôt, s'évanouit dans les airs : sans
doute.les Dieux voulurent ainsi annoncer la gloire de cet
homme, sa nature supérieure et presque divine, enfin tout
ce qu'il devait être.

corps d'un sage, l'âme d'Apollonius avait été dans celui d'un pilote.
Ces deux traditions sont-elles contradictoires ou peuvent-elles s'acror-
der? Nous ne savons. Qu'il nous suffise de les signaler toutes les deux.

VI. Il y a près de Tyane une source consacrée à Jupiter témoin des serments, et nommée Asbamée à l'endroit où elle jaillit, elle est glacée, mais fait entendre le bruit de l'eau bouillant dans une chaudière L'eau de cette source est bonne et salutaire à ceux dont lès serments sont sin-cères; quant aux parjures, le châtiment les atteint aussi-tôt . ils sont frappés à la fois aux yeux, aux mains et aux pieds; ils sont pris d'hydropisie et de consomption; ils· ne peuvent même pas s'enfuir, une force invincible les en-chaîne près de cette source, et la ils confessent en pleurant leur fourberie[1] Les habitants de ce pays disent qu'Apollo-nius est fils de Jupiter, mais Apollonius se déclare fils d'Apollonius.

VII. Parvenu à l'âge où l'on commence a instruire les enfants, Apollonius donna des marques d'une grande mé-moire et d'une grande ardeur pour l'étude. Il se servait en parlant du dialecte attique, et jamais le contact de l'idiome de son pays n'altéra la pureté de son langage Il attirait tous les regards par sa beauté. Quand il eut atteint sa qua-torzième année, son père le conduisit à Tarse, chez Euthy-dème le Phénicien, rhéteur célèbre alors, qui se chargea de son instruction. Apollonius s'attacha à son maître, mais les mœurs de la ville lui parurent déraisonnables et peu pro-pres à l'étude de la philosophie. Nulle part, en effet, le goût de la volupté n'est plus général Les habitants de Tarse sont railleurs et insolents, ils tiennent plus à la pa-rure que les Athéniens à la sagesse Leur ville est traversée par le Cydnus, et ils se tiennent sans cesse sur les bords de ce fleuve, comme des oiseaux aquatiques. Aussi, Apollo-nius, dans une lettre qu'il leur adressa, leur dit-il « N'au- « rez-vous jamais fini de vous enivrer de votre eau. » Sur

---

1. Voyez les *Éclaircissements historiques et critiques.*

la demande qu'il en fit à son père, il se transporta avec son
maître dans une ville voisine, à Égées, où il devait trouver
une tranquillité plus favorable aux études philosophiques,
et des exemples meilleurs pour la jeunesse : de plus, il y
avait là un temple d'Esculape, et Esculape lui-même s'y
montrait aux hommes. Apollonius se trouva dans cette
ville avec des platoniciens, des élèves de Chrysippe et des
disciples du Portique; il ne négligea même pas d'écouter
les leçons des épicuriens; mais il se sentit une préférence
secrète pour les doctrines de Pythagore. Il n'eut, pour les
lui enseigner, qu'un maître peu recommandable, et qui ne
mettait guère en pratique sa philosophie : il s'était laissé
vaincre par la gourmandise et par les plaisirs de l'amour,
et il vivait à la mode d'Épicure. Il se nommait Euxène, et
il était né à Héraclée, sur le Pont. Il savait les doctrines
d'Épicure, comme les oiseaux ce qu'on leur apprend : en
effet, quand des oiseaux nous disent : « Bonjour. — Soyez
« heureux. — Que Jupiter vous soit propice ! etc., » ils ne
savent nullement ce qu'ils disent, et ils ne forment pas les
moindres souhaits pour nous; ils ne font que remuer la
langue d'une certaine manière. Mais, comme les aiglons,
tant que leurs ailes ne sont encore couvertes que d'un
tendre duvet, voltigent autour de leurs parents, qui leur
apprennent à voler; puis, dès qu'ils peuvent s'élever dans
les airs, volent plus haut que leurs parents, surtout quand
ils les voient raser la terre pour chercher de la pâture et
rassasier leur voracité; de même Apollonius, dans son enfance, suivit les leçons d'Euxène, et se laissa conduire par
sa parole; puis, arrivé à sa seizième année, il prit son essor
vers la vie pythagoricienne : quelque divinité sans doute lui
avait donné des ailes. Il n'en continua pas moins d'aimer
Euxène, et ayant obtenu pour lui de son père, à l'entrée
de la ville, une propriété qui renfermait des jardins déli-

cieux et de frais ruisseaux, il lui dit : « Vivez a votre guise,
« moi, je vivrai en pythagoricien. »

VIII. « C'est une grande entreprise, lui fit observer
« Euxène, mais par où commencerez-vous ? — Je ferai
« comme les médecins, répondit Apollonius. Leur premier
« soin est de purger, et ainsi ils préviennent les maladies,
« ou les guérissent. » A partir de ce moment, il ne mangea
d'aucun animal (c'était, selon lui, une nourriture impure
et propre a alourdir l'esprit), il se nourrit de légumes et
de fruits, disant que tout ce que donne la terre est pur.
Quant au vin, il considérait comme pure la boisson que
fournit un arbuste si précieux à l'homme, mais il jugeait
cette boisson contraire a l'équilibre de l'esprit, comme trou-
blant la partie supérieure de l'âme. Après avoir ainsi purifié son estomac, il s'honora de marcher nu-pieds, ne porta
que des étoffes de lin, renonçant a toutes celles qui sont faites
de poils d'animaux, laissa croître sa chevelure, et vécut dans
le temple Il fit l'admiration de tous ceux qui étaient attachés à ce temple, et Esculape ayant dit un jour au prêtre
qu'il était heureux d'avoir Apollonius pour témoin des
guérisons qu'il opérait, on vint de tous côtés a Égées pour le
voir, non-seulement des villes de Cilicie, mais des provinces voisines, et cela donna cours en Cilicie à un mot,
qui passa en proverbe: « Où courez-vous si vite? Allez-vous
voir le jeune homme?»

IX Je n'aurais garde d'omettre ce qui se fit' dans le
temple d'Esculape, ayant à écrire l'histoire d'un homme
qui fut honoré même des Dieux. Un jeune Assyrien était
venu consulter Esculape. il ne s'en livrait pas moins à la
bonne chère et à son goût pour le vin, et dépérissait de
plus en plus. Atteint d'hydropisie, il ne se plaisait qu'à
boire, sans se soucier de combattre l'humidité de son corps.
Aussi était-il négligé par Esculape, qui refusait de lui appa-

raître même en songe. Cependant, comme il se plaignait de l'oubli dans lequel il était laissé, Esculape vint à lui, et lui dit : « Cause avec Apollonius, tu t'en trouveras bien. » Le jeune homme alla trouver Apollonius : « Quel avan- « tage, lui dit-il, puis-je retirer de votre sagesse ? Esculape « m'ordonne d'avoir un entretien avec vous. — Vous reti- « rerez de cet entretien, répondit Apollonius, un avantage « que vous apprécierez dans l'état où vous êtes. Car vous « demandez, je crois, la santé. — Oui, la santé que promet « Esculape, et qu'il ne donne pas. — Voyons, pas de « mauvaises paroles ! Esculape donne la santé à ceux qui « la veulent réellement ; mais vous, vous faites tout ce « qu'il faut pour aggraver votre état. Vous vous livrez à la « bonne chère, vous chargez de mets succulents vos en- « trailles humides et malades : c'est de la boue que vous « mêlez à l'eau. » Une telle réponse était, si je ne me trompe, bien autrement claire que celle d'Héraclite : ce phi- losophe [1], ayant été attaqué de la même maladie, disait « qu'il lui fallait quelque chose qui pût changer l'humide en « sec ; » ce qu'il était difficile d'entendre. Apollonius rendit la santé au jeune Assyrien, en lui parlant avec autant de clarté que de sagesse.

X. Un jour, Apollonius vit l'autel inondé de sang et tout couvert d'offrandes sacrées ; des bœufs égyptiens et des porcs d'une grosseur extraordinaire gisaient égorgés ; les sacrificateurs étaient occupés à écorcher ou à dépecer les victimes ; près de l'autel étaient deux vases d'or, enrichis de pierres des Indes d'une beauté merveilleuse. « Que signifie « tout ceci ? » dit Apollonius, s'adressant au prêtre. « Votre « surprise va redoubler, lui répondit le prêtre. L'homme

1. Il était surnommé l'*Obscur* ; l'exemple cité par Philostrate donne une idée de l'obscurité dont il aimait à envelopper ses pensées. Il vivait au Vᵉ siècle avant J.-C.

« qui offre ce riche sacrifice n'a encore rien demandé au
« Dieu ; il n'a pas attendu que le temps ordinaire soit
« écoulé ; il n'a reçu d'Esculape ni la santé, ni rien de ce
« qu'il doit demander car il paraît n'être arrivé que d'hier.
« Et il annonce qu'il redoublera ses sacrifices et ses of-
« frandes, si ses prières sont exaucées. C'est un homme des
« plus opulents . il possède en Cilicie plus de bien que
« tous les autres Ciliciens réunis. Il a un œil crevé, et de-
« mande au Dieu de le lui rendre. » Apollonius, ayant fixé les
yeux à terre, comme il en prit l'habitude dans sa vieillesse,
demanda le nom du suppliant. L'ayant appris   « O prêtre,
« s'écria-t-il, il ne faut pas admettre cet homme dans le
« temple. C'est un impur, qui s'est attiré par ses crimes le
« mal dont il souffre. Ce fait même, d'avoir fait un sacri-
« fice si magnifique avant d'avoir rien obtenu, n'est pas
« d'un homme qui sacrifie ; cela indique un coupable qui
« veut mettre sa tête à couvert du châtiment dû à ses for-
« faits. » La nuit suivante, Esculape apparut au prêtre, et
lui dit : « Que cet homme s'en aille, et garde ses présents,
« il ne mérite même pas d'avoir l'œil qui lui reste [1]. » Le
prêtre prit des informations sur le Cilicien, et il apprit que
sa femme avait une fille d'un premier lit, qu'il aimait cette
fille, et qu'il avait eu commerce avec elle, sans même
prendre la peine de cacher son infamie, mais la femme ou-
tragée, les ayant surpris au lit, avait crevé avec son agrafe
les deux yeux à sa fille et un œil à son mari

XI. Apollonius pensait que, même dans les sacrifices et
dans les offrandes qu'on fait aux Dieux, il y a une certaine
mesure à garder. Après l'expulsion du Cilicien, l'affluence
fut encore plus grande qu'auparavant vers le temple d'Esculape. Dans ces circonstances, Apollonius dit au prêtre :

1. Voyez les *Éclaircissements historiques et critiques.*

« Est-il vrai que les Dieux soient justes ? — Ils sont toute
« justice, répondit le prêtre. — Sont-ils prudents? — Peut-il
« y avoir une prudence supérieure à celle de la divinité ?
« — Connaissent-ils ou ignorent-ils les affaires des hommes?
« — Le principal avantage que les Dieux ont sur les hommes
« est que ceux-ci, vu la faiblesse de leur entendement, ne
« connaissent pas même ce qui les concerne, tandis que
« les Dieux connaissent et les choses divines et les choses
« humaines. — Bien dit et parfaitement vrai ! Mais, ô
« prêtre, puisque les Dieux savent tout, il me semble
« qu'un homme qui aborde un sanctuaire avec une bonne
« conscience doit faire cette prière : « O Dieux, donnez-moi
« ce qui m'est dû. » Or, si les hommes pieux ont droit à
« quelque bien, il n'est dû que du mal aux méchants. Et
« les Dieux ont raison, quand ils trouvent un homme sain
« et pur de crime, de le renvoyer couvert, non pas de cou-
« ronnes d'or, mais de biens de toute espèce; quand ils
« voient un homme tout flétri et tout gâté par le vice, de le
« livrer au châtiment, et d'appesantir d'autant plus sur lui
« leur colère, qu'il a fait preuve de plus d'audace en portant
« aux autels un cœur impur. » Puis, se tournant vers Esculape : « O Esculape, s'écria-t-il, je reconnais la sagesse
« profonde qui vous est propre, quand je vous vois dé-
« fendre aux méchants de vous approcher, alors même
« qu'ils apporteraient ici tous les trésors de Sarde et de
« l'Inde : car, s'ils font ainsi des sacrifices et des offrandes,
« ce n'est pas pour honorer les Dieux, c'est pour se racheter
« des châtiments qui leur sont dus; et votre suprême
« équité vous empêche de leur en faire grâce. » Apollonius
était encore dans l'adolescence lorsqu'il tenait ces sages
discours et d'autres semblables.

XII. Voici encore un trait qui se rapporte à son séjour à
Egées. Le gouverneur de Cilicie était un homme sans mœurs

et de passions déréglées. Ayant un jour entendu vanter la
beauté d'Apollonius, il quitta brusquement ce qu'il faisait
(il présidait un tribunal à Tarse), et vint en toute hâte à
Égées, prétextant une maladie et disant avoir besoin du
secours d'Esculape. Il rencontra Apollonius qui marchait
solitaire; et, l'abordant, il lui dit : «Recommandez-moi au
« Dieu. — Mais, répondit Apollonius, qu'avez-vous besoin
« de recommandation si vous êtes homme de bien? Les
« hommes vertueux n'ont pas besoin d'introducteurs pour
« que les Dieux leur fassent accueil. — C'est que vous êtes
« déjà l'hôte du Dieu, Apollonius, et que je ne le suis pas
« encore. — Ce qui m'a valu cet honneur, c'est que j'aime
« la vertu : c'est par là que, autant qu'il est permis à un
« jeune homme, je suis le serviteur et le familier d'Escu-
« lape. Si vous êtes également attaché à la vertu, vous
« pouvez en toute confiance vous présenter au Dieu et lui
« adresser votre prière. — C'est ce que je ferai, par Ju-
« piter! mais laissez-moi d'abord vous en adresser une. —
« Qu'avez-vous à me demander? — Ce qu'on demande aux
« beaux objets, c'est-à-dire qu'ils vous admettent au par-
« tage de leur beauté, et ne vous envient pas leurs char-
« mes. » En parlant ainsi, il prenait un air voluptueux et
ses yeux étaient gonflés par la luxure. Comme il continuait,
et disait tout ce que disent les hommes infâmes et perdus
de son espèce, Apollonius lui lançant un regard courroucé :
« Vous êtes un fou, dit-il, et un misérable. » Puis, comme
à cette parole le gouverneur avait frémi de colère, et avait
même menacé de lui faire trancher la tête, Apollonius se
mit à rire. « Oh! s'écria-t-il, un jour viendra.. » Et trois
jours après, ce débauché fut égorgé sur la route même par
des bourreaux, pour avoir conspiré contre les Romains
avec Archélaüs de Macédoine. Tous ces faits, et quelques
autres du même genre, sont rapportés par Maxime d'Égées,

écrivain auquel sa réputation d'éloquence a valu une
charge de secrétaire de l'empereur.

XIII. Le père d'Apollonius étant venu à mourir, Apollonius, à cette nouvelle, se rendit en toute hâte à Tyane, et
l'ensevelit de ses propres mains auprès de sa mère, qui était
morte aussi peu de temps auparavant. Il partagea l'héritage, qui était considérable, avec son frère, jeune homme
vicieux et adonné à la boisson. Ce frère, âgé de vingt-trois
ans, était hors de tutelle; Apollonius, au contraire, y était
soumis par les lois, n'ayant que vingt ans. Il séjourna de
nouveau quelque temps à Égées, dont il convertit le temple
en *Lycée* ou en *Académie*[1] : car on n'y entendait que philosophie. Il ne revint à Tyane que lorsqu'il fut majeur et
maître de ses biens. Quelqu'un lui dit alors qu'il devrait
corriger son frère et lui faire changer son genre de vie :
« Cela, répondit-il, paraîtra un peu hardi. Le plus jeune
« corriger son aîné! Cependant je travaillerai de mon mieux
« à guérir ce malade. » Il commença par lui donner la
moitié de sa part d'héritage. « Mon frère a besoin, disait à
« ce propos Apollonius, de beaucoup de bien, et moi il me
« suffit de peu. » Ensuite il s'insinua auprès de lui, et
l'amena avec adresse à écouter les conseils de la tempérance. « Nous avons, lui disait-il, perdu notre père, qui
« nous dirigeait et nous aidait de ses conseils; tu me restes
« et je te reste; si je fais des fautes, avertis-moi et viens
« à mon secours; et s'il t'arrive à toi-même de t'écarter
« du devoir, permets-moi de te donner un avis. » Ainsi,
en faisant comme les habiles écuyers, qui caressent les
chevaux revêches et difficiles à conduire, il l'amena par la
persuasion à se régler et à renoncer à ses vices; or il en avait
plusieurs : il avait la passion du jeu, du vin et des femmes;

1. Allusion aux célèbres entretiens de Platon dans l'*Académie*, d'Aristote dans le *Lycée*.

il vivait dans les orgies, et il se promenait avec hauteur et
arrogance, fier de sa chevelure qu'il teignait Apres avoir
ainsi réussi avec son frère, Apollonius se tourna vers ses
autres parents, et ceux d'entre eux qui étaient un peu
gênés, il les gagna en leur distribuant presque tout ce qui
lui restait de sa fortune · il se réserva fort peu de chose.
Selon lui, Anaxagore de Clazomène [1], qui avait abandonné
ses terres aux bœufs et aux moutons, s'était montré sage
plutôt pour les bêtes que pour les hommes, et Cratès de
Thèbes [2], qui avait jeté ses richesses à la mer, n'avait été utile
ni aux hommes ni aux bêtes. Pythagore est cité avec éloge
pour avoir dit qu'un homme ne devait pas avoir commerce
avec une autre femme que la sienne · « Cela regarde les autres,
« disait à ce sujet Apollonius ; car moi, j'entends bien ne
« pas me marier et n'avoir commerce avec aucune femme. »
En cela, il surpassa Sophocle. Ce poëte disait qu'en arrivant
a la vieillesse, il avait senti qu'il échappait au joug impérieux
des sens ; et Apollonius a toujours été d'une telle tempérance, qu'il n'a pas connu ce joug, même dans sa jeu
nesse : en effet, même alors il a résisté énergiquement aux
appétits furieux de la chair, et il les a domptés. Je sais
bien que, d'après un bruit calomnieux, il aurait été une
fois esclave de l'amour, et qu'une passion l'aurait retenu
toute une année en Scythie ; mais qu'il soit allé en Scythie
et qu'il ait une seule fois ressenti l'amour, l'un n'est pas
plus vrai que l'autre. Euphrate lui-même n'a jamais accusé
Apollonius de ce genre de faiblesse, lui qui a composé
contre notre philosophe tant d'écrits calomnieux, dont nous
parlerons plus tard [3] Apollonius s'était fait de cet homme
un ennemi en le plaisantant sur son amour de l'argent, qui

1. Voyez la note au ch. II.
2. Cratès de Thebes, philosophe cynique (IVᵉ siècle avant J.-C.).
3. Voyez surtout les livres V, VI et VII, *passim.*

lui aurait fait tout faire, et en lui reprochant de faire de la
philosophie métier et marchandise. Mais cela sera dit en
son lieu.

XIV. Euxène demandait un jour à Apollonius pourquoi
il n'écrivait pas, bien qu'il eût de hautes pensées, et qu'il
s'exprimât avec élégance et vivacité. « C'est, répondit Apol-
« lonius, que je n'ai pas encore gardé le silence. » A partir
de ce moment, il crut devoir garder le silence, et s'abstint
tout à fait de l'usage de la parole; mais ses yeux et son
esprit n'en étaient que plus actifs, sa mémoire n'en devint
que plus riche. Pour la mémoire, à l'âge de cent ans, il
surpassait encore Simonide, et il chantait un hymne à la
Mémoire, où il est dit que le Temps détruit tout, mais que
lui-même, grâce à la Mémoire, ne connaît ni la vieillesse
ni la mort. Cependant, durant le silence d'Apollonius, son
commerce n'avait rien de désagréable : car il répondait à ce
que l'on disait par un mouvement d'yeux, par un geste de
la main et de la tête. On ne le vit jamais triste et sombre,
et il conserva toute la douceur et toute l'aménité de son
caractère. Il avoua, du reste, que cette vie silencieuse, pra-
tiquée pendant cinq ans entiers, lui fut très-pénible : car
il n'avait pas dit beaucoup de choses qu'il avait eu à dire,
il avait feint de ne pas entendre des propos qui l'irritaient,
et souvent, sur le point d'adresser à quelqu'un une réprimande, il s'était dit à lui-même : « Prends patience, mon
« cœur; prends patience, ma langue [1]! » Et il avait laissé
passer, sans y répondre, plusieurs attaques dirigées contre lui.

XV. Ce temps de silence, il le passa partie en Pamphylie, partie en Cilicie : dans ses excursions à travers des

----

1. Allusion à un vers d'Homère, dans lequel Ulysse se dit à lui-même :
« Patience, mon cœur! tu as supporté des maux bien plus cruels. »
(*Odyssée*, XX, v. 18.)

pays si voués à la mollesse, il ne parla pas une fois, on ne
l'entendit même pas proférer une syllabe. Quand il arrivait
dans une ville agitée par une émeute (et il y avait souvent
des émeutes à l'occasion de spectacles deshonnètes), il paraissait en public, et par ses gestes, par sa physionomie,
indiquait la réprimande qu'il aurait voulu exprimer   aussitôt tout tumulte cessait, et il se faisait un silence aussi profond que dans les mystères Mais calmer des hommes qui
se disputent au sujet de mimes et de chevaux, ce n'est pas
encore la un bien grand succès : car ceux que de si futiles
motifs ont jetes dans le désordre, quand ils voient paraitre
un homme, rougissent d'eux-mêmes, se font les premiers
des reproches, et reviennent facilement à la raison, mais
quand une ville est pressée par la famine, il n'est pas aisé
de trouver un langage assez insinuant et assez persuasif
pour changer ses sentiments et calmer sa colère. Apollonius,
lui, dans.de telles circonstances, obtenait tout par son seul
silence. Ainsi il vint dans la ville d'Aspende, qui est située
sur le fleuve Eurymédon, et qui est la troisième des villes
de la Pamphylie Les habitants se nourrissaient de vesces et
de légumes grossiers qu'on ne mange que par nécessité   les
riches avaient caché le blé, dont ils faisaient trafic hors du
pays Une foule composée de personnes de tout âge était sou-
levée contre le gouverneur, et deja l'on menaçait de le brûler
vif, bien qu'il se fût jeté aux pieds de la statue de l'empereur,
qui était alors plus redoutée et plus sacrée que celle de Jupiter Olympien : c'était la statue de Tibère, d'un prince sous le
règne duquel on condamna, comme criminel de lese-majesté,
un homme pour avoir frappé un de ses esclaves qui avait sur
lui une drachme d'argent frappée à l'effigie de Tibère. Apollonius s'approcha donc du gouverneur, et lui demanda par
signes ce dont il s'agissait . le magistrat protesta de son
innocence, déclara qu'il souffrait le même tort que le

2

peuple, et que, si on ne le laissait parler, il périrait, et
avec lui le peuple tout entier. Alors Apollonius se tourna
vers la foule, et fit signe qu'il fallait écouter le gouverneur.
Tout le monde se tut, par respect pour Apollonius on déposa même sur les autels voisins le feu qui avait été apprêté.
Cela rassura le gouverneur, qui désigna au peuple plusieurs
citoyens comme ayant amené cette famine en cachant le blé
dans divers endroits de la province Comme les Aspendiens
voulaient aussitôt se porter sur les terres des accapareurs,
Apollonius leur fit signe de n'en rien faire, mais de faire
plutôt comparaître les coupables, et d'obtenir le blé de leur
consentement. Quand ils eurent été amenés, peu s'en fallut
qu'Apollonius ne rompît le silence pour lancer contre eux
des invectives, tant il était touché des larmes du peuple :
car il était entouré de femmes et d'enfants qui criaient, de
vieillards qui gémissaient de voir leur mort avancée par la
faim Mais, par respect pour la loi du silence, il écrivit les
reproches qu'il avait à faire sur des tablettes qu'il donna
à lire au gouverneur. Les tablettes portaient ces mots .
« Apollonius aux Aspendiens accapareurs de blé. La terre
« est la mère commune, elle est juste ; mais vous, vous en
« avez fait votre mère à vous seuls Si vous ne cessez pas
« vos pratiques, je ne souffrirai pas que vous restiez plus
« longtemps sur son sein. » Ils furent frappés de terreur,
le marché fut rempli de blé, et la ville revint à la vie.

XVI. Lorsque le temps qu'il s'était prescrit pour son
silence fut écoulé, il se rendit a Antioche la grande, et
entra dans le temple d'Apollon Daphnéen, auquel les Assyriens rapportent une fable arcadienne. Selon eux, Daphné,
fille du fleuve Ladon (car ils ont un Ladon [1]), fut métamor-

1. Le véritable Ladon est un fleuve d'Arcadie. On en cite encore
d'autres du même nom, mais moins célèbres, en Elide et en Béotie. Le
fleuve qui baignait Antioche se nommait l'Oronte.

phosée en cet endroit Ils ont en vénération un laurier,
celui-là même qui fut le fruit de cette métamorphose Le
temple est entouré d'un cercle de cyprès d'une hauteur
extraordinaire, et de ce lieu jaillissent des fontaines abon-
dantes et tranquilles, où l'on dit que se baigne le dieu.
C'est là, assure-t-on encore, que poussa le premier cyprès,
qui était autrefois un jeune assyrien du nom de Cyparisse,
et la beauté de l'arbre donne du crédit à cette métamorphose Peut-être trouvera-t-on que je manque a la gravité
de mon sujet en m'arrêtant à couter toutes ces fables Mais
ce n'est pas là mon objet J'arrive a ce qui l'est réellement.
Apollonius fut frappé de voir combien l'aspect du temple
était charmant, et combien ce temple était négligé . il etait
abandonné à des hommes ignorants et demi-barbares. « O
« Apollon, s'écria-t-il, change ces muets eu arbres, afin
« qu'ils rendent du moins quelque son, comme ces cyprès ! »
Puis, remarquant que les fontaines étaient calmes et qu'aucune d'elles ne faisait entendre le moindre murmure . « On
« est si muet en cet endroit, dit-il, que les ruisseaux
« mêmes ne font pas de bruit. » Et encore, en regardant le
Ladon : « Ta fille n'est pas seule métamorphosée, tu l'es
« toi aussi, puisque de Grec et d'Arcadien, tu es devenu
« Barbare. » Quand il se fut mis à enseigner, il évita les
lieux fréquentés et tumultueux, disant que ce qu'il lui
fallait, ce n'étaient pas des corps, mais des âmes d'hommes,
il fréquenta les lieux solitaires et les temples qui ne se fermaient pas. Au lever du soleil, il faisait en secret certaines
cérémonies, auxquelles il n'admettait pas d'autres témoins
que ceux qui avaient observé le silence pendant quatre ans
Le reste du temps, s'il était dans une ville grecque, et si les
rites observés en cet endroit lui étaient connus, il l'em-
ployait à s'entretenir sur les Dieux avec les prêtres rassemblés, et à les redresser s'ils s'écartaient de la tradition.

Lorsqu'il se trouvait dans une ville barbare, qui avait ses coutumes particulières, il s'informait de l'auteur et de la raison de ces rites, et se faisait instruire de la manière de les pratiquer, s'il lui venait à l'esprit quelque chose de mieux que ce qui se faisait, il le disait Après cela, il revenait à ses disciples, et les engageait à lui faire telles questions qu'ils voudraient Il disait que, pour philosopher à sa manière, il fallait converser avec les dieux à la pointe du jour, puis parler des choses divines, enfin s'entretenir des affaires humaines Après avoir répondu à toutes les questions posées par ses disciples, et avoir passé avec eux assez de temps, il se mettait à enseigner la foule, ce qu'il ne faisait cependant jamais avant midi, mais à partir de midi précis Lorsqu'il pensait avoir assez parlé, il se faisait oindre et frotter, puis se jetait dans l'eau froide, disant que les bains chauds sont la vieillesse des hommes. Les bains chauds ayant été fermés à Antioche, à cause de grands scandales, « l'empereur, dit-il, vient de prolonger notre vie, « bien que nous ne méritions guère cette faveur. » Et comme les Éphésiens voulaient lapider leur gouverneur, parce que les bains n'étaient pas chauffés, Apollonius leur dit « Vous reprochez à votre gouverneur de ne pas vous « donner des bains bien chauds, et moi je vous reproche de « prendre des bains chauds. »

XVII L'éloquence d'Apollonius n'avait pas une couleur dithyrambique, elle n'était pas boursouflée de mots empruntés à la poésie, ni semée d'expressions inusitées. Il n'avait rien d'outré dans son atticisme, car il ne voyait d'agrément que dans un atticisme modéré. Il ne donnait rien à la subtilité, et n'allongeait pas inutilement ses discours. Jamais on ne le vit user d'ironie, ni discuter avec ses disciples [1]. Mais lorsqu'il parlait, c'était comme un prêtre

1. Il y a ici une allusion à Socrate. En plusieurs endroits il com-

du haut du trépied, il disait sans cesse « Je sais, Il me
« semble, Que faites-vous? Il faut savoir... » Ses sentences
étaient brèves et solides comme le diamant, ses expressions
étaient d'une grande propriété et parfaitement appropriées
aux choses, tout ce qu'il disait avait autant de retentisse-
ment que les édits d'un prince Un de ces hommes qui disputent sur des riens lui demanda un jour pourquoi il ne
cherchait pas « J'ai cherché dans ma jeunesse, répondit
« Apollonius, maintenant il n'est plus temps pour moi de
« chercher, mais de dire ce que j'ai trouvé. » Et comme le
même interlocuteur lui demandait comment doit enseigner
le sage. « Comme un législateur, répondit-il, car il faut
« que le législateur prescrive aux autres ce dont il est bien
« persuadé lui-même. » C'est en parlant ainsi qu'il se fit écouter à Antioche des hommes les plus étrangers à la science

XVIII Ensuite l'idée lui vint d'entreprendre un long
voyage, et sa pensée se porta sur l'Inde et les sages Indiens
qu'on appelle Brachmanes ou hommes des forêts Il disait
qu'il convient a un jeune homme de voyager et de voir du
pays Il se promettait aussi de beaucoup profiter a visiter les mages, dont il se proposait en passant d'étudier la
science Il découvrit son dessein a ses disciples, qui étaient
au nombre de sept, et comme ils essayaient de le détourner
de ce projet et de tourner d'un autre côté son ardeur, il
leur dit : « J'ai pris conseil des Dieux, et je vous ai dé-
« claré leur volonté pour vous éprouver et voir si vous êtes
« assez forts pour me suivre dans mon entreprise. Mais,
« puisque l'énergie vous manque, adieu, et philosophez a
« votre aise pour moi, il me faut marcher où la sagesse et
« la Divinité me conduisent. » Après avoir ainsi parlé, il
quitta Antioche avec deux serviteurs qui lui venaient de la

pare Socrate et Apollonius, toujours à l'avantage du dernier. (Voyez
IV, 2 ; I, 2 ; VIII, 7 , VII, 11.)

maison paternelle, et dont l'un était habile à écrire vite,
l'autre à bien écrire.

XIX. Apollonius, arrivé dans l'antique ville de Ninive, y
vit une statue réprésentant une femme barbare : c'était la
statue d'Io, fille d'Inachus, qui avait sur le front deux petites cornes naissantes. Comme il était arrêté en cet endroit
et montrait qu'il connaissait mieux ce qui avait rapport à
cette statue que les prêtres et les devins, il fut abordé par
un citoyen de Ninive, nommé Damis. Nous avons déjà
dit que ce Damis fut le compagnon de ses voyages, le déposi-
taire de toute sa philosophie, et qu'il nous a laissé sur son
maître de nombreux renseignements. Il se sentit pris d'enthousiasme pour Apollonius et séduit par la perspective de
ses voyages : « Partons, lui dit-il, Dieu sera votre guide,
« vous serez le mien. Je me flatte que vous ne vous repen-
« tirez pas de m'avoir pris pour compagnon de route. Si je
« ne sais rien de plus, je sais du moins le chemin de Baby-
« lone, pour en être revenu depuis peu ; je sais toutes les
« villes, tous les villages que nous devrons traverser,
« et dans lesquels nous trouverons beaucoup de bonnes
« choses; je sais toutes les langues des Barbares, celle des
« Arméniens, celle des Mèdes, celle des Perses, celle des
« Cadusiens, et il n'en est aucune que je ne possède par-
« faitement. — Mon ami, répondit Apollonius, je sais toutes
« les langues, sans en avoir appris aucune. » Et comme
Damis manifestait son étonnement : « Ne vous étonnez pas,
« ajouta Apollonius, si je comprends toutes les langues des
« hommes, je comprends même leur silence[1]. » En entendant ces paroles, Damis se sentit saisi d'un respect religieux
pour Apollonius, qu'il considéra comme un dieu. A partir
de ce moment, il s'attacha à lui, gagnant chaque jour en

1. Voyez les *Éclaircissements historiques et critiques.*

sagesse, et gravant dans sa mémoire tout ce qu'il entendait.
Cet Assyrien parlait avec peu d'élégance mais, si l'habileté
de la parole lui faisait défaut, comme à un homme élevé
parmi les Barbares, il était parfaitement en état de relater
ce qui se faisait ou se disait, de noter ce qu'il voyait où entendait, de tenir un journal de tout cela, et même il le tenait
aussi bien que personne Il intitula ce journal *les Reliefs*.
On y voit qu'il n'a rien voulu laisser ignorer de ce qui con-
cernait Apollonius   tous les discours qu'il a tenus, toutes
les paroles qui lui sont échappées, Damis en a pris note Il
n'est pas hors de propos de rapporter sa réponse a une objection qui lui a été faite au sujet de sa minutieuse exactitude. Un oisif, un envieux lui en faisait un reproche, disant
que Damis avait eu raison de rapporter les pensées et les
maximes d'Apollonius, mais qu'en recueillant les menus
détails il avait fait a peu près comme les chiens qui se
jettent sur tout ce qui tombe d'une table. « Eh bien ! répon-
« dit Damis, quand les Dieux sont à table, il y a des servi-
« teurs qui ont soin de ne pas laisser perdre la moindre
« goutte d'ambroisie. » Tel est le compagnon, tel est l'ami
passionné qu'Apollonius rencontra a Ninive, et avec lequel
il passa la plus grande partie de sa vie

   XX. Quand ils entrerent en Mésopotamie, le percepteur
des péages établi au pont de l'Euphrate les fit passer au
bureau, et leur demanda ce qu'ils apportaient avec eux.
« J'apporte, répondit Apollonius, la Continence, la Justice,
« la Force, la Tempérance, la Bravoure, la Patience, » et il
énuméra encore plusieurs vertus dont les noms sont au
féminin. Le percepteur, ne songeant qu'au droit d'entrée,
lui dit . « Donnez-moi la liste de toutes ces esclaves. — Non
« pas, s'écria Apollonius : ce ne sont pas des esclaves;
« ce sont des maîtresses. » La Mésopotamie est le pays situé
entre le Tigre et l'Euphrate, fleuves qui descendent de l'Ar-

ménie et de l'extrémité du Taurus, et qui entourent cette
province. On y trouve quelques villes, mais surtout des
villages Les populations qu'enferment ces deux fleuves
sont des Arméniens et des Arabes : la plupart sont nomades; ils s'imaginent habiter une ile, à tel point que,
lorsqu'ils se dirigent vers un des fleuves, ils disent qu'ils
descendent à la mer pour eux, le cercle que forment le
Tigre et l'Euphrate, ce sont les bornes du monde Cela
vient de ce que ces deux fleuves, apres avoir fait en
quelque sorte le tour de la Mesopotamie, se jettent dans la
même mer. Selon quelques auteurs, l'Euphrate se déverse
en grande partie dans des marais, et va se perdre dans
la terre Selon d'autres, dont l'opinion est plus hardie,
il coulerait sous terre jusqu'en Égypte, et là reparaîtrait
pour mêler ses eaux à celles du Nil. Si je voulais tout dire
et ne rien omettre de ce que rapporte Damis, j'aurais à raconter ce que fit Apollonius au milieu de ces barbares ·
mais il me tarde d'arriver à des faits plus importants et plus
merveilleux Cependant je ne veux pas négliger de faire remarquer ici deux choses d'abord le courage dont fit preuve
Apollonius en s'aventurant ainsi à travers des nations barbares, adonnées au brigandage, et qui n'étaient pas encore
soumises aux Romains, puis la pénétration qui lui fit, à la
manière des Arabes, comprendre la voix des animaux C'est
un secret qu'il apprit en voyageant parmi les Arabes, les
hommes du monde qui le connaissent le mieux et savent le
mieux s'en servir. Chez ce peuple, en effet, il n'est presque
personne qui n'entende les oiseaux prédire l'avenir aussi
bien que les devins ; on y acquiert le talent de comprendre
les animaux en mangeant, selon les uns, le cœur, selon les
autres, le foie d'un dragon.

XXI. Apollonius ayant passe Ctésiphon, et étant entré
sur le territoire de Babylone, trouva la des gardes éta-

blis par le roi; ou ne pouvait aller plus loin qu'après
avoir déclaré son nom, sa patrie, et le motif de son
voyage. Ces gardes étaient commandés par un satrape,
sans doute un de ceux qu'on appelle les *Yeux du Roi.*
Car le Mède qui venait de monter au trône ne se croyait
pas en sûreté, et, l'esprit toujours préoccupé de dangers réels
ou chimériques, il vivait dans des craintes et dans des ter-
reurs continuelles. Apollonius et ses compagnons sont donc
conduits devant le satrape. Celui-ci venait de faire disposer sa tente sur un char de guerre, et allait partir pour quelque voyage. A la vue de cet homme défait et décharné, il
poussa un cri comme une femme effrayée, se voila la face,
et, le regardant à peine, comme si c'eût été un démon, lui
demanda. «D'où viens-tu, et qui t'a envoyé vers nous? — Je
« viens ici de moi-même, répondit Apollonius; je veux voir
« si, même malgré vous, on peut faire de vous des hommes.
« — Qui es-tu, toi qui viens ainsi sur les terres du roi? —
« Toute la terre est à moi, et j'ai droit d'aller où il me plaît. —
« Il faut me répondre, si tu ne veux pas subir la torture. —
« Je veux bien la subir, pourvu que ce soit de vos mains
« je vous ferai voir que vous aurez touché à un homme »
.L'eunuque fut étonné de l'entendre parler, sans l'aide d'un
interprète, et répondre sans difficulté et sans embarras. «Par
« les Dieux, qui es-tu? » demanda-t-il en changeant de ton,
et cette fois parlant avec douceur. Apollonius reprit · « Eh
« bien! puisque vous m'interrogez maintenant sans rudesse
« et sans dureté, je vais vous répondre Je suis Apollonius de
« Tyane; je vais voir le roi des Indiens, pour m'instruire
« de ce qui se fait chez ce peuple. Je serais heureux de voir
« aussi votre maître; car ceux qui lui ont parlé disent qu'il ne
« manque pas de mérite. N'est-ce pas ce Vardane[1] qui a été

---

[1]. Voyez les *Éclaircissements historiques et critiques.*

« autrefois détrôné, et qui vient de rentrer dans son
« royaume?—C'est lui-même, homme divin : car il y a déjà
« longtemps que le bruit de ton nom est venu jusqu'à
« nous. A un homme sage, notre roi céderait même son
« trône d'or, et il est probable qu'il vous fera conduire,
« chacun sur un chameau, jusque dans l'Inde. Pour moi,
« je veux que tu sois mon hôte, et de toutes ces richesses
« (il montrait ses trésors), je te donne ce que tu vou-
« dras prendre, quand tu voudrais y puiser non pas une
« fois, mais dix fois. » Apollonius refusa d'accepter de l'argent. « Accepte au moins, reprit le satrape, une amphore
« de ce vin de Babylone, dont le roi donne à ses dix satra-
« pes, des rôtis de porc et de chèvre, de la farine, du pain
« et tout ce que tu voudras : car sur la route qu'il te reste a
« parcourir, dans l'espace de plusieurs stades, il n'y a que
« des bourgades ou tu auras de la peine a trouver des pro-
« visions » Puis, après quelques moments de réflexion .
« Grands Dieux ! s'écria l'eunuque, que fais-je? Je sais que
« ce sage ne mange pas de viande et ne boit pas de vin, et
« je lui offre une nourriture épaisse et malséante ! — Il
« dépend de vous , répondit Apollonius, de m'offrir une
« nourriture légère : donnez-moi du pain et des fruits. —Je
« vais te donner du pain levé, de grosses dattes dorées, et
« les divers légumes qui viennent dans les jardins arrosés
« par le Tigre. —J'aime mieux les légumes sauvages que
« les plantes cultivées et qui sont les produits de l'art. —
« Ils valent mieux, dit le satrape, mais l'absinthe qui croît
« en abondance dans les terres autour de Babylone rend
« ces légumes désagréables et amers. » Apollonius finit par
accepter les dernières offres du satrape, et lui dit · « Il est
« bon de bien commencer, comme de bien finir, » voulant
ainsi lui faire regretter les menaces qu'il lui avait faites d'a-
bord et le langage inhumain qu'il avait tenu.

XXII. Apollonius et ses compagnons, étant partis, rencontrèrent à vingt stades de là une lionne tuée dans une chasse. C'était une bête d'une grosseur énorme, et telle qu'on n'en avait jamais vu de pareille. Les habitants du bourg, qui étaient accourus en foule, et les chasseurs mêmes poussaient des cris de surprise, comme à la vue d'une chose extraordinaire, et en effet c'en était une. Quand on ouvrit cette lionne, on trouva dans son corps huit petits Or les lionnes portent six mois, elles ne mettent bas que trois fois pendant leur vie. elles font la première fois trois lionceaux, deux la seconde, un la troisième, et celui-là, je pense, plus grand et plus féroce que les autres. Il ne faut pas ajouter foi à ceux qui disent que les lionceaux viennent au monde en déchirant le ventre de leur mère il semble en effet que la nature ait inspiré aux petits des animaux pour leurs mères, et aux mères pour leurs petits, un amour réciproque en vue de la conservation de l'espèce. Apollonius, après avoir vu cette portée monstrueuse, se tut quelque temps ; puis, s'adressant à Damis «Notre séjour chez le roi « de l'Inde, lui dit-il, sera d'un an et huit mois ' il ne nous « laissera pas partir plus tôt Le nombre des lionceaux nous « fait conjecturer les mois, et la lionne l'année. Il faut com-« parer le complet au complet. — Mais, dit Damis, que si-« gnifient les huit passereaux d'Homère, dévorés à Aulis' « par un dragon, avec leur mère ? Calchas, interprétant ce « songe, prédit que Troie ne serait prise qu'après neuf ans « de siége [1]. Peut-être, d'après Homère et Calchas, notre « voyage doit-il durer neuf ans. — Homère, répond Apol-« lonius, a raison de comparer les passereaux à des années : « car ils sont nés, et ils vivent ; mais des animaux qui ne « sont pas encore complétement formés, qui ne sont pas

[1]. *Iliade*, II, v 307.

« nés, qui ne seraient peut-être jamais venus au monde,
« comment les comparerais-je à des années ? Les monstres
« naissent rarement, ou s'ils naissent, ils meurent vite.
« Croyez-moi donc, et allons prier les Dieux qui nous révè-
« lent ainsi l'avenir. »

XXIII. Comme Apollonius s'avançait vers la terre de Cissie [1] et approchait de Babylone, un dieu lui envoya un
songe. Voici quel était ce songe. Des poissons, jetés sur le rivage, s'y débattaient et faisaient entendre des gémissements
humains ; ils se plaignaient d'être hors de leur demeure habituelle, et suppliaient un dauphin qui nageait près de la
terre de leur porter secours ; ils faisaient pitié comme des
exilés qui se lamentent loin de leur patrie. Ce songe ne
l'effraya nullement, il en vit tout de suite la signification
et la portée ; mais, voulant faire peur à Damis, qu'il savait
un peu timide, il lui dit ce qu'il avait vu, et feignit d'en
être effrayé comme d'un présage sinistre. Aussitôt Damis
de pousser des cris, comme si lui-même avait eu cette vision, et d'engager Apollonius à ne pas pousser plus avant.
« J'ai bien peur, disait-il, que nous ne ressemblions à ces
« poissons, et que nous n'allions chercher notre perte loin
« de notre pays. Nous serons réduits à nous lamenter sur
« une terre étrangère, et, ne sachant comment échapper
« aux derniers périls, il nous faudra tendre des mains sup-
« pliantes vers quelque roi ou quelque prince, qui nous
« méprisera comme les dauphins ont méprisé les poissons.
« —Allons, dit Apollonius en riant, vous n'êtes pas en-
« core philosophe si un tel songe vous fait peur : je vais
« vous dire ce qu'il signifie. La terre de Cissie, où nous
« sommes, est occupée par des Érétriens, que Darius, il y

---

1. La Cissie est le pays de Suse (Susiane). Eschyle (*Perses*, v. 17)
et *Strabon* (liv. XV) parlent d'une ville du nom de Cissia, qui n'est
peut-être pas autre que Suse.

« a cinq cents ans, a transportés d'Eubée en ces lieux [1] ; on
« dit qu'il leur est arrivé, comme aux poissons de notre
« songe, d'avoir tous été pris d'un coup de filet Les Dieux,
« si je ne me trompe, m'ordonnent, à moi qui passe si près
« d'eux, de faire pour eux tout ce qui dépendra de moi
« Peut-être sont-ce les âmes des Grecs condamnés à cet
« exil qui m'inspirent la pensée d'être utile aux habitants
« de ce pays Détournons-nous donc un peu de notre route,
« et informons-nous seulement du puits auprès duquel ils
« résident » On dit que ce puits est plein de bitume, d'huile
et d'eau quand on répand ce qu'on y puisé, ces trois li-
quides se séparent l'un de l'autre. Le voyage d'Apollonius en Cissie est attesté par sa lettre au sophiste de Clazomène [2] · en effet, telle était sa bonté, tel était son zèle,
qu'après avoir vu les Erétriens il songea au sophiste de
Clazomène, et il lui écrivit ce dont il avait été témoin et ce
qu'il avait fait pour ces malheureux , en même temps il lui
recommandait, quand il réciterait son *Discours sur les Érétriens*, de ne pas épargner même les larmes

XXIV. Ce que nous venons de dire au sujet des Érétriens s'accorde avec la relation de Damis. Ils habitent dans
la Médie, non loin de Babylone, à une distance d'un jour
de marche pour un coureur. Il n'y a pas de villes dans la
Cissie; on n'y trouve que des bourgades, et des populations
nomades qui ne descendent de cheval que rarement. Les
Érétriens sont établis au centre de la Cissie, ils se sont en-

---

1. Hérodote (liv. IV; ch. 119), dit en effet que Datis et Artapherne
envoyèrent à Suse (c'est-à-dire à Cissia), comme esclaves, tous les habitants d'Érétrie, l'une des principales villes de l'Eubée.
   2. Ce sophiste de Clazomène est un certain Scopélianus qui eut quelque célébrité dans le 1er siècle de l'ère chrétienne, et sur lequel Philostrate donne quelques détails dans ses *Vies des sophistes* (I, 21). A la
fin du chapitre suivant, Philostrate donne un fragment de la lettre que
lui écrivait Apollonius.

tourés d'un large fossé, qu'ils ont rempli d'eau en détour-
nant le cours d'un fleuve, et cela, dit-on, afin de se mettre
en sûreté contre les incursions des barbares de la Cissie.
Toute cette terre est arrosée d'eaux bitumineuses, dont l'a-
mertume rend le terrain peu propre aux plantations. Les
hommes n'y ont pas une longue vie : le bitume, mêlé à
l'eau qu'ils boivent s'attache à leurs entrailles. Ils tirent
leur nourriture d'une colline qui est sur la limite de leur
bourg, et qui s'élève au-dessus de la plaine infertile; ils
l'ensemencent comme un champ. Selon la tradition répandue dans le pays, le nombre des Érétriens faits prisonniers
par les Perses était de sept cent quatre-vingts; tous n'étaient
pas en état de porter les armes, car il y avait dans ce
nombre des femmes, des vieillards et sans doute aussi des
enfants. La plus grande partie de la population d'Érétrie
s'était enfuie sur le mont Capharée et sur les plus hautes
montagnes de l'Eubée. Il n'y eut que quatre cents hommes,
et peut-être dix femmes, qui furent transportés en Cissie;
les autres périrent pendant le voyage de l'Ionie et de la
Lydie à la haute Asie. La colline leur ayant fourni des car-
rières, et plusieurs d'entre eux étant habiles ouvriers, ils
bâtirent des temples à la manière des Grecs, tracèrent une
agora suffisante pour la réunion d'un si petit nombre
d'hommes, et dressèrent deux autels à Darius, un à Xerxès
plusieurs à Daridée[1]; ce prince régna quatre-vingt-huit
ans, d'après le calcul des Grecs, après la captivité des
Érétriens. Sur leurs tombeaux on lit : « Un tel, fils d'un
tel; » les caractères sont grecs, mais nos voyageurs disent
qu'ils n'en avaient pas encore vu de semblables. Ils ajou-
tent qu'ils ont vu encore des vaisseaux sculptés sur les
tombes de ceux qui, en Eubée, avaient été bateliers, pê-

---

1. Voyez les *Éclaircissements historiques et critiques.*

cheurs de coquillages, ou qui avaient fait le commerce maritime ou celui des étoffes de pourpre. Voici une élégie qu'ils
lurent sur la tombe de quelques marins et de leurs pa-
trons :

> « Nous qui jadis fendions les flots de la mer Égée, nous re-
> « posons au milieu du pays d'Ecbatane Adieu, Érétrie,
> « autrefois notre gloire ! Adieu, Athènes, voisine de l'Eubée,
> « et toi, mère chérie, adieu ! »

Damis rapporte qu'Apollonius releva et ferma de ses propres mains les tombeaux qui étaient tombés en ruine,
qu'il fit aux mânes des libations et leur apporta toutes les
offrandes prescrites, mais sans immoler de victimes et sans
verser de sang. Puis, les larmes aux yeux, et saisi d'enthousiasme, il s'écria au milieu de toutes ces tombes « O vous,
« que le sort a conduits en ces lieux, Érétriens, si vous
« êtes éloignés de votre patrie, du moins vous avez une se-
« pulture, et ceux qui vous ont arrachés à vos demeures
« ont péri, dix mois après votre enlevement, non loin de
« votre île [1], et sont restés sans sépulture Et ce qu'ils ont
« souffert dans le golfe d'Eubée est une marque de la co-
« lère des Dieux. » A la fin, de sa lettre au sophiste de Clazomène, Apollonius dit encore « O Scopélianus ! dans ma
« jeunesse je me suis interessé a vos Érétriens, et j'ai fait
« tout ce qui a été en mon pouvoir en faveur de ceux
« d'entre eux qui étaient morts et de leurs descendants »
Ce qu'il fit pour les vivants, il nous reste à le dire. Quand
les Érétriens avaient bien ensemencé leur colline, les Barbares voisins venaient en été et emportaient la moisson, et
ceux qui avaient eu tout le mal se trouvaient réduits à la
famine. Dès qu'il fut arrivé auprès du roi, Apollonius fit

---

1. Allusion à la bataille de Salamine.

prendre des mesures pour que les Érétriens pussent jouir
seuls de leur récolte.

XXV. Quant au séjour d'Apollonius à Babylone [1] et à ce
qui concerne cette ville, voici ce que je trouve dans les auteurs. Les murailles de Babylone ont quatre cent quatre-
vingts stades de tour, un plèthre et demi de hauteur, et un
demi-plèthre d'épaisseur[2]. L'Euphrate la traverse et la coupe
en deux parties à peu près égales; sous le lit de ce fleuve
il y a une galerie souterraine, qui fait communiquer ensemble secrètement les habitations royales qui sont sur les
deux rives. On dit qu'une ancienne reine de Babylone,
Mède de naissance[3], joignit ainsi les deux rives du fleuve
par des moyens jusqu'alors inconnus. Elle fit amasser sur
les rives des pierres, du cuivre, de l'asphalte, et tout ce
dont se servent les hommes pour les constructions exposées à l'eau. Le fleuve fut ensuite détourné dans un lit pro-
visoire, et, l'ancien lit étant resté à sec, on creusa un fossé
de deux brasses, afin qu'on pût par là, comme par terre,
pénétrer dans les palais des deux rives; la voûte de cette
galerie fut faite de niveau avec le fond du lit de l'Euphrate;
puis, quand les fondations et les murs furent terminés,
comme le bitume a besoin d'eau pour prendre la solidité de
la pierre, l'Euphrate fut ramené dans son lit, au-dessus de
cette voûte encore humide, et la galerie prit consistance.
Les palais des rois de Babylone sont couverts en cuivre, ce
qui les fait étinceler au loin; les chambres des femmes, les
appartements des hommes et les portiques ont, au lieu de

1. Voyez les *Éclaircissements historiques et critiques.*

2. D'après des appréciations qui sont nécessairement approximatives,
le plèthre correspond à 31 mètres, le stade à un hectomètre et 85 mètres. (Voyez Alexandre, *Dictionnaire grec-français, Tableaux des mesures
de longueur,* etc.)

3. Sémiramis.

peintures, des décorations en argent, en or plaqué ou même
en or massif Les desseins de leurs tapisseries sont empruntés aux traditions des Grecs; on y trouve des Andromèdes,
des Amymones, et la figure d'Orphée y revient sans cesse.
Les Babyloniens aiment beaucoup Orphée, peut-être en
considération de sa tiare et de ses braies; car ce ne peut
guère être à cause des chants et des accords par lesquels il
charmait les hommes. On voit aussi sur ces tapisseries
Datis saccageant l'île de Naxos, Artapherne assiégeant
Érétrie, et les prétendues victoires dont s'enorgueillissait
Xerxès c'était par exemple la prise d'Athènes, le passage
des Thermopyles, et, ce qui est encore plus dans le goût des
Mèdes, les fleuves taris, la mer enchaînée, et le mont
Athos percé. Damis dit encore être entré avec Apollonius
dans une salle dont la voûte, faite en dôme, représentait le
ciel · cette voûte était en saphir, pierre qui, par sa couleur
bleue, imite en effet celle du ciel ; tout en haut étaient
sculptées en or les statues des dieux adorés dans ce pays,
qui semblaient planer au milieu des airs. C'est là que le roi
rend la justice : aux quatre coins de la voûte étaient suspendues quatre bergeronnettes, pour lui rappeler Némésis,
et l'avertir de ne pas se croire plus qu'un homme. Les
mages qui fréquentent le palais disent avoir eux-mêmes
mis en cet endroit ces figures symboliques, qu'ils appellent
les langues des dieux.

XXVI Sur les mages, Apollonius n'a dit que le nécessaire, à savoir qu'il s'est entretenu avec eux, et qu'il les a
quittés après avoir appris d'eux différentes choses, et leur
en avoir enseigné d'autres. Quant aux entretiens qu'il eut
avec les mages, Damis ignore ce qu'ils purent être car,
lorsque Apollonius allait trouver les mages, il lui défendait
de le suivre. Damis dit seulement qu'il se rencontrait avec
les mages à midi et à minuit, et qu'un jour qu'il demandait :

3

« Que faut-il penser des mages ?» il n'obtint pas d'autre réponse que celle-ci : « Ils savent beaucoup de choses, mais il y en a qu'ils ignorent »

XXVII Du reste, nous reviendrons sur ce sujet. Comme Apollonius entrait à Babylone, le satrape chargé de la garde de la grande porte, apprenant qu'il venait pour visiter la ville, lui fit remarquer une statue d'or du roi, devant laquelle on était obligé de s'agenouiller, si l'on voulait être admis dans l'intérieur. Les ambassadeurs de l'empereur romain sont seuls dispensés de cette cérémonie ; mais un ambassadeur des nations barbares ou un particulier voyageant par curiosité, s'il refusait de s'agenouiller devant l'image royale, était considéré comme infâme, et on ne le laissait pas entrer. Telles sont les occupations misérables qui, chez les barbares, semblent réclamer les soins d'un satrape. Quand Apollonius eut vu la statue, il demanda quel était cet homme. « C'est le roi, lui répondit-on. — Cet homme, devant qui « vous vous prosternez, si seulement il obtient que je dise « de lui que c'est un homme de bien, il sera fort honoré. » Et en disant ces mots, il passa la porte. Le satrape étonné le suivit, et, le prenant par la main, lui demanda par l'intermédiaire d'un interprète, son nom, son pays, sa profession, et le but de son voyage. Puis, après avoir inscrit sur son registre les réponses d'Apollonius avec son signalement, il lui dit d'attendre Il courut de ce pas chez les personnages qu'on appelle les *Oreilles du roi*, leur décrivit Apollonius, et leur dit qu'il refusait d'adorer le roi et ne ressemblait en rien aux autres hommes. On lui ordonna de l'amener, mais avec des égards et sans violence.

XXVIII. Lorsque Apollonius fut en leur présence, le plus ancien lui demanda pourquoi il méprisait leur roi. « Je ne « le méprise pas encore, répondit Apollonius. — Est-ce à « dire que vous vous proposez de le mépriser ? — Oui,

« certes, si je me trouve en rapport avec lui et que je ne voie
« pas en lui un homme de bien. — Quels présents lui ap-
« portez-vous ? — Le courage, la justice et toutes les vertus.
« — Supposez-vous qu'il ne les a pas ? — Je ne suppose
« rien ; mais, s'il les a, je lui apprendrai à s'en servir. — C'est
« en s'en servant qu'il a recouvré ce royaume, après l'avoir
« perdu, et qu'il a relevé ce grand édifice non sans peine
« ni sans difficulté. — Combien y a-t-il de temps qu'il est
« remonté sur son trône ? — Nous entrons dans la troi-
« sième année, il s'en est déjà écoulé deux mois[1]. » Alors
Apollonius, selon sa coutume, élevant sa pensée et ses discours . « O gardiens de la personne du roi, ou quel que soit
« votre titre, Darius, père de Cyrus et d'Artaxerxe, qui, si
« je ne me trompe, a occupé ce trône pendant soixante ans[2],
« sentant sa mort prochaine, offrit, dit-on, un sacrifice à la
« Justice, et l'invoqua en ces termes. « O ma maîtresse, quelle
« que vous soyez ! » il montrait ainsi qu'il désirait depuis
« longtemps la justice, mais ne la connaissait pas, et ne
« croyait pas la posséder. Or il sut si peu élever ses enfants
« qu'ils prirent les armes l'un contre l'autre, que l'un fut
« blessé, et l'autre tué par son frère. Et vous voulez que
« votre roi, qui n'a pour ainsi dire pas eu le temps de s'as-
« seoir sur le trône, réunisse toutes les vertus, qu'il en soit
« le modèle ! Cependant, s'il devient meilleur, c'est vous
« qui trouverez à y gagner, et non moi. » Le barbare se
tournant alors vers son voisin : « Cet homme, dit-il, nous
« est envoyé comme un présent par quelqu'un des dieux.
« Sa vertu, mise en rapport avec celle du roi, rendra notre
« prince encore plus honnête, plus modéré et plus ai-
« mable ; car toutes ces qualités se peignent sur les traits
« de cet étranger. » Aussitôt ils entrèrent dans le palais,

1. Voyez les *Éclaircissements historiques et critiques*.
2. Voyez les *Éclaircissements historiques et critiques*.

pour annoncer à tous qu'il y avait à la porte un sage grec,
qui promettait un excellent conseiller.

XXIX La nouvelle en vint au roi comme il sacrifiait,
assisté des mages, car ils président aux cérémonies sacrées.
S'adressant à un d'entre eux, il lui dit . « Voici l'accom-
« plissement du songe que j'ai eu cette nuit, et que je vous
« ai rapporté quand vous êtes venu à mon lever. » Le roi
avait rêvé qu'il était Artaxerxe, fils de Xerxès, qu'il avait
pris la taille et la figure de ce roi, et il craignait que ce changement dans sa personne ne présageàt quelque changement
dans ses affaires Dès qu'il apprit qu'il était visité par un
sage grec, il se rappela l'Athénien Thémistocle qui,. après
après avoir quitté la Grèce, vint. trouver Artaxerxe et lui
rendit des services comme il en reçut des bienfaits. « Faites-
« le monter, dit-il; car il ne saurait entrer en relation avec
« moi dans de meilleures circonstances que celles d'un com-
« mun sacrifice et de communes prières. »

XXX Apollonius entra accompagné d'une foule de courtisans qui espéraient ainsi plaire au roi car le roi avait paru
heureux de l'arrivée de cet étranger. En traversant les
diverses salles du palais, Apollonius ne porta ses regards
sur aucun des objets qu'on a coutume d'admirer ; il passa
avec l'indifférence d'un voyageur sur une route, et causant
avec Damis, il lui dit « Vous me demandiez dernièrement
« le nom de cette femme de Pamphylie qui, dit-on, fut l'é-
« lève de Sapho, et composa sur les modes ionien et pam-
« phylien les hymnes que l'on chante à Diane Pergéenne [1].
« — Je vous l'avais en effet demandé, mais vous ne me l'a-
« vez pas dit. — C'est vrai, mon ami; mais je vous ai expli-
« qué les modes et les noms de ces hymnes, et je vous ai
« montré comment le mode éolien, en se transformant, est

1. C'est la Diane adorée à Perga, ville de Pamphylie.

« devenu le mode le plus haut de tous, le mode pamphylien.
« Puis nous avons passé à d'autres discours, et vous ne
« m'avez pas redemandé le nom de cette femme poete et
« musicienne. Elle s'appelait Démophile, et l'on dit que,
« comme Sapho, elle eut des femmes pour élèves, et qu'elle
« composa plusieurs poèmes, soit chants amoureux, soit
« hymnes en l'honneur des dieux. Son hymne à Diane est
« inspiré des poésies de Sapho, et se chante sur les mêmes
« modes que ces poésies. » Ainsi Apollonius ne se laissa
pas éblouir par l'appareil de la royauté : loin d'y arrêter les
yeux, il s'entretint d'autres choses, et n'eut pour ainsi dire
de regards que pour ces objets éloignés

XXXI. Le roi le vit venir de loin, car le vestibule du
temple était assez étendu, et dit à ceux qui étaient près de
lui qu'il connaissait déjà cet étranger Dès qu'il fut près de
lui . « Je ne me trompe pas, s'écria-t-il, c'est cet Apollo-
« nius que mon frère Mégabate m'a dit avoir vu à Antioche,
« admiré et vénéré par les gens de bien, et qu'il m'a dé-
« peint tel que je le vois en ce moment. » Quand il l'eut en
sa présence et eut reçu son salut, le roi l'invita en grec à
prendre part à son sacrifice il se proposait de sacrifier au
Soleil un cheval blanc, du plus haut prix, de la race ni-
séenne, qui avait été couvert de harnais magnifiques comme
pour une fête. « O roi, lui dit Apollonius, vous pourrez sa-
« crifier à votre manière, mais permettez-moi de sacrifier a
« la mienne. » Et, prenant de l'encens : « Soleil, s'écria-t-il,
« accompagnez-moi aussi loin qu'il vous conviendra et que
« je le désirerai ! Faites-moi la grâce de connaître les bons,
« de ne pas connaître les méchants et de n'être pas connu
« d'eux ! » Après cette prière, il jeta l'encens dans le feu : il
observa de quel côté la flamme montait, de quel côté elle
était plus sombre, combien de pointes elle formait, et en
quels endroits, puis, approchant sa main du côté où le feu .

paraissait le plus pur et le plus favorable : «Maintenant,
« dit-il, ô roi, sacrifiez selon vos rites nationaux ; car les
« miens, les voilà ! » Et il se retira pour ne pas prendre
part à un sacrifice sanglant.

XXXII. Il revint apres le sacrifice et fit au roi cette question : «Possédez-vous parfaitement la langue grecque, ou
« bien n'en savez-vous que ce qui est nécessaire à la con-
« versation, et ne vous en servez-vous que pour être agréa-
« ble aux Grecs qui peuvent vous être présentés? — Je la
« sais aussi bien que celle de mon pays. Vous pouvez me
« dire ce que vous voudrez, car je suppose que c'est pour
« cela que vous m'avez adressé cette question — Précisé-
« ment. Écoutez-moi donc. Le but fixé à mon voyage,
« c'est l'Inde. Mais je n'ai pas voulu passer par votre
« royaume sans m'y arrêter : car on m'avait dit que vous
« êtes un homme, et je le reconnais a votre ongle[1]; d'ail-
« leurs, je désirais connaître la science de vos mages,
« et m'assurer s'ils sont aussi savants qu'on le dit sur les
« choses divines. Pour moi, je professe la doctrine de Py-
« thagore de Samos. J'y ai appris à honorer les Dieux
« comme vous avez vu, a sentir leur présence, qu'ils soient
« visibles ou non, à m'entretenir quelquefois avec eux, et
« a ne porter d'autre étoffe que celle qui est faite avec des
« productions de la terre ce n'est pas la dépouille d'une
« brebis, c'est un vêtement de lin, présent pur d'éléments
« purs, l'eau et la terre. C'est pour suivre les pratiques de
« Pythagore que je laisse croître mes cheveux, comme vous
« le voyez; et c'est encore pour obéir à ses préceptes, que
« je garde mon corps pur de toute nourriture qui a eu vie
« Je ne serai, ni pour vous, ni pour tout autre, un compa-
« gnon de table, de plaisirs et de molle existence; mais si

1. Allusion à un proverbe grec : *A l'ongle on reconnaît le lion.*

« vous êtes préoccupé de quelque difficulté, je suis prêt à
« vous en indiquer la solution; car je sais ce qu'il faut
« faire, et je lis dans l'avenir. » Tels sont, selon Damis, les
discours que tint Apollonius. Apollonius lui-même en a fait
le sujet d'une lettre : il a reproduit dans ses lettres beaucoup d'autres discours tenus par lui en diverses circonstances.

XXXIII. Le roi déclara qu'il était plus heureux et plus
fier de l'arrivée d'Apollonius qu'il ne le serait s'il avait
ajoute à ses richesses celles des Perses et des Indiens. Il se
déclara son hôte et lui ouvrit son palais. Mais Apollonius
lui dit : « O roi! si vous veniez dans ma patrie, à Tyane, et
« que je voulusse vous recevoir dans ma demeure, est-ce
« que vous accepteriez? — Non, sans doute, à moins que
« vous n'eussiez à m'offrir un édifice assez vaste pour me
« recevoir dignement, moi, mes gardes et toute ma suite.
« — Eh bien! je répondrai de même. Si je demeurais dans
« un palais, la disproportion d'une telle demeure avec ma
« condition serait pour moi une gêne : car les sages souf-
« frent plus du superflu que les grands de la privation du
« nécessaire. Je ne veux donc recevoir l'hospitalité que
« d'un simple particulier comme moi, mais je viendrai au
« palais toutes les fois que vous m'appellerez. »

XXXIV. Le roi le laissa libre, pour ne pas l'incommoder
sans le vouloir. Apollonius se logea chez un Babylonien,
homme de bien, et du reste d'une naissance distinguée.
Pendant son repas, un des eunuques qui portent les messages du roi se présente devant lui et lui dit : « Le roi vous ac-
« corde dix grâces, et vous laisse libre de les choisir; il désire
« cependant que vous ne lui demandiez pas des choses de
« peu de prix, car il veut vous donner, à vous et à nous, une
« preuve de sa munificence. » Apollonius accepta les faveurs du roi, et dit: « Quand devrai-je faire mes demandes?

« —Demain. » Et le messager alla trouver tous les parents et
les amis du roi, pour les inviter à se rendre à la séance où
Apollonius ferait ses demandes et serait honoré des bienfaits du roi. Damis nous dit qu'il avait d'abord supposé
qu'Apollonius ne demanderait rien   car il connaissait son
caractère, et il l'avait entendu adresser aux Dieux cette
prière   « Faites, ô Dieux ! que j'aie peu, et que je ne sente
« le besoin de rien » Mais, le voyant pensif et comme
absorbé en lui-même, Damis se dit qu'il ferait quelque
demande, et qu'il y réfléchissait. Quand le soir fut venu,
Apollonius lui dit . « Damis, je suis à me demander com-
« ment il se fait que les barbares croient à la chasteté des
« eunuques et les admettent dans les appartements des
« femmes. — Mais, Apollonius, un enfant en verrait la
« raison   l'opération qui leur a été faite leur a enlevé le
« principe des désirs amoureux, et voilà pourquoi on peut
« leur ouvrir les appartements des femmes, et même, pour
« peu que la fantaisie leur en prenne, les admettre dans
« leur lit. — Que leur a-t-on retranché, selon vous ? la
« faculté d'aimer, ou celle de connaître les femmes ?— Les
« deux. Car si l'on retranchait à tout le monde cette partie
« qui allume le feu de l'amour, personne ne songerait à
« aimer. — Demain, reprit Apollonius, après un moment
« de silence, vous apprendrez que les eunuques sont aussi
« capables d'aimer, et que les désirs, qui entrent dans le
« cœur par la vue, ne sont nullement éteints en eux, mais
« que le foyer en reste toujours chaud et brûlant . car il
« doit arriver quelque chose qui prouvera que votre raison-
« nement n'est pas bon. D'ailleurs, quand les hommes con-
« naîtraient un art assez puissant, assez souverain pour
« extirper de l'esprit toute concupiscence, ce ne serait pas
« une raison pour mettre les eunuques au nombre des per-
« sonnes chastes . car, en supposant qu'ils le soient, ce

« n'est que par force et par impuissance d'aimer. Qu'est-ce
« donc que la chasteté, si ce n'est la resistance aux désirs
« et à l'emportement des sens , si ce n'est l'abstinence vo-
« lontaire et la victoire remportée sur cette sorte de rage
« qu'on appelle la passion? — Nous reviendrons sur ce
« sujet, dit Damis , mais que répondrez-vous demain aux
« offres brillantes du roi? Il serait temps d'y penser Peut-
« être ne demanderez-vous rien , mais prenez garde qu'il ne
« paraisse y avoir quelque orgueil à refuser les bienfaits
« du roi; songez que vous êtes à Babylone, et que nous
« sommes entre les mains du roi. N'allez pas encourir le
« reproche de mépriser le roi. Songez que, si nous avons
« assez de ressources pour aller jusque dans l'Inde, nous
« n'en avons pas assez pour le retour, et que nous n'aurons
« guère de moyen de nous en procurer » C'est ainsi que
Damis mettait toute son adresse à engager Apollonius à ne
pas refuser les faveurs qui lui etaient offertes.

   XXXV Apollonius répondit à Damis en feignant d'abord
de lui fournir des arguments · « Vous oubliez de me citer
« des exemples. Ne pourriez-vous pas me dire qu'Eschine,
« fils de Lysanias, vint en Sicile attiré par les richesses de
« Denys? Que l'or de Sicile détermina Platon à braver trois
« fois Charybde? Qu'Aristippe de Cyrène, Hélicon de Cyzi-
« que et Phyton, exilé de Rhégium, se plongèrent si bien
« dans les trésors de Denys que c'est à peine s'ils s'en pu-
« rent tirer? Et Eudoxe de Cnide, lorsqu'il alla en Égypte,
« n'avoua-t-il pas qu'il n'avait pas eu d'autre motif que
« l'argent pour faire ce voyage, et ne fit-il pas marché avec
« le roi? Sans relever un plus grand nombre de ces petites
« faiblesses, ne dit-on pas que l'Athénien Speusippe avait à
« un tel point la passion de l'or, qu'il alla en Macédoine, aux
« noces de Cassandre, et qu'il y récita en public, moyen-
« nant salaire, quelques froides pièces de vers composées

« pour cette circonstance? Voulez-vous que je vous le dise,
« Damis? Le sage est exposé à de plus grands périls que
« ceux qui vont sur mer ou à la guerre. L'envie s'attache à
« lui, qu'il se taise ou qu'il parle, qu'il se roidisse ou se
« relache, qu'il neglige une chose ou qu'il la recherche,
« qu'il aborde quelqu'un ou qu'il passe sans l'aborder. Le
« sage doit être cuirassé contre l'amour de l'or; il doit son-
« ger que, s'il se laisse vaincre par la paresse, par la colère,
« par l'amour, par le vin, s'il cède à quelque autre folie du
« moment, on lui pardonnera peut-être encore, mais que
« s'il est esclave de l'or, il n'y a pas pour lui de pardon à
« espérer, il devient odieux à tout le monde, comme
« un homme chargé de tous les vices : on se demande en
« effet pourquoi il se laisserait dominer par l'amour de
« l'or, s'il ne s'était laissé dominer par le goût de la bonne
« chère, de la toilette, du vin et des femmes Peut-être
« vous imaginez-vous qu'une faute commise a Babylone
« tire moins à conséquence qu'une faute commise à Athè-
« nes, à Olympie où à Delphes Vous ne savez donc pas que
« pour le sage la Grèce est partout, que pour lui il n'y a pas
« de pays desert ni barbare, parce qu'il vit sous les regards
« de la Vertu, et que, s'il porte ses yeux sur un petit nom-
« bre d'hommes, des milliers d'yeux sont fixés sur lui? Je
« suppose, Damis, que vous soyez dans la compagnie de
« quelque athlète, qui s'exerce soit à la lutte, soit au pan-
« crace. S'il avait à combattre à Olympie, ou s'était trans-
« porté en Arcadie, vous lui diriez de se conduire en homme
« de cœur, si les jeux Néméens ou les jeux Pythiques,
« allaient s'ouvrir, ces jeux les plus illustres et les plus
« estimés des jeux de ceux de toute la Grèce, vous l'enga-
« geriez à se bien préparer à entrer en lice; mais, je vous
« le demande, si Philippe célébrait ses jeux Olympiques à
« l'occasion de la prise de quelques villes, ou si son fils

« Alexandre instituait quelque jeux gymniques après une
« de ses victoires, conseilleriez-vous a votre ami de ne
« pas se préparer à disputer le prix et de dédaigner ce prix
« parce qu'il devrait être décerné à Olynthe, en Macédoine,
« ou en Égypte, et non chez les Grecs et dans leurs stades? »
Damis nous dit que ces discours le firent rougir des conseils qu'il avait donnés à Apollonius, et qu'il lui demanda
pardon de ses conseils, dont l'idée ne lui était venue que
parce qu'il ne connaissait pas encore bien son maître.
« Allons, du courage! reprit Apollonius. Ce que j'ai dit
« n'est pas pour vous faire un reproche, mais pour vous
« donner une idée de mon caractère. »

XXXVI. Le jour suivant, l'eunuque vint dire à Apollonius que le roi le faisait appeler « J'irai, dit-il, quand j'au-
« rai terminé ce que je dois aux Dieux. » Lorsqu'il eut
achevé son sacrifice et ses prières, il partit, et sur son chemin il fut, par son extérieur, l'objet de la curiosité et de
l'admiration générale. Dès qu'il fut entré, le roi lui dit :
« Je vous accorde dix grâces, comme à un homme supé-
« rieur à tous ceux qui nous sont venus de Grèce — Je
« n'en demanderai qu'une, répondit Apollonius, mais celle-
« là, je l'estime plus que mille autres, et je la demanderai
« avec instance. » Puis il se mit à raconter l'histoire des
Érétriens depuis Datis. « Je demande que ces malheureux
« ne soient pas inquiétés sur les limites de leur colline,
« mais qu'ils puissent en paix habiter le morceau de terre
« que leur a donné Darius : il serait trop cruel qu'après
« avoir été privés de leur territoire ils ne pussent même
« pas posséder celui qu'on leur a donné en échange. — J'y
« consens, dit le roi. Jusqu'à hier les Érétriens étaient les
« ennemis de mes pères et les miens, ils nous avaient atta-
« qués, et ils ne recevaient aucune protection, pour que
« leur race s'éteignît. Désormais je les compterai au nombre

« de mes amis, et je leur donnerai, pour régler les affaires
« de leur pays, un satrape que je choisirai parmi mes meil-
« leurs serviteurs. Mais pourquoi ne voulez-vous pas accep-
« ter les neuf autres grâces ? — O roi ! c'est parce que je ne
« me suis pas encore fait d'amis dans ce pays. — Et vous,
« est-ce que vous êtes au-dessus de tout besoin ?—Oh ! non,
« j'ai besoin de fruits et de pain pour me régaler et festiner
« selon mes goûts. »

XXXVII. Comme il parlait ainsi, le palais retentit de cris
poussés par les eunuques et les femmes. On venait de surprendre un eunuque en flagrant délit avec une des concu-
bines du roi, et les gardiens de l'appartement des femmes le
traînaient par les cheveux, comme c'était l'usage pour les
esclaves du roi. Le plus ancien des eunuques déclara que
depuis longtemps il s'était aperçu de l'amour du coupable
pour cette femme ; qu'il lui avait défendu de lui parler, de
lui toucher le cou ou la main, et de la soigner à l'exclusion
des autres, et qu'il venait de le surprendre avec elle et con-
sommant son crime. Apollonius jeta un coup d'œil à Damis,
comme pour lui dire : « N'avais-je pas raison de prétendre
« que les eunuques sont capables d'amour ? » Alors le roi
dit à ceux qui l'entouraient : « Il ne conviendrait pas qu'en
« présence d'Apollonius nous nous fissions juges en matière
« de tempérance : il est meilleur juge que nous. Dites-nous,
« Apollonius, quel châtiment mérite cet homme. — Et quel
« autre peut-il mériter que de vivre ? » Cette réponse surprit tout le monde. Le roi rougit : « Eh quoi ! s'écrie-t-il,
« vous ne croyez pas digne de mille morts celui qui a ainsi
« osé souiller mon lit ? — Aussi n'ai-je pas le dessein de lui
« pardonner, mais de le punir, et de la manière qui lui sera
« le plus sensible. Laissez-le vivre malade et impuissant à
« satisfaire ses désirs ; certes, il ne trouvera de plaisir ni
« dans les repas, ni dans les spectacles qui feront votre joie

« et celle de vos amis, mais souvent, pendant son sommeil,
« il se réveillera en sursaut avec des battements de cœur,
« comme il arrive, dit-on, à ceux qui aiment. Et quelle
« souffrance pourrait le consumer aussi misérablement ?
« quelle faim pourrait ainsi lui déchirer les entrailles ? Il
« faudra qu'il aime bien la vie, ô roi ! pour ne pas vous
« prier d'abréger ses jours, ou pour ne pas se donner la
« mort, en deplorant de n'avoir pas été assez heureux pour
« mourir aujourd'hui. » C'est ainsi qu'Apollonius sut, dans
son avis, allier la douceur à la prudence. Le roi suivit cet
avis, et fit grâce de la mort à l'eunuque.

XXXVIII. Un jour que le roi devait aller à la chasse dans
un de ces parcs où les barbares renferment des lions, des
ours et des panthères, il invita Apollonius à chasser avec
lui. « Vous avez oublié, ô roi ! lui répondit Apollonius, que
« je n'assiste pas même à vos sacrifices. D'ailleurs, je ne
« vois pas l'agrément qu'il y a à s'attaquer à des bêtes mal-
« traitées et tenues en esclavage contrairement a leur
« nature. » Une autre fois le roi lui demanda le moyen
d'affermir et d'assurer son pouvoir : « C'est, répondit-il,
« d'honorer beaucoup de vos serviteurs, et de n'avoir con-
« fiance qu'en un petit nombre. » Le gouverneur de Syrie
avait envoyé au roi une ambassade au sujet de deux ou trois
villages près du Pont de l'Euphrate, il disait que ces villages
avaient été autrefois sous la domination d'Antiochus et de
Séleucus ; qu'ils étaient en ce moment soumis au roi, bien
qu'appartenant aux Romains ; qu'ils n'avaient rien à souffrir des Arméniens ni des Arabes, mais que le roi, dépassant
les limites de son vaste royaume, en tirait un revenu comme
s'ils étaient à lui et non aux Romains Le roi fit retirer les
députés et dit à Apollonius : « Ces villages, les rois dont
« les noms viennent d'être prononcés les ont cédés a mes
« ancêtres pour l'entretien des bêtes sauvages que nous

« prenons et que nous envoyons au delà de l'Euphrate;
« mais les Romains font semblant de l'avoir oublié et veu-
« lent changer d'une manière injuste ce qui était établi.
« Que pensez-vous de cette ambassade? — J'y trouve, ré-
« pondit Apollonius; de la modération et de la justice,
« puisque, pouvant même malgré vous garder des villages
« qui sont dans leurs États, ils aiment mieux les tenir de
« votre consentement. » Il ajouta « qu'il ne fallait pas, pour
« des villages moins considérables que d'autres, qui appar-
« tiennent à de simples particuliers, entreprendre la guerre
« contre les Romains ; il faudrait au contraire l'éviter,
« même pour de plus grands objets. » Le roi étant tombé
malade, Apollonius lui parla de l'âme si souvent et d'une
manière si divine, que le roi s'en trouva tout réconforté, et
dit à ceux qui l'entouraient : « Apollonius m'a enseigné à
« ne tenir ni au trône, ni même à la vie »

XXXIX. Le roi montrait un jour à Apollonius la galerie
souterraine de l'Euphrate, et lui demandait : « Que pensez-
« vous de cette merveille? » Apollonius, pour réprimer le
faste de ces paroles, lui dit : « La vraie merveille, ô roi! ce
« serait si vous pouviez traverser à pied un fleuve aussi
« profond et aussi peu guéable que celui-ci. » Et, comme
le roi lui montrait les murailles d'Ecbatane et disait : « C'est
« une demeure de Dieux. — De Dieux, je le nie, répondit
« Apollonius, d'hommes, je ne le crois pas : les Lacédémo-
« niens, eux, n'ont pas de muraille à leur ville. » Une autre
fois le roi avait vidé un procès qui intéressait plusieurs villages, et se vantait auprès d'Apollonius d'avoir tout terminé
en deux jours. « Vous avez mis du temps, lui dit Apollonius,
« à voir ce qui était juste. » D'immenses sommes d'argent
lui étant venues des pays soumis à son empire, il ouvrit ses
trésors à Apollonius et les lui montra, essayant de faire
naître en lui le désir de l'or; mais Apollonius, sans s'éton-

ner, lui dit « Tout cela, ô roi ! pour vous ce sont des ri-
« chesses, mais, pour moi c'est de la paille. — Que dois-je
« faire, demanda le roi, pour en faire un bon usage ? — Les
« employer, car vous êtes roi. »

XL. Apollonius tint encore devant le roi plusieurs discours
du même genre ; puis, le voyant disposé à suivre ses préceptes, et ayant tiré de ses entretiens avec les mages tout
ce qu'il en pouvait attendre, il dit à Damis « Allons, par-
« tons pour l'Inde. Les voyageurs qui abordaient chez les
« Lotophages [1], après avoir goûté du lotos, oubliaient leur
« patrie : et nous, bien que cette terre ne produise rien de
« semblable, nous nous y arrêtons plus longtemps qu'il ne
« faut et qu'il n'est convenable. — Je suis tout a fait de
« votre avis, dit Damis ; mais j'attendais que le temps fixé
« par le présage de la lionne fût accompli Or il ne l'est pas
« encore, car il n'y a qu'un an et quatre mois que nous
« sommes ici. Si nous partions maintenant, n'aurions-nous
« pas à nous en repentir ? — Soyez tranquille, le roi ne
« nous laissera pas partir avant que le huitième mois soit
« écoulé : vous voyez comme il est bon, comme il mérite-
« rait mieux que de régner sur des barbares ! »

XLI. Lorsque enfin Apollonius eut pris la résolution de
partir, et que le roi lui eût donné son congé, il se ressou-
vint qu'il avait différé les grâces royales jusqu'au jour où il
aurait des amis, et il lui dit · « O le meilleur des rois ! je
« n'ai rien fait pour mon hôte, et je dois une récompense
« aux mages ; je vous prie d'acquitter envers eux la dette
« de ma reconnaissance   ce sont des hommes savants, et
« qui vous sont entièrement dévoués. » Le roi, transporté de
joie, lui répondit : « Je vous les ferai voir demain, magni-
« fiquement récompensés et capables d'inspirer l'envie.

---

1. Allusion à un épisode de l'*Odyssée* (liv. IX, v. 84 et suiv.)

« Mais, puisque vous n'avez besoin pour vous-même de
« rien de ce que je puis donner, souffrez que ces gens re-
« çoivent de moi quelque argent et ce qu'ils pourront dé-
« sirer. » En disant ces mots, il désignait Damis et les
autres compagnons d'Apollonius, mais ceux-ci refusèrent.
Alors Apollonius · «Vous voyez, ô roi ! combien j'ai de mains,
« et comme elles se ressemblent toutes — Au moins, dit le
« roi, acceptez un guide pour vous conduire et des cha-
« meaux pour vous porter : car le voyage est trop long
« pour que vous le puissiez faire à pied. — Cela, je l'ac-
« cepte de votre bonté, ô roi ! car on dit que la route est
« trop difficile pour ceux qui n'ont pas de monture ; d'ail-
« leurs le chameau est un animal très-sobre et facile à
« nourrir, même quand le fourrage vient à manquer. Je
« crois qu'il faut aussi faire provision d'eau, et en porter
« dans des outres comme du vin. — Pendant trois jours
« l'eau vous manquera, après cela vous trouverez en abon-
« dance des rivières et des sources. Vous suivrez le chemin
« du Caucase le pays est bien pourvu de vivres, et les
« habitants nous regardent comme des amis. Mais, Apol-
« lonius, quel présent me rapporterez-vous de l'Inde ? — Un
« bien agréable, car si je gagne quelque chose dans le com-
« merce des sages indiens, vous me trouverez meilleur
« qu'aujourd'hui » A cette dernière parole, le roi l'embrassa et lui dit : «Puissiez-vous en effet revenir, me rap-
« portant un présent si précieux ! »

LIVRE II.

I. Ils partirent[1] au commencement de l'été, montés sur
des chameaux ainsi que leur guide. Le roi leur avait donné
un chamelier, et les avait pourvus abondamment de tout
ce dont ils pouvaient avoir besoin. Le pays qu'ils traversèrent était prospère, et dans tous les bourgs où ils passaient, ils étaient très-bien reçus : car les rênes dorées du
premier chameau avertissaient partout que le voyageur était
un ami du roi.

1. Voyez les *Éclaircissements historiques et critiques.*

4

II. En arrivant au Caucase, Apollonius et ses compagnons,
d'après la relation de Damis, remarquèrent que la terre
avait comme un parfum nouveau pour eux. C'est à cette
chaîne de montagnes que, selon nous, commence le Taurus,
qui traverse l'Arménie, la Cilicie, et s'avance jusqu'en Pamphylie et au promontoire de Mycale, en Carie : ce promontoire doit être considéré comme l'extrémité du Caucase, et
non, ainsi qu'on le dit quelquefois, comme son commencement. Il est certain que la hauteur du mont Mycale est
peu considérable, tandis que les sommets du Caucase sont
tellement élevés qu'ils interceptent les rayons du soleil.
Avec l'autre partie du Taurus, le Caucase embrasse toute
la Scythie, qui confine à l'Inde près des Palus Méotides et
sur le côté gauche du Pont, sur un espace de vingt mille
stades : telle est l'étendue des pays qu'enferme un des bras
du Caucase. Quant à ce que nous disons, que notre Taurus
s'étend au delà de l'Arménie, on a pu en douter autrefois,
mais c'est un fait que confirme aujourd'hui la présence des
panthères qui ont été prises dans la partie de la Pamphylie
qui produit les aromates : les panthères, en effet, aiment les
aromates, les sentent de fort loin, et, suivant les montagnes, quittent l'Arménie pour chercher les larmes du sto-
rax, lorsque le vent vient de ce côté et que les arbres distillent leur gomme. On dit même qu'on prit un jour en
Pamphylie une panthère qui avait au cou un collier d'or,
sur lequel étaient écrits ces mots en lettres arméniennes :
« Le roi Arsace au dieu Nyséen. » Arsace était alors roi
d'Arménie : il avait vu, je suppose, cette panthère, et, à
cause de sa grosseur, il l'avait consacrée à Bacchus, que,
dans l'Inde et dans tout l'Orient, on appelle Nyséen, du
nom de la ville indienne de Nysa[1]. Cette bête avait été quel-

1. Bacchus était considéré comme le fondateur de cette ville.

que temps apprivoisée et s'était laissé toucher et caresser;
mais, étant entrée en chaleur au printemps, époque où les
panthères mêmes cèdent à l'amour, elle était allée chercher
des mâles dans les montagnes, et avait été prise avec son
collier d'or dans le bas Taurus, où l'avait attirée l'odeur des
aromates Le Caucase marque la frontière de l'Inde et de
la Médie, et, par un autre bras, descend jusqu'à la mer
Rouge.

III. Cette chaîne de montagnes est chez les Barbares le
sujet de bien des fables, qui ont été répétées par les poètes
grecs. On dit, par exemple, que Prométhée fut enchaîné en
cet endroit pour avoir trop aimé l'humanité; un Hercule,
différent de l'Hercule thébain, aurait été indigné d'un tel
supplice, et aurait percé de flèches l'oiseau que ce malheureux nourrissait de ses entrailles Selon les uns, Prométhée aurait été enchaîné dans un antre que l'on montre
au pied même d'une de ces montagnes : Damis assure
qu'on peut encore voir ses chaînes attachées au rocher, mais
il est difficile d'en déterminer le métal. Selon les autres, il
aurait été attaché a une montagne qui a deux sommets éloignés l'un de l'autre d'un stade. telle était la taille du géant,
que l'une de ses mains aurait été fixée a l'un des sommets,
l'autre à l'autre. En haine de l'oiseau de Prométhée, les
habitants du Caucase font la guerre aux aigles · chaque
fois qu'ils trouvent une de leurs aires, ils y mettent le feu
en y lançant des torches enflammées; ils disposent contre
eux des piéges; et ils disent venger ainsi Prométhée, tant
cette fable est vivante chez ces montagnards.

IV. D'après leurs récits, nos voyageurs virent en passant
le Caucase des hommes hauts de quatre coudées, dont le
teint était un peu bruni; au delà de l'Indus, ils en trouvèrent d'autres qui avaient cinq coudées. Avant d'arriver à
ce fleuve, ils virent diverses choses qui méritent d'être rap-

portées. Ainsi, comme ils marchaient par un beau clair de lune, une Empuse[1] leur apparut, prenant tantôt une forme, tantôt une autre, et quelquefois devenant tout à fait invisible. Apollonius, sachant ce que c'était, chargea d'imprécations ce fantôme, et dit à ses compagnons d'en faire autant : c'était là, selon lui, le véritable préservatif contre de telles apparitions. Et en effet, le fantôme s'enfuit en poussant des cris aigus comme font les spectres.

V. Comme ils étaient sur le sommet du Caucase, et marchaient à pied à cause des précipices qui bordaient la route, Apollonius dit à Damis : « Dites-moi, Damis, où étions- « nous hier? — Dans la plaine. — Aujourd'hui, où sommes- « nous? — Sur le Caucase, si je ne me trompe. — Quand « étiez-vous dans l'endroit le plus bas? — Cela ne se de- « mande pas : hier nous étions dans une vallée, et nous « voici près du ciel. — Ainsi vous pensez, Damis, qu'hier « nous étions en bas, et qu'aujourd'hui nous sommes en « haut? — Sans doute, à moins que je n'aie perdu l'esprit. « — Quel est donc, selon vous, la différence des deux « routes, et que croyez-vous avoir plus qu'hier? — C'est « qu'hier je marchais dans un chemin battu, et qu'aujour- « d'hui je marche dans un chemin peu fréquenté. — Mais, « Damis, dans une ville, est-ce que l'on ne peut pas, en « s'écartant des grandes rues, marcher dans des chemins « peu fréquentés? — Ce n'est pas ce que je veux dire. Mais « hier, nous voyagions au milieu des habitations des « hommes, aujourd'hui nous nous élevons dans une région « divine, où l'on ne voit guère de trace humaine. Vous « entendez ce que nous dit notre guide : c'est, selon les

---

1. Les anciens appelaient *Empuse* un monstre fantastique qui n'avait qu'un pied (de là son nom, suivant Hésychius); mais qui avait la propriété de prendre diverses formes. — Voyez les *Éclaircissements historiques et critiques*.

« Barbares, le séjour des dieux. » Et en même temps il
levait les yeux vers le sommet de la montagne. Mais Apollonius, le ramenant à ce qu'il avait d'abord voulu lui demander : « Pouvez-vous, dit-il, Damis, me dire ce que vous
« avez compris des choses divines, depuis que vous mar-
« chez ainsi près du ciel? — Rien, je l'avoue. — Quoi! vous
« voici près de cette œuvre immense et divine, et vous
« n'avez pas à émettre d'opinion plus claire sur le ciel,
« sur le soleil, sur la lune, que vous croyez peut-être pou-
« voir atteindre du bout de votre bâton ! — Je ne sais rien
« de plus sur la divinité aujourd'hui qu'hier, et pas une
« idée nouvelle ne s'est présentée à mon esprit sur ce
« sujet. — Alors, Damis, vous êtes toujours dans les basses
« régions, et il ne vous sert de rien d'être sur ces hauteurs ·
« vous êtes aussi loin du ciel aujourd'hui qu'hier. J'avais
« donc raison de vous faire la question que je vous faisais
« tout à l'heure, et que vous avez prise pour une plai-
« santerie. — Cependant, Apollonius, j'espérais descendre
« plus savant de cette montagne car j'avais entendu dire
« qu'Anaxagore de Clazomène, et Thalès de Milet [1] avaient
« observé les choses célestes, l'un du haut du Mimas en
« Ionie, l'autre du haut du Mycale, voisin de sa patrie. On
« dit que le mont Pangée a servi d'école à quelques-uns, et
« le mont Athos [2] à d'autres Et moi, qui ai gravi la plus
« haute de toutes les montagnes, je descendrai sans avoir
« rien appris. — Ce qui vous arrive leur est arrivé, reprit
« Apollonius. En effet, que voit-on de ces observatoires?
« Le ciel plus bleu, les astres plus grands, et le soleil se
« levant du sein de la nuit, mais les bergers et les che-
« vriers en savent autant. Quant aux soins que Dieu prend

---

1. Anaxagore, philosophe du ve siècle avant J.-C.; Thalès, du
vi[e] siècle.

2. Le Pangée, l'Athos, montagnes de Thrace.

« des hommes; au plaisir qu'il goûte à être honoré par eux,
« a ce que c'est, que la justice et la tempérance, voilà ce
« que ne sauraient apprendre à ceux qui gravissent leurs
« cimes ni le mont Athos, ni l'Olympe si célébré des poëtes;
« il faut que ce soit l'âme qui pénètre toutes ces choses,
« l'âme en effet, lorsqu'elle est pure et sans souillure en
« abordant cette contemplation, peut s'élancer bien au-
« dessus du Caucase ».

VI Ayant dépassé la montagne, ils rencontrèrent des
hommes montés sur des éléphants. Ce sont des peuplades
qui habitent entre le Caucase et le fleuve Gophène[1]; elles
sont pauvres et se servent d'éléphants comme de chevaux.
Quelques-uns conduisent des chameaux, dont les Indiens se
servent pour la course, ces animaux font mille stades par
jour sans se reposer. Un Indien, monté sur un chameau,
demanda au guide où ils allaient; ensuite, ayant appris le but
et le motif du voyage, il l'annonça aux autres nomadès; et
poussèrent des cris de joie, invitèrent les voyageurs à s'approcher; puis leur donnèrent du vin qu'ils font avec des
dattes, du miel composé avec le même fruit, et de la chair
de panthères et de lions nouvellement écorchés. Les voyageurs acceptèrent tous ces presents, excepté les viandes, et
traversèrent leur pays; se dirigeant toujours vers l'Orient.

VII. Comme ils prenaient un repas près d'une fontaine,
Damis versa dans une coupe du vin que leur avait donné
les Indiens : « Je vous engage, Apollonius, après une si
« longue abstinence de vin, a faire ici une libation à Jupiter
« Sauveur. Je suppose, bien que vous ne refuserez pas cette
« liqueur, comme vous faites pour le jus de la vigne. » Et
il fit une libation en invoquant Jupiter. « Est-ce que nous
« ne nous abstenons pas, dit Apollonius en souriant,

1. C'est un des affluents de l'Indus.

« même des richesses ? — Sans doute, et vous l'avez sou-
« vent montré. — Eh quoi ! nous ne désirons ni drachme
« d'or ni drachme d'argent, nous résistons a la séduction
« de ce qui fait l'objet des convoitises, non-seulement des
« simples particuliers, mais des rois, et si l'on nous donne
« une pièce fausse, une pièce de cuivre au lieu d'une pièce
« d'or ou d'argent, la recevrons-nous parce que ce n'est pas
« ce que recherchent la plupart des hommes? La monnaie
« des Indiens est en orichalque et en cuivre noir, et c'est la
« monnaie avec laquelle font leurs emplettes tous ceux
« qui viennent dans l'Inde. Eh bien ! Damis, si ces bons no-
« mades m'avaient offert de leur monnaie, et que vous me
« vissiez la refuser, est-ce que vous me presseriez de l'ac-
« cepter, en me faisant observer que j'ai coutume de refuser
« la monnaie que font frapper les Romains et le roi des
« Mèdes, mais que c'est ici un métal différent, à l'usage des
« Indiens ? Si je me laissais gagner par de telles raisons,
« que penseriez-vous de moi ? Ne me prendriez-vous pas
« pour un lâche, pour un déserteur de la philosophie plus
« infâme que le mauvais soldat qui jette son bouclier sur le
« champ de bataille ? Qu'un bouclier soit ainsi perdu, un
« autre pourra le retrouver, qui vaudra bien le premier, à
« ce que dit Archiloque [1]; mais quand la philosophie est
« ainsi honteusement rejetée, le moyen de la reprendre ! Et
« puis, Bacchus ne saurait m'en vouloir, si je m'abstiens
« de toute espèce de vin; tandis que, si je montre que je pré-
« fère le vin de datte au vin de raisin, il s'en indignera,
« j'en suis sûr, et dira que je méprise le don qu'il a fait aux
« hommes. D'ailleurs, ce Dieu n'est pas loin · le guide vous
« a dit que nous approchons de la montagne de Nysa; sur
« laquelle, si je ne me trompe, il fait beaucoup de choses

1. Poète grec du vii° siècle avant J.-C.

« merveilleuses. Enfin, Damis, l'ivresse n'est pas unique-
« ment attachée au jus du raisin, celui des dattes produit
« une fureur toute semblable Nous avons déjà rencontré
« plusieurs Indiens pris de ce vin, les uns dansaient en
« chancelant, les autres chantaient à moitié endormis,
« comme ceux qui chez nous reviennent d'un festin a une
« heure avancée de la nuit. Vous-même, vous voyez bien
« que vous considérez cette boisson comme du vin, puis-
« que vous en faites des libations a Jupiter, et que vous
« accompagnez ces libations des mêmes prières que si vous
« les faisiez avec du vin Ce que je vous en dis, Damis, n'est
« que pour moi, car je ne vous détourne pas de boire de
« cette liqueur, ni vous, ni tous mes compagnons, je vous
« accorderais même bien volontiers l'autorisation de man-
« ger de la chair. Car, pour vous, je ne vois pas l'utilité
« de cette abstinence. Quant a moi, elle me sert a garder le
« vœu que j'ai fait dès l'enfance de vivre en philosophe. »
Damis et ses compagnons furent heureux d'entendre ces
paroles, et ils s'empressèrent de prendre un bon repas,
pensant qu'ils voyageraient avec plus d'entrain s'ils avaient
fait un repas un peu copieux.

VIII Ils passèrent le fleuve Cophène sur des barques,
mais les chameaux le traversèrent a gué, le fleuve n'étant
pas très-profond encore a cet endroit. Ils arrivèrent alors
dans une des provinces soumises au roi de l'Inde · là se
trouve le mont Nysa, qui s'élève et se termine en pointe,
comme le Tmolus en Lydie , il est aisé à franchir, car il est
cultivé et traversé par des routes. Au sommet ils trouvèrent
l'enceinte sacrée de Bacchus, que le Dieu traça lui-même,
dit-on, et qui se compose de lauriers rangés en cercle ; ce
cercle n'a que les dimensions d'une enceinte sacrée d'étendue ordinaire. Autour des lauriers croissent des vignes et
du lierre. Au dedans Bacchus a mis sa statue, il savait que

le temps ferait pousser les arbres, et qu'ils formeraient un
couvert comme il en existe un, assez épais pour que ni la
pluie ni le vent ne pussent le percer La on voit des ser-
pettes, des corbeilles, des pressoirs et tout l'attirail des
pressoirs tous ces instruments sont en or ou en argent, ils
sont consacrés à Bacchus comme dieu des vendanges. La
statue représente un jeune Indien, elle est en pierre blanche.
Lorsqu'il célebre ses orgies et qu'il ébranle le Nysa, toutes
les peuplades de la montagne l'entendent et prennent part a
ses transports.

IX. Sur ce Bacchus les Grecs ne s'entendent pas avec les
Indiens, ni les Indiens entre eux. Nous disons que Bacchus
le Thébain vint dans l'Inde faisant la guerre et célébrant des
orgies : entre autres preuves que nous donnons de ce fait,
nous invoquons l'offrande déposée a Delphes et conservée
dans le trésor de ce temple; c'est un disque d'or indien avec
cette inscription .

BACCHUS FILS DE SÉMÉLÉ ET DE JUPITER
DE RETOUR DE L'INDE
A APOLLON DE DELPHES.

Les Indiens du Caucase et du fleuve Cophène affirment
que Bacchus vint d'Assyrie, et qu'il savait toute l'histoire
du Thébain; ceux qui occupent le pays compris entre l'Indus
et l'Hydraote, et toutes les contrées qui s'étendent au delà
jusqu'au Gange, disent que Bacchus était fils du fleuve Indus, que le Thébain fut son élève et que c'est de lui qu'il apprit à se servir du thyrse et à célébrer des orgies; ils ajou-
tent que ce dernier se disait fils de Jupiter, qu'il prétendait
avoir été gardé vivant dans la cuisse de son père pendant
tout le temps que dure ordinairement la gestation, et avoir

reçu de lui en présent le mont *Méros*[1], voisin de Nysa; enfin, selon eux, le mont Nysa aurait été planté de vignes par des Thébains qui auraient apporté des ceps de leur patrie, et c'est sur cette montagne qu'Alexandre aurait exécuté les orgies bachiques. D'un autre côté, les habitants du mont Nysa nient qu'Alexandre y soit monté. D'après eux, il l'aurait d'abord voulu, poussé par son amour de la gloire et par son goût pour les traditions antiques, mais ensuite il aurait craint que les Macédoniens, retrouvant des vignes après avoir été si longtemps sans en voir, ne vinssent à regretter celles de la patrie ou à désirer du vin, eux qui ne buvaient plus que de l'eau; aussi serait-il passé à quelque distance du mont Nysa, après avoir adressé des prières à Bacchus, et lui avoir offert un sacrifice au pied de la montagne. En parlant ainsi, je sais bien que je vais déplaire à quelques personnes; car les relations des compagnons d'Alexandre sont menteuses sur ce point comme sur bien d'autres. Mais avant tout il me faut respecter la vérité. Si les auteurs de ces relations avaient pensé comme moi, ils n'auraient pas privé Alexandre d'une partie de sa gloire : car, être monté sur le Nysa et y avoir célébré des orgies, comme ils le prétendent, n'est-ce pas là un acte moins grand que de s'être abstenu d'y mettre le pied, afin de contenir son armée?

X. La roche Aorne[2] n'est pas éloignée du mont Nysa. Damis dit ne l'avoir pas vue. C'est qu'elle est à quelque distance de la route, et que le guide craignit de s'écarter si peu que ce fût du droit chemin. Damis rapporte du moins ce qu'on lui en dit : cette roche fut prise par Alexandre; et on l'appelle *Aorne*, non à cause de sa hauteur, qui est de quinze stades (car les oiseaux sacrés volent encore plus haut), mais parce qu'il y a, dit-on, au sommet une cre-

1. Ce mot, en grec, signifie *cuisse.*
2. Ce mot, en grec, signifie *sans oiseau.*

vasse où sont attirés tous les oiseaux qui volent au-dessus
d'elle, comme on en voit une à Athènes dans l'espace qui
s'étend au devant du Parthénon, et dans plusieurs endroits
de la Phrygie et de la Lydie voila pourquoi cette roche est
nommée Aorne, et comment elle justifie ce nom.

XI. Comme ils continuaient leur route vers l'Indus, ils
rencontrèrent un enfant de treize ans environ, monté sur
un éléphant et battant cet animal. Cela les surprit. « Damis,
« dit Apollonius, quel est le devoir d'un bon cavalier ? —
« N'est-ce pas, tandis qu'il est à cheval, de se rendre maître
« de sa monture, de la diriger avec la bride, de la retenir
« quand elle s'emporte, et de prendre garde qu'elle ne tombe
« dans quelque fossé, dans quelque trou, dans quelque bas-
« fond, lorsqu'il passe par un marais ou un endroit bour-
« beux ? — Ne demanderons-nous rien de plus a un bon
« cavalier ? — Il faut encore qu'à une montée il lâche
« les rênes a son cheval, qu'à une descente, au contraire,
« il les resserre, il les ramène à lui, qu'il lui caresse
« quelquefois les oreilles et la crinière, et ne se serve
« pas toujours du fouet. Voila, selon moi, ce que doit
« faire le bon cavalier, et j'applaudirais à un homme qui
« monterait à cheval de cette manière. — Et que doit faire
« le cavalier qui monte un cheval de guerre, et qui com-
« bat ? — Les mêmes choses, Apollonius ; mais il doit de
« plus frapper l'ennemi, parer ses coups, pousser en avant,
« se retirer, faire une charge, accoutumer son cheval à ne
« pas s'effrayer du bruit des boucliers, de l'éclat des cas-
« ques, des accents du clairon, ni des cris des combattants
« Voilà, si je ne me trompe, en quoi consiste l'art de com-
« battre a cheval. — Et que direz-vous de cet enfant qui
« monte un éléphant ? — Je le trouve beaucoup plus admi-
« rable que le cavalier dont nous parlions tout a l'heure ; en
« effet qu'un si petit être soit placé sur un si gros animal,

« qu'il le dirige avec cet aiguillon que vous le voyez lancer
« sur cette bête comme une ancre, qu'il ne s'effraye ni de la
« vue de cet animal, ni de sa hauteur, ni de sa force, cela
« tient du prodige, et je n'y eusse pas cru moi-même, par
« Minerve, si un autre me l'avait dit. — Et combien donne-
« riez-vous pour avoir cet enfant, si l'on voulait vous le
« vendre? — Par Jupiter, je donnerais tout ce que je pos-
« sède. Car se tenir assis, après être monté a l'assaut de cette
« espèce de forteresse, et commander a l'animal le plus
« monstrueux de tous ceux que nourrit la terre, c'est là, se-
« lon moi, la marque d'une nature géoereuse et rare. — Mais
« que feriez-vous de ce garçon, si vous n'achetiez en même
« temps l'éléphant? — Je le mettrais a la tête de ma maison et
« de mes serviteurs, et il leur commanderait bien mieux que
« moi — Vous n'êtes donc pas capable de commander chez
« vous? — Autant que vous, Apollonius, et la preuve, c'est
« que j'ai abandonné ma maison, et que me voici par voies
« et par chemins, comme vous, cherchant à m'instruire et
« à voir ce qui se passe dans les pays étrangers — Je sup-
« pose que vous ayez acheté cet enfant, et que vous ayez
« deux chevaux, un cheval de course et un cheval de
« guerre, le chargeriez-vous des deux? — Peut-être ne le
« chargerais-je que du cheval de course, car je vois souvent
« des enfants sur ces sortes de chevaux. Mais comment
« pourrait-il monter un cheval de guerre et le mener au
« combat? Il ne pourrait, comme les cavaliers, porter le
« bouclier, le casque et la cuirasse. Et la lance, comment
« pourrait-il la manier, cet enfant qui serait embarrassé
« pour lancer une flèche ou un javelot, ce garçon qui bal-
« butie encore, si je ne me trompe? — Concluez-en, mon
« cher Damis, que ce qui gouverne cet éléphant et le con-
« duit, c'est autre chose que cet enfant, qui excite votre ad-
« miration, et que vous êtes tout près d'adorer. — Et quelle

« peut donc être cette autre chose, Apollonius? Car, sur
« l'éléphant, je ne vois que cet enfant, et rien de plus. —
« Cet animal est de tous le plus docile; et lorsqu'une fois il
« a appris à obéir à l'homme, il souffre tout de l'homme, et
« il se fait à toutes ses volontés, il aime à recevoir sa nour-
« riture de la main de l'homme, comme font les petits
« chiens; il le flatte de sa trompe, souffre qu'il mette sa
« tête dans sa gueule, et la tient ouverte autant de temps
« qu'il plaît à l'homme, ainsi que nous l'avons vu chez les
« nomades. On dit que la nuit il lui arrive de déplorer sa
« servitude, non pas avec son cri habituel, mais avec une
« voix triste et lugubre, et que, si l'homme survient tandis
« qu'il se plaint ainsi, l'éléphant se tait, comme par pu-
« deur C'est donc cet animal, Damis, qui se gouverne lui-
« même, c'est sa nature docile qui le conduit, bien plutôt
« que celui qui le monte et le dirige »

XII. Arrivés à l'Indus, nos voyageurs virent, disent-ils,
un troupeau d'éléphants qui traversaient le fleuve; et on
leur dit que, parmi les éléphants, les uns vivent dans les
marais, les autres dans les montagnes, d'autres dans les
plaines On les prend pour la guerre a la guerre, ils portent des tours qui peuvent contenir jusqu'à dix et quinze
Indiens; de ces tours les Indiens lancent des flèches et des
javelots comme du haut des murailles d'une ville. L'éléphant lui-même se sert de sa trompe comme d'une main
pour lancer, lui aussi, des javelots. Autant l'éléphant de
Libye surpasse en hauteur les chevaux niséens, autant l'é-
léphant de l'Inde surpasse celui de Libye. Quant à la longé-
vité des éléphants, plusieurs en ont parlé; mais nos voyageurs nous affirment avoir vu dans Taxiles, la plus grande
des villes de l'Inde, un éléphant que les habitants de ce
pays couvraient de parfums et de bandelettes : c'était un
des éléphants qui avaient combattu pour Porus contre

Alexandre, et qu'Alexandre, par.considération ·pour son ;ar-
deur au combat, avait consacré au .Soleil Il avait autour
des dents ou des cornes, comme vous voudrez dire, des colliers d'or, avec une inscription en lettres grecques conte-
nanf ces mots :

ALEXANDRE FILS DE JUPITER
CONSACRE AJAX AU SOLEIL.

Il avait donné un grand nom a cet éléphant, à cause du
grand cas qu'il faisait de cet animal. Les indigènes calcu-
laient que trois cent cinquante ans s'étaient écoulés depuis
le combat, encore ne comptaient-ils pas l'âge de l'éléphant
au moment de la bataille.

XIII. Le roi de Libye, Juba[1], dit que les Libyens en
étaient venus aux mains autrefois, montés sur des éléphants, dont les uns avaient une tour gravée sur les dents,
les autres n'avaient rien, 'a la tombée de la nuit, les éléphants marqués d'une tour, ayant eu le dessous, s'enfuirent sur le mont Atlas, et Juba prit l'un d'entre eux quatre
cents ans après, la marque qu'il avait sur les dents était
encore parfaitement visible, et le temps ne l'avait pas effa-
cée Le même Juba prétend que ce qu'on appelle les dents
des éléphants sont des cornes, parce qu'elles leur sortent à
l'origine des tempes, qu'elles sont fort éloignées des dents
véritables[2], qu'elles restent comme elles sont venues, et ne
tombent pas, comme les dents, pour repousser ensuite Je ne
saurais admettre ces raisons. Si les cornes ne tombent pas
à tous les animaux, elles tombent aux cerfs et repoussent,

---

1. Juba n'était pas roi de *Libye*, mais de *Mauritanie*. Il avait écrit des
Memoires, aujourd'hui perdus. (1er siècle av. J.-C.)

2. Nous préférons là leçon d'Oléarius à celle de l'édition Didot
(Westermann), qui signifie : « Ils ne les aiguisent contre rien. »

quant aux dents, elles doivent toutes chez l'homme tomber
et repousser, mais aucun autre animal ne perd naturellement les défenses ou les dents canines, ou, s'il vient à les
perdre, elles ne lui reviennent guère, car ce sont autant
d'armes dont la nature a muni les mâchoires. Ce n'est
pas tout les cornes dessinent chaque année un cercle a
leur racine, comme on peut l'observer chez les chèvres, les
moutons et les bœufs, tandis que les dents naissent parfaitement lisses, et si elles ne subissent aucune mutilation,
elles restent telles, car elles tiennent de la pierre par leur
matière et leurs conditions d'existence. De plus, les cornes
ne se trouvent que sur la tête des animaux qui ont l'ongle
fendu ; or l'éléphant a, pour ainsi dire, cinq doigts, et la
plante des pieds fendue en plusieurs endroits, laquelle, n'é-
tant pas unie en un sabot, est toujours souple et comme
humide. Ajoutez que la nature, qui donne des os creux a
toutes les bêtes a cornes, leur donne aussi des cornes creuses,
tandis que les dents des éléphants sont partout également
pleines, à part la petite alvéole qui sillonne le milieu des
dents. Les éléphants de marais ont les dents livides, po-
reuses et difficiles à travailler ; elles ont en plusieurs endroits des creux, ou encore des nœuds qui ne cèdent
guère à l'industrie de l'ouvrier. Les dents des éléphants de
montagnes sont plus petites, mais elles sont assez blanches,
et rien n'y contrarie le travail. Les plus belles dents sont
celles des éléphants de plaine ; elles sont très-grandes,
très-blanches, faciles à travailler, et l'ouvrier en fait tout
ce qu'il veut. Faut-il maintenant dire quelques mots sur le
naturel des éléphants? Ceux qui sont pris dans les marais
sont, d'après les Indiens, stupides et obtus ; ceux des montagnes sont méchants et peu sûrs, et l'homme ne peut se
fier à eux, a moins qu'ils n'aient besoin de lui. Il paraît, au
contraire, que les éléphants de plaine sont bons, dociles, et

portes a l'imitation. On leur fait tracer des lettres ; ils dansent au son de la flûte, battent la mesure, et se meuvent
en cadence

XIV. Un jour Apollonius vit trente éléphants environ
traverser l'Indus, sous la conduite du plus petit d'entre
eux ; les plus grands portaient leurs petits sur les dents
qui avancent, et les retenaient avec leurs trompes comme
avec des cordes « Chose étrange, Damis, que ces animaux
« fassent ces choses sans que personne le leur ait indiqué,
« qu'ils le fassent d'eux-mêmes, par une sorte d'intelli-
« gence naturelle¹ Voyez-vous comme ils portent leurs pe-
« tits après les avoir attachés, comme font les hommes de
« peine qui portent un fardeau? — Je le vois, Apollonius,
« et j'admire comme tout ce qu'ils font est sage et intelli-
« gent Que devient donc la sotte discussion qui s'est en-
« gagée sur ce point . l'affection des parents pour leurs en-
« fants est-elle naturelle ou non? Voici des éléphants qui
« nous crient que c'est un instinct de la nature. A coup
« sûr, ce ne sont pas les hommes qui le leur ont appris,
« entre autres choses, car ceux-ci ne vivent pas encore
« dans la compagnie des hommes, mais c'est bien naturel-
« lement qu'ils aiment leurs petits, qu'ils en prennent soin
« et qu'ils les élèvent — Vous n'avez pas besoin, Damis,
« de parler des éléphants, car c'est, selon moi, le premier
« animal après l'homme pour l'intelligence et la prudence.
« Mieux vaut penser aux ours, les plus féroces des ani-
« maux, qui font tout pour leurs petits ; aux loups, ces
« bêtes toujours avides de carnage, dont la femelle garde ce
« qu'elle a enfanté, et dont le mâle lui apporte tout ce qu'il
« faut pour la nourrir et nourrir sa portée, ou bien encore
« aux panthères, que leur tempérament chaud porte à dési-
« rer de devenir mères, et qui alors veulent commander aux
« mâles, et suivre tous leurs caprices, ce à quoi consentent

« les mâles par amour pour leurs petits. Savez-vous ce
« qu'on dit des lionnes? Elles se font aimer des léopards, et
« les reçoivent dans les couches des lions, puis, quand elles
« sont sur le point de mettre bas, elles s'enfuient vers les
« montagnes et vers les demeures des léopards ; alors elles
« font des petits tachetés, et pour cette raison les cachent,
« et ne leur donnent la mamelle que dans les profondeurs les
« plus secretes des bois, faisant semblant de s'absenter pour
« la chasse, mais si les lions viennent à découvrir ces petits,
« ils les déchirent et les mettent a mort comme des bâtards.
« Vous devez vous rappeler, parmi les lions d'Homère, celui
« qui, à cause de ses petits, lance des regards terribles et ra-
« masse ses forces pour le combat [1]. Et le tigre, cet animal si
« cruel ! voici ce qu'on dit de sa femelle dans cette contree.
« Elle va sur le rivage de la mer Érythrée, et presque jus-
« qu'au bord des vaisseaux pour redemander ses petits : si on
« les lui rend, elle se retire pleine de joie, si on les emporte,
« elle pousse des gémissements sur le rivage, et quelque-
« fois y expire. Qui ne connaît l'instinct des oiseaux ? Les
« aigles et les cigognes ne font jamais leurs nids sans y
« mettre d'abord les uns de la *pierre d'aigle* [2], les autres
« de la pierre lychnite, pour rendre leurs œufs féconds, et
« pour écarter les serpents. Jetons les yeux sur les pois-
« sons Nous ne nous étonnerons pas de voir les dauphins
« tres-attachés a leurs petits, car ils sont naturellement
« bons. Mais les baleines, les phoques, et tous les poissons
« qui mettent au monde des petits vivants, ne nous étonne-
« ront-ils pas davantage ? Que dire, par exemple, de la fe-
« melle d'un phoque, que j'ai vue à Égées, et qu'on gardait
« pour la pêche ? elle fut si affligée de la mort d'un petit
« qu'elle avait mis bas dans sa prison, que, bien qu'apparte-

1 Voyez l'*Iliade*, liv. XVII, v. 133 et suiv.
2. Voyez Pline, *Histoire naturelle*, XXXVII, 1.

5

« nant à une race d'animaux très-vorace, elle refusa pendant
« trois jours toute nourriture. Que dire de la baleine, qui
« cache ses petits dans les profondeurs de sa gorge lors-
« qu'elle fuit devant un danger supérieur à ses forces? On
« a vu une vipère lécher et polir avec la langue les petits
« serpents qu'elle venait de faire. Car, Damis, nous ne de-
« vons pas ajouter foi à cet absurde conte, d'après lequel
« les serpents naîtraient sans mère : la nature s'y oppose,
« et l'expérience le réfute. » Damis lui répondit : « Vous
« êtes donc d'avis d'applaudir à ce vers qu'Euripide prête
« à son Andromaque :

　　« Pour tous les hommes, les enfants c'est la vie. »

« — Oui, certes, j'y applaudis. Car voilà qui est parler
« d'une manière sage et divine. Cependant il aurait mieux
« dit encore, et dit plus vrai, s'il avait parlé de tous les ani-
« maux. — On dirait, Apollonius, que vous voulez corriger
« le vers d'Euripide, et dire :

　　« Pour tous les animaux, les enfants c'est la vie. »

« Et en cela, je pense comme vous, car ainsi le vers a plus
« de sens.

XV. « Mais j'ai une question à vous adresser. Est-ce que
« nous ne disions pas, au commencement de notre entre-
« tien, que les éléphants montrent dans ce qu'ils font de
« l'intelligence et de la prudence? — Et nous n'avions pas
« tort de le dire, Damis. Car, si cet animal n'était gouverné
« par la raison, il ne pourrait subsister, non plus que les
« nations chez lesquelles il se trouve. — Alors, pourquoi
« traversent-ils le fleuve d'une manière si imprudente et si
« dangereuse pour eux? C'est le plus petit qui les guide ;
« ensuite vient un éléphant un peu plus grand, puis un

« plus grand encore, et ce sont tous les plus grands qui
« ferment la marche Ils auraient dû suivre l'ordre con-
« traire : c'était aux plus grands de marcher les premiers,
« et de faire aux autres un rempart de leur corps. — Mais,
« Damis, d'abord ils ont l'air de fuir des hommes qui les
« poursuivent, et que sans doute nous trouverons bientôt,
« suivant leurs traces. C'est donc leur-arriere garde qu'ils
« devaient de préférence fortifier contre les ennemis,
« comme cela se fait a la guerre; et voila une tactique qui
« fait honneur à ces animaux, n'est-il pas vrai? Et quant
« au passage, si les plus grands marchaient les premiers,
« cela ne serait pas le moyen de connaître la profondeur de
« l'eau, et de savoir si tous peuvent passer : les plus grands
« pourraient bien trouver le passage praticable et facile,
« mais pour les autres, il pourrait être difficile et même
« impraticable, parce que leur taille ne les élèverait pas
« au-dessus de l'eau; au contraire, là où le plus petit a
« passé, il est évident que les autres passeront sans la
« moindre difficulté. D'ailleurs, si les grands marchaient
« les premiers, ils creuseraient encore le lit du fleuve pour
« les petits; car le poids de telles masses et la largeur de
« leurs pieds doit nécessairement affaisser le limon et faire
« des trous. Le passage des petits ne peut nuire à celui
« des grands, parce qu'ils font des creux bien moins pro-
« fonds[1]. »

XVI. J'ajouterai, d'après les *Mémoires* du roi Juba, que
les éléphants, lorsqu'on leur fait la chasse, se prêtent secours les uns aux autres, qu'ils prennent la défense de celui qui échappe aux mains des hommes, qu'après avoir
réussi à le leur arracher, ils pansent ses plaies avec des
larmes d'aloès, et le soignent comme des médecins. C'est

---

1. **Voyez** la même remarque dans Pline, *Histoire naturelle*, VIII, 5.

ainsi qu'Apollonius et Damis dissertaient sur tous les sujets
qui leur paraissaient dignes d'attirer leur attention.

XVII. Néarque[1] et Pythagore[2] disent que la rivière Acésine[3] se jette dans l'Indus, et qu'elle nourrit des serpents
longs de soixante-dix coudées. Nos voyageurs confirment
cette relation, que je remets au moment où je parlerai de
la chasse des dragons, racontée par Damis. Une fois arrivés
sur les rives de l'Indus, et sur le point de traverser ce
fleuve, ils demandèrent au Babylonien s'il savait quelque
chose sur le passage de ce fleuve. Celui-ci leur répondit
qu'il n'était jamais allé sur ce fleuve, et qu'il ignorait absolument à partir de quel endroit il était navigable. « Et pour-
« quoi, lui dirent-ils, n'avez-vous pas loué un guide? —
« Parce que j'en ai un sous la main. » Et en même temps il
leur montra une lettre du roi qui devait y pourvoir. Grande
fut, nous disent-ils, leur admiration pour la bonté pré-
voyante de Vardane. Cette lettre était adressée au satrape
préposé à l'Indus; ce satrape n'était pas un des sujets de
Vardane, mais il avait reçu de lui quelques grâces. Le roi
lui rappelait ces grâces, lui disant qu'il ne lui demandait
pas de les reconnaître (car il n'était pas dans ses habitudes
de réclamer service pour service), mais qu'il se considérerait
au contraire comme son obligé, s'il accueillait Apollonius
et lui donnait les moyens d'aller où il désirait. Il avait de
plus donné de l'or au guide, pour le remettre au philosophe,
s'il le voyait en avoir besoin, et pour éviter qu'il ne fût
obligé de recourir à d'autres mains. L'Indien, ayant reçu

1. C'est le commandant de la flotte d'Alexandre. Il avait écrit un
livre sur l'Inde, livre dont Arrien s'est beaucoup servi pour le sien.

2. Il est probablement fait allusion ici à quelque livre apocryphe sur
l'Inde, mis sous le nom de Pythagore.

3. On retrouvera les mêmes détails sur la rivière Acésine dans
l'*Histoire naturelle* de Pline (VI, 20).

la lettre du roi, se déclara fort honoré, et assura qu'il aurait
autant d'égards pour Apollonius que s'il lui était recommandé par le roi de l'Inde lui-même Il le fit monter sur
son vaisseau de satrape, et lui donna d'autres barques pour
porter ses chameaux, et un guide pour le conduire par
tout le pays que borne l'Hydraote Enfin il écrivit a son
roi pour l'engager a ne pas être moins généreux que Vardane envers un homme divin, qui venait de Grèce.

XVIII. Ils traversèrent ainsi l'Indus, qui a quarante
stades de large, et voici ce qu'ils rapportent de ce fleuve.
L'Indus prend sa source au mont Caucase, dès le commencement de son cours, il est plus large que tous les fleuves
d'Asie, et, à mesure qu'il s'avance, il reçoit les eaux de
plusieurs rivières navigables. Comme le Nil, il inonde ses
rives, couvre la terre d'une couche de limon, et donne aux
Indiens la faculté d'ensemencer leurs champs a la manière
des Égyptiens Pour les neiges de l'Éthiopie et des monts
Catadupes [1], je ne veux pas y contredire, a cause des autorités qui en témoignent : cependant je n'accède point a ces
relations, en songeant que l'Indus fait comme le Nil, sans
qu'il y ait de neiges dans la contrée d'où il descend. Je me
dis d'ailleurs que Dieu a mis aux deux extrémités de la
terre les Indiens et les Éthiopiens, et qu'il a voulu qu'il y
eût des hommes noirs à l'orient et à l'occident or, comment
cela pourrait-il être si, dans ces pays, la chaleur ne se faisait sentir même pendant l'hiver? Et une terre que le soleil
échauffe toute l'année, comment supposer qu'il y tombe de
la neige, et que cette neige, grossissant les rivières de ce
pays, les fait sortir de leur lit ? Dira-t-on que la neige peut
tomber dans des pays ainsi exposés au soleil ? Mais comment formerait-elle une telle mer ? comment suffirait-elle à
un fleuve qui submerge l'Égypte ?

1. Ce mot, en grec, signifie *cascade, cataracte.*

XIX. Comme ils traversaient l'Indus, nos voyageurs rencoutrèrent, nous disent-ils, comme ceux qui naviguent sur le Nil, beaucoup de crocodiles et d'hippopotames; ils virent sur ce fleuve des fleurs semblables à celles du Nil. La température de l'Inde est chaude en hiver, étouffante en été. La Divinité a fort sagement remédié aux inconvénients que pourrait avoir cette chaleur, par les pluies fréquentes qu'elle fait tomber en ce pays. Les Indiens leur dirent que le roi vient sur les bords de l'Indus, à l'époque où il est gonflé, et qu'il sacrifie à ce fleuve des taureaux et des chevaux noirs (en effet les Indiens estiment moins le blanc que le noir, sans doute à cause de leur couleur); puis il jette dans l'Indus une mesure d'or semblable à celle qui sert à mesurer le blé : pourquoi le roi jette-t-il cette mesure ? C'est une pratique dont les Indiens ne comprennent pas le sens : nos voyageurs supposent que c'est une manière de demander soit l'abondance des fruits de la terre, qui sont ainsi mesurés par les cultivateurs, soit la juste proportion des eaux, dont la masse trop forte inonderait tout le pays.

XX. Quand ils eurent traversé le fleuve, le guide que le satrape leur avait donné les conduisit directement à Taxiles, où était le palais du roi de l'Inde. Les habitants du pays au delà de l'Indus ont des habits faits avec le lin que leur fournit leur terre; ils portent des chaussures en écorce d'arbre, et, lorsqu'il pleut, un chapeau. Les Indiens d'une condition élevée ont des vêtements de bysse; le bysse vient d'un arbre dont la partie inférieure ressemble à celle du peuplier, et les feuilles à celles du saule. Apollonius vit avec plaisir le bysse, parce que sa couleur rousse était celle de la robe qu'il portait. Le bysse est porté en Égypte, où l'on s'en sert pour plusieurs costumes sacrés. La ville de Taxiles est grande comme Ninive, mais elle a des murs d'une hauteur et d'une largeur modérée comme ceux des villes grecques :

c'est la capitale où a régné Porus. Au-devant des murs, nos
voyageurs virent un temple de presque cent pieds, bâti de
porphyre, entouré de colonnes Le sanctuaire était petit, en
proportion d'un temple si vaste, mais il était d'une beauté
remarquable : à chaque muraille on voyait attachées des
plaques d'airain où étaient représentés les exploits de Porus
et d'Alexandre. Les éléphants, les chevaux, les soldats, les
casques, les boucliers étaient en orichalque, en argent, en or,
en airain noir; les lances, les javelots, les épées étaient en
fer. On y remarquait tous les caractères des chefs-d'œuvre de
Zeuxis, de Polygnote et d'Euphranor [1] . harmonieuse distribution des ombres, vie des figures, science du relief et des
enfoncements, tout cela se retrouvait dans ces sculptures,
où le mélange des métaux produisait tous les effets des
couleurs. Ces sculptures témoignent d'ailleurs de la douceur de Porus · c'est ce roi qui les a fait poser après la
mort d'Alexandre, et cependant l'on y voit le Macédo-
nien vainqueur, relevant Porus blessé et lui rendant l'Inde
qu'il vient de subjuguer On dit que Porus pleura en
apprenant la mort d'Alexandre, et que, non-seulement
il le regretta comme un roi généreux et magnanime, mais
que, de son vivant, même après qu'il eut quitté l'Inde
et malgré l'autorisation qu'il avait reçue de lui, il ne fit rien
en qualité de roi, ne donna aucun ordre aux Indiens en son
nom, usa de son pouvoir comme le plus modéré des satrapes, et ne négligea rien pour témoigner sa reconnaissance
à Alexandre.

XXI. Mon sujet ne me permet pas de passer sous silence
ce qu'on rapporte de ce Porus Comme Alexandre allait
traverser l'Indus et que quelques-uns des amis de Porus lui
conseillaient de faire alliance avec les peuplades qui habi-

1. Zeuxis, Polygnote et Euphranor, peintres grecs qui appartiennent
tous les trois au siècle de Périclès.

tent au delà de l'Hyphase et du Gange, assurant qu'A-
lexandre n'oserait jamais entreprendre la guerre contre
tous les Indiens réunis, Porus répondit · « Si mes sujets
« sont tels que, pour me sauver, j'aie besoin d'alliés, je
« préfère ne pas régner. » Comme on lui annonçait la captivité de Darius, il dit. « C'est un roi, ce n'est pas un
« homme qu'a pris Alexandre. » L'esclave qui avait apprêté
l'éléphant sur lequel Porus devait aller au combat lui
ayant dit · « Voici celui qui vous conduira, » Porus repondit « C'est moi qui le conduirai, pour peu que je me res-
« semble à moi-même. » On l'invitait a sacrifier au fleuve,
pour qu'il ne reçût pas les bateaux qui devaient transporter
les Macédoniens et ne laissât point traverser Alexandre ·
« Il ne convient pas, dit-il, à des hommes qui portent des
« armes, de prier pour écarter un danger. » Après la bataille, dans laquelle Alexandre même jugea que Porus était
un homme divin, un être d'une nature supérieure à celle
des autres mortels, un de ses parents lui dit « Si, après le
« passage d'Alexandre, vous aviez voulu courber le genou
« devant lui, vous n'auriez pas été cause de cette défaite,
« de la mort de tant d'Indiens et de votre propre blessure.
« — Je sais, répondit Porus, qu'Alexandre aime la gloire,
« et je me suis dit que, si je plais le genou devant lui, il
« me considérerait comme un esclave, si je combattais, il
« me traiterait en roi J'ai mieux aimé m'attirer l'admiration
« que la pitié, et j'ai bien fait : car en me montrant tel que
« m'a vu Alexandre, j'ai en un jour tout perdu et tout re-
« gagné » Tel était, selon les historiens, ce roi de l'Inde.
On ajoute qu'il était le plus bel homme de son pays, qu'il
était d'une taille telle qu'on n'avait pas vu d'homme semblable depuis les héros de la guerre de Troie, et qu'il était
très-jeune lorsqu'il combattit Alexandre.

XXII. Apollonius resta quelque temps dans le sanctuaire,

en attendant qu'on eût annoncé au roi qu'il lui venait des
hôtes. Pendant ce temps il dit a Damis «Croyez-vous qu'il y
« ait un art de peindre?—Oui, s'il y a une vérité —Et que fait
« cet art ? — Il mêle les couleurs entre elles, le bleu avec le
« vert, le blanc avec le noir, le rouge avec le gris.—Et pour-
« quoi les peintres font-ils ce mélange? est-ce seulement pour
« donner a leurs tableaux de l'éclat, comme font les femmes
« qui se fardent?— C'est pour mieux imiter, pour mieux re-
« produire, par exemple, un chien, un cheval, un homme, un
« vaisseau et tout ce qu'éclaire le Soleil. La peinture va
« même jusqu'à représenter le Soleil, tantôt monté sur ses
« quatre chevaux, comme on dit qu'il apparaît ici, tantôt
« embrasant le ciel de ses rayons, et colorant l'ether et les
« demeures des Dieux.—La peinture est donc l'art d'imiter?
« — Pas autre chose. Si elle n'était pas cela, elle ne ferait
« qu'un ridicule amas de couleurs assemblées au hasard.
« — Ce que nous voyons dans le ciel, alors que les nuages,
« se séparant, forment des centaures, des chimères, et
« même, par Jupiter ! des loups et des chevaux, ne sont-ce
« pas là des œuvres d'imitation ? — Apparemment. — Dieu
« est donc peintre, Damis? il quitte donc le char ailé sur
« lequel il s'en va réglant toutes les choses divines et hu-
« maines, pour s'amuser à peindre des bagatelles, comme
« des enfants sur le sable ? » Damis rougit en voyant à
quelle absurde conséquence aboutissait sa proposition.
Cependant Apollonius ne le reprit point avec dédain, car il
n'avait rien d'amer dans la discussion. « Ne voulez-vous
« pas dire plutôt, Damis, que ces nuages courent au hasard
« à travers le ciel, sans rien représenter, du moins sans que
« Dieu en ait voulu faire des images, et que c'est nous, por-
« tés comme nous sommes à l'imitation, qui imaginons et
« créons ces images ?— C'est plutôt cela, Apollonius . c'est
« bien plus vraisemblable et plus conforme a la raison. — Il

« y a donc deux imitations, Damis, l'une qui consiste a repré-
« senter les objets à la fois avec l'esprit et avec la main, c'est
« la peinture, l'autre par laquelle l'esprit seul les represente?
« — Il n'y en a pas deux, dit Damis il n'y en a qu'une, la-
« quelle est complète et s'appelle la peinture ; c'est celle qui
« peut représenter les objets à la fois avec l'esprit et avec la
« main. L'autre n'est qu'une partie de celle-ci : c'est par elle
« que, sans être peintre, on conçoit et l'on se représente des
« figures ; mais on serait incapable de les tracer avec la main
« — Est-ce parce que l'on est manchot ou estropié ? — Nul-
« lement, mais parce que l'on n'a jamais touché ni crayon,
« ni pinceau, ni couleurs, et qu'on n'a pas étudié la pein-
« ture. — Donc, Damis, nous sommes d'accord sur ce point
« que le génie de l'imitation vient de la nature, et la pein-
« ture, de l'art Ce que nous avons dit pourrait de même
« s'appliquer à la sculpture. La peinture elle-même n'est
« pas toute, selon vous, je pense, dans le mélange des cou-
« leurs car une seule couleur suffisait aux peintres an-
« ciens, ce n'est que plus tard qu'on en a employé quatre,
« puis un plus grand nombre. D'ailleurs, un dessin où sont
« marqués l'ombre et la lumière, même sans l'emploi des
« couleurs, n'est-ce pas de la peinture ? Dans de tels dessins,
« en effet, on voit la ressemblance, la figure, le caractère,
« la modestie ou la hardiesse . cependant la couleur y fait
« defaut, le teint n'y est pas représenté, ni le luisant de la
« chevelure ou de la barbe, avec une seule et même teinte
« le basané et le blanc se trouvent figurés. Par exemple,
« n'employons que le blanc pour peindre cet Indien, il pa-
« raîtra cependant noir . le nez camard, les cheveux crépus,
« les joues avancées et une certaine expression dans les
« yeux, tout cela noircit les traits que l'on voit blancs et
« représente un Indien à tout œil un peu exercé. Aussi
« dirais-je volontiers que celui qui regarde un tableau doit

« avoir, lui aussi, la faculté d'imiter On ne saurait, en effet,
« donner des éloges à une peinture figurant un cheval ou
« un taureau, si l'on ne se représente l'animal ainsi peint.
« Le moyen d'admirer l'*Ajax furieux* de Timomaque[1], si
« on ne le voit en esprit, après le massacre des troupeaux
« près de Troie, assis, désespéré, tout plein de la pensée du
« suicide? Quant à ces bas-reliefs de Porus, nous ne les
« classerons exclusivement ni parmi les sculptures, car on
« les dirait peints, ni parmi les peintures, car ils sont en
« metal; mais nous dirons que leur auteur était à la fois
« un peintre et un sculpteur. Il me fait penser au Vulcain
« d'Homère, et son œuvre me rappelle le bouclier d'Achille :
« là aussi l'on voit des hommes qui tuent et des hommes
« qui meurent; et l'airain représente une terre ensanglan-
« tée [2]. »

XXIII. Comme Apollonius se livrait à ces considérations,
les messagers du roi arrivèrent avec un interprète. On lui
dit que le roi lui donnait l'hospitalité pour trois jours, les
lois ne permettant pas aux étrangers de demeurer plus
longtemps dans la ville, et on le conduisit au palais J'ai
dit comment sont construites les murailles de Taxiles,
nos voyageurs nous apprennent qu'elle est irrégulièrement
bâtie, et coupée de rues étroites comme celles d'Athènes;
elle est ornée d'édifices qui, du dehors, paraissent n'a-
voir qu'un étage, mais qui, lorsqu'on y entre, offrent des
constructions souterraines égales à celles qui dépassent
le sol.

XXIV. Ils virent, dans le temple du Soleil, l'éléphant
Ajax[3], consacré à ce Dieu, et les statues d'Alexandre et de

1. Peintre grec, contemporain de César. (Voyez Pline, *Histoire naturelle*, XXXV, 11)
2 Voyez l'*Iliade*, chant XVIII.
3. Voyez plus haut, 1 II, XII

Porus, qui étaient en bronze doré. Les murs du temple étaient en pierres rouges enrichies d'ornements d'or qui étincelaient comme les rayons du soleil. L'image même du Dieu est faite de pierres précieuses assemblées d'une manière symbolique, selon l'usage des Barbares

XXV. Dans le palais il ne s'offrit à leurs regards ni architecture splendide, ni soldats, ni gardes, mais, comme dans toutes les maisons riches, un certain nombre de serviteurs. trois ou quatre personnes attendaient audience. Ils préférerent cette simplicité au faste de Babylone, et leur surprise augmenta lorsqu'ils pénétrèrent dans l'intérieur : la même séverité regnait partout dans les appartements, dans les portiques, dans le palais tout entier.

XXVI Tout d'abord Apollonius considéra le roi de l'Inde comme un philosophe, et il lui fit dire par l'interprète « Je suis heureux, ô roi, de voir en vous un philosophe. « — Et moi, je suis plus heureux encore de vous donner « de moi une telle opinion — Est-ce là un effet des insti- « tutions de votre pays, ou bien est-ce vous qui avez ramené « à cette modestie la royauté?—Nos lois prescrivent la mo- « dération, et je fais plus que n'exigent nos lois. J'ai beaucoup « d'hommes à mon service, mais un petit nombre me suffit : « je considere la plus grande partie de ce que je possède « comme appartenant à mes amis. — Je vous félicite de « vos richesses, si votre or et votre argent vous servent à « vous faire des amis qui puissent vous rendre de nom- « breux et signalés services — Je fais part de mes trésors « même à mes ennemis : en effet, les Barbares qui occupent « nos frontieres, avec lesquels nous avons toujours quelques « démêlés et qui sont toujours prêts à faire des incursions « sur notre territoire, je les contiens par mes richesses sur « les limites de mon empire, pour lequel ils sont comme « une avant-garde ils n'y entrent pas, et n'y laissent pas

« entrer les Barbares farouches qui sont leurs voisins »
Apollonius lui demanda si Porus aussi avait payé tribut a
ces peuples Le roi répondit « Porus aimait la guerre, moi
« j'aime la paix. » Ces discours achevaient de lui concilier
Apollonius, qui conçut tant d'estime pour ce roi, que plus
tard, reprochant à Euphrate de ne pas se conduire en philosophe, il lui disait · « Respectons au moins l'Indien Phraote. »
Car tel était le nom de ce roi. D'un autre côté, un satrape,
qui avait reçu de Phraote d'éclatantes marques de sa faveur,
ayant voulu lui offrir une mitre d'or enrichie de pierreries
de diverses couleurs, le roi répondit · « Quand même je se-
« rais de ceux qui tiennent à de telles choses, je les refu-
« serais et je les arracherais de ma tête, maintenant que j'ai
« fait la connaissance d'Apollonius : mais moi qui n'ai ja-
« mais porté de tels ornements, comment le ferais-je main-
« tenant sans souci de mon hôte, sans souci de moi-même ? »
Apollonius l'interrogea encore sur son régime de vie « Je
« bois du vin autant qu'il en faut pour offrir une libation
« au soleil : quand je chasse, le gibier est pour ceux qui
« m'ont suivi, il me suffit d'avoir pris de l'exercice Je me
« nourris de légumes, de moelle de palmier, de dattes et de
« toutes les productions de mon jardin qu'arrose l'Indus. Je
« tire en grande partie ma nourriture des arbres que je cul-
« tive moi-même. » Ces paroles transportaient de joie Apollonius, qui regardait souvent Damis.

XXVII. Quand ils eurent parlé quelque temps de la route
qui conduisait chez les Brachmanes, le roi fit mettre au nombre
de ses hôtes le guide qui était venu de Babylone, comme il
avait coutume de faire pour ceux qui venaient de ce pays ;
quant à celui que le satrape avait donné à Apollonius, il le
congédia, après lui avoir fait remettre des provisions pour
le voyage. Puis, il prit la main d'Apollonius, et ayant fait
retirer l'interprète « Voulez-vous, lui dit-il en grec,

« m'admettre à un de vos repas? » Apollonius fut étonné
de l'entendre, et lui demanda pourquoi, dès le début, il ne
lui avait point parlé grec. « C'est que, répondit le roi, je
« n'ai pas voulu paraître présomptueux, ni être accusé de
« me méconnaître et d'oublier que la fortune m'a fait bar-
« hare. Mais, comme je vois que ma société vous est agréable,
« je ne puis résister au plaisir de me faire connaître à vous
« tout entier, et je vous donnerai plusieurs preuves que
« j'entends le grec. — Pourquoi ne m'avez-vous pas invité,
« au lieu de vouloir que je vous invite? — Parce que je vous
« estime comme meilleur que moi : l'autorité vraiment
« royale appartient à la sagesse. » Puis il conduisit Apollonius avec ses compagnons à l'endroit où il prenait ses bains.
C'était un parc d'un stade de longueur, au milieu duquel
avait été creusé un bassin qui pouvait recevoir de l'eau
chaude et de l'eau froide : des deux côtés de ce bassin il y avait
des allées pour courir, où le roi s'exerçait au javelot et au
disque à la manière des Grecs. Il avait le corps très-robuste,
et parce qu'il était dans la force de l'âge, n'étant âgé que de
vingt-sept ans, et à cause de ces exercices. Quand il en
avait assez pris, il se jetait à l'eau et se mettait à nager.
Quand ils se furent baignés, ils se mirent en route pour
prendre leur repas en commun; ils avaient une couronne
sur la tête, comme c'est la coutume chez les Indiens lorsqu'ils dînent à la table du roi.

XXVIII. Je ne saurais me dispenser de rapporter, d'après
Damis, qui donne sur ce point les détails les plus précis,
comment on dîne chez le roi de l'Inde. Le roi est couché sur un
lit, et auprès de lui se tiennent de ses parents, cinq au plus;
tous les autres invités mangent assis. Au milieu est dressée
une table comme un autel. Elle va jusqu'au genou, et occupe l'espace qu'enfermerait un chœur de trente hommes se
tenant par la main. Elle est jonchée de branches de laurier et

d'un arbre semblable au myrte, d'où les Indiens tirent un baume. On y sert des poissons, de la volaille, des lions entiers, des chèvres, des porcs, des jambons de tigres : les Indiens ne mangent pas les autres parties de cet animal, parce qu'ils disent qu'en naissant il tend les pattes de devant vers le soleil levant. Chaque convive s'approche de la table · il emporte un de ces plats ou en coupe un morceau, puis va reprendre sa place, et mange ces mets avec beaucoup de pain. Quand les convives sont rassasiés, on apporte des cratères d'argent et d'or, un pour dix convives, et chacun se baisse pour y boire, comme font les animaux. Pendant que les cratères se vident, les convives se livrent à des jeux pleins d'adresse et de danger. Par exemple un enfant, comme ceux qui dansent sur le théâtre, sauta en l'air, en même temps qu'on lançait de son côté une flèche quand il fut assez loin de terre, il pirouetta au-dessus de la flèche : s'il s'était trompé le moins du monde dans son tour, il était transpercé. Car la flèche était très-perçante, et, avant de la lancer, l'archer en montrait la pointe aux convives pour les en faire juges. Lancer une flèche avec une fronde, viser un cheveu, tracer avec une flèche le contour de son propre enfant appuyé à une planche, voilà les exercices des Indiens pendant leurs festins, et ils y réussissent même lorsqu'ils sont ivres.

XXIX Damis était stupéfait d'une telle adresse, et admirait l'habileté des Indiens à tirer de l'arc Apollonius, qui était a côté du roi, et prenait la même nourriture, fit peu d'attention a tout cela . mais il dit au roi . « Veuillez me « dire, ô roi, comment vous êtes si bien instruit de la langue « grecque, et d'où vous avez tiré votre philosophie Je ne « suppose pas que vous en ayez l'obligation a des maîtres; « car je doute que, même chez les Indiens, il y ait des « hommes capables d'enseigner cela. — Les anciens [1], dit

1. Allusion à divers passages des poëmes d'Homère, assez mal placée

« le roi en souriant, demandaient à tous les navigateurs
« qui abordaient sur leurs terres s'ils étaient des pirates,
« tant ils croyaient commune cette profession, quelque cri-
« minelle qu'elle soit Vous autres Grecs, vous me faites
« l'effet de demander à tous ceux qui vous approchent s'ils
« ne sont pas philosophes vous croyez que ce don, le plus
« divin de tous ceux qu'a reçus l'homme, peut se rencon-
« trer chez le premier venu. Je sais que, chez vous, un phi-
« losophe ne vaut guère mieux qu'un pirate Car on dit qu'on
« n'en a encore trouvé aucun comme vous · presque tous
« sont des larrons recouverts d'une robe de soie qui ne leur
« appartient pas, qu'ils ne savent pas porter, et dans laquelle
« ils se drapent orgueilleusement au milieu de vos rues. Du
« reste, ils font comme les pirates : se sentant sans cesse
« sous le coup du châtiment, ils se gorgent de plaisirs, ils
« s'adonnent à la gourmandise, à la débauche et au luxe le
« plus efféminé. La cause, la voici vos lois punissent de mort
« la falsification des monnaies, la supposition d'un enfant,
« et quelques autres fautes de ce genre mais contre ceux
« qui corrompent et pervertissent la philosophie, je ne sache
« pas qu'il y ait chez vous aucune loi, aucune magistrature
« établie.

XXX. « Chez nous, peu d'hommes font profession de
« philosophie, mais voici à quelles épreuves ces hommes sont
« soumis Il faut que dès la jeunesse, dès l'âge de dix-huit
« ans (ce qui, si je ne me trompe, est le moment où chez vous
« l'enfant devient éphèbe), celui qui veut être philosophe
« traverse le fleuve Hyphase, et aille trouver les sages vers
« lesquels vous vous rendez, Apollonius. D'abord il s'engage
« publiquement à se faire philosophe; et chacun peut s'y
« opposer, s'il est prouvé qu'il n'est pas pur. J'entends par

dans la bouche d'un roi indien Plus loin le même roi citera une tragédie d'Euripide (II, 32).

« un homme pur, celui dont premièrement les parents,
« puis les ancétres jusqu'à la troisième génération, ont vécu
« exempts de tache : nul né doit prêter au reproche de vio-
« lence, de dissolution ni d'usure. Quand on s'est assuré
« qu'il n'y a de ce côté absolument aucune tache, aucune
« souillure, on se met à examiner et à éprouver le jeune
« homme. On veut savoir d'abord s'il a bonne mémoire;
« puis s'il est naturellement modeste ou s'il fait semblant
« de l'être, ensuite s'il n'aime pas le vin et la bonne chère,
« s'il n'est pas vaniteux, rieur, audacieux, querelleur; s'il
« obéit à son père, à sa mère, aux maitres qui l'ont instruit,
« ou qui ont surveillé son enfance, enfin s'il tourne à mal
« la fleur de son âge. Ce qui regarde ses parents et ses an-
« cétres s'obtient par des témoignages et des registres publics.
« En effet, quand un Indien est mort, il se présente a sa porte
« un magistrat auquel les lois ont confié le soin de noter
« comment il a vécu si le magistrat trompe ou se laisse
« tromper, la loi le punit en le déclarant incapable de toute
« autre magistrature, comme ayant faussé la vie d'un homme.
« Pour ce qui concerne les jeunes gens eux-mêmes, on l'ap-
« prend en observant leur physionomie Car les yeux indi-
« quent souvent le caractère des hommes, et les sourcils et
« les joues offrent a une observation attentive bien des signes;
« où des savants qui ont étudié la nature peuvent voir le fond
« du cœur des hommes, ainsi qu'on voit les visages dans un
« miroir. Comme la philosophie est ici en grande estime et
« en grand honneur, il est de toute nécessité d'éprouver
« ceux qui s'y destinent et de les soumettre à un sévère
« examen. Vous savez maintenant comment nous choisis-
« sons les maitres, et par quelles épreuves il faut passer
« chez nous pour être philosophe; il me reste à vous dire ce
« qui m'est personnel.

XXXI. « Mon grand-père était roi, et son nom est le mien.

C

« Mon père fut un simple particulier. Comme il était devenu
« orphelin dès son bas âge, deux de ses parents furent, d'a-
« près nos lois, nommés ses tuteurs, et gouvernèrent en
« son nom d'une manière injuste, par le Soleil ! et tyrannique.
« Leur autorité parut à leurs sujets odieuse et insuppor-
« table. Quelques grands formèrent une conjuration : ils les
« égorgèrent dans une fête, au milieu d'un sacrifice au fleuve
« Indus, et, s'étant emparés du pouvoir, l'exercèrent en
« commun. Les parents de mon père, qui n'était pas encore
« âgé de seize ans, craignirent pour sa vie, et l'envoyèrent
« au dela de l'Hyphase, chez le roi de ces contrées. Ce roi est
« à la tête d'un peuple plus nombreux que le mien, et son
« pays est bien plus riche que celui-ci. Le roi voulant l'a-
« dopter pour fils, mon père s'excusa, disant qu'il ne voulait
« pas lutter avec la fortune qui lui avait enlevé un royaume,
« et il le pria de lui permettre de se vouer à la philosophie et
« d'aller trouver les sages ; c'est de cette manière, disait-il,
« qu'il lui serait le plus facile de supporter ses malheurs.
« Le roi offrit de le rétablir lui-même sur le trône de ses an-
« cêtres; alors mon père lui dit « Si plus tard vous me voyez
« vraiment philosophe, rendez-moi mon royaume ; sinon,
« laissez-moi comme je suis. » Le roi vint lui-même chez les
« sages et leur dit qu'il leur aurait une grande obligation
« s'ils prenaient soin d'un enfant qui était déja d'un naturel
« généreux. Les sages, voyant à cet enfant des dispositions
« remarquables, consentirent de grand cœur à l'instruire,
« et trouvèrent en lui un disciple ardent à recevoir leurs
« enseignements. Au bout de sept ans, le roi, étant malade
« et sur le point de mourir, rappela mon père, le déclara
« son héritier conjointement avec son fils, et lui donna en
« mariage sa fille, qui venait de devenir nubile. Bientôt
« mon père vit que le fils de son bienfaiteur se laissait
« aller aux séductions de la flatterie, du vin et des autres

« plaisirs, et de plus qu'il ne le voyait pas d'un bon œil
« Gardez ce royaume, lui dit-il, gardez-le tout entier; car il
« serait ridicule qu'un homme qui n'a pas su se maintenir
« dans ses propres États ôsat prétendre à ceux d'un autre.
« Donnez-moi seulement votre sœur; c'est tout ce que je
« demande de vos biens. » Il l'épousa en effet, et vecut pres
« des sages, maitre de sept bourgades florissantes que le
« jeune roi avait données en dot à sa sœur; je suis le fruit
« de cette union. Après m'avoir appris la langue grecque,
« mon père m'envoya chez les sages un peu avant l'âge
« peut-être (je n'avais que douze ans), ceux-ci m'élevèrent
« comme leur propre enfant : car lorsqu'il leur vient un
« disciple sachant le grec, ils ont pour lui une affection
« particulière : ils le considèrent comme déjà initié à leurs
« études.

XXXII. « Cependant mes parents moururent peu de
« temps l'un après l'autre. J'étais arrivé à ma dix-neuvième
« année. Les sages m'engagèrent a aller dans mes domaines
« pour régler mes intérêts. Mais déjà je n'avais plus de do-
« maines. mon excellent oncle m'avait tout enlevé, il ne
« m'avait pas même laissé le bien paternel, disant que tout
« lui appartenait, et que je devais lui être assez recon-
« naissant de ce qu'il me laissait la vie. Je tirai un peu
« d'argent des affranchis de ma mère, et j'acquis quatre es-
« claves. Un jour que je lisais la tragédie des *Héraclides* [1],
« je vis arriver un Indien qui m'apportait une lettre d'un
« des amis de mon père : il me pressait de passer le fleuve
« Hydraote pour m'entendre avec lui sur ce royaume; il
« affirmait qu'en ne tardant pas, j'avais les plus grandes
« chances de rentrer dans mes droits. Quelque Dieu me re-
« mit alors en mémoire le sujet de la tragédie J'écoutai cet

1. Tragedie d'Euripide.

« avertissement d'en haut Je traversai le fleuve, et j'appris
« qu'un des deux usurpateurs venait de mourir, et que
« l'autre était assiégé dans ce palais. Je pressai alors ma
« marche, et sur le chemin je criai aux habitants des bour-
« gardes que j'étais le fils du roi légitime et que j'allais re-
« prendre possession de mon trone. Partout je fus salué par
« des cris de joie on m'accompagnait, on disait que j'étais
« le vivant portrait de mon aieul, les campagnards s'armaient
« d'arcs et d'épées, leur nombre grossissait à chaque instant.
« Enfin j'approchai des portes, et j'y reçus l'accueil le plus
« sympathique. On alluma des torches sur l'autel du Soleil,
« devant les portes, on vint au-devant de moi, puis on me fit
« cortége en chantant les louanges de mon aieul et de mon
« père. Quant à l'usurpateur qui était resté dans la ville,
« on l'étrangla sur les remparts, quoi que j'eusse pu faire
« pour le sauver de ce genre de mort. »

XXXIII. «— Ce que vous venez de raconter, reprit Apollo-
« nius, c'est tout à fait le retour des Héraclides. Que les
« Dieux soient loués d'avoir bien voulu donner le signal du
« départ à un roi généreux qui marchait pour reconquérir ses
« États ! Mais veuillez encore me répondre. Vos sages n'ont-
« ils pas reconnu, eux aussi, la domination d'Alexandre,
« et n'est-il pas vrai qu'amenés devant lui ils se sont entre-
« tenus avec lui des choses célestes ? — Vous voulez parler
« des Oxydraques, peuplade indépendante et guerrière, qui
« fait profession de philosophie sans être réellement bien
« instruite. Mais les vrais sages habitent entre l'Hyphase et
« le Gange, or Alexandre n'a pas même mis le pied dans
« leur pays, et cela, non pas que les habitants lui aient fait
« peur, mais probablement parce que les augures ne lui fu-
« rent pas favorables en cette occasion Quand il aurait passé
« l'Hyphase et aurait pu s'emparer de tout le pays qu'arrose
« ce fleuve, jamais il n'aurait pu se rendre maitre de la cita-

« delle qu'ils occupent, quand il aurait eu avec lui dix-mille
« Achilles et trente mille Ajax : car ce n'est point par les
« armes qu'ils résistent aux envahisseurs; c'est par des
« prodiges, c'est par des coups de foudre qu'ils les repous-
« sent, en hommes sacrés et amis des Dieux. Ainsi l'on
« rapporte qu'Hercule l'Égyptien et que Bacchus, après
« avoir parcouru les armes à la main l'Inde entière, se por-
« tèrent contre ces sages, et, a l'aide de machines, s'ef-
« forcèrent d'emporter d'assaut la citadelle . les sages ne
« firent rien pour se défendre, ils se tinrent dans le plus
« complet repos en face des assiégeants : mais lorsque ceux-ci
« approchèrent, ils furent repoussés par des éclairs, et par
« des coups de tonnerre qui enveloppaient les combattants
« et renversaient leurs armes. On dit qu'en cette rencontre
« Hercule jeta son bouclier d'or, les sages en ont fait
« une offrande aux dieux, et a cause de la gloire d'Her-
« cule, et à cause des ciselures de son bouclier : on y
« voit Hercule marquant à Gades les bornes du monde, y
« plaçant deux montagnes comme deux colonnes, et ou-
« vrant entre elles un passage aux eaux de l'Océan. Cela
« prouve que l'Hercule qui est venu à Gades, et qui a
« marqué les bornes du monde, ce n'est pas le Thébain
« mais l'Égyptien. »

XXXIV. Leur entretien fut interrompu par un chant accompagné de flûte. Apollonius voulut savoir ce que signifiait
ce chant joyeux. « Les Indiens, répondit Phraote, souhaitent
« ainsi le bonsoir a leur roi ; ils font des vœux pour qu'il ait
« de bons rêves, pour qu'il se lève homme de bien et dévoué
« à ses sujets. — Eh bien ! ô roi, que pensez-vous de cette
« cérémonie, puisqu'elle est à votre intention ? — Je n'en ris
« pas, car il faut la respecter par égard pour la coutume,
« mais du reste n'avoir besoin d'aucun avertissement : en
« effet, quand un roi est juste et modéré, cela lui profite plus

« qu'à ses sujets. » Après s'être ainsi entretenus, Apollonius
et le roi allèrent se coucher.

XXXV. Au lever du jour, le roi se rendit en personne
dans la chambre d'Apollonius et de ses compagnons, et,
mettant la main sur le lit, il lui dit : « A quoi songez-vous?
« car un homme qui boit de l'eau et dédaigne le vin ne
« dort pas. — Ainsi vous croyez que ceux qui boivent de
« l'eau ne dorment pas? — Ils dorment bien, mais d'un som-
« meil léger, qui réside sur l'extrémité de leurs paupières,
« comme on dit, mais ne s'étend pas jusqu'à l'esprit. — C'est
« une erreur : chez les buveurs d'eau, ce qui dort le plus,
« c'est peut-être encore l'esprit; car si l'esprit n'était pas
« tranquille, le sommeil ne saurait atteindre les paupières.
« Ainsi les furieux ne peuvent dormir à cause de l'agitation
« de leur esprit; mais, leur esprit errant çà et là, ils ont le re-
« gard terrible et effronté, comme les dragons qui ne dorment
« pas. Vous voyez, ô roi! en quoi consiste le sommeil et ce que
« le sommeil prouve chez les hommes. Examinons mainte-
« nant pourquoi les buveurs d'eau dormiraient moins que les
« ivrognes. — Pas d'artifice, dit le roi : si vous parlez d'i-
« vrognes, il vous sera facile de montrer que ces gens-là
« ne dorment pas; vous me direz que leur esprit est tou-
« jours agité par Bacchus, qu'il est ballotté et en proie à
« l'inquiétude. Tous les gens ivres qui essayent de dor-
« mir s'imaginent tantôt qu'on les hisse au faîte des
« maisons, tantôt qu'on les plonge sous terre, ou bien
« qu'ils sont emportés dans un tourbillon, ce qui est, dit-on
« le supplice d'Ixion. Il ne s'agit donc pas d'un homme
« ivre, mais d'un homme qui a bu du vin avec sobriété :
« je dis que cet homme-là dort, et beaucoup mieux que
« celui qui ne boit que de l'eau. Voilà ce que vous aurez à
« examiner. »

XXXVI. Apollonius, s'adressant alors à Damis, lui dit :

« J'ai affaire a forte partie · mon adversaire est un dialec-
« ticien exercé. — Je m'en aperçois, dit Damis, c'est, si je
« ne me trompe, ce qu'on appelle tomber *entre les mains*
« *du poilu* [1] Ce que le roi vient de dire m'a frappé . je
« vous conseille donc de vous bien éveiller pour lui ré-
« pondre. »

Apollonius, soulevant la tête, répondit : « Combien est
« plus doux le sommeil dont nous jouissons, nous autres
« buveurs d'eau, je vais le montrer, ô roi! en suivant pas à
« pas votre raisonnement. L'esprit des gens ivres est trou-
« blé, et presque furieux, c'est un fait que vous avez clai-
« rement reconnu · ainsi nous voyons les ivrognes s'imaginer
« voir deux lunes, deux soleils; ceux qui ont moins bu,
« même les plus sobres, sans s'imaginer rien de semblable,
« se sentent transportés d'aise et de joie, et cela souvent
« quand il ne leur est rien arrivé d'heureux : quelquefois
« ils méditent des plaidoyers, bien qu'ils n'aient jamais
« parlé dans un tribunal, ils se disent riches, bien qu'ils
« n'aient pas même une drachme chez eux. Voilà, ô roi! ce
« qu'on appelle des folies. En effet, la joie suffit pour trou-
« bler l'esprit, et il n'est pas rare de voir des gens que l'idée
« d'un grand bonheur ne laisse pas dormir, qu'elle éveille
« en sursaut. On a donc bien raison de dire que les biens
« mêmes causent des soucis. Il y a aussi des drogues que les
« hommes ont imaginées pour procurer le sommeil après
« les avoir bues ou s'en être frotté, on dort étendu comme
« un mort; quand on se lève, on a en quelque sorte perdu
« la mémoire, et l'on croit être n'importe où, excepté où l'on
« est. Aussi, tout ce qu'on boit, ou plutôt tout ce dont
« on accable le corps et l'esprit ne saurait procurer un som-
« meil véritable et naturel, mais bien un sommeil lourd et

---

1. Expression proverbiale : c'est Hercule qui est désigné ainsi.

« semblable à la mort, ou bien léger et envahi par des
« visions dont, il est vrai, quelques-unes peuvent être
« agréables; voilà ce dont vous conviendrez aussitôt, à
« moins que vous ne préfériez la chicane à la discussion.
« Au contraire les buveurs d'eau comme moi voient les
« choses telles qu'elles sont, ils ne se forgent ni fantômes
« ni chimères; on ne les a jamais vus ni évaporés, ni en-
« dormis, ni stupides, ni plus gais qu'il ne convient. Il sont
« calmes, raisonnables, et semblables à eux-mêmes, le soir
« aussi bien que le matin. Ces hommes-là peuvent, sans
« être pris de sommeil, prolonger leurs méditations très-
« avant dans la nuit, ils ne sentent pas peser sur eux le
« sommeil, comme un maître impérieux qui leur fait cour-
« ber la tête; ils ne se sont pas faits les esclaves du vin;
« ils sont libres, on leur voit la tête haute. Viennent-ils à
« dormir, c'est avec une âme pure qu'ils reçoivent le som-
« meil; ils ne sont ni exaltés par une fortune prospère, ni
« abattus par l'adversité   car un esprit sobre est en mesure
« avec l'une comme avec l'autre; ni l'une ni l'autre ne le
« trouve inférieur à elle : aussi dort-il d'un sommeil très-
« doux, et que nul souci ne vient interrompre.

XXXVII. « Ce n'est pas tout L'art de lire l'avenir dans
« les songes, c'est-à-dire ce qu'il y a de plus divin parmi
« les hommes, se découvre plus facilement à un esprit qui
« n'est pas troublé par les fumées du vin, mais qui les ob-
« serve, et dans lequel ils pénètrent sans être interceptés
« par aucun nuage. Aussi ces interprètes des songes, ces
« *oniropoles,* comme disent les poetes, ne se hasarderaient
« à expliquer aucune vision sans avoir demandé dans quelle
« circonstance elle est arrivée. Si elle est du matin, si elle
« est venue dans le sommeil qui accompagne l'aurore, ils
« l'interprètent, parce que l'âme, le vin une fois cuvé, est
« capable de concevoir des présages sérieux. Mais si elle

« est arrivée dans le premier sommeil ou au milieu de la
« nuit, alors que l'esprit est encore plongé et comme em-
« bourbé dans le vin, ils ne se chargent pas de l'expli-
« quer, et font bien. Mais les Dieux mêmes pensent ainsi,
« et n'ont mis que dans les âmes sobres le don de voir
« l'avenir · c'est ce que je vais vous prouver clairement Il
« y a eu chez les Grecs un devin nommé Amphiaraus. — Je
« le sais, dit le roi. c'était le fils d'Oïclée, et c'est celui que
« la terre engloutit à son retour de Thèbes. — Eh bien ! ce
« même Amphiaraus dit maintenant l'avenir en Attique. on
« va le consulter, et il envoie des songes Les prêtres or-
« donnent à quiconque vient pour avoir une réponse, de
« s'abstenir dè nourriture pendant un jour, et de vin
« pendant trois jours, pour qu'ils puissent recevoir les
« oracles avec un esprit clairvoyant. Si le vin était le meil-
« leur moyen de procurer le sommeil, le sage Amphiaraus
« eût pris des dispositions toutes différentes, il se serait
« fait apporter les gens à son sanctuaire pleins de vin
« comme des amphores. Je pourrais encore citer plusieurs
« oracles célèbres chez les Grecs et les Barbares, dans les-
« quels le prêtre parle du haut de son trépied après avoir
« bu de l'eau et non du vin. Vous pouvez donc croire, ô roi !
« que je suis plein d'un esprit divin, moi et tous les buveurs
« d'eau : nous sommes possédés par les Nymphes, nous cé-
« lébrons les mystères bachiques de la sobriété. — Ne vou-
« drez-vous donc pas m'admettre dans votre troupe? — Cela
« vous ferait mal voir de vos sujets. Une philosophie tem-
« pérée et un peu relâchée forme chez un roi un mélange
« admirable, comme nous le voyons en vous; mais une
« philosophie austère et rigide déplait, ô roi! et ne semble
« pas convenir à votre haute condition : l'envie n'y verrait
« même qu'une marque d'orgueil. »

XXXVIII. Pendant cet entretien, le jour était venu. Ils

sortirent. Apollonius comprit que le roi devait vaquer aux
affaires, recevoir les ambassadeurs, et remplir les autres
offices de la royauté. « Vous devez, ô roi! lui dit-il, faire
« ce qui convient à votre dignité, pendant ce temps, laissez-
« moi au Soleil · il faut que je fasse ma prière accoutumée.
« — Et puisse cette prière être écoutée! le Soleil fera ainsi
« plaisir à tous ceux qui aiment votre sagesse. J'attends
« avec impatience que vous soyez de retour; car je dois ju-
« ger quelques procès où votre présence me sera d'un grand
« secours. »

XXXIX. Apollonius revint comme le jour commençait à
s'avancer. Il demanda au roi quels procès il avait jugés.
« — Je n'en ai pas encore jugé aujourd'hui, répondit le roi,
« les présages ne me l'ont point permis. — Vous observez
« donc les présages avant de rendre la justice comme avant
« d'entreprendre un voyage ou une guerre? — Oui, car là
« aussi il y a un danger, c'est que le juge ne s'écarte de la
« vérité. — C'est fort bien. Et quel est le procès que vous
« jugerez demain? Je vous vois tout pensif, et hésitant sur
« la décision a prendre. — Je suis indécis, je l'avoue : aussi
« vous allez me donner un conseil. Un homme a vendu a
« un autre une terre qui renfermait un trésor caché : peu
« après une crevasse s'étant formée dans la terre a laissé
« voir un amas d'or. « C'est à moi, dit le vendeur; jamais je
« n'aurais vendu ma terre si j'avais su y trouver de quoi
« vivre. — J'ai, dit l'acquéreur, la pleine jouissance de
« tout ce que renferme une terre qui est définitivement à
« moi. » Les raisons de l'un et de l'autre sont bonnes. Je pour-
« rais bien leur dire de partager la trouvaille, mais ce serait
« trop simple, une pauvre vieille en dirait autant. — Je vois
« bien, dit Apollonius, que les deux plaideurs ne sont pas
« philosophes, puisque c'est pour de l'or qu'ils sont ainsi
« divisés Quant au meilleur jugement a rendre, selon

« moi, vous le trouverez en songeant que les Dieux favo-
« risent d'abord les philosophes qui ont une vertu agis-
« sante, puis ceux qui n'ont pas commis de faute, et qui n'ont
« jamais nui à personne. Aux philosophes ils accordent
« de bien distinguer les choses divines et les choses hu-
« maines; à ceux qui sont justes, sans être philosophes, ils
« donnent ce qui est nécessaire à la vie, de peur que le
« manque de ce nécessaire ne les rende injustes. Je pense
« donc, ô roi! qu'il faut peser ces plaideurs comme dans
« une balance et examiner leur vie. A ce qu'il me semble,
« les Dieux n'auraient pas enlevé au premier son trésor,
« s'il n'était pas mauvais, et ils n'auraient pas donné à
« l'acquéreur même ce qui était sous terre, s'il ne valait
« mieux que l'autre. » Les deux plaideurs arrivèrent le
lendemain : il fut prouvé que le vendeur était un homme
méchant, qu'il avait négligé d'offrir aux Dieux des sacrifices dans son champ, que l'acquéreur, au contraire, était un
homme juste et fort attentif à honorer les Dieux. L'avis
d'Apollonius fut donc admis par le roi, et l'homme de bien
eut gain de cause. le champ lui fut adjugé comme un présent des Dieux.

XL. Cette affaire une fois vidée. Apollonius s'approcha
du roi et lui dit. « C'est aujourd'hui le troisième des jours
« pour lesquels je suis votre hôte à la prochaine aurore,
« vous devez me congédier, conformément à la loi —Mais
« la loi elle-même ne dit pas cela vous pourrez encore res-
« ter la matinée, étant venu dans l'après-midi. —J'accepte
« avec bonheur cette nouvelle grâce. mais vous me parais-
« sez un peu arranger la loi en ma faveur. —Que ne puis-je
« l'abolir pour vous! Mais dites-moi, Apollonius, les cha-
« meaux qui, m'a-t-on dit, vous ont porté ici, ne viennent-
« ils pas avec vous de Babylone? —Oui, dit Apollonius,
« ils nous ont été donnés par le roi Vardane. — Pourront-

« ils bien vous conduire encore, après avoir fourni une si
« longue course ? »

Apollonius garda le silence, et Damis dit au roi : «Apol-
« lonius ne connaît pas encore la manière de voyager,
« ni les peuplades parmi lesquelles nous devons désor-
« mais faire route : il s'imagine qu'il trouvera partout des
« Vardane et des Phraote, et qu'un voyage dans l'Inde
« n'est qu'un jeu. Pour ce qui est de nos chameaux,
« il ne vous avoue pas leur état. les pauvres bêtes sont
« mal en point : elles ont plutôt besoin d'être portées,
« qu'elles ne peuvent porter personne Nous aurions bon
« besoin d'en avoir d'autres; car si nos montures vien-
« nent a nous faire défaut dans quelque désert de l'Inde,
« il nous faudra rester là à éloigner de nos chameaux
« les vautours et les loups. Mais qui nous défendra nous-
« mêmes contre les attaques de ces animaux? il nous fau-
« dra mourir avec eux. — J'y mettrai bon ordre, dit le roi.
« Je vous en donnerai d'autres : il vous en faut quatre, et
« le satrape de l'Indus enverra les quatre autres a Baby-
« lone J'ai près de l'Indus un troupeau de chameaux, qui
« sont tous blancs. — Ne nous donnerez-vous pas un guide ?
« ajouta Damis — Oui, de plus je donnerai au guide un
« chameau et des provisions, et j'écrirai à Iarchas, le plus âgé
« des sages, de recevoir Apollonius comme son égal en sa-
« gesse, et vous tous comme des philosophes et comme les
« compagnons d'un homme divin. » En même temps il
leur offrit de l'or, des pierres précieuses, des vêtements et
plusieurs autres choses de cette espèce. Apollonius s'excusa
de recevoir l'or, disant qu'il avait assez de l'or que Vardane, à son insu, avait donné au guide; mais il accepta les
vêtements, parce qu'ils lui parurent ressembler à ceux des
anciens et aux vrais vêtements attiques. Il prit aussi une
des pierres précieuses, en s'écriant « O pierre rare ! par

« quelle bonne fortune, par quelle faveur des Dieux je te
« trouve ici ! » Je suppose qu'il avait vu en elle quelque
vertu secrète et divine. Damis et les autres compagnons
d'Apollonius refusèrent également l'or, mais prirent un
certain nombre de pierres précieuses, pour les consacrer
aux Dieux après leur retour.

XLI. Ils restèrent encore le jour suivant, le roi ne leur
ayant pas donné leur congé. Puis il leur remit pour Iarchas
une lettre ainsi conçue.

« Le roi Phraote à Iarchas, son maitre, et à ses compagnons, salut.

« Le sage Apollonius sachant que vous êtes des sages,
« vient s'instruire auprès de vous. Ne le congédiez qu'a-
« près lui avoir communiqué toute votre science : votre
« science, croyez-le bien, ne sera pas perdue. C'est le
« plus éloquent des hommes, et il a une excellente mé-
« moire. Faites-lui voir le trône sur lequel vous m'avez
« fait asseoir, Iarchas, mon père, et m'avez proclamé
« roi. Ceux qui l'accompagnent sont dignes de consi-
« dération pour s'être dévoués à cet homme. Soyez tous
« heureux. »

XLII. Après être sortis de Taxiles, et avoir fait deux
jours de route, ils arrivèrent à une plaine où l'on dit que
se donna la bataille entre Alexandre et Porus. Ils y trouvèrent un arc de triomphe : on y voyait Alexandre sur un char attelé de quatre chevaux, comme dans le monument construit
près de l'Issus pour célébrer sa victoire sur les satrapes de
Darius. Il paraît qu'il y a encore en ce lieu, à peu de distance l'un de l'autre, deux arcs de triomphe, élevés sans
doute après la bataille : sur l'un est Porus, sur l'autre
Alexandre ; l'un salue, l'autre courbe le genou.

XLIII. Ils passèrent le fleuve Hydraote, traversèrent
plusieurs peuplades, et arrivèrent sur les rives de l'Hyphase.

A trente stades de ce fleuve, ils rencontrèrent des autels [1]
avec ces inscriptions :

A MON PÈRE AMMON.

A MON FRÈRE HERCULE.

A MINERVE PROVIDENCE.

A JUPITER OLYMPIEN.

AUX CABIRES DE SAMOTHRACE.

AU SOLEIL INDIEN.

A APOLLON DE DELPHES.

Ils virent aussi une stèle d'airain sur laquelle étaient gravés
ces mots

ICI ALEXANDRE S'ARRÊTA.

Il est à croire que les autels furent élevés par Alexandre,
jaloux de marquer ainsi glorieusement les limites de son
empire, et que la stèle fut dressée par les Indiens qui habitent au dela de l'Hyphase, tout fiers de ce qu'Alexandre ne
s'était pas avancé plus loin.

1. Voyez les *Éclaircissements historiques et critiques.*

LIVRE III.

VOYAGE DANS L'INDE — LES BRACHMANES ET LEUR CHEF IARCHAS.

I. Sur l'Hyphase, l'étendue de son parcours à travers l'Inde et les particularités remarquables qu'il présente, voici ce qu'il est nécessaire de connaitre. Ce fleuve sort de terre dans une campagne : il est navigable à sa source, puis il devient impraticable aux vaisseaux : c'est que des roches énormes font saillie sous l'eau, y produisent des tourbillons

et empêchent toute navigation Sa largeur est celle de l'Ister, qui est considéré comme le plus large des fleuves de
l'Europe. Les rives sont aussi couvertes d'arbres semblables
à ceux des rives de l'Ister, et ces arbres distillent un baume
avec lequel les Indiens font ce qu'ils appellent l'*onguent du
mariage:* quand un mariage a lieu sans que les époux se
soient fait frotter de ce baume, il demeure imparfait et n'obtient pas l'agrément de Vénus. A cette déesse est consacré,
selon nos voyageurs, le bois dont le fleuve est entouré,
ainsi que des poissons appelés *paons,* qu'on ne trouve que
dans ce fleuve. On leur a donné le nom de paons, parce
qu'ils ont la crête bleue, les écailles de plusieurs couleurs,
la queue dorée, et pouvant, lorsqu'ils le veulent, se relever.
Il y a aussi dans ce fleuve une espèce d'insectes semblables
à des vers blancs, et qui, fondus, donnent de l'huile [1] : cette
huile produit un feu qui ne peut se garder que dans du
verre C'est pour le roi seul qu'on prend ces insectes, et ils
servent dans les siéges on jette cette huile sur les murailles, et aussitôt s'allume un incendie qui triomphe de
tout ce que les hommes ont imaginé pour éteindre le feu .

II. Dans les marais qui bordent le fleuve on prend des
onagres [2]. Ces animaux ont sur le front une corne, dont ils
se servent pour combattre à la manière des taureaux,
et cela avec beaucoup de courage. Les Indiens font de ces
cornes des coupes, et leur attribuent des propriétés merveilleuses . il suffit d'avoir bu dans une de ces cornes pour être

---

1. Sur ces insectes, comme en général sur tout ce qui est dit ici
avec plus ou moins d'exactitude des particularités de l'Inde, il est intéressant de comparer Philostrate et Ctésias, dans son livre *de l'Inde,* dont
Photius nous a laissé des extraits, on trouvera ces extraits traduits en
français à la suite de l'Hérodote du *Panthéon littéraire.* — Voir aussi
les fragments de Mégasthène dans la collection Didot.

2. Voyez les *Éclaircissements historiques et critiques.*

pendant tout le jour à l'abri de toute maladie, pour ne pas
souffrir d'une blessure, pour traverser impunément le feu,
pour n'avoir rien à craindre des poisons les plus violents :
ces coupes sont réservées aux rois, et les rois seuls font la
chasse à l'onagre. Apollonius dit avoir vu un de ces animaux, et s'être écrié : « Voilà un singulier animal ! » Et
comme Damis lui demandait s'il croyait à ce que l'on con-
tait des cornes de l'onagre, il répondit : « Je le croirai
« quand on me montrera quelqu'un de ces rois de l'Inde
« qui ne soit pas mortel. Lorsqu'un homme peut me pré-
« senter, ou présenter au premier venu une coupe qui, loin
« d'engendrer les maladies, les éloigne, comment suppo-
« ser qu'il ne commence pas par s'en verser à longs traits et
« jusqu'à s'enivrer ? Et en vérité personne ne pourrait
« trouver mauvais qu'on s'enivrât à boire à une telle
« coupe. »

III. Nos voyageurs rencontrèrent en cet endroit une
femme noire depuis la tête jusqu'aux seins, et blanche depuis les seins jusqu'aux pieds. Effrayés à cette vue, les
compagnons d'Apollonius s'enfuirent ; mais Apollonius
tendit la main à cette femme, sachant ce qu'elle était :
c'était une femme consacrée à Vénus, et il naît ainsi dans
l'Inde, pour cette déesse, une femme de deux couleurs,
comme en Égypte le bœuf Apis.

IV. Après avoir quitté les rives de l'Hyphase, nos voyageurs franchirent la partie du Caucase qui s'étend vers la
mer Érythrée, et qui est couverte d'arbustes aromatiques.
Sur le sommet de ces montagnes croît le cinname, semblable à des sarments nouveaux. Cet aromate est indiqué
par les chèvres : en effet, qu'un chévrier présente du cinname à une chèvre, elle lui lèchera la main comme un chien ;
qu'il s'éloigne, elle le suivra en approchant les narines de
l'aromate ; qu'il la repousse, elle se plaindra comme s'il l'ar-

7

rachait à un pâturage de lotos. Sur les côtes escarpées du
Caucase poussent des arbustes élevés qui produisent l'encens, et plusieurs autres espèces d'arbustes, parmi lesquels
ceux qui donnent le poivre : ce sont les singes qui cultivent
ces derniers. Nos voyageurs n'oublient pas de nous dire à
quels arbustes ils ressemblent, et voici ce qu'ils rapportent à
ce sujet. L'arbuste à poivre ressemble à l'*agnos* des Grecs [1],
surtout par ses fruits en grappes; il vient dans les endroits
escarpés et inaccessibles aux hommes; dans les cavernes et
dans tous les creux de la montagne habitent des singes que
les Indiens ont en grande vénération, parce qu'ils récoltent
le poivre, et qu'ils protégent avec des chiens et des armes
contre les attaques des lions. Le lion, en effet, poursuit ces
singes, quand il est malade, pour se guérir, car leur chair
est pour lui un remède souverain; quand il est vieux, pour
se nourrir, car lorsqu'il n'a plus assez d'agilité pour la chasse
des cerfs et des sangliers, il fait usage contre les singes des
forces qui lui restent. Mais les hommes viennent à leur secours, et croyant avoir des obligations à ces animaux, ils
font pour eux la guerre au lion. Voici comment se fait la
récolte du poivre : les Indiens s'approchent des arbres qui
se trouvent au bas de la montagne, font en cet endroit de
petites aires autour des arbres, et y entassent les fruits du
poivrier, faisant semblant de les jeter comme chose sans
valeur et sans prix pour les hommes. Les singes, du haut de
leurs retraites inaccessibles, voient cela, et, pendant la nuit,
ils imitent le travail des Indiens, arrachent les grappes des
poivriers, et les jettent dans les aires; le jour venu, les
Indiens enlèvent une grande quantité de poivre, qu'ils ont
ainsi gagné sans peine, sans travail, et en dormant.

V. Après avoir franchi le Caucase, nos voyageurs virent

---

1. C'est l'*agnus castus* des Latins.

une plaine entrecoupée de fossés remplis d'eau. Les uns cou-
lent obliquement, les autres tout droit; tous tirent leur eau
du Gange. Ils marquent les limites des propriétés, et l'on se
sert de leur eau pour arroser les champs, quand ils sont
secs. C'est le pays le plus fertile de l'Inde, et le plus vaste
de ses terrains cultivés : il y a quinze jours de marche le
long du Gange, et dix-huit de la mer à la montagne des
singes, jusqu'où elle s'étend. C'est une plaine continue,
dont le sol est noir et fertile en toute sorte de productions.
Ils y virent du blé droit comme des roseaux, malgré les
épis dont il était chargé; des fèves trois fois plus grosses
que celles d'Égypte, du sésame, du millet et d'autres plantes
d'une grandeur surprenante. On y trouve de ces noix que
nous suspendons ordinairement dans nos temples comme
des choses merveilleuses. Les vignes sont petites, comme
celles de Lydie et de Méonie, mais elles donnent un bon
vin, et, même pendant la vendange, exhalent un parfum dé-
licieux. Nos voyageurs rencontrèrent en cet endroit un
arbre semblable au laurier, dont le fruit est contenu dans un
calice aussi large que la plus grosse grenade : c'est une
pomme de couleur bleue, comme le calice de l'hyacinthe, et
dont la saveur surpasse celle de tous les fruits que donnent
les saisons.

VI. En descendant le Caucase, ils assistèrent à une
chasse aux dragons [1]. Il est nécessaire d'en parler. En effet, quand la manière dont on prend ou dont on peut
prendre les lièvres a été traitée si au long par les auteurs
qui s'occupent de ces choses, serait-il raisonnable à nous
de ne rien dire d'une chasse aussi noble et aussi merveilleuse que celle des dragons, et cela quand elle a attiré l'at-

1. Philostrate désigne par ce mot, non pas les animaux fantastiques
qui sont ordinairement déguisés sous le nom de *dragons*, mais les serpents monstrueux qu'on trouve dans l'Inde.

L. et Q.

tention de celui dont nous écrivons la vie ? En effet, l'Inde
entière est comme enveloppée dans les replis de dragons
monstrueux : les montagnes et les marais en sont infestés,
il n'y a pas une colline où il ne s'en trouve. Les dragons
de marais ont trente coudées de longueur ils sont lents, et
leur tête n'est pas surmontée d'une crête, ils ressemblent
aux femelles des autres dragons · leur dos est noirâtre, et
ils ont moins d'écailles que les autres. De tous les poètes,
c'est Homère qui a décrit ces animaux avec le plus d'exactitude, lorsqu'il parle de ce dragon, « au dos fauve, » qui
se tenait à Aulis, près de la fontaine[1] les autres poetes disent qu'un dragon de la famille de ce dernier, celui du bois
de Némée, avait la tête garnie d'une crête, ce qui n'est nullement le caractère des dragons de marais

VII. Les dragons qui font leur séjour au pied des montagnes et sur les collines, descendent dans les plaines pour
chasser. Ils sont supérieurs en tout aux dragons des marais : ils sont plus grands, ils surpassent en agilité les
fleuves les plus rapides, et rien ne saurait leur échapper.
Ils ont sur la tête une crête, qui est peu proéminente quand
ils sont jeunes, puis qui croît et s'élève beaucoup à mesure
qu'ils vieillissent . c'est alors qu'ils prennent une couleur
rouge et que leur dos devient dentelé. Ces dragons ont
aussi de la barbe, leur cou se dresse, leurs écailles
brillent comme de l'argent, la prunelle de leurs yeux est
une pierre étincelante, à laquelle sont attachées plusieurs
vertus secrètes. Les Indiens qui vont à la chasse des dragons
des plaines les prennent au moment où ils viennent de se
jeter sur un éléphant : c'est une lutte qui devient funeste à
l'un et à l'autre de ces animaux Le prix de la chasse des
dragons, ce sont leurs yeux, leur peau et leurs dents . ces

1. Voyez *Iliade*, II, v. 308 et suiv.

dents sont semblables à celles des plus grands sangliers,
mais elles sont plus minces, de plus elles sont recourbées, et
la pointe en est très-aiguë, comme chez les grands poissons.

VIII. Quant aux dragons des montagnes, ils ont les
écailles dorées, et sont plus grands que ceux des plaines;
ils ont une barbe qui frise et qui est aussi dorée. Leur sourcil est plus saillant que celui des dragons des plaines, et
au-dessous du sourcil se cache un œil farouche et terrible.
Lorsqu'ils ondulent sur la terre, ils font entendre un bruit
semblable à celui de l'airain. Leurs crêtes sont d'un rouge
plus ardent que celui d'aucune lampe. Ils viennent à bout
des éléphants, mais voici comment ils sont pris par les Indiens. Les chasseurs étendent devant le repaire d'un dragon
une étoffe rouge sur laquelle sont tracés des caractères
magiques, qui doivent l'endormir, et qui domptent les yeux,
d'ailleurs indomptables, de ce monstre. Puis ils le charment
avec plusieurs enchantements. Le dragon, entraîné par
une force invincible, passe alors la tête hors de sa caverne,
et la couche sur les caractères magiques. Quand il est ainsi
étendu, les Indiens s'élancent sur lui, le frappent à coups
de hache, lui coupent la tête, et s'emparent des pierres
précieuses qui s'y trouvent [1]. On dit en effet que la tête des
dragons renferme des pierres brillantes et de toutes couleurs, auxquelles sont attachées des propriétés merveilleuses,
comme il y en avait d'attachées à la pierre du fameux anneau
de Gygès. Il n'est d'ailleurs pas rare que le dragon emporte

1. Voir, sur ce point, Pline, *Hist. nat.*, XXXVII, 57; Solin, c. 30;
Isidore de Séville, *Origines*, XVI, 13. Oléarius avertit qu'il ne faut pas
confondre ces pierres, que renfermait, disait-on, le crâne des dragons,
dracontides, avec les yeux mêmes, qui sont aussi appelés, par Philostrate,
des pierres précieuses, et qui entraient dans diverses préparations magiques. Voyez Lucain. *Pharsale*, VI, v. 657.

au fond de sa caverne l'Indien avec sa hache et son attirail
magique, en ébranlant, ou peu s'en faut, toute la montagne.
Il paraît que ces dragons occupent aussi les montagnes qui
bordent la mer Érythrée, que sur ces plages on entend leur
sifflement terrible, et que quelquefois, entrant dans la mer,
ils s'avancent assez loin à la nage. Quant à la durée de la
vie de ces animaux, elle est difficile à déterminer, et si je
répétais ce qu'on en dit, je ne serais pas cru. Voila tout ce
que je sais sur les dragons.

IX La plus grande ville qui s'offrit à nos voyageurs,
après qu'ils eurent franchi le Caucase, s'appelait Paraca.
Au milieu de cette ville étaient suspendues plusieurs têtes
de dragons, parce que les habitants s'exercent à cette chasse
dès leur enfance. On dit que les Paraciens arrivent à comprendre la voix et les cris des dragons, en leur mangeant,
soit le cœur, soit le foie. Comme ils continuaient leur
route, Apollonius et ses compagnons entendirent la flûte
d'un berger qui rassemblait son troupeau. Or ce troupeau se composait de biches blanches. En effet, les Indiens
traient les biches, et estiment leur lait comme très-nourris-
sant.

X. Ils marchèrent encore quatre jours à travers un pays
fertile et bien cultivé, puis arrivèrent a la citadelle des
Sages. Alors le guide, frappé de terreur et suant à grosses
gouttes, fit courber le genou à son chameau et descendit.
Apollonius comprit où il était, et riant de la peur du guide :
« Voilà, dit-il, un homme qui, s'il entrait au port après une
« longue traversée, serait fâché de toucher la terre, et ne
« serait pas rassuré de voir qu'il va aborder. » En disant
cela, il fit baisser son chameau, car déjà il s'était habitué à
ces manœuvres. Ce qui avait effrayé le guide, c'était d'être
arrivé si près des Sages. Les Indiens ont en effet pour les
Sages plus de respect que pour le roi, parce que le roi, dont

ils dépendent, les consulte sur tout ce qu'il doit dire ou
faire, comme on consulte un oracle, et qu'ils l'engagent à
faire ce qui est bien, le détournent et l'écartent de ce qui
est mal.

XI. Comme nos voyageurs se proposaient de s'arrêter
dans le bourg le plus voisin, qui est à un peu moins d'un
stade de la citadelle des Sages, ils aperçurent un jeune
homme qui venait vers eux en courant. Il était plus noir
que tous les autres Indiens; l'intervalle de ses sourcils figu-
rait une lune brillante. Il m'a été dit que plusieurs années
après le même phénomène s'est reproduit chez l'Éthiopien
Ménon, élève d'Hérode le Sophiste. Cette lune était très-
visible pendant sa jeunesse, mais elle perdit son éclat à
mesure qu'il avança en âge, et disparut complétement dans
sa vieillesse. Le jeune Indien portait une ancre d'or: c'est
le caducée des Indiens; ils donnent une ancre aux messagers, comme symbole de solidité.

XII. Il courut vers Apollonius et lui adressa la parole
en grec. Cela ne parut pas étonnant, car tous les habitants
du bourg ou il était parlaient grec. Mais quand il dit : « Sa-
« lut, Apollonius, » ses compagnons demeurèrent stupéfaits;
quant à lui, cela lui fit bien augurer de ce qui avait fait
l'objet de son voyage. Il jeta un coup d'œil à Damis, et lui
dit : « Nous voici chez des hommes qui possèdent réelle-
« ment la science, il semble en effet qu'ils lisent dans
« l'avenir. » Puis il demanda au jeune homme ce qu'il devait faire : déjà il était impatient d'entrer en relations avec
les Sages « Vos compagnons, répondit le messager, res-
« teront ici, vous, venez sur-le-champ, eux-mêmes vous y
« invitent. » Apollonius vit déjà dans cet « eux-mêmes »
un mot pythagoricien [1], et il suivit de grand cœur le messager.

1. Allusion à la formule pythagoricienne : « Lui-même l'a dit », qu'on

XIII. D'après la relation de nos voyageurs, la colline occupée par les Sages a la même élévation que l'Acropole
d'Athènes, elle s'élève au milieu de la plaine, elle est for-
tifiée naturellement par un rocher qui l'entoure également
de tout côte, en divers endroits de ce rocher on voit des
traces de pieds fourchus et des empreintes de visages, de
barbes, de dos d'hommes qui paraissent être tombés a la
renverse En effet, lorsque Bacchus, de concert avec Hercule, voulut s'emparer de cette colline, on dit qu'il donna
l'ordre de l'attaque aux Pans, qu'il croyait capables de tout
renverser, mais foudroyés par les Sages, ils tombèrent en
désordre, et laissèrent sur les rochers la marque de leur
chute. Selon nos voyageurs, la colline est entourée d'un
brouillard au milieu duquel vivent les Sages, se laissant
voir ou se rendant invisibles, à leur volonté. Ils n'ont pu
savoir si la colline a un autre abord que celui par lequel pé-
nétra Apollonius, car le brouillard qui entoure cette colline empêche de voir si elle est ouverte ou fermée [1].

XIV ' Apollonius, à la suite de l'Indien, monta par le côté
méridional La première chose qu'il vit, ce fut un puits
large de quatre brasses Une vapeur azurée montait jusqu'a l'embouchure de ce puits, et quand le Soleil, à son
midi, donnait sur ce puits, ses rayons attiraient cette vapeur qui s'élevait, en offrant aux regards les couleurs de
l'arc-en-ciel. Apollonius apprit plus tard que le fond du
puits était d'arsenic rouge, que son eau était regardee
comme sacrée, que personne n'en buvait ni n'en puisait, et
que le serment le plus solennel, pour tous les peuples voisins, était celui qu'on prêtait par l'eau de ce puits Près de

---

traduit ordinairement « Le maître l'a dit ». C'est par respect, dit
Jamblique (*Vie de Pythagore*), que les disciples de Pythagore évitaient
de prononcer son nom comme celui des Dieux.

[1] Voyez les *Eclaircissements historiques et critiques.*

là est un bassin plein de feu, d'où sort une flamme plom-
bée, sans fumée ni odeur · jamais il ne déborde, mais il est
toujours rempli. C'est là que les Indiens se purifient de
leurs fautes involontaires, aussi les Sages appellent-ils ce
puits le *Puits de la Révélation*, et le feu, le *Feu du Pardon*.
Nos voyageurs nous disent avoir vu aussi deux tonneaux
de pierre noire, l'un de la pluie, l'autre des vents. S'il arrive que l'Inde soit affligée de quelque sécheresse, on ouvre
le tonneau de la pluie, et aussitôt il en sort des nuées qui
humectent tout le pays; si les pluies deviennent excessi-
ves, on le ferme, et elles s'arrêtent. Le tonneau des vents a,
si je ne me trompe, la même propriété que l'outre d'Éole [1].
on l'ouvre, on en laisse sortir un vent selon l'occasion, et
la terre se raffermit. Ils rencontrèrent encore des statues de
Dieux, non pas de Dieux indiens ou égyptiens (il n'y aurait
eu là rien d'étonnant), mais des plus anciens Dieux de la
Grece, comme Minerve Poliade [2], Apollon Délien, Bacchus
Limnéen, Apollon Amycléen [3], et autres divinités anciennes, auxquelles ces Indiens ont élevé des statues, et qu'ils
honorent suivant les rites des Grecs. Les Sages disent qu'ils
occupent le milieu de l'Inde, et que leur colline en est le
nombril. Ils y adorent le feu, qu'ils se vantent de tirer eux-
memes du Soleil; et, en son honneur, ils chantent un
hymne tous les jours à midi.

XV. Quels sont ces hommes, et comment ils vivent sur
leur colline, Apollonius lui-même nous l'apprend : « J'ai

1. Voyez Homère, *Odyssée*, livre X, v. 19 et suiv.

2. C'est la protectrice d'Athènes.

3. C'était l'Apollon qui était adoré dans la ville d'Amycles, en Laconie. Voy. Thucydide, liv. V ; Polybe, liv. V, Athénée, liv. VI, p. 232;
Maury, *Hist. des religions de la Grece*, II, p. 49. Apollon Délien est
bien connu; Bacchus Limnéen, ou *des marais*, l'est beaucoup moins.

« vu, dit-il dans un de ses Discours aux Égyptiens[1], les
« Brachmanes de l'Inde, qui habitent sur la terre et n'y
« habitent pas, qui ont une citadelle sans murailles, et qui
« ne possèdent rien que ce que possède tout le monde. »
Voila ce qu'Apollonius a dit doctement. Suivons maintenant la relation de Damis Les Brachmanes couchent a
terre, après avoir étendu sur le sol des herbes qu'ils choisissent eux-mêmes. Damis les a vus s'elever en l'air à la
hauteur de deux coudées, non pour étonner (car ils se dé-
fendent de ce genre de prétention), mais parce que, selon
eux, tout ce qu'ils font en l'honneur du Soleil à quelque
distance de la terre est plus digne de ce Dieu[2] Le feu
qu'ils tirent d'un des rayons du soleil, tout matériel qu'il
est, ne brûle pas sur l'autel, et n'est pas conservé dans des
fourneaux on le voit flotter en l'air comme un rayon de
soleil répercuté par l'eau Le jour ils prient le Soleil, qui
dirige les saisons, de les amener selon les besoins de la
terre, et de rendre l'Inde florissante et prospère; la nuit, ils
supplient le rayon qu'ils ont tiré du soleil de ne pas s'in-
digner des ténèbres, et de rester tel qu'il était au sortir du
divin foyer. Quand Apollonius dit . « Ils sont sur terre et
« n'y sont pas, » quand il dit « Ils ont une citadelle sans
« murailles, » il veut parler du ciel sous lequel ils vivent.
tout en paraissant vivre exposés aux intempéries de l'air, ils
n'ont qu'a s'entourer d'un nuage, et la pluie ne les atteint
pas, et dès qu'ils le veulent, ils sont sous le soleil. Quant a
ces mots « Ils ne possèdent rien que ce que possède tout le
« monde, » Damis les explique de la façon suivante Toutes
les fontaines qui jaillissent sous les pas des serviteurs de Bacchus, quand le Dieu les agite en même temps que la terre, sortent aussi de terre en faveur de ces Indiens, qui s'en abreu-

1. Voyez plus bas, liv. VI, ch. 11.
2. Voyez les *Éclaircissements historiques et critiques.*

vent et en abreuvent les autres, apparemment, pour Apollonius, des hommes qui sans se donner de peine, et naturellement, peuvent se procurer ce qu'ils veulent, possèdent ce
qu'ils ne possèdent pas. Ils laissent croître leur chevelure,
comme autrefois les Lacédémoniens, les Thuriens, les Tarentins, les Méliens, et tous ceux qui avaient en honneur les
coutumes laconiennes. Ils portent des mitres blanches et
marchent nu-pieds Leurs vêtements ressemblent à nos *exo-
mides*[1] : l'étoffe de ces vêtements leur est fournie par la terre ;
c'est une sorte de lin qui vient de lui-même, qui est blanc
comme celui de Pamphylie, mais plus mou, et qui distille une
graisse semblable à de l'huile. C'est avec ce lin qu'ils font
leurs vêtements sacrés; et si quelque autre Indien veut en
arracher, la terre n'en laisse pas enlever une seule tige.
Les Sages portent un anneau et une baguette qui ont des
vertus souveraines, mais ces vertus sont secrètes.

XVI. Quand Apollonius parut, les Sages l'accueillirent
en lui tendant la main. Iarchas seul resta sur le siége élevé
où il était assis Ce siége était fait d'airain noir et enrichi
d'ornements d'or les siéges des autres Sages étaient aussi
en airain, mais sans ornements, moins élevés, et placés au-
dessous de celui d'Iarchas. Dès qu'il vit Apollonius, il le
salua en langue grecque, et lui demanda la lettre du roi de
l'Inde. Comme Apollonius s'étonnait de la prescience d'Iarchas, celui-ci ajouta « Il y a dans cette lettre une omission
« qui a échappé au roi il y manque un D » Et cela se trouva
vrai. Il lut la lettre, puis dit à Apollonius « Que pensez-
« vous de nous? — Ce que je pense? Ne l'ai-je pas assez
« fait voir par le voyage que j'ai fait pour vous voir, et
« qu'aucun de mes concitoyens n'avait entrepris avant moi?
« — Et que croyez-vous que nous sachions de plus que

1. On appelait ainsi des tuniques à une seule manche que portaient
les esclaves, les gens du peuple et quelquefois les philosophes.

« vous? — Je crois que votre science est beaucoup plus
« étendue et plus divine que la mienne. Mais si je ne trouve
« pas chez vous à augmenter mes connaissances, j'aurai
« du moins appris une chose, c'est qu'il ne me reste plus
« rien a apprendre » Iarchas lui répondit — « Les autres
« hommes demandent aux etrangers qui ils sont et pour-
« quoi ils viennent La première preuve de notre science,
« c'est que nous savons qui nous arrive. Jugez-en tout
« d'abord » Et il donna des détails sur la famille du père
et de la mère d'Apollonius, sur tout ce qu'il avait fait à
Égées, sur la manière dont Damis s'était attaché à lui, sur
ce qu'ils avaient enseigné ou appris dans leur voyage · on
eût dit qu'il les y avait accompagnés. Iarchas ayant parlé
sans s'interrompre, et sans la moindre obscurité, Apollonius demeura stupéfait « Comment pouvez-vous savoir
« tout cela? s'écria-t-il. — C'est, répondit Iarchas, par
« une science a laquelle vous n'êtes vous-même pas tout à
« fait étranger, mais que vous ne possédez pas tout entière.
« — Voudrez-vous bien me l'apprendre tout entière? —
« Oui, tout entière. Car il y a plus de sagesse à cela qu'il
« n'y en aurait à vous cacher, par une envie · maligne, ce
« qui mérite d'être su. D'ailleurs, je vois, Apollonius, que
« vous êtes plein de Mnémosyne[1], et c'est de toutes les
« Déesses celle que nous honorons le plus. — Vous con-
« naissez donc la nature de mon esprit? — Nous connais-
« sons toutes les sortes d'esprits, et une foule d'indices
« nous les révèlent Mais voici que midi approche, et il con-
« vient d'accomplir les cérémonies sacrées. Commençons
« par remplir nos devoirs envers les Dieux; après cela nous
« parlerons sur tel sujet que vous voudrez Vous pouvez

1. C'est la déesse de la mémoire. Le mot grec désigne à la fois la
déesse et la faculté qu'elle représente. Il y a là un jeu de mot qu'une
traduction ne saurait rendre.

« assister à tout ce que nous allons faire. — Certes, je ferais
« injure au Caucase et à l'Indus, que j'ai franchis pour
« venir vers vous, si je ne rassasiais mes yeux de toutes
« vos cérémonies. — Rassasiez-les donc, et suivez-nous »

XVII. Ils arrivèrent à une fontaine qui, au rapport de
Damis, qui la vit ensuite, ressemble à la fontaine Dircé en
Béotie. D'abord ils se déshabillèrent, et se frottèrent la tête
avec un parfum semblable à de l'ambre · cela les échauffa
tellement qu'il s'échappa de la vapeur de leurs corps,
et qu'ils furent couverts de sueur comme s'ils avaient
été dans une étuve. Ensuite ils se jetèrent dans l'eau, et,
après s'être lavés, ils s'avancèrent vers le lieu saint, la tête
couronnée et le cœur tout à leurs hymnes Puis ils se mirent en rond, formèrent un chœur, dont ils donnèrent la
conduite à Iarchas, et frappèrent la terre du bout de leurs
baguettes; et la terre, se gonflant comme les flots de la
mer, les enleva en l'air à la hauteur de deux coudées. Pendant ce temps ils chantaient un chœur semblable au péan
de Sophocle, qu'on chante à Athènes en l'honneur d'Esculape. Quand ils furent redescendus à terre, Iarchas appela
le jeune homme qui portait l'ancre, et lui dit d'avoir soin
. des compagnons d'Apollonius Celui-ci s'en alla plus vite
que le plus rapide des oiseaux, et revenant aussitôt, dit à
Iarchas que toutes les dispositions étaient prises. Après
avoir accompli toutes les cérémonies sacrées, les Sages s'assirent sur leurs siéges. Alors Iarchas, s'adressant au jeune
homme : « Apportez, lui dit-il, le trône de Phraote, et que
« le sage Apollonius s'y assoie pour s'entretenir avec nous.»

XVIII. Apollonius ayant pris place, Iarchas lui dit :
« Faites-nous telle question que vous voudrez, car vous
« êtes venu vers des hommes qui connaissent tout. — Vous
« connaissez-vous aussi vous-mêmes ? » demanda Apollonius; car il pensait que pour Iarchas, comme pour les

Grecs, la connaissance de soi-même dût paraître une science
difficile. Mais, contre l'attente d'Apollonius, il répliqua
« Nous connaissons tout, parce que nous avons commencé
« par nous connaître nous-mêmes. Sans cette connais-
« sance, nul d'entre nous n'aurait abordé une science
« comme la nôtre » Apollonius se rappela ce que lui avait
dit Phraote, et comment celui qui veut philosopher doit
d'abord s'examiner lui-même Il approuva donc ce qu'il
venait d'entendre, d'autant plus qu'il en était persuade
pour son compte Il fit une seconde question « Que croyez-
« vous être? — Des Dieux. — Pourquoi? — Parce que
« nous sommes vertueux. » Cette réponse parut à Apollonius si pleine de sens, que plus tard il en fit usage dans sa
défense devant Domitien

XIX. Reprenant donc son interrogation : « Que pensez-
« vous sur l'âme? leur demanda-t-il — Ce que vous avez
« appris de Pythagore, et les Égyptiens de nous. — Mais
« Pythagore déclarait avoir été autrefois Euphorbe ; diriez-
« vous de même, Iarchas, qu'avant d'entrer dans le corps
« où vous êtes, vous fûtes un des Troyens, un des Grecs ou
« quelque autre héros? — Ce qui a perdu Troie, répondit
« Iarchas, c'est l'expédition des Grecs ; ce qui vous perd,
« vous autres Grecs, ce sont les fables répandues sur Troie.
« Pour vous, les seuls hommes sont ceux qui ont pris part
« a cette guerre, et vous ne songez pas à des hommes plus
« nombreux et plus divins, qu'ont portés et votre terre, et
« l'Egypte et l'Inde. Puis donc que vous m'interrogez sur
« mon existence antérieure, dites-moi quel est le héros que
« vous trouvez le plus admirable parmi les adversaires ou les
« défenseurs de Troie. — C'est Achille, fils de Thétis et de
« Pélée. Homère l'a chanté comme le plus beau des hommes
« et le plus grand des Grecs, il savait tous ses exploits. Il a
« encore beaucoup d'estime pour les Ajax et les Nirée, et

« dans ses chants, ils tiennent la première place après
« Achille pour la beauté et la valeur — Eh bien ! comparez
« a ce héros mon prédécesseur, ou du moins le corps qui a
« précédé le mien. Car voila ce que Pythagore disait avoir
« été Euphorbe.

XX. « Il y eut un temps où ce pays était occupé par les
« Éthiopiens, nation indienne Il n'y avait pas alors d'É-
« thiopie, mais l'Égypte s'étendait au dela de Méroë et des
« cataractes du Nil; elle contenait dans ses limites les
« sources de ce fleuve, et se terminait à son embouchure
« Tant que les Éthiopiens habitèrent ce pays et obéirent au
« roi Gange, la terre les nourrit abondamment, et les Dieux
« prirent soin d'eux. Mais ils tuèrent ce roi. A partir de ce
« moment, ils furent considérés par les autres Indiens
« comme impurs, et la terre ne leur permit pas d'y prolonger
« leur séjour : les semences qu'ils lui confiaient se gâtaient
« avant de germer, les femmes ne menaient pas jusqu'au
« terme le fruit de leurs entrailles, les troupeaux ne trou-
« vaient pas une nourriture suffisante, et partout ou ils
« voulaient fonder des villes, le sol cédait et s'affaissait sous
« leurs pieds. Le fantôme de Gange les poursuivait partout
« où ils allaient, jetant le trouble dans la multitude, et il
« ne cessa de s'attacher à eux que lorsqu'ils eurent sacri-
« fié à la Terre les chefs du complot et ceux qui avaient
« trempé leurs mains dans son sang La taille de Gange
« était de dix coudées, jamais on n'avait vu un homme
« aussi beau, et il était fils du fleuve Gange. Longtemps ce
« fleuve avait fait de l'Inde entière un vaste marais; c'est
« son fils qui détourna ses eaux dans la mer Érythrée, et
« qui le rendit favorable à la terre de l'Inde : aussi lui
« fournit-elle, pendant sa vie, tous les biens en abondance,
« et le vengea-t-elle après sa mort Et maintenant l'Achille
« d'Homère s'en va pour Hélène à Troie, il prend sur mer

« douze villes, et onze sur le continent, l'outrage d'Aga-
« memnon, qui lui enlève une captive, enflamme sa colère,
« et l'expose aux reproches d'insensibilité et de dureté A
« un tel homme comparons notre Indien Il fonda soixante
« villes, les plus illustres de ce pays · y a-t-il un homme
« qui trouve plus glorieux de détruire des villes que d'en
« fonder? Il chassa les Scythes qui avaient franchi le Cau-
« case et fait une incursion dans l'Inde les armes à la main :
« montrer sa valeur en délivrant son pays, n'est-ce pas bien
« plus beau que d'asservir une ville pour venger l'enlève-
« ment d'une femme qui était probablement d'accord avec
« son ravisseur? Enfin, son allié, le roi du pays ou com-
« mande aujourd'hui Phraote, lui ayant, avec autant d'in-
« justice que d'insolence, enlevé sa propre femme, il ne
« voulut pas rompre le traité qu'il avait fait; il disait avoir
« prêté un serment trop solennel pour être dégagé de sa
« foi même par l'injustice de son allié.

XXI « Je vous rapporterais bien d'autres actes de Gange,
« si je ne craignais de m'arrêter a me louer moi-même : car
« je suis ce Gange. Je l'ai bien prouvé, alors que je n'avais
« encore que quatre ans. Gange avait enfoncé en terre sept
« épées d'acier, afin qu'aucune terreur n'approchât jamais
« de cette contrée; un jour les Dieux ordonnèrent de faire
« un sacrifice a l'endroit où étaient enfoncées ces épées,
« sans indiquer cet endroit; moi, qui n'étais encore qu'un
« petit enfant, je conduisis les interprètes de la parole divine
« à un fossé, et leur dis qu'ils pouvaient faire creuser en
« cet endroit, que là étaient déposées les épées.

XXII. « Que moi, Indien, je sois passé dans un Indien,
« il n'y a encore là rien d'étonnant, mais voyez celui-ci (il
« montrait un jeune homme de vingt ans environ): il est
« mieux doué que personne pour la philosophie. De plus, il
« a une constitution robuste, comme vous voyez, son corps

« est des plus vigoureux, il ne craint ni le feu ni les bles-
« sures, et avec tout cela il ne peut sentir la philosophie
« — Que veut dire cela? demanda Apollonius. Quoi ! un
« homme ainsi favorisé par la nature, ne pas embrasser la
« philosophie, ne pas être épris du savoir, et cela quand il
« vit avec vous ! — Ce n'est pas avec nous qu'il vit Il est
« comme un lion captif; il se sent prisonnier chez nous, et
« bien que nous le caressions pour l'apprivoiser, il nous
« regarde avec colère Ce jeune homme a été Palamède,
« l'un des héros du siége de Troie : ses grands ennemis
« sont Ulysse et Homère, le premier qui a ourdi contre lui
« un complot et l'a fait lapider, le second qui n'a pas même
« daigné lui consacrer un vers. Aussi, comme sa science
« (car il était savant) ne lui a servi à rien, et ne lui a pas
« même valu les eloges d'Homère, qui a rendu célèbres
« même des hommes peu dignes de la célébrité, comme il a
« été écrasé par Ulysse, auquel il n'avait fait aucun mal, il
« parle fort mal de la philosophie et déplore son infortune
« Voilà ce Palamède, qui écrit sans avoir jamais appris a
« écrire. »

XXIII. Comme ils s'entretenaient ainsi, le messager vint
dire à Iarchas que le roi viendrait vers la première heure du
soir leur parler de ses affaires. « Qu'il vienne, dit Iarchas,
« il se peut fort bien qu'il s'en retourne meilleur, après
« avoir fait la connaissance d'un Grec. » Et aussitôt il
reprit son précédent propos. « Apollonius, dit-il , nous
« direz-vous qui vous étiez auparavant? — Mon ancien état
« ayant été sans gloire, je m'en souviens peu. —Comment,
« sans gloire? Est-ce ainsi que vous parlez de la condition
« de pilote d'un vaisseau égyptien. Car, je le vois, c'est ce
« que vous étiez. —Vous ne vous trompez pas, Iarchas,
« j'étais pilote. Or, je dis que non-seulement c'est une con-
« dition sans gloire, mais qu'elle est décriée. Ce n'est pas

8

« qu'un pilote ne doive être estimé des hommes autant
« qu'un magistrat ou qu'un général; mais c'est un état qui
« est en mauvaise réputation par la faute des gens de mer.
« Aussi la plus belle action que j'aie jamais faite n'a-t-elle
« pas obtenu un seul éloge. — Et quelle peut bien être cette
« belle action? Est-ce d'avoir doublé le cap Malée ou
« le cap Sunium, en arrêtant la marche rapide de votre
« vaisseau; d'avoir bien prévu d'où viendraient les vents,
« du côté de la proue ou du côté de la poupe; d'avoir con-
« duit heureusement votre navire sur les côtes de l'Eubée, à
« travers les brisants dont la mer est semée en cet endroit?

XXIV. « Puisque vous m'embarquez, dit Apollonius,
« dans un discours sur la navigation, je vais vous dire,
« Iarchas, ce que je crois avoir fait de bien. La mer était
« infestée de pirates phéniciens, qui se tenaient autour des
« ports pour s'enquérir des vaisseaux qui allaient partir et
« de leur chargement. Voyant mon vaisseau chargé de mar-
« chandises précieuses, leurs émissaires me prirent à part
« et me demandèrent quelle serait ma part de bénéfice
« pour la navigation que j'allais entreprendre: « Mille
« drachmes, répondis-je, car j'ai avec moi trois autres pi-
« lotes. — Avez-vous une maison? me demandèrent-ils
« encore. — J'ai une mauvaise cabane dans l'île de Pharos,
« où habitait autrefois Protée. — Eh bien! voulez-vous
« changer la mer contre la terre; votre cabane contre une
« maison? voulez-vous que votre navigation vous rapporte
« dix fois plus? voulez-vous échapper à tous les maux aux-
« quels les tempêtes exposent les pilotes? — Je ne deman-
« derais pas mieux, répondis-je. Mais je n'irai pas me faire
« brigand, quand je suis un pilote habile, et que mon art
« me vaut des couronnes. » Mes gens s'enhardirent: ils me
« promirent dix mille drachmes si je voulais faire ce qu'ils
« me diraient. Je les engageai à parler, et leur donnai à

« entendre que je serais tout à eux Ils me déclarèrent alors
« qu'ils étaient les agents des corsaires ; ils me prièrent de
« ne pas empêcher ceux-ci de s'emparer de mon vaisseau,
« de ne pas rentrer en ville après avoir mis à la voile, mais
« de jeter l'ancre près du cap, les embarcations des pirates
« se tenant dans les environs Ils m'offrirent de me garantir
« par serment ma propre vie et celle des hommes pour qui
« je la demanderais. Je crus qu'il était peu sûr de leur
« faire des observations, dans la crainte qu'ils ne chan-
« geassent d'avis, ne nous attaquassent quand nous serions
« au large, et ne nous fissent périr en quelque endroit de la
« haute mer. Je promis donc tout ce qu'ils voulurent, et
« leur fis jurer qu'ils me tiendraient parole. Ils prêtèrent
« serment devant les autels, car c'était dans un temple que
« se tenait notre conversation, et je leur dis « Allez trou-
« ver les pirates, nous partirons cette nuit » Pour écarter
« tout soupçon, je leur dis que j'entendais être payé en
« bonnes espèces, bien entendu quand ils seraient maîtres
« du vaisseau. Ils s'en allèrent je gagnai le large, laissant
« le cap bien loin derrière moi — Pensez-vous, Apollo-
« nius, demanda Iarchas, avoir fait là un acte de justice ?—
« Oui, et d'humanité. Ne pas livrer des hommes à la mort,
« ne pas faire prendre aux maîtres du vaisseau leurs mar-
« chandises, ne pas succomber à l'amour des richesses,
« quand on est pilote, voilà, je vous assure, plus d'un mé-
« rite. »

XXV. L'Indien se mit à rire « On dirait, reprit-il, que
« pour vous la justice consiste à ne pas commettre d'in-
« justice. C'est là, je crois, l'opinion de tous les Grecs. Des
« Égyptiens qui sont venus ici m'ont dit qu'on vous en-
« voie de Rome des gouverneurs qui tiennent toujours levée
« sur vos têtes une hache nue, et cela avant de savoir s'ils
« vont commander à des méchants, et vous, pourvu qu'ils

« ne vendent pas la justice, vous les trouvez justes. C'est
« aussi, m'a-t-on dit, ce que pratiquent chez vous les mar-
« chands d'esclaves quand ils vous amènent des esclaves
« de Carie et qu'ils vous disent leur caractère, ils comptent
« parmi leurs qualités de n'être pas voleurs. Vous faites le
« même honneur aux magistrats qui vous gouvernent, vous
« leur accordez le même éloge qu'à vos esclaves, et croyez leur
« donner une gloire à faire envie. Mais, quand vous vou-
« driez être justes et vertueux, vos poètes, même les plus
« sages, ne vous le permettraient pas. Que font-ils de Minos,
« de ce tyran qui fut le plus cruel des hommes, et qui avec sa
« flotte réduisit en servitude toutes les côtes et toutes les
« îles de la Grece? Ils l'honorent du sceptre de la justice,
« et le font sieger aux Enfers comme juge des âmes. Au
« contraire, Tantale, qui était bon, et qui donnait à ses
« amis une part de l'immortalité qu'il avait reçue des
« Dieux, ils le condamnent à la faim et à la soif. Il y en a
« même qui suspendent au-dessus de sa tete des rochers,
« faisant ainsi outrage à un homme vertueux et divin, quand
« ils devraient plutôt faire jaillir tout autour de lui ce nec-
« tar qu'il prodiguait autrefois avec tant de bonté et de géné-
« rosité » Et, en disant ces mots, il montrait à sa gauche une
statue, sous laquelle on lisait cette inscription TANTALE
Cette statue était haute de quatre coudées, elle representait
un homme de cinquante ans, vêtu à la mode d'Argos, mais
avec un manteau thessalien, qui avait l'air de tendre une
coupe dans cette coupe, pleine jusqu'aux bords, sans
qu'une goutte en tombât, bouillonnait une liqueur très-
pure en quantité suffisante pour étancher la soif d'un
homme. Je dirai bientôt ce qu'ils pensent de cette liqueur
et dans quelle occasion ils en boivent Pour le moment, ce
qu'il y a de certain, c'est que les poetes ont beau faire la
guerre à Tantale pour n'avoir pas retenu sa langue et avoir

fait part aux hommes du nectar, il n'est nullement mal vu des Dieux s'il était pour eux un objet de haine, jamais il n'aurait été tenu en honneur chez les Indiens, les plus pieux des hommes, qui ne font rien en dehors de l'inspiration des Dieux.

XXVI. Comme ils s'entretenaient ainsi, un grand bruit parti du bourg voisin vint jusqu'à eux : c'était le roi qui venait, paré de riches vêtements, à la manière des Mèdes, et avec un appareil plein de faste Iarchas ne dissimula pas son mécontentement « Si c'était Phraote, dit-il, qui « fût venu ici, vous auriez vu tout tranquille comme « dans les mystères. » Apollonius comprit que ce roi était inférieur à Phraote, non sur un point de la philosophie, mais sur le tout . il fut surpris de voir les Sages rester immobiles, sans rien preparer de ce dont pouvait avoir besoin le roi, venant après midi. « Où donc, demanda-t-il, « logera le roi ? — Ici : Nous passerons la nuit à parler de « ce qui l'amène : c'est le temps le meilleur pour les déli- « bérations. — Et ne lui servira-t-on rien à son arrivée ? — « On lui fera bonne chère, et on lui donnera de tout ce « que nous avons — Vous faites donc bonne chère ? — Nos « repas, à nous, sont fort légers . nous avons des vivres en « abondance, mais nous aimons à nous contenter de peu. « Mais il en faut beaucoup au roi, car il l'entend ainsi « Toutefois, il ne mangera rien qui ait eu vie (de tels mets « sont interdits ici): nous lui offrirons des légumes, des ra- « cines, des fruits, ce que l'Inde produit en cette saison, et « les prémices de la saison prochaine, mais le voici lui- « même. »

XXVII. Le roi s'avançait avec son frère et son fils, tout étincelant d'or et de pierreries Apollonius allait se lever, mais Iarchas le retint sur son siège, lui disant que ce n'é- tait pas l'usage chez eux Damis nous avertit qu'il ne fut pas

lui-même présent a cette réception, mais qu'il a inséré dans
son histoire le récit que lui en a fait Apollonius. Les Sages
restèrent donc assis, et le roi se présenta, tendant vers eux
les mains comme un suppliant. Ils firent un signe qui lui
fit connaître qu'ils accédaient à sa demande. Cela le rendit
joyeux, comme s'il eût reçu d'un oracle une réponse favorable Quant au frère du roi et à son fils, jeune homme
d'une rare beauté, les Sages ne firent pas plus attention à
eux que si c'eussent été des esclaves appartenant à la suite
du prince. Alors Iarchas se leva et engagea le roi à prendre
une collation. Celui-ci accepta, non sans empressement
aussitôt quatre trépieds, semblables a ceux de Delphes,
vinrent d'eux-mêmes, comme ceux d'Homère[1] au-dessus
d'eux étaient des échansons en airain noir, comme les Gany-
mède et les Pélops des Grecs. La terre se couvrit d'un
gazon plus moelleux que tous les lits Les légumes, le pain,
les racines, les fruits mûrs se succédèrent dans un plus bel
ordre que s'ils avaient été disposés par des maîtres d'hôtel.
Deux des trépieds fournirent du vin, deux autres donnèrent en abondance, l'un de l'eau chaude, l'autre de l'eau
froide. Les pierres qui viennent de l'Inde sont, chez les
Grecs, montées sur des colliers et des bagues à cause de
leur petitesse dans l'Inde, elles sont assez grandes pour
qu'on en fasse des amphores, des vases à rafraîchir le vin,
et des cratères dont le contenu est capable de désaltérer
quatre hommes en plein été Les échansons d'airain mê-
laient l'eau et le vin d'après des mesures reglées, et pré-
sentaient les coupes, ainsi que c'est l'usage dans les festins.
Les convives étaient couchés comme dans les repas ordinaires, et cela sans qu'il y eût de place d'honneur pour le
roi (ce à quoi les Grecs et les Romains attachent un grand

---

1. Homère parle en effet aussi de trépieds marchant d'eux-mêmes, qui
étaient l'œuvre de Vulcain (*Iliade*, liv. XVIII, v. 373 et suiv.)

prix), mais chacun au hasard, et comme cela s'était trouvé

XXVIII. Le repas durait depuis quelque temps, lorsque
Iarchas dit au roi : « Je vous présente, ô roi ! ce Grec, »
il montrait Apollonius couché à côté de lui, et du geste indiquait que c'était un homme vertueux et divin. « J'ai
« appris, dit le roi, que ce Grec et ceux qui sont logés dans
« le bourg voisin sont des amis de Phraote. — C'est vrai,
« parfaitement vrai, dit Iarchas, et c'est encore Phraote
« qui lui donne ici l'hospitalité. — Quelles sont ses occu-
« pations ? — Celles de Phraote — Vous ne faites pas l'éloge
« de cet étranger, quand vous dites qu'il a embrassé un
« genre de vie qui n'a pas permis a Phraote lui-même d'être
« un homme — O roi ! soyez plus réservé envers la philo-
« sophie et envers Phraote, lorsque vous étiez tout jeune,
« votre jeunesse excusait ces témérités ; mais maintenant
« que vous arrivez a l'âge viril , il faut éviter de tenir des
« propos irréfléchis et legers. » Alors Apollonius, a qui Iarchas servait d'interprète[1] « Qu'avez-vous gagne, ô roi! à ne
« pas étre philosophe ? — D'avoir toute vertu, et de ne
« faire qu'un avec le Soleil. » Apollonius, pour confondre
un tel orgueil, lui dit « Si vous étiez philosophe, vous par-
« leriez tout autrement. — Mais vous, excellent homme,
« vous qui êtes philosophe, que pensez-vous de vous-même ?
« — Que je suis vertueux, autant que je ne m'écarte pas de
« la philosophie. — Par le Soleil ! s'écria le roi en levant
« les mains au ciel, vous nous venez tout plein de Phraote »
Apollonius s'empara de ce mot, et reprit « Ce n'est pas
« en vain que j'ai voyagé, si je suis plein de Phraote que
« si vous le rencontriez à son tour, vous pourriez dire
« qu'il est plein de moi Il voulait me donner une lettre
« pour me recommander à vous ; mais, ayant su de lui que

---

1. « Iarchas pouvait s'épargner cette peine. Apollonius savait toutes
les langues. » (Note de Castillon.)

« vous etes un homme de bien, je lui ai dit de ne pas se
« donner cette peine, attendu que je n'avais pas eu besoin
« de recommandation auprès de lui »

XXIX La s'arrêta la première insolence du roi Lorsqu'il
sut que Phraote avait dit du bien de lui, il oublia tout om-
brage, et baissant le ton   « Soyez le bienvenu, dit-il, vér-
« tueux étranger — Soyez aussi le bienvenu, ô roi ! car
« il me semble que vous ne faites que d'arriver. — Qui vous
« a attiré ici ? — Ce sont ces hommes sages et divins. —
« Parle-t-on beaucoup de moi chez les Grecs ? — Autant
« qu'on parle des Grecs ici. — Pour moi, je ne trouve rien
« chez les Grecs qui vaille la peine qu'on en parle — Je leur
« rapporterai votre opinion, et ils vous couronneront à
« Olympie. »

XXX. Apollonius se pencha vers Iarchas, et lui dit
« Laissez cet homme a son ivresse, et dites-moi pourquoi
« vous n'admettez pas à la table commune ces deux autres
« qui sont venus avec lui, et qui sont, dites-vous, son frère
« et son fils, pourquoi vous ne leur rendez aucun honneur.
« — Parce qu'ils espèrent regner un jour. Il est bon qu'on
« les neglige, pour qu'ils apprennent a ne pas négliger les
« autres » Puis, voyant que les Sages étaient au nombre
de dix-huit, il lui demanda quelle était la raison de ce
nombre « En effet, ce n'est pas un nombre carré, ni un
« de ceux que l'on estime et que l'on honore, comme dix,
« douze, seize, et quelques autres semblables. — Nous ne
« sommes pas les esclaves des nombres, répondit Iarchas,
« pas plus que les nombres ne sont les nôtres; si l'on es-
« time quelque chose en nous, c'est la science et la vertu;
« tantôt nous sommes plus nombreux, tantôt nous le som-
« mes moins J'ai oui dire que mon grand-père, lorsqu'il
« a été admis parmi les Sages, et cela dès sa plus tendre
« jeunesse, en était le soixante-dix-huitième; arrivé à l'âge

« de cent trente ans, il resta seul, il avait vu mourir tous
« ses compagnons, et l'Inde ne comptait pas une seule âme
« généreuse et amie de la philosophie. Il lui vint d'Égypte
« une lettre, dans laquelle on le félicitait vivement d'avoir
« été seul pendant quatre ans assis sur ce siége, mais il
« pria qu'on cessât de reprocher à l'Inde le petit nombre
« des Sages qu'elle produisait. Pour nous, Apollonius, nous
« avons entendu parler, par les Égyptiens, de la coutume
« des Éléens, et des dix *Hellanodices* [1] qui président aux
« jeux Olympiques, mais nous n'approuvons pas la loi qui
« règle leur election. Elle est laissée au sort, qui est sans
« discernement, etqui peut favoriser le plus indigne Quand
« mémé on procéderait par choix, et quand on en appelle-
« rait à un vote, n'y aurait-il pas encore la des erreurs pos-
« sibles ? Tout autant En effet, si l'on ne peut sortir du
« nombre dix, et qu'il y ait plus de dix hommes justes, on
« fait tort a quelques-uns; si, au contraire, il n'y en a pas
« dix, ce nombre ne signifiera rien. N'est-il pas vrai que les
« Éléens auraient été bien mieux avisés, s'ils avaient fait une
« condition absolue, non du nombre, mais de la justice ? »

XXXI Comme ils raisonnaient ainsi, le roi se mit à les
interrompre, se jetant au travers de leur conversation, et
ne cessant de dire des sottises et des inepties « De quoi
« raisonnez-vous? leur demanda-t-il. — Nous parlons de
« grandes choses, des choses les plus considérées chez les
« Grecs, mais elles vous paraîtraient méprisables, puisque
« vous dites que vous n'aimez guère tout ce qui tient a la
« Grèce. — Il est vrai que je ne l'aime pas, mais je veux
« savoir de quoi il s'agit Vous parlez des Athéniens esclaves
« de Xerxès, n'est-ce pas? — Pas précisément. Mais, puisque
« vous venez de mettre en avant assez hors de propos, et

1 On les appelait *Hellanodices* ou *juges des Grecs*, parce qu'ils étaient
appelés à juger des athlètes venus de toutes les parties de la Grèce.

« contre toute verité, le nom des Athémiens, repondez-moi
« un peu : avez-vous des esclaves, ô roi ? — J'en ai vingt
« mille, et je n'en ai pas acheté un seul . ils sont tous nés
« chez moi » Apollonius lui demanda encore, par l'intermédiaire d'Iarchas, si c'était lui qui fuyait ses esclaves, ou si
c'étaient ses esclaves qui le fuyaient. « Voila, dit le roi d'un
« ton insultant, une question digne d'un esclave. Je veux
« bien y répondre cependant Celui qui fuit est un esclave,
« et un mauvais esclave, mais comment le maitre fuirait-il
« devant un homme qu'il peut mettre à la torture et rouer
« de coups ? — Tout ce que vous dites prouve que Xerxès
« était l'esclave des Athéniens, et un mauvais esclave, puis-
« qu'il a fui devant eux en effet, vaincu dans une bataille
« navale, à Salamine, et craignant pour son pont de bateaux
« de l'Hellespont, il s'enfuit avec un seul vaisseau — Mais
« il incendia de ses mains Athènes. — C'est une audace dont
« il a été puni comme jamais homme ne le fut car il a dû se
« retirer en fuyant devant dés hommes qu'il se flattait de
« détruire. Quand je songe aux pensées de Darius partant
« pour la Grèce, je me dis qu'on a pu avec quelque raison
« le prendre pour Jupiter. Mais quand je pense à sa fuite,
« je le considere comme le plus malheureux des hommes.
« S'il était mort entre les mains des Grecs, qui aurait
« obtenu de plus magnifiques éloges que lui ? A qui les
« Grecs auraient-ils éleve un plus magnifique tombeau ?
« Quelles luttes d'armes ou de musique n'eût-on pas insti-
« tuées en son honneur ? En effet, si les Melicerte, les Palé-
« mon [1], qui moururent a la mamelle ; si Pelops, l'etranger

1. Les mythographes confondent ordinairement en un seul personnage Mélicerte et Palémon. Voir Pausanias, *Attique*, fin, et, dans Ovide
(*Métamorphoses*, liv. IV), la fable d'Ino et de ses fils Léarque et Mélicerte. Selon Pausanias, les jeux Isthmiques furent institués en l'honneur
de ce dernier.

« venu de Lydie, qui subjugua l'Arcadie, l'Argolide et tout
« le pays compris en deçà de l'isthme [1], restent honorés par
« les Grecs presque à l'égal des Dieux, que n'auraient pas
« fait pour Xerxès des hommes naturellement épris de toute
« espèce de mérite, et qui auraient eu leur gloire intéressée
« a glorifier celui qu'ils avaient vaincu ? »

XXXII. Le roi ne put entendre Apollonius sans verser
des larmes : « Ami, lui dit-il, quels hommes vous me ré-
« vélez dans ces Grecs ! — Comment se fait-il donc, ô roi !
« que vous fussiez si prévenu contre eux ? — Etranger,
« c'est que les Égyptiens qui viennent ici disent beaucoup
« de mal des Grecs, ils prétendent avoir en propre la sagesse
« et la sainteté, et disent que ce sont eux qui, les premiers,
« ont réglé les cerémonies des sacrifices et des mystères en
« usage chez les Grecs. Selon eux, il n'y a rien de bon chez
« ce peuple, on n'y trouve que violence, désordre, anar-
« chie, les Grecs ne sont que des conteurs de fables, des
« hâbleurs, des mendiants, et des mendiants qui se font de
« leur pauvreté, non pas un titre de gloire, mais une ex-
« cuse pour leurs larcins. Après ce que je vous ai entendu
« dire, et puisque les Grecs aiment la gloire et la vertu,
« me voici réconcilié pour toujours avec eux ; je n'aurai
« pour eux que des éloges, je ferai pour leur prospérité
« tous les souhaits possibles, et je n'aurai plus confiance
« dans les Égyptiens. — Je savais bien, dit alors Iarchas,
« que vos oreilles avaient été remplies de mensonges par
« ces Égyptiens; mais je n'ai pas voulu vous parler des
« Grecs avant d'avoir trouvé un auxiliaire tel que celui-ci.
« Maintenant, ô roi ! que ce sage a dissipé votre erreur, bu-
« vons tous la liqueur que nous offre Tantale, et dormons

---

1. Ce personnage mythologique est le fils de Tantale, le père d'Atrée et
de Thyeste. Il a donné son nom au *pays en deçà de l'isthme* (le Pélo-
ponnèse).

« pour nous préparer à notre entretien de la nuit quant à
« la science des Grecs, la plus riche de toute la terre, je
« vous en instruirai plus tard, et vous serez heureux de
« m'en entendre parler chaque fois que vous viendrez »
Et le premier il approcha ses lèvres de la coupe, qui suffit
pour abreuver tous les convives ; en effet, elle se remplis-
sait sans cesse, comme une source intarissable. Apollonius
en but aussi, car ce breuvage est destiné chez les Indiens
à affermir l'amitié, et ils le font verser par Tantale, parce
que Tantale leur a paru de tous les hommes le plus sensible
à l'amitié.

XXXIII Quand ils eurent achevé leurs libations, ils
se couchèrent sur le lit tout préparé que la terre leur four-
nissait avec son gazon. Quand le milieu de la nuit fut arrivé, ils se levèrent et commencèrent par célébrer le rayon
de Soleil, en se tenant en l'air comme ils l'avaient fait à
midi, puis ils se mirent à la disposition du roi Damis dit
qu'Apollonius n'assista pas à l'entretien du roi avec les
Sages, mais pensa que le roi avait communiqué aux Sages
quelques secrets d'État Le matin, après avoir sacrifié, le
roi vint trouver Apollonius, et lui offrit l'hospitalité dans
son palais, lui promettant de le renvoyer en Grèce chargé
de presents. Apollonius le remercia de sa bonté, mais s'excusa d'aller chez un homme d'une vie si différente de la
sienne : « D'ailleurs, ajouta-t-il, il y a assez longtemps que
« je suis en voyage, et mes amis pourraient se plaindre
« d'être négligés par moi » Et comme le roi le suppliait de
rester, et se livrait à des instances par trop obsequieuses :
« Lorsqu'un roi demande une chose en s'abaissant, on peut
« croire que c'est un piege — O roi ! dit Iarchas, interve-
« nant entre eux, vous manquez à ce sejour sacré, quand
« vous voulez en arracher un homme malgré lui. Songez
« que cet homme est un de ceux qui lisent dans l'avenir ;

« sans doute il y voit qu'il lui serait mauvais de vivre avec
« vous, comme cela pourrait ne pas vous être avantageux
« à vous-même »

XXXIV. Le roi retourna ensuite au bourg, car la loi des
Sages ne permettait pas au roi de rester avec eux plus d'une
journée Iarchas dit alors au messager . « Nous admettons
« aussi Damis à nos mystères. Qu'il vienne Quant aux au-
« tres, faites en sorte qu'ils aient tout ce dont ils auront
« besoin. » Quand il fut parti, ils s'assirent de la manière
accoutumée, et engagèrent Apollonius à les interroger. Il
leur demanda de quoi ils croyaient que se compose le
monde. — « D'éléments, répondit Iarchas — De combien ?
« De quatre ? — Non, mais de cinq — Et quel est le
« cinquième, celui qui vient après l'eau, l'air, la terre et le
« feu ? — L'éther, d'où certainement sont nés les Dieux En
« effet, tout ce qui respire de l'air est mortel ; au contraire,
« dans l'éther, tout est immortel et divin. — Et quel est le
« plus ancien des éléments ? — Ils ont tous la même an-
« cienneté , car aucun animal ne se produit par parties. —
« Dois-je regarder le monde comme un animal ? — Oui, si
« vous voulez avoir des idées justes , car c'est lui qui produit
« tous les animaux. — L'appellerons-nous mâle ou dirons-
« nous qu'il a les deux sexes ? — Nous dirons qu'il a les deux
« sexes . en effet, par le commerce qu'il a avec lui-même,
« il remplit l'office de père et de mère à la fois, pour la gé-
« nération des animaux il a pour lui-même un amour plus
« ardent que les autres animaux pour ceux de leur espèce,
« puisqu'il s'unit et s'accouple à lui-même, et que ce mélange
« n'a rien que de naturel. Et de même que tout animal se
« meut par les pieds et les mains, et qu'il a au dedans une
« âme qui met tout en branle, de même nous devons penser
« que le monde a une âme[1], grâce à laquelle toutes ses parties

1. Voyez les *Éclaircissements historiques et critiques.*

« s'accommodent a ce qui naît et se produit C'est cette âme
« qui envoie aux hommes les maux qu'amène la sécheresse,
« lorsque la justice est méprisée et abandonnée. par les
« hommes. Cet animal est conduit, non par une seule main,
« mais par plusieurs mains mystérieuses, bien qu'il semble
« ne pouvoir être dirigé, à cause de sa grandeur, il est ce-
« pendant docile et se laisse guider.

XXXV. « Prenons un exemple. Mais quel exemple pourra
« donner une idée de choses si grandes et si supérieures à
« notre entendement? Figurons-nous un vaisseau, comme
« celui que construisent les Égyptiens et qu'ils amènent
« dans notre mer, pour échanger les marchandises de leur
« pays contre celles du nôtre. Il existe une ancienne loi
« au sujet de la mer Érythrée elle a été portée par le roi
« Erythras, alors qu'il régnait sur toute cette mer. D'après
« cette loi, les Égyptiens ne doivent pas y naviguer avec
« des vaisseaux longs, ils n'y doivent avoir qu'un seul vais-
« seau marchand Que firent les Égyptiens? Ils imaginèrent
« un vaisseau qui leur tint lieu de plusieurs autres; ils ob-
« servèrent les proportions convenables pour la carène,
« mais ils élevèrent les côtés, prirent un mât plus grand,
« firent sur le pont un plus grand nombre de cases, y mi-
« rent plusieurs pilotes sous la direction du plus âgé et du
« plus expérimenté, quelques-uns devant se tenir à la
« proue, les plus habiles et les plus adroits devant monter
« aux voiles. Dans ce navire, il y a aussi une force armée;
« car il faut qu'il soit prêt a résister aux Barbares qui oc-
« cupent le côté droit de notre golfe, et qui peuvent l'atta-
« quer pour le piller Croyons-le bien, il en est de même.
« pour le monde; l'économie de ce vaisseau nous fournit
« une image de l'ordre qui le régit. Le premier rang, le
« rang suprême appartient a Dieu, au créateur de cet ani-
« mal La place suivante est due aux Dieux qui en gouver-

« nent les parties. Et ici nous acceptons pleinement ce que
« disent les poetes, qu'il y a un grand nombre de Dieux
« au ciel, un grand nombre sur la mer, un grand nombre
« dans les fleuves et les fontaines, un grand nombre sur
« terre, et qu'il y en a même plusieurs sous terre. Cepen-
« dant, comme les espaces qui s'étendent sous terre, s'il y
« en a en effet, sont dans les chants des poëtes des séjours
« d'horreur et de mort, séparons-les du reste du monde. »

XXXVI. Ce discours de l'Indien émut vivement Damis,
qui ne put retenir un cri d'admiration : « Jamais, s'écria-
« t-il, je n'eusse pensé qu'un Indien pût aller si loin dans
« la connaissance de la langue grecque, ni que, même sa-
« chant parfaitement cette langue, il pût la parler avec au-
« tant de facilité et d'élégance. » Dans ses Mémoires, il
loue même la physionomie d'Iarchas, son sourire, l'air inspiré qu'il avait en exprimant ses idées. Il ajoute qu'Apollonius, bien qu'il parlât modestement et sans bruit, gagna
beaucoup au contact de l'éloquence de cet Indien, et que,
lorsqu'il parlait assis (ce qui lui arrivait souvent), il ressemblait à Iarchas.

XXXVII Les autres Sages approuvèrent et les idées et
les paroles d'Iarchas. Apollonius leur fit encore une question. « Laquelle est la plus grande, la terre ou la mer ? —
« Si l'on compare, repondit Iarchas, la terre à la mer, la
« terre sera plus grande, car elle contient la mer; mais si
« l'on considère toute la masse des eaux, c'est la terre qui
« sera la plus petite, car elle est soutenue par les eaux. »

XXXVIII. Ces discours furent interrompus par l'arrivée
du messager. Il amenait des Indiens qui imploraient le secours des Sages. Il leur présenta une pauvre femme qui
leur recommandait son fils ; il avait, disait-elle, seize ans,
et depuis deux ans il était possédé par un démon malin et
menteur. « Sur quel fondement croyez-vous cela ? » de-

manda un des Sages. — « Vous le voyez, c'est un bel enfant .
« eh bien ! un démon est devenu amoureux de lui, il ne
« le laisse pas disposer de sa raison, il l'empêche d'aller à
« l'école, d'apprendre a tirer de l'arc, et même de rester a
« la maison, il l'entraîne dans des endroits écartes L'en-
« fant n'a même plus sa voix; il fait entendre des sons bas
« et graves, comme un homme fait Les yeux avec lesquels il
« regarde ne sont pas ses yeux Tout cela me désole, je me
« déchire la poitrine, et je cherche à ramener mon enfant,
« mais il ne me reconnaît pas. Comme je me disposais à venir
« ici (et il y a déja un an que j'y songe), le démon s'est révélé
« a moi par la bouche de mon enfant. Il m'a déclaré qu'il est
« l'esprit d'un homme mort a la guerre, et qui est mort ai-
« mant sa femme. Mais sa femme ayant souillé sa couche
« trois jours après sa mort par un nouveau mariage, il s'est
« mis a détester l'amour des femmes, et a reporté toute sa
« passion sur cet enfant Il m'a promis, si je consentais à
« ne pas vous le dénoncer, de faire beaucoup de bien à
« mon fils. Ces promesses m'ont un peu séduite, mais voici
« deja longtemps qu'il me promène, et qu'il est seul maître
« chez moi, où il ne pense à rien de bon ni d'honnête. »
Le Sage lui demanda si l'enfant était là — « Non, répondit
« la mère. J'ai fait tout ce que j'ai pu pour l'amener, mais
« le démon menace de le jeter dans des gouffres, dans des
« précipices, de le tuer enfin, si je l'accuse lui-même de-
« vant vous. — Soyez tranquille, dit le Sage ; il ne tuera
« pas votre enfant quand il aura lu ceci. » Et il tira de son
sein une lettre qu'il donna à cette femme La lettre était
adressée au démon, et contenait les menaces lès plus terribles a son adresse

XXXIX Il se présenta encore un boiteux. C'était un
jeune homme de trente ans, ardent chasseur de lions Attaqué par un de ces animaux, il s'était luxé la hanche, et

avait ainsi une jambe plus courte que l'autre. Iarchas lui
toucha la jambe, aussitôt elle se redressa, et le jeune
homme s'en alla guéri. Un homme qui avait les deux yeux
crevés revint après les avoir recouvrés tous les deux. Un
autre, qui était manchot, reprit l'usage de son bras. Une
femme, qui avait eu déjà sept couches difficiles, fut, sur la
prière de son mari, guérie de la façon suivante : Iarchas ordonna au mari de porter dans la chambre de sa femme,
quand le moment de l'accouchement serait venu, un lièvre
vivant caché dans son sein, de faire le tour de son lit, et de
lâcher le lièvre au moment de la délivrance ; il ajouta que,
si le lièvre n'était pas chassé immédiatement, la matrice
sortirait avec l'enfant.

XL. Un père vint dire que ses enfants venaient d'abord à
merveille, mais qu'ils mouraient dès qu'ils commençaient à
boire du vin : «Il vaut mieux qu'ils soient morts, dit Iarchas ;
« s'ils avaient vécu, ils n'auraient pu éviter des passions dé-
« sordonnées, car évidemment ils avaient reçu de leurs pa-
« rents un tempérament trop chaud. Vos enfants devront
« donc s'abstenir de vin, de manière à n'en éprouver jamais
« même le désir. S'il vous reste un enfant (et je vois que
« vous en avez un depuis huit jours), il vous faut observer
« où la chouette fait son nid, lui prendre ses œufs, et les
« donner à votre enfant cuits à point. S'il mange de ces
« œufs avant de goûter du vin, il prendra en haine cette
« liqueur, et sera fort tempérant, n'ayant que sa chaleur
« naturelle. » Apollonius et Damis recueillaient avec avi-
dité toutes ces paroles, admiraient la science inépuisable
de ces sages, et leur faisaient chaque jour beaucoup de
questions, comme aussi ils étaient souvent interrogés à leur
tour.

XLI. Tous deux assistaient à ces sortes d'entretiens.
Mais il y avait des séances secrètes, consacrées à la science

9

des astres, à la divination, à l'art de lire dans l'avenir[1] ;
on y faisait les sacrifices et les invocations les plus agréables aux Dieux. A ces séances, nous dit Damis, Apollonius
seul assistait avec Iarchas Il en a profité pour les quatre
livres qu'il a écrits sur l'astrologie, dont a parlé Méragène[2],
et pour un livre sur les sacrifices, où il indique la manière
de sacrifier la plus appropriée et la plus agréable à chaque
Dieu. Cette science de l'astrologie et des secrets qu'elle
révèle me semble au-dessus de la nature humaine, et
j'ignore si quelqu'un l'a jamais possédée. Quant au livre
sur les sacrifices, je l'ai vu dans plusieurs temples, dans
plusieurs villes. même chez plusieurs savants hommes ; et
qui pourrait se faire l'interprète d'une œuvre composée par
Apollonius avec tant d'élévation et avec l'accent qui lui
était propre ? Damis dit encore que Iarchas fit présent à
Apollonius de sept anneaux qui portaient les noms des sept
planètes, et Apollonius en mettait un chaque jour, selon
le nom du jour.

XLII. Un jour la conversation était tombée entre eux sur
la science de l'avenir, qu'Apollonius étudiait avec ardeur,
et dont il faisait l'objet de la plupart de ses conférences
avec Iarchas. Celui-ci le félicita et lui dit : « Ceux qui ai-
« ment la divination, vertueux Apollonius, deviennent par
« elle des hommes divins et fort utiles aux autres hommes.
« En effet, ce que doit savoir celui-là seul qui s'approche du
« Dieu, c'est-à-dire l'avenir, le savoir soi-même et le dire
« aux autres qui l'ignorent, n'est-ce pas là être parfaitement
« heureux, n'est-ce pas être aussi puissant qu'Apollon de
« Delphes ? Et puisque l'art de la divination veut que ceux
« qui viennent consulter le Dieu y viennent purs, ou bien
« qu'ils sortent du temple, il me semble que l'homme qui

1. Voyez les *Éclaircissements historiques et critiques*.
2. Voyez livre I, chap. 3.

« veut connaître l'avenir doit se conserver sans tache, n'ad-
« mettre dans son âme aucune souillure, ne laisser graver
« dans son esprit aucune empreinte de pensée mauvaise;
« il doit prophétiser avec un cœur pur, il ne doit jamais
« abandonner la conscience de lui-même et de l'oracle qu'il
« porte dans son cœur. De cette manière il rendra des ré-
« ponses plus claires et plus vraies. Aussi ne faut-il pas
« s'étonner si vous aussi vous vous êtes adonné à cet art,
« vous dont l'âme est toute céleste. »

XLIII. Puis il se tourna vers Damis, et lui dit en plaisantant : « Et vous, l'Assyrien, est-ce que vous n'avez au-
« cune connaissance de l'avenir, vous qui vivez avec un tel
« homme ? — J'en ai bien quelque petite intuition, du
« moins pour ce qui me concerne. En effet, dès que j'ai
« rencontré Apollonius, que j'ai pu juger de sa sagesse, de
« sa force de volonté, de sa tempérance, que j'ai vu com-
« bien il était bien doué pour la mémoire, combien il était
« savant et avide de s'instruire toujours, il m'est venu une
« inspiration d'en haut : je me suis dit qu'en m'attachant
« à lui, je pourrais d'ignorant et de grossier devenir savant,
« de Barbare devenir un homme cultivé; je me suis dit
« qu'en le suivant, en m'associant à ses recherches, je ver-
« rais l'Inde, je vous verrais, et je pourrais me mêler aux
« Grecs, ayant été fait Grec par lui. Votre science, qui roule
« sur de si grands objets, donnez-lui les noms de Delphes,
« de Dodone ou de tout autre oracle. Quant à la mienne,
« puisque c'est la science de Damis et qu'elle n'intéresse que
« Damis, libre à vous de l'estimer tout juste autant que
« celle de quelque vieille diseuse de bonne aventure, que
« l'on consulte sur le bétail et autres choses de ce genre. »
Cette réponse excita l'hilarité de tous les sages.

XLIV. Quand ils eurent cessé de rire, Iarchas se remit
à parler de la divination. Il dit qu'elle avait rendu aux

hommes les plus grands services, et que le plus grand de
tous était de leur avoir donné la médecine, que jamais les
savants fils d'Esculape n'auraient connu l'art de guérir, si
Esculape lui-même, fils d'Apollon, n'eût, d'après les oracles et les prédictions de son père, composé et transmis à
ses enfants les remèdes appropries à chaque maladie; s'il
n'eût dit à ses disciples les herbes qu'il faut mettre sur les
ulcères humides ou sur les escarres sèches ; les proportions
qu'il faut observer dans l'apprêt des potions pour produire
une dérivation chez les hydropiques, pour arrêter les hé-
morragies, pour guérir les phthisies et autres maladies in-
ternes Et les remèdes contre le poison, et l'usage des poisons eux-mêmes dans quelques maladies, qui pourrait nier
qu'on doive tout cela à la divination? Car jamais, sans
doute, ajoutait Iarchas, sans l'art qui fait connaître l'avenir, les hommes ne se fussent hasardés à mêler aux substances salutaires celles qui donnent la mort.

XLV. Damis a aussi consigné dans ses Mémoires un entretien qui eut lieu entre Apollonius et les sages au sujet
des récits extraordinaires sur les animaux, les fontaines et
les hommes de l'Inde. Je le rapporterai, moi aussi, parce
qu'il est bon de ne pas tout en croire, de n'en pas tout rejeter Apollonius demanda d'abord « Est-il vrai qu'il existe
« ici un animal appelé martichoras? — Et que vous a-t-on
« dit, demanda Iarchas, sur cet animal ? Car il est probable
« que ce nom vous représente une forme quelconque. —
« On en conte des choses étranges, incroyables · c'est, dit-
« un, un quadrupède, il a la tête d'un homme et la taille
« d'un lion ; sa queue est toute hérissée de poils longs
« d'une coudée et semblables à des épines, et il les lance
« comme des flèches contre ceux qui lui font la chasse. »
Il interrogea encore Iarchas sur l'eau d'or qu'on dit jaillir
d'une source, sur une pierre qui a la propriété de l'aimant,

sur les hommes qui habitent sous terre, sur les Pygmées
et les Sciapodes [1]. Iarchas répondit : « Sur les animaux, les
« plantes et les fontaines que vous avez vues vous-même
« en venant ici, je n'ai rien a vous dire. C'est à vous de le
« rapporter à d'autres. Quant à un animal qui lance des
« flèches ou à une fontaine d'où coule de l'or, je n'en ai pas
« encore entendu parler ici.

   XLVI. « Pour ce qui est de la pierre qui attire les autres
« pierres et se les attache à elle-même, il n'y a pas a en
« douter. Il dépend de vous de voir cette pierre et d'en ad-
« mirer les propriétés La plus grande est de la taille de cet
« ongle (il montrait son pouce); on la trouve dans des creux
« de la terre, à quatre brasses de profondeur ; elle est si
« pleine de vent qu'elle fait gonfler la terre, et que la pro-
« duction de cette pierre amène souvent des crevasses. Il
« n'est pas permis de la rechercher, elle s'évanouit entre
« les mains, si on ne la prend par artifice Nous sommes les
« seuls qui puissions l'extraire, grâce à certaines cérémo-
« nies et à certaines formules. Elle se nomme pantarbe [2].
« La nuit, elle donne de la lumière, comme le feu, tant elle
« est brillante et étincelante, le jour, elle éblouit les yeux
« par des milliers de reflets' Cette pierre a une force d'as-
« piration incroyable : elle attire tout ce qui est proche.
« Que dis-je, ce qui est proche? Vous pouvez plonger des
« pierres où vous voudrez, dans une rivière, dans la mer,

----

1. Ce mot désigne en grec des hommes qui se servent de leurs pieds
pour se faire de l'ombre. Tous ces contes se trouvent déjà dans Ctésias et
dans Mégasthène, auxquels il est bon de se reporter. Nous en avons déjà
prévenu pour tout ce troisième livre de la *Vie d'Apollonius.*

   2. La pierre pantarbe, vu ses propriétés merveilleuses, est fort ap-
préciée des romanciers grecs. Héliodore en a tiré un grand parti dans
son roman d'*Héliodore et Chariclée* (liv. VIII). Il ne s'est, du reste,
pas fait faute de modifier à sa guise ces propriétés . chez lui, la pantarbe
a la faculté de préserver du feu.

« non pas près les unes des autres, mais çà et là, au hasard ;
« si vous enfoncez de ce côté la pantarbe, elle les attire, et
« en quelque sorte les aspire toutes, et vous les voyez sus-
« pendues à elle en grappe, comme un essaim d'abeilles. »
Après avoir parlé ainsi, il montra à Iarchas la pantarbe et
lui donna des preuves de ses propriétés.

XLVII. Il lui dit encore · « Les Pygmées habitent sous
« terre et vivent au dela du Gange de la manière que l'on
« rapporte. Quant aux Sciapodes, aux Macrocéphales [1], et
« à tout ce que content sur eux les Mémoires de Scylax [2],
« ils n'existent ni dans l'Inde ni dans aucune autre partie
« de la terre.

XLVIII. « L'or qu'on dit que les griffons tirent de terre
« n'est autre chose que de la pierre parsemée de paillettes
« d'or, qui brillent comme des étincelles, pierre que cet ani-
« mal brise avec son bec puissant. Cette sorte d'animal existe
« dans l'Inde, elle est consacrée au Soleil, et les peintres
« qui, chez les Indiens, représentent ce Dieu, le figurent sur
« un char attelé de quatre griffons. Pour la taille et la force
« ils ressemblent aux lions, et, comme ils ont sur eux l'a-
« vantage des ailes, ils ne craignent pas de les attaquer. Ils
« viennent à bout même des éléphants et des dragons. Leur
« vol est peu élevé, et semblable à celui des oiseaux qui
« l'ont le plus court c'est qu'ils n'ont pas de plumes, comme
« les oiseaux; les côtes de leurs ailes sont jointes par des
« membranes rouges, de manière à leur permettre de voler
« en tournant et de combattre en l'air. Le tigre est le seul

---

1. Homme à la tête allongée.
2. On connaît plusieurs Scylax. Nous avons, sous le nom de l'un
d'eux, un *Périple* de la mer Intérieure (Méditerranée), publié dans les
Geographi græci minores Il est question ici d'un Scylax plus ancien dont
parle Hérodote (IV, 44), qui avait voyagé dans l'Inde. Il ne nous est
resté de sa relation que le souvenir, et quelques mentions dans divers
auteurs, par exemple dans Tzetzès (*Chiliades*, VII, v. 631).

« animal qu'ils ne puissent vaincre, parce qu'il court comme
« le vent.

XLIX. « L'oiseau qu'on nomme phénix, et qui tous les
« cinq cents ans vient en Égypte, vole dans l'Inde pendant
« tout cet espace de temps. Il est seul de son espèce. Il naît
« des rayons du Soleil, est tout étincelant d'or, a la taille et
« la forme d'un aigle, et se pose sur un nid qu'il se fait lui-
« même avec des aromates près des sources du Nil. Quant
« a ce que disent les Égyptiens qu'il passe dans leur contrée,
« cela est confirme par le témoignage des Indiens, qui ajou-
« tent que le phénix se brûle dans son nid en se chantant
« à lui-même son hymne funèbre. C'est ce que disent aussi
« des cygnes ceux qui savent les écouter. »

L. Tels furent les objets dont Apollonius s'entretint avec
les sages pendant les quatre mois qu'il passa auprès d'eux.
Il fut admis à tous leurs discours, publics ou secrets Quand
il songea au départ, ils l'engagèrent à renvoyer à Phraote,
avec une lettre, son guide et ses chameaux ; puis, après lui
avoir donné un autre guide et d'autres chameaux, lui firent
la conduite, en le felicitant et en se felicitant eux-mêmes
de son voyage. Enfin ils lui dirent adieu, l'assurant
que, non-seulement après sa mort, mais de son vivant
même, il serait un dieu pour la plupart des hommes ; et ils
revinrent au lieu de leurs méditations, se retournant souvent de son côté, et lui montrant par des gestes qu'ils se
séparaient de lui a regret. Apollonius, après avoir quitté la
sainte montagne, descendit vers la mer, ayant à sa droite
le Gange, à sa gauche l'Hyphase. Ce voyage dura dix jours.
Sur leur route, Apollonius et ses compagnons virent une
grande quantité d'autruches, de bœufs sauvages, d'ânes, de
lions, de panthères, de tigres, des singes différents de ceux
qu'ils avaient vus autour des arbres à poivre : ceux-là étaient
noirs et velus ; ils avaient la forme de chiens et la taille de

petits hommes. Tout en causant sur ce qu'ils voyaient, comme c'était leur coutume, ils arrivèrent à la mer, sur le bord de laquelle ils trouvèrent de petits entrepôts de commerce, et de petites embarcations semblables aux navires tyrrhéniens. La mer Érythrée, nous disent-ils, est très-bleue, et son nom lui vient de l'ancien roi Erythras, qui le lui a donné lui-même.

LI. Apollonius, en arrivant à la mer, renvoya les chameaux à Iarchas avec cette lettre « Apollonius à Iarchas « et aux autres sages, salut. Je suis allé chez vous par « terre; non-seulement vous m'avez frayé le chemin de la « mer, mais votre sagesse m'a frayé le chemin du ciel. J'au-« rai soin de dire aux Grecs vos bienfaits, et je converserai « encore avec vous, comme si vous étiez présents . car ce « n'est pas en vain que j'aurai bu dans la coupe de Tan-« tale Adieu, les meilleurs des philosophes »

LII Apollonius s'embarqua ensuite, et fit route par un vent doux et propice, admirant l'embouchure de l'Hyphase, qui se précipite dans la mer avec violence. J'ai dit en effet qu'à la fin de son cours il tombe dans des lieux pierreux, étroits, escarpés, à travers lesquels il se fraye un passage et se jette dans la mer par une embouchure unique, fort dangereuse pour ceux qui naviguent trop près de terre en cet endroit.

LIII. Les compagnons d'Apollonius rapportent aussi qu'ils ont vu l'embouchure de l'Indus, près de laquelle se trouve la ville de Patala qu'il baigne de tous côtés. C'est là que vint la flotte d'Alexandre, commandée par Néarque, cet amiral si expérimenté Damis s'assura de la vérité de ce que dit Orthagoras[1], que l'on ne voit pas la grande Ourse dans la mer Érythrée, qu'à midi les navigateurs n'y jettent

1. Auteur d'un livre sur l'Inde cité par Strabon (XVI, p. 766), et par Élien (*Hist. des animaux, pass.*).

pas d'ombre, et que les étoiles qu'on y aperçoit n'apparaissent pas dans l'ordre où nous les connaissons; il faut donc croire qu'Orthagoras a bien observé et bien rapporté les particularités du ciel dans cette contrée. Nos voyageurs citent aussi une petite île, nommée Biblos, où l'on trouve attachés aux rochers des rats de mer[1], des huîtres et autres coquillages dix fois plus gros que ceux de la Grèce. On y trouve aussi des crustacés dont là coquille est blanche, et qui ont a la place du cœur une perle.

LIV. Ils prirent terre à Pagades, dans le pays des Orites, où les pierres et le sable sont de cuivre, où les rivières charrient des paillettes de cuivre. C'est un cuivre excellent, et qui fait croire aux Orites que leur pays produit de l'or.

LV. Ils arrivèrent chez les Ichthyophages[2], dont la ville s'apelle Stobéra. Ils ont pour vêtements des peaux de gros poissons. Leurs moutons ont goût de poisson, et on les engraisse d'une manière singulière on les nourrit de poissons, comme en Carie de figues. Les Indiens qu'on nomme Carmans sont assez civilisés. La mer, près de leurs côtes, est si poissonneuse, qu'ils n'ont même pas de viviers pour y mettre le poisson, et qu'ils ne prennent pas, comme cela se fait sur le Pont, la précaution d'en saler un certain nombre, mais qu'après en avoir vendu une certaine quantité, ils rejettent à la mer les autres encore en vie.

LVI Ils touchèrent aussi à Balara, ville commerçante, toute pleine de myrtes et de palmiers , ils y virent aussi des lauriers. Tout le pays abonde en sources. On n'y voit partout que des vergers et des jardins, des fruits et des fleurs. Le port de Balara est très-sûr. Au-devant de ce port est

1. Les Grecs appelaient ainsi une espèce de coquillage. Voy. Aristote *Hist. des animaux*, liv. IV, ch. 7).

2. Ce mot désigne un peuple *qui se nourrit de poisson.*

l'île sacrée de Sélère, à cent stades de la terre. Elle est
habitée par une Néréide, divinité terrible, qui souvent enlève les navigateurs qui passent sur ces parages, et ne
permet même pas qu'on attache un câble à son île.

LVII. Nous ne saurions omettre ce que l'on dit d'un
autre genre de perles que celui dont nous avons parlé. Car
Apollonius n'a pas vu là un conte puéril, mais un récit au
moins bien imaginé, et le plus merveilleux de tous ceux
qu'on fait sur la mer. Du côté de l'île qui regarde la haute
mer est un immense gouffre sous-marin, qui porte des huîtres renfermées dans une coquille blanche, elles sont pleines de graisse, mais n'ont pas, comme les autres[1], de
pierre à l'intérieur. On attend que la mer soit calme, et l'on
en rend la surface unie en y jetant de l'huile. Alors un
plongeur s'en va a la pêche des huîtres équipé comme ceux
qui vont à la pêche des éponges; il a de plus un moule en
fer et une cassolette de parfums Arrivé près de l'huître, il
se sert du parfum comme d'un appât, l'huître s'ouvre et
s'enivre de parfum; aussitôt elle est transpercée avec une
pointe de fer, et de sa blessure sort une humeur que le plongeur reçoit dans son moule composé de petits creux ronds.
Là, cette humeur se pétrifie et prend la forme de la perle naturelle. Ainsi une goutte du sang blanc d'un crustacé de la mer
Érythrée produit une perle. On dit que les Arabes qui habitent
sur le rivage opposé s'adonnent aussi à cette pêche. Toute
cette mer est pleine de cétacés monstrueux qui s'y rassemblent par bandes, pour les écarter, les navires portent, à la
proue et à la poupe, des cloches, dont le bruit les effraye
et les empêche d'approcher.

LVIII. Enfin nos voyageurs entrèrent dans l'Euphrate,
et, en remontant ce fleuve, arrivèrent à Babylone[2], auprès

1. Voyez la fin du chapitre 53.
2. Voyez les *Éclaircissements historiques et critiques.*

de Bardane, qu'ils retrouvèrent tel qu'ils l'avaient laissé.
Ils repassèrent ensuite par Ninive. Comme Antioche était
toujours livrée à la licence et ne montrait nul goût pour les
études des Grecs, ils descendirent vers la mer, s'embarquèrent à Séleucie, naviguèrent vers l'île de Cypre, et descendirent à Paphos, où Apollonius admira la statue symbolique de Vénus [1]. Après avoir enseigné bien des choses aux
prêtres sur les rites de ce sanctuaire, il fit voile pour l'Ionie.
Déjà il était l'objet de l'admiration générale et de la vénération de tous ceux qui estimaient la sagesse.

1. Elle était représentée par une pierre grossièrement taillée. Voyez
Maury, *Histoire des religions de la Grèce*, t. III, p. 194.

LIVR·E IV.

I Apollonius, arrivé en Ionie, se dirigéa vers Éphèse.

Partout sur sa route les artisans eux-mêmes quittaient leur
ouvrage et le suivaient, admirant les uns sa science, les autres sa beauté, ceux-ci son genre de vie, ceux-là son costume, quelques-uns toutes ces choses à la fois. Il n'était
bruit que de réponses rendues en sa faveur, soit par l'oracle
de Colophon, qui avait déclaré qu'Apollonius participait a
la science d'Apollon, que c'était un vrai sage, et choses
semblables; soit par l'oracle de Didyme[1] et par celui du
temple de Pergame la le Dieu avait ordonné a plusieurs de
ceux qui lui demandaient la santé d'aller trouver Apollonius; il avait ajouté que telle était sa volonté et celle des
Parques[2]. Des villes lui envoyaient des députations pour
lui conférer le droit de cité et lui soumettre diverses questions relatives à leurs mœurs, à la consécration des autels
et des statues des Dieux. Il répondait à tout soit par des
lettres, soit par la promesse de sa visite. Smyrne, comme
les autres, lui envoya une députation, mais sans dire ce
qu'elle demandait, le priant seulement de venir dans son
sein. « Que me voulez-vous ? » demanda-t-il au messager.
— « Nous ne voulons que vous voir et être vus de vous.
« —J'irai, répondit Apollonius, et vous, ô Muses ! faites que
« j'aime Smyrne, et qu'elle m'aime. »

II. Il fit sa première allocution aux Éphésiens de la porte
du temple Il ne parla pas à la manière des disciples de Socrate, mais il s'efforça de les détacher de toute occupation
et de tout travail autre que la philosophie, il les exhorta à
s'attacher à elle seule, et à répandre dans Éphèse l'amour
de la sagesse au lieu de l'esprit d'oisiveté et d'insolence
qu'il y voyait régner; en effet, ils raffolaient de pantomimes,
ne songeaient eux-mêmes qu'à la danse, et partout il n'y

1. C'est le fameux oracle des Branchides, à Didyme, près de Milet.
V. Maury, *Histoire des religions de la Grèce*, II, p. 497.
2. Voyez les *Éclaircissements historiques et critiques.*

avait que flûtes, qu'hommes efféminés et que bruit. Ces
reproches ne laissaient pas d'abord d'indisposer les Éphésiens contre Apollonius; mais il ne voulut pas fermer les
yeux sur ces désordres, et il réussit à les détruire et à les
rendre odieux au plus grand nombre.

III. Il tint ses autres harangues dans les bosquets qui entouraient les *Xystes* [1]. Un jour qu'il parlait de l'obligation
de s'entr'aider, et qu'il disait que les hommes doivent
nourrir les hommes et être nourris par les hommes, il vit
des moineaux perchés sur les arbres et silencieux ; un autre moineau vola vers eux en poussant des cris, comme
pour les avertir de quelque chose, alors ils se mirent tous
à crier et s'envolèrent en le suivant. Apollonius s'arrêta ;
il savait fort bien pourquoi les oiseaux s'étaient envolés,
mais il ne voulait pas encore le dire à la foule. Tous suivirent des yeux ces oiseaux en l'air, et quelques-uns pensèrent mal à propos que c'était quelque présage. Mais
Apollonius changea de propos et dit : « Un enfant portait
« du blé dans un panier; il est tombé et s'en est allé après
« avoir mal ramassé son blé, et en laissant plusieurs grains
« épars dans telle rue. Le moineau l'a vu et est venu cher-
« cher les autres pour les faire profiter de cette bonne au-
« baine, et les inviter en quelque sorte à son festin. » La
plupart de ses auditeurs se mirent à courir pour vérifier le
fait Apollonius continua sa harangue sur l'obligation de
s'entr'aider, et comme ceux qui étaient partis revenaient
tout émerveillés et poussant des cris d'enthousiasme [2] :
« Vous voyez, s'écria-t-il, comme les moineaux s'occupent
« les uns des autres, comme ils aiment à partager leurs
« biens; et nous, loin de faire comme eux, si nous voyons

---

1. On appelait ainsi des galeries couvertes où s'exerçaient les athlètes
pendant les mauvais temps.

2. Voyez les *Éclaircissements historiques et critiques*.

« un homme faire part de ses biens aux autres, nous lui
« donnons les noms de dépensier, de prodigue, et d'autres
« semblables ; et ceux qui sont admis à sa table, nous les
« appelons des flatteurs et des parasites. Que nous reste-t-il
« à faire, sinon à nous claquemurer comme de la volaille
« qu'on engraisse, à nous gorger de nourriture chacun dans
« notre coin, jusqu'à ce que nous crevions d'embon-
« point ? »

IV. Cependant la peste commençait à se glisser dans
Éphèse. Le fléau n'était pas encore bien déclaré ; mais Apollonius en pressentit l'approche, et il l'annonça plusieurs
fois au milieu de ses allocutions. Il disait : « O terre, reste
« telle que tu es ! » Ou bien il prononçait d'autres paroles
menaçantes, comme : « Sauve ces peuples ! » Ou encore il
s'écriait : « Ici tu t'arrêteras. » Mais on n'y faisait pas attention, et l'on croyait que ces paroles étaient des formules
sacramentelles, d'autant plus qu'on le voyait sans cesse dans
les temples cherchant par ses prières à détourner le mal
qu'il prévoyait. Voyant l'aveuglement des Éphésiens, il
pensa qu'il n'y avait plus lieu à leur venir en aide, et il parcourut tout le reste de l'Ionie, redressant partout le mal
sur son passage, et tenant toujours des discours salutaires
à ceux qui les entendaient.

V. Comme il était en route pour Smyrne, les Ioniens vinrent
à sa rencontre. C'était le temps des fêtes du Panionium[1].
Apollonius lut un décret par lequel les Ioniens le priaient de
se rendre au lieu de leur réunion. Ses yeux tombèrent sur
un nom qui n'était pas ionien ; c'était celui d'un certain
Lucullus, qui était inscrit au bas du décret. Il envoya une
lettre au Conseil pour lui reprocher de reconnaître des
noms barbares ; il avait encore lu sur le décret le nom de

1. La réunion des représentants de la confédération des villes
Ioniennes avait lieu au sud d'Éphèse, près de Mycale.

Fabricius, et quelques autres semblables Ses reproches furent pleins de véhémence, comme on le voit par sa *Lettre aux Ioniens*[1].

VI. Le jour où il vint à l'assemblée des Ioniens, il demanda « Quelle est cette coupe? — C'est, lui répondit-on, « la coupe de la confédération Ionienne. » Il y mit du vin, et faisant une libation, il s'écria · « O Dieux qui présidez « aux villes Ioniennes, faites que cette belle colonie ait une « mer sûre, qui ne lui apporte aucun mal, faites qu'Égéon[2], « qui ébranle la terre, ne renverse jamais ces villes ! » S'il fit cette prière, c'est, sans doute, qu'il prévoyait le tremblement de terre qui dans la suite affligea Smyrne, Milet, Chio, Samos et plusieurs autres villes ioniennes.

VII. Voyant les habitants de Smyrne adonnés à toute espèce d'études, il les exhorta à persévérer, échauffa leur zèle, et les invita à songer plutôt à leur âme qu'à la beauté de leur ville. « Sans doute, leur disait-il, Smyrne est la plus belle des villes « qu'éclaire le Soleil, sans doute la mer est à elle, et elle ren- « ferme les sources du Zéphyre, mais n'est-elle pas plus heu- « reuse d'avoir pour couronne une population d'hommes, « que des portiques, des peintures et de l'or, quand elle en « aurait en plus grande quantité qu'elle n'en possède? Car les « édifices demeurent toujours à la même place, on ne peut· « les voir que dans la contrée où ils sont bâtis; au con- « traire, des hommes dignes de ce nom peuvent être vus « partout, entendus partout; ils peuvent étendre la gloire « de leur patrie aussi loin que peuvent aller leurs pas. Les

1. Voyez *Lettres d'Apollonius* (la 71e et la 44e). Plusieurs Grecs, pour se faire bien venir des Romains, affectaient de porter des noms romains. C'était un acte d'adulation qu'Apollonius, ou Philostrate sous le couvert d'Apollonius, avait raison de blâmer sévèrement. L'inconvenance d'un tel acte apparaît plus clairement dans une assemblée Ionienne.

2. C'est le nom terrestre du géant qui s'appelait Briarée parmi les Dieux. Voyez Homère, *Iliade*, liv. I, v. 403-404.

« villes qui ne sont belles que par leurs édifices ressemblent
« au Jupiter d'Olympie, œuvre de Phidias, qui est représenté
« assis (ainsi l'a voulu l'artiste); mais les hommes qui par-
« courent le monde entier peuvent se comparer au Jupiter
« d'Homère, que le poëte représente sous plusieurs formes,
« chacune plus admirable que la statue d'ivoire de Phidias ;
« l'un n'apparaît que sur la terre, l'imagination représente
« l'autre partout dans le ciel. ».

VIII. Comme les habitants de Smyrne étaient divisés
d'opinion sur le gouvernement de leur république, Apollonius leur parla de ce qui fait la tranquillité des États. « Pour
« qu'un État soit prospère, leur dit-il, il faut qu'il y règne
« une concorde mêlée de désaccord. » Cette proposition parut inadmissible et contradictoire. Apollonius, voyant qu'il
n'était pas compris du plus grand nombre, dit alors : « Il
« est impossible que le blanc et le noir deviennent une seule
« couleur, que le doux et l'amer forment un bon mélange ;
« mais c'est pour le salut des républiques qu'il y aura quel-
« que discord dans la concorde. Je m'explique. Il faut
« qu'une république soit exempte de ces discords qui por-
« tent les citoyens à lever le glaive les uns contre les autres
« ou à se lapider; car elle ne vit que par l'éducation, par
« les lois, par des hommes qui sachent parler et agir. Mais
« les rivalités au sujet du bien commun, les luttes ardentes
« pour surpasser les autres dans les conseils donnés au peu-
« ple, dans les magistratures, dans les ambassades, dans la
« magnificence des édifices publics, à la construction des-
« quels il préside, ne sont-ce pas là des querelles et des dis-
« cords qui tournent au profit de la république? Je sais bien
« qu'autrefois les Lacédémoniens trouvaient puéril de pré-
« tendre travailler au bien public en s'attachant à des occu-
« pations différentes; chez eux on ne songeait qu'à la
« guerre, c'est vers la guerre que se tournaient tous les

10·

« efforts, la guerre était toute leur vie Mais il me semble pré-
« férable que chacun fasse ce qu'il sait et ce qu'il peut. Que
« l'un se fasse admirer par son talent à conduire le peuple
« par la parole, l'autre par sa sagesse, un autre par des ri-
« chesses dont il fait profiter ses concitoyens, celui-ci par
« sa bonté, celui-là par une sévérité qui ne pardonne aucune
« faute, ce dernier par une intégrité au-dessus de tous les
« soupçons, voilà comment la république restera prospère,
« ou, pour mieux dire, voilà comment sa prospérité croîtra. »

IX. Comme il parlait ainsi, il aperçut un vaisseau à trois
voiles qui allait sortir du port, et dans lequel tous les matelots, chacun de son côté, faisait ses préparatifs. « Voyez
« l'équipage de ce vaisseau, dit-il à ses auditeurs, en le
« leur montrant du doigt; les uns sont des rameurs, les
« voici à bord des chaloupes; les autres lèvent les ancres et
« les suspendent aux flancs du navire; d'autres tendent les
« voiles au vent; d'autres encore surveillent les manœuvres
« de la proue et de la poupe Qu'un seul de ces hommes
« manque si peu que ce soit à la tâche qui lui est échue, ou
« qu'il y soit inexpérimenté, le vaisseau sera mal conduit,
« et c'est comme s'il recélait dans son sein la tempête
« Qu'au contraire chacun y mette de l'émulation, qu'ils se
« disputent tous à qui l'emportera sur l'autre, d'abord ils
« sortiront heureusement du port, puis ils ne trouveront
« dans toute leur navigation que bon temps et vent favo-
« rable, leur prudence sera pour eux un Neptune tutélaire. »

X Par ces discours, il calma les esprits émus des habitants de Smyrne. Cependant la peste s'était abattue sur
Éphèse Ne trouvant aucun remède à opposer au fléau, les
Éphésiens envoyèrent des députés a Apollonius, dont ils espéraient leur guérison. Apollonius ne crut pas devoir différer « Allons, » dit-il, et au même instant il fut a Éphèse,
sans doute pour imiter Pythagore, qui s'était trouvé en

même temps à Thurium et à Métaponte. Il rassembla les Éphésiens et leur dit : « Rassurez-vous, dès aujourd'hui je « vais arrêter le fléau. » Il dit et mena la multitude au théâtre, à l'endroit où se trouve aujourd'hui une statue d'Hercule Sauveur. Là se tenait un vieux mendiant, qui feignait de loucher ; cet homme portait une besace remplie de morceaux de pain, était vêtu de haillons, et avait le visage pâle et défait. « Entourez, s'écrie Apollonius, cet « ennemi des Dieux, ramassez autant de pierres que vous « en pourrez trouver, et jetez-les lui. » Un tel ordre étonne les Éphésiens : ils jugent inique de tuer cet étranger, un homme dont la position était si misérable, et qui, par ses prières, s'efforçait de provoquer leur commisération. Mais Apollonius insistait et pressait les Éphésiens de ne pas le laisser aller. Quelques-uns se mettent à lui jeter des pierres ; alors cet homme, qui avait paru louche, fait voir des yeux étincelants et tout flamboyants. Les Éphésiens reconnaissent un démon, et l'ensevelissent sous un monceau de pierres. Après un court intervalle, Apollonius ordonne d'enlever ces pierres, pour que tous voient le monstre qui vient d'être tué. On les écarte, et que voit-on ? Le vieux mendiant a disparu, et en sa place est là gisant un énorme molosse, de la taille d'un fort lion, tout meurtri et la gueule remplie d'écume comme un chien enragé. C'est à la place même où le mauvais génie fut ainsi lapidé qu'a été élevée la statue d'Hercule Sauveur [1].

XI. Après avoir délivré du fléau les Éphésiens, et être resté assez de temps en Ionie, Apollonius fut impatient d'aller en Grèce. Cependant il commença par se rendre à Pergame, et s'arrêta avec plaisir dans le temple d'Esculape : à ceux qui étaient venus consulter le Dieu il indiqua ce qu'il fallait faire pour obtenir des songes contenant des

1. Voyez les *Éclaircissements historiques et critiques.*

présages favorables, et il fit plusieurs cures Puis il alla sur
le territoire de Troie là il évoqua toutes les traditions que
rappellent ces lieux, visita tous les tombeaux des Achéens,
tint plusieurs discours en leur mémoire, leur offrit plusieurs sacrifices comme il les faisait, des sacrifices purs et
non souillés de sang, après cela, il dit à ses compagnons
de regagner le vaisseau, et annonça l'intention de passer
une nuit près du tombeau d'Achille. Ses disciples (ils s'é-
taient groupés en grand nombre autour de lui, et comptaient
déjà parmi eux les Dioscorides et les Phédimes) essayèrent
de l'effrayer, et lui dirent que l'ombre d'Achille apparaissait
terrible, au dire des habitants du territoire de Troie « C'est
« une erreur, dit Apollonius. Je sais qu'Achille aime fort
« la conversation et la preuve, c'est sa grande amitié pour
« Nestor, qui venait de ce que le roi de Pylos avait toujours
« quelque chose de bon à lui dire , la preuve, c'est son es-
« time pour Phénix, qu'il appelait son père nourricier, son
« compagnon, et qu'il comblait de toute sorte de témoignages
« d'estime, parce que Phénix savait le distraire par ses dis-
« cours. La preuve encore, c'est la douceur avec laquelle il
« considéra Priam, son ennemi le plus odieux, après que
« Priam eut parlé, c'est, à l'époque même de sa retraite, sa
« modération envers Ulysse, auquel il parut plus beau que
« terrible. Quant a son bouclier, et à son casque dont les
« mouvements, dit-on, sont si menaçants, tout cela ne me-
« nace que les Troyens, auxquels Achille ne peut pardonner
« leur perfidie au sujet de son hymen. Mais moi, je n'ai rien
« de commun avec les Troyens, et je prétends bien avoir
« avec lui un entretien plus agréable que n'en ont jamais
« eu ses anciens amis. S'il me met à mort, comme vous me
« l'annoncez, eh bien ! j'irai rejoindre Memnon et Cycnus [1],

1. Ce Cycnus n'est pas un personnage d'Homère. On ne le trouve
que dans les cycliques.

« et peut-être Troie me donnera-t-elle, comme à son Hector,
« une fosse pour sépulture. » Tel fut le langage que tint
Apollonius à ses disciples d'un ton moitié sérieux, moitié
plaisant : puis il s'avança seul vers le tombeau, et ses compagnons retournèrent au vaisseau comme il faisait déjà
nuit.

XII. Au point du jour Apollonius revint les trouver et
demanda : « Où est Antisthène de Paros? » C'était un jeune
homme qui, depuis sept jours, était venu à Troie se joindre
à ses disciples. « Me voici, » répondit Antisthène, qui s'était
entendu appeler. « N'avez-vous pas, lui demanda Apollonius,
« un peu de sang troyen dans les veines ? — Beaucoup, ré-
« pondit le jeune homme; mes ancêtres étaient Troyens. —
« N'êtes-vous pas même de la famille de Priam? — Oui, certes,
« aussi je me flatte d'être homme de cœur et d'appartenir à
« une race d'hommes de cœur. — Achille a donc raison de
« me défendre toute liaison avec vous. En effet, il m'a chargé
« d'avertir les Thessaliens d'un grief qu'il a contre eux, et
« comme je lui demandais si je ne pouvais pas encore faire
« quelque chose qui lui fût agréable, il m'a répondu : Ce
« sera de ne pas admettre au nombre de vos disciples le
« jeune homme de Paros : car c'est un pur Troyen, et il ne
« cesse de chanter les louanges d'Hector. » Antisthène quitta
donc Apollonius, mais à regret.

XIII. Cependant le jour était venu, le vent soufflait de
terre et le vaisseau se préparait à partir; bien qu'il fût petit, une foule d'hommes qui ne faisaient pas partie des disciples d'Apollonius se pressaient sur le rivage pour partir
avec lui. C'est que l'automne approchait, et que la mer
était peu sûre. Or tous ces gens, dans la conviction qu'Apollonius commandait à la tempête, au feu, à toutes les puissances de la nature, désiraient s'embarquer avec lui et le
priaient de les admettre à faire avec lui cette navigation.

Mais le vaisseau était deja plein Apollonius en avisa un autre plus grand (il y en avait un grand nombre autour du tombeau d'Ajax), et dit « Moutons dans celui-ci : il est « beau d'arriver à bon port avec un plus grand nombre de « passagers » Une fois en mer, il doubla le promontoire de Troie et ordonna au pilote d'aborder en Éolie, en face de Lesbos, dans le port le moins éloigné de Méthymne. « C'est « la, dit-il, que repose Palamède, comme je l'ai appris « d'Achille, et il y a en cet endroit une statuette du héros, « haute d'une coudée, et représentant un homme au-dessus « de l'âge où était arrivé Palamède.» Quand il fut arrivé, il dit en descendant à terre . « O Grecs! honorons un homme « de cœur de qui nous tenons toutes les sciences. Nous « pourrons nous dire meilleurs que les Achéens, si nous « rendons hommage au mérite d'un homme qu'ils ont mis a « mort contre toute justice. » Tous les passagers mirent pied a terre le tombeau de Palamède s'offrit aux regards d'Apollonius, et il trouva la statuette enterrée tout près de la. Il y avait sur le piédestal

AU DIVIN PALAMÈDE.

Apollonius mit la statuette à son ancienne place, où je l'ai vue, consacra tout autour un espace de terre d'une étendue égale a ceux que l'on consacre en l'honneur d'Hécate, c'est-à-dire l'espace nécessaire pour un repas de dix convives, et fit cette prière « Palamède, oublie la colère que tu as au-« trefois conçue contre les Achéens, et fais que leurs des-« cendants soient sages en grand nombre. Exauce-moi, « ô Palamède! maître de l'éloquence, maître des Muses, « mon maître! »

XIV. Il aborda ensuite a Lesbos et visita le sanctuaire d'Orphée On dit qu'Orphée aimait a prédire l'avenir en cet endroit, avant qu'Apollon lui-même se fût chargé de ce soin.

En effet, il était arrivé que l'on n'allait plus demander l'a-
venir, ni à Grynée, ni à Claros, ni dans aucun des autres
endroits où il y avait un trépied d'Apollon : Orphée seul,
dont la tête était récemment arrivée de Thrace, rendait des
oracles à Lesbos. Mais Apollon vint l'interrompre : « Cesse
« d'empiéter, lui dit-il, sur mes attributions; il n'y a
« que trop longtemps que je souffre tes oracles. »

XV. Nos voyageurs, ayant remis à la voile, naviguèrent
sur la mer d'Eubée, qu'Homère lui-même regarde comme
une des plus difficiles et des plus orageuses : mais elle était
alors d'un calme peu ordinaire en cette saison. Les conversations, comme c'est l'usage en mer, roulaient sur les
îles que l'on rencontrait (elles étaient nombreuses et célèbres), et aussi sur l'art de fabriquer et de diriger les
vaisseaux. Damis tantôt blâmait ces conversations, tantôt
les interrompait, quelquefois refusait de répondre aux questions qui lui étaient adressées. Apollonius comprit que Damis voulait qu'on tînt des discours plus sérieux. « Pourquoi,
« lui dit-il, Damis, nous coupez-vous toujours la parole?
« Ce n'est pas le mal de mer ou la fatigue de la navigation
« qui vous indispose contre ce qui se dit. Vous voyez
« comme la mer se courbe sous notre vaisseau et nous
« ouvre un libre passage. D'où vient donc votre mauvaise
« humeur? — C'est que nous avons abandonné un grand
« sujet, sur lequel il serait bien préférable de vous interro-
« ger, et que nous sommes à vous faire des questions sur
« des sujets insignifiants et rebattus. — Et quel est donc
« le sujet auprès duquel les autres vous semblent frivoles?
« — Comment! vous avez conversé avec Achille, vous avez
« appris de lui sans doute une foule de choses que nous
« ignorons, et vous ne nous en dites rien! Vous ne nous
« faites même pas connaître sous quelle forme Achille vous
« est apparu; mais vous êtes dans vos discours à tourner

« autour des îles et à bâtir des vaisseaux. — Je vous dirai
« tout, répondit Apollonius, mais à la condition que vous
« ne me ferez pas le reproche de fanfaronnade. »

XVI. Tous les passagers se joignirent a Damis pour exprimer à Apollonius le désir d'entendre ce récit « Je n'ai
« pas, dit Apollonius, creusé une fosse, comme Ulysse [1], je
« n'ai pas versé le sang des brebis pour évoquer l'ombre
« d'Achille. Je me suis borné à faire la prière que les ·In-
« diens m'ont dit qu'ils font à leurs génies . « O Achille! le
« vulgaire te croit mort, mais tel n'est pas mon sentiment,
« ni celui de Pythagore, mon maître Si nous avons raison,
« offre-toi à mes regards sous la forme qui est aujourd'hui
« la tienne, tu seras assez payé de t'être montré à moi, si tu
« m'as pour témoin de ton existence présente. » J'avais a
« peine dit ces mots que la terre trembla légèrement autour
« du tombeau, et je vis se dresser devant moi, haut de
« cinq coudées, un jeune homme couvert d'une chlamyde
« thessalienne, qui n'avait rien de cet air fanfaron que l'on
« prête quelquefois au fils de Pélée, mais grave et d'un vi-
« sage qui n'avait rien que d'aimable Sa beauté n'a pas
« encore été, selon moi, vantée comme elle le mérite, bien
« qu'Homère en ait beaucoup parlé; mais c'est qu'on·ne
« saurait en donner une idée, et que celui qui entreprend
« de la louer risque plutôt de lui faire tort que d'en parler
« dignement. Il apparut avec la taille que je viens de
« dire; peu à peu il sembla que sa taille grandît, bientôt
« qu'elle fût doublée, enfin qu'elle fût plus haute encore.
« Lorsqu'il eut acquis toute sa grandeur, je crus le voir
« haut de douze coudées; et sa beauté croissait avec sa
« taille. On voyait que sa chevelure n'avait jamais été

---

1. Voy. *Odyssée*, liv. XI. Héliodore, dans le VI° livre de son roman
de *Théagène et Chariclée*, raconte une évocation à peu près semblable
faite par une magicienne de Thessalie.

« coupée [1] : il l'avait conservée entière pour le fleuve Sper-
« chius, le premier oracle qu'il eût consulté. Son menton
« avait gardé sa première barbe. « C'est avec plaisir, me
« dit-il, que je reçois votre visite, car il y a longtemps que
« je désire me trouver en face d'un homme tel que vous.
« Il y a longtemps que les Thessaliens négligent de m'of-
« frir des sacrifices. Je ne veux pas encore écouter ma co-
« lère; car, si je le faisais, ils périraient en plus grand
« nombre que ne périrent autrefois les Grecs ici même.
« J'aime mieux les avertir avec douceur de ne pas outrager
« mon ombre en lui refusant les honneurs qui lui sont dus,
« et de ne pas se montrer moins respectueux envers moi
« que les Troyens, qui, bien que je leur aie tué tant
« d'hommes autrefois, m'offrent des sacrifices publics, m'ap-
« portent les prémices de leurs champs, et m'adressent des
« prières pour rentrer en grâce avec moi, ce qu'ils n'ob-
« tiendront pas : car leur parjure envers moi sera un éternel
« obstacle à ce que Troie revienne à son ancienne prospé-
« rité et reprenne la splendeur qu'ont reprise quelquefois
« des villes après une ruine passagère; ce parjure fera que
« leur ville sera toujours comme si elle était prise d'hier.
« Je ne voudrais pas exercer contre les Thessaliens de sem-
« blables rigueurs. Aussi je vous prie de rapporter mes pa-
« roles à leur assemblée.—Je le ferai, répondis-je, heureux
« de me charger d'un message d'où dépendait le salut des
« Thessaliens. Mais à mon tour, Achille, j'aurais quelque
« chose à vous demander. — Je vous entends, vous voulez
« m'interroger sur ce qui s'est fait à Troie. Eh bien! vous

1. Ici, comme en plusieurs endroits de la *Vie d'Apollonius de Tyane*
et surtout de l'*Héroïque* ou *Dialogue sur les héros de la guerre de Troie*,
Philostrate contredit une tradition homérique. Selon Homère, Achille
avait coupé, en l'honneur de Patrocle, sa chevelure, que son père avait
promise au Sperchius (*Iliade*, XXIII, v. 142 et suiv.).

« pouvez me poser cinq questions, celles que vous voudrez
« et auxquelles les Parques me permettront de répondre. [1] »
« Je lui demandai d'abord si, comme le disent les poetes [2], il
« avait été enseveli. «—Je repose, me répondit-il, de la ma-
« nière qui fut le plus agréable et a Patrocle et à moi.
« unis des notre plus tendre enfance, nous reposons en-
« semble dans une même urne d'or, qui renferme nos cendres
« confondues. On dit que j'ai été pleuré par les Muses et les
« Néréides. la verité est que les Muses n'ont jamais mis le
« pied ici, et que les Néréides y viennent souvent encore. »
« Je lui demandai en second lieu si Polyxène avait été im-
« molée sur son tombeau [3]. «—Il est vrai qu'elle est morte
« sur mon tombeau, mais ce ne sont pas les Grecs qui l'ont
«. immolée, c'est elle-même qui s'y est rendue de son propre
« mouvement, et qui, pour faire honneur à notre amour,
« s'est précipitée sur une épée. » Ma troisième question fut
« celle-ci. Est-il vrai qu'Hélène soit venue à Troie? ou bien
« ce voyage est-il une fiction d'Homère? — « C'est par l'effet
« d'une longue erreur que nous envoyâmes des deputations a
« Troie, et que croyant Hélène a Troie, nous combattimes
« pour la reprendre : car, après l'enlèvement de Pàris, elle
« vint en Égypte et habita la demeure de Protée [4]. Quand
« nous sûmes la vérité, nous ne voulûmes pas nous retirer
« honteusement, et c'est pour Troie elle-même que nons

---

1. Voyez les *Éclaircissements historiques et critiques.*
2. Voyez Homère, *Iliade,* XXIII, v. 91 et suiv.; Tryphiodore, *Prise
de Troie,* v. 17.
3. Tel était le récit du poële cyclique Arctinus. (Voy. *Cycli fragmenta,*
à la suite de l'Homère, édition Didot, p. 584)
4. D'après l'*Iliade,* Hélène a été menée à Troie ; mais, dans l'*Odyssée,* il est fait allusion a la tradition que rappelle ici Philostrate (Voy.
Odyssée, IV, v. 125). Elle est rapportée également par Hérodote (II,
112-120), et Euripide en a fait le point de départ de sa tragédie 'd'*Hélene.*

« combattîmes. » Je vins alors à ma quatrième question
« Une chose m'étonne fort, lui dis-je, c'est que la Grèce ait
« produit en même temps autant de guerriers (et quels
« guerriers !) qu'Homère en range sous les murs de Troie.
« —Mais, répondit Achille, les Barbares eux-mêmes nous cé-
« daient à peine sur ce point, tant la bravoure florissait alors
« sur toute la terre. » Enfin voici quelle fut ma cinquième
« question : Comment se fait-il qu'Homère n'ait pas connu
« Palamède, ou que, l'ayant connu, il ne lui ait pas fait
« place comme à vous tous dans ses chants? — « Palamède
« est venu sous les murs de Troie, cela est aussi vrai
« qu'il y a eu une Troie. Mais cet homme, l'un des plus
« savants et des plus courageux, est mort victime des
« artifices d'Ulysse; et si Homère n'a pas mis son nom
« dans ses poëmes, c'est pour ne pas perpétuer par ses
« chants la honte d'Ulysse. » Et Achille gémit sur le sort
« de ce héros si grand, si beau, si jeune, si vaillant, qui
« surpassait tous les autres en sagesse et qui avait eu sou-
« vent commerce avec les Muses. « —Mais toi, Apollonius
« (car les sages sont unis entre eux par une sorte de confra-
« ternité), aie soin de son tombeau, et relève sa statue
« honteusement renversée : tu la trouveras en Éolie, près
« de Méthymne, dans l'île de Lesbos. » Après m'avoir donné
« ces renseignements, et m'avoir parlé du jeune homme de
« Paros, il jeta une légère lueur et disparut : déjà les coqs
« commençaient à chanter. »

XVII. Ainsi se passa la traversée. Apollonius arriva au
port du Pirée à l'époque des mystères; à ce moment Athènes
est la ville la plus peuplée de la Grèce. Après avoir débarqué, il se rendit à la ville en toute hâte. Sur sa route il
rencontra plusieurs philosophes qui descendaient au port
de Phalère : quelques-uns d'entre eux s'exposaient nus au
soleil, qui est très-chaud à Athènes en automne, d'autres li-

saient, s'exerçaient à la parole ou discutaient. Pas un d'eux
ne passa indifférent tous, devinant qu'il était Apollonius,
le saluèrent avec joie et se détournèrent pour lui de leur
chemin. Il fut rencontré par une bande de dix jeunes gens
qui, levant les mains vers l'Acropole, s'écrièrent « Par
« Minerve, protectrice d'Athènes, nous nous rendions pré-
« cisément au Pirée pour aller vous trouver en Ionie. »
Apollonius leur dit qu'il était heureux de les voir, et les
félicita de s'être voués à la philosophie

XVIII. C'était le jour des fêtes Épidauriennes. Dans ces
fêtes, il est d'usage encore aujourd'hui qu'après la procla-
mation et toutes les cérémonies de l'initiation terminées, on
procède à de nouveaux sacrifices en souvenir d'Esculape,
qui était arrivé d'Épidaure, les mystères étant déjà terminés, et pour qui on les avait recommencés. La plupart de
ceux qui étaient venus pour les mystères les quittaient
pour suivre Apollonius, et se montraient plus empressés de
l'entendre que d'aller se faire initier. Apollonius leur dit
qu'il leur parlerait plus tard, et les engagea a suivre les cérémonies sacrées; il ajouta que lui-même voulait se faire
initier Mais l'hierophante ne voulut pas l'admettre dans le
temple, déclarant que jamais il n'initierait un magicien, et
ne découvrirait les mystères d'Éleusis a un homme qui pro-
fanait les choses divines. Cet affront ne troubla nullement
Apollonius, qui répondit à l'hiérophante : « Vous pouviez
« encore me faire un autre reproche, c'est que, plus ins-
« truit que vous sur les initiations, je me suis présenté a
« vous comme à un homme plus savant que moi. » Tous
ceux qui entendirent cette réponse en louèrent la fermeté
et la convenance. L'hiérophante s'aperçut que tout le monde
le désapprouvait d'avoir repoussé Apollonius, et, changeant
de ton, il lui dit . « Venez vous faire initier, car je crois
« voir en vous un sage — Je me ferai initier plus tard, ré-

« pondit Apollonius, mais par un tel. » Et, grâce a sa science de l'avenir, il désigna l'hiérophante qui devait succéder à celui-là, et auquel en effet le temple fut confié quatre ans après.

XIX. Damis dit qu'Apollonius fit aux Athéniens plusieurs discours, mais qu'il ne les écrivit pas tous. il écrivit seulement les plus nécessaires et ceux dont les sujets étaient les plus importants Comme il vit que les Athéniens aimaient à sacrifier, c'est sur les sacrifices que porta sa première harangue. il leur dit quels étaient les rites particuliers à chaque divinité, le moment du jour ou de la nuit où l'on devait offrir des sacrifices, des libations ou des prières. On peut rencontrer un livre d'Apollonius, où il enseigne tout cela avec l'éloquence qui lui est propre. Tel fut le sujet de son premier discours chez les Athéniens, soit qu'il le crût digne de sa science et de la leur, soit qu'il voulût convaincre l'hiérophante de calomnie et de maladresse · en effet, qui aurait pu accuser de profaner les choses divines un homme qui parlait si doctement des honneurs à rendre aux Dieux?

XX. Comme il dissertait sur les libations, il vint dans son auditoire un jeune homme d'une tenue si molle et s efféminée, qu'il était devenu le héros de quelques chansons de table [1]. Il avait pour patrie Corcyre, et il se disait descendu d'Alcinous le Phéacien, l'hôte d'Ulysse. Apollonius parlait donc des libations, et disait qu'il ne fallait pas boire soi-même, mais conserver le breuvage pur et intact pour le Dieu. Il ajouta que le vase devait avoir des anses, et qu'il fallait verser la libation du côte de l'anse, parce que l'homme ne boit jamais de ce côté : à ce moment le jeune Corcyréen fit entendre un éclat de rire bruyant et plein d'insolence. Apollonius tourna les yeux vers lui et lui dit

1. Je préfère ici à la leçon de Westermann celle d'Oléarius.

« Ce n'est pas vous qui êtes coupable, c'est le démon qui
« vous pousse sans que vous le sachiez » En effet, ce jeune
homme ne savait pas qu'il était possédé . aussi lui arrivait-il
de rire de ce qui ne faisait rire personne, puis, tout a coup,
de se mettre à pleurer sans cause, ou bien de se parler à
lui-même et de chanter On croyait généralement que c'é-
tait la fougue de la jeunesse qui le rendait si peu maître de
lui, mais il ne faisait que suivre les impulsions d'un démon; et, comme il venait de se conduire en homme ivre,
les assistants le croyaient ivre. Mais, Apollonius continuant
à fixer sur lui ses regards, le démon poussait des cris de
peur et de rage, comme un malheureux qu'on aurait brûlé
ou torturé, il jurait de quitter ce jeune homme et de ne plus
entrer chez personne. Mais Apollonius l'apostrophait avec
colère, comme eût fait un maître envers un esclave rusé, menteur et impudent; il lui commandait de partir et de donner
quelque signe de son départ « Je renverserai telle statue »,
cria le démon, et il montra une des statues du portique royal,
près duquel se passait cette scène. La statue chancela et
tomba Le bruit qui s'éleva, l'admiration et les applaudissements qui éclatèrent alors, je renonce à les décrire Le jeune
homme parut sortir d'un profond sommeil : il se frotta les
yeux, les tourna vers le soleil, et fut confus de voir tous les
regards fixés sur lui; il n'y avait plus rien en lui d'immodeste,
son regard n'était plus égaré, il était rentré en possession de
lui-même absolument comme s'il venait de prendre quelque
remède [1]. Bientôt il quitta son manteau, les étoffes déli-
cates dont il était couvert, et tout l'attirail de la mollesse;
il s'éprit de l'extérieur négligé et du grossier manteau d'A-
pollonius, et embrassa tout son genre de vie

XXI. Damis rapporte qu'Apollonius réprimanda les Athé-

1. Voyez les *Éclaircissements historiques et critiques.*

niens au sujet des Dionysiaques qu'ils célèbrent dans le
mois *Anthestérion* [1]. Il pensait qu'ils se réunissaient au
théâtre pour entendre des monodies, des mélopées, des
chœurs et de la musique comme il s'en trouve dans les tragédies et dans les comédies ; mais, apprenant qu'on y exé-
cutait, au son de la flûte, des danses efféminées [2], et qu'en
s'accompagnant de rhythmes consacrés par la haute poésie
et les hymnes sacrés d'Orphée, on jouait le rôle d'Heures,
de Nymphes, de Bacchantes, il ne put s'empêcher de leur
adresser des reproches. « Cessez, leur dit-il, d'insulter aux
« héros de Salamine et à beaucoup d'autres hommes de
« cœur qui sont morts pour la patrie. Si vos danses res-
« semblaient à celles de Lacédémone, « à la bonne heure,
« soldats ! vous dirais-je. Vous vous exercez à la guerre, je
« suis prêt à prendre part à vos danses. Mais comme c'est
« une danse molle et efféminée, que deviennent vos tro-
« phées ? Ce n'est pas contre les Perses et les Mèdes
« qu'ils se dresseront désormais, c'est contre vous-mêmes,
« si vous dégénérez de ceux qui les ont érigés. D'où vous
« viennent ces vêtements de pourpre et de safran ? Est-ce
« ainsi qu'étaient autrefois équipés les Acharniens et les
« chevaliers de Colone [3] ? Que dis-je ? Une femme de Carie [4]
« est venue avec Xerxès, à la tête d'un vaisseau qu'elle a
« conduit contre nous ; elle n'avait rien d'une femme, elle
« était vêtue et armée comme un homme ; et vous, plus
« mous que les femmes de Xerxès, vous vous tournez
« contre vous-mêmes tous tant que vous êtes, vieillards,

---

1. C'est-à-dire le *mois des fleurs*. Ce mois, dans l'année grecque,
correspondait à peu près à notre mois de février.
2. Sous l'empire, la pantomime avait hérité de la popularité de l'ancien théâtre tragique et comique.
3. Acharnes et Colone étaient deux *dèmes* de l'Attique.
4. Artémise (Voyez Hérodote, liv. VII, ch. 99).

« jeunes gens, éphèbes. Ces éphèbes, qui viennent de jurer
« dans le temple d'Agraule[1] de combattre et de mourir
« pour la patrie, vont-ils maintenant prêter serment de
« prendre le thyrse, d'exécuter des danses bachiques pour
« la patrie, et, au lieu de porter le casque, de se parer hon-
« teusement, comme dit Euripide, d'une coiffure de femme ?
« Que ne me dit-on pas ? Que vous figurez les Vents, que
« vos tuniques, agitées et gonflées en l'air, représentent les
« voiles d'un navire. Mais ne devriez-vous pas respecter
« les Vents, vos alliés, les puissants auxiliaires de votre
« marine ? N'avez-vous pas honte de changer en femme
« Borée, votre protecteur et le plus mâle de tous les
« Vents ? Je vous jure qu'Arithie elle-même n'aurait pas
« enflammé son cœur, s'il l'avait jamais vue danser. »

XXII. Apollonius redressa un autre abus Les Athéniens
se rassemblaient au théâtre qui est au pied de l'Acropole
pour y voir des hommes s'entr'égorger, et ce spectacle était
encore plus populaire à Athènes qu'il ne l'est aujourd'hui
à Corinthe On faisait venir, aux prix de sommes considérables, des adultères, des débauchés, des perceurs de murailles, des coupeurs de bourses, des trafiquants d'hommes
et autres gens de cette espèce, qui procuraient des gladiateurs et les mettaient aux prises. Apollonius blâma aussi
cette coutume, et comme les Athéniens l'invitaient à une
de leurs assemblées, il déclara qu'il n'irait pas dans un
lieu impur et souillé de sang Ce fut pour lui le sujet d'une
lettre où il disait, entre autres choses « Je m'étonne que
« la déesse n'ait pas encore quitté votre Acropole, quand
« elle vous voit répandre sous ses yeux un tel sang. Il ne
« vous reste plus qu'un pas à faire : c'est, à la prochaine
« procession des Panathénées, de sacrifier a Pallas, non

1. C'était une des filles de Cécrops.

« plus des bœufs, mais des hécatombes humaines. Et toi,
« Bacchus, comment viens-tu encore sur ce théâtre où l'on
« fait un semblable carnage ? Quoi ! c'est en cet endroit
« que les spirituels Athéniens vous offrent des libations !
« Retire-toi, ô Bacchus ! toi aussi, le Cithéron est bien au-
« trement pur. » Tels furent, selon la relation de Damis,
les actes les plus importants d'Apollonius à Athènes.

XXIII. Il alla ensuite en Thessalie s'acquitter du message dont Achille l'avait chargé : c'était l'époque de la réunion du conseil amphictyonique aux Thermopyles. Les
Thessaliens, effrayés de ce que leur dit Apollonius, ordonnèrent par un décret que les sacrifices dus au tombeau
d'Achille seraient rétablis. Apollonius, passant près du
tombeau du Spartiate Léonidas, fut tenté de consacrer un
espace de terre tout autour, tant il se sentait d'admiration
pour ce héros. Comme il se dirigeait vers la colline où l'on
dit que les Lacédémoniens furent écrasés par une grêle de
traits, il entendit ses disciples discuter sur la montagne de
la Grèce qui pouvait être la plus haute : cette discussion
avait été amenée par la vue de l'OEta, qui était devant leurs
yeux. Quand Apollonius fut au haut de la colline : « Voilà,
« dit-il, à mon avis, la plus haute de toutes les montagnes.
« Car, en mourant ici pour la liberté, les compagnons de Léo-
« nidas ont élevé cette colline à la hauteur de l'OEta et au-
« dessus de plusieurs Olympes. Pour moi, j'admire ces héros,
« mais je mets encore avant eux tous l'Acarnanien Mégistias :
« car il savait quel serait leur sort[1], et il a voulu le partager,
« craignant, non de mourir, mais de ne pas mourir avec eux. »

XXIV. Apollonius visita successivement tous les oracles
de la Grèce, celui de Dodone, celui de Delphes, celui d'Abes[2],

1. Il était d'une famille de devins, les Mélampides (Voy. Hérodote).
2. C'était un sanctuaire de Phocide, l'un des plus anciens de la Grèce
(Voy. Pausanias, X, ch. 35 ; Maury, *Religions de l'antiq.* t. II, p. 495).

11

celui d'Amphiaraüs, celui de Trophonius, et il monta
au sanctuaire des Muses, sur l'Hélicon. Pendant qu'il
visitait les temples et qu'il en réformait les rites, il était
accompagné par les prêtres, et ses disciples le suivaient,
sa parole était comme une coupe toujours remplie à laquelle on était libre de venir étancher sa soif. L'époque
des jeux Olympiques approchait, et les Éléens engageaient
Apollonius à prendre part à leurs jeux « Il me semble,
« répondit-il, que vous faites tort à la célébrité des jeux
« Olympiques, quand vous croyez devoir envoyer des mes-
« sagers pour inviter a y venir. » Il était dans l'isthme, et
la mer mugissait autour du cap Léchée[1] · « Cette langue
« de terre, dit Apollonius, sera coupée, ou plutôt elle ne
« le sera pas. » Par ces mots il prédit le projet que forma
Néron, sept ans après, de percer l'isthme de Corinthe. En
effet, Néron quitta son palais pour venir en Grèce afin de répondre a l'appel des jeux Olympiques et Pythiques A ces jeux,
et aux jeux Isthmiques, il fut vainqueur dans les concours
de joueurs de cithare et de crieurs publics : il remporta de
plus à Olympie le prix des concours tragiques C'est a cette
occasion, dit-on, qu'il songea au percement de l'isthme   il
voulait y frayer une route aux navires en unissant la mer
Égée à l'Adriatique. Ainsi, les vaisseaux auraient été dispensés
de doubler le cap Malée, et la plupart d'entre eux auraient
profité de l'ouverture de l'isthme pour éviter ce long détour.
Mais comment se vérifia l'oracle d'Apollonius? Les travaux
furent commencés à partir du cap Léchée, on creusa l'espace de quatre stades environ, puis tout fut abandonné. On
prétend que Néron fut detourné de son entreprise par des
Égyptiens qui, sur son ordre, examinèrent les deux mers, et
lui dirent que la haute mer qui s'étendait au delà du Lé-

1. Près de Corinthe.

chée, en se déversant dans l'isthme, submergerait l'île
d'Égine; d'autres disent qu'il craignit quelque révolution
dans l'empire. C'est pourquoi Apollonius avait dit que
l'isthme serait coupé et qu'il ne le serait pas.

XXV. Il y avait alors à Corinthe un philosophe nommé
Démétrius, qui s'était approprié la mâle vigueur de la doctrine cynique, et dont Favorinus[1] a souvent parlé avec
éloge. Démétrius eut pour Apollonius les mêmes sentiments
qu'Antisthène, dit-on, eut pour Socrate. Il le suivit en
élève assidu, et le fit suivre par le meilleur de ses propres
disciples. De ce nombre était Ménippe, de Lycie, âgé de
vingt-cinq ans, d'un esprit distingué et d'une beauté remarquable : on l'eût pris pour un athlète aussi bien né que
bien fait de corps. On croyait généralement que Ménippe
était aimé de je ne sais quelle étrangère. On eût dit que
cette femme était belle, agréable et riche; mais il n'y avait
rien de vrai dans tout cela, ce n'étaient que des apparences.
Un jour que Ménippe marchait seul sur la route qui mène
à Cenchrées, un fantôme lui apparut sous la figure d'une
femme, qui lui prit la main, lui dit qu'elle l'aimait depuis
longtemps, qu'elle était Phénicienne et demeurait dans un
faubourg de Corinthe qu'elle lui désigna : « Venez me trou-
« ver le soir, continua-t-elle, vous m'entendrez chanter, je
« vous ferai boire du vin comme vous n'en avez pas encore
« bu, vous n'aurez pas à craindre de rival : belle comme
« je suis, je serai heureuse de vivre avec un beau jeune
« homme comme vous. » Le jeune homme fut vaincu par
ces paroles ; car, bien que philosophe du reste très-solide,
il ne savait pas résister à l'amour. Il alla donc chez cette
femme chaque soir, et pendant longtemps la fréquenta
comme sa maîtresse, sans se douter que ce ne fût qu'un

1. Philosophe du temps d'Adrien (Voy. Philostrate, *Vies des sophistes*, liv. I).

fantôme [1]. Apollonius considéra Ménippe avec le regard
attentif d'un sculpteur ; quand il eut ses traits bien gravés
dans la mémoire, il lui dit : « Savez-vous, beau jeune
« homme, vous qui êtes courtisé par les belles dames, que
« vous réchauffez un serpent et qu'un serpent vous ré-
« chauffe ? » Ménippe fut étonné, Apollonius continua :
« Vous êtes lié avec une femme qui n'est pas votre épouse.
« Mais croyez-vous qu'elle vous aime ? — Oui, certes, toute
« sa conduite me le donne à croire. — Et l'épouseriez-vous
« bien ? — Ce serait pour moi un grand bonheur que
« d'épouser une femme qui m'aime. — A quand la noce ?
« — A bientôt, à demain peut-être » Apollonius attendit
le moment du festin, et quand les convives furent arrivés,
il entra dans la salle   « Où est, demanda-t-il, la belle que
« vous fêtez ? — La voici, dit Ménippe qui se leva en rou-
« gissant. — A qui de vous deux appartiennent l'or, l'ar-
« gent et les autres objets précieux qui ornent cette salle ?
« — A ma femme, » car voici tout ce que je possède, et Ménippe montrait son manteau Apollonius se tournant vers
les convives   « Connaissez-vous les jardins de Tantale, qui
« sont et ne sont pas ? — Oui, mais seulement par Ho-
« mère [2], car nous ne sommes pas descendus dans le Tar-
« tare. — Eh bien ! tout ce que vous voyez ici est la même
« chose   il n'y a ici nulle réalité, tout n'est qu'apparence.
« Voulez-vous que je me fasse mieux comprendre ? La char-
« mante épousée est une de ces *Empuses*, que le peuple
« appelle *Lamies* ou *Mormolyces* [3]. Elles aiment beaucoup
« l'amour, mais encore plus la chair humaine   elles allè-
« chent par la volupté ceux qu'elles veulent dévorer. —

1. Voyez les *Éclaircissements historiques et critiques.*
2. Voyez *Odyssée*, livre XI, v. 585 et suiv.
3. Ce sont les noms des êtres fantastiques de l'antiquité qui répondent
nos *vampires*, à nos *larves*, à nos *ogres* et *croque-mitaines.*

«—Indigne calomnie[1] » s'écria'la jeune femme, et elle parut
indignée de tout ce qu'elle venait d'entendre, et s'emporta
contre les philosophes, qu'elle taxa de cerveaux creux
Tout d'un coup, les coupes d'or et les vases qu'on avait
crus d'argent s'évanouirent, tout disparut, on ne vit plus
ni echansons, ni cuisiniers, ni aucun des autres serviteurs : les paroles d'Apollonius avaient dissipé le prestige;
alors le fantôme se mit à pleurer et supplia Apollonius de
ne pas le mettre à la torture pour lui faire avouer ce qu'il
était. Mais, comme Apollonius le pressait et ne voulait pas
le lâcher, le fantôme finit par reconnaitre qu'il était une
empuse, qu'il avait voulu gorger Ménippe de plaisirs pour
le dévorer ensuite, et qu'il avait coutume de se nourrir
ainsi de beaux jeunes gens parce qu'ils ont le sang très-
frais. C'est là un des faits les plus célèbres de la vie d'Apollonius · cependant j'ai cru nécessaire d'y insister. C'est
que, s'il est plus connu que les autres, ayant eu lieu au
milieu de la Grèce, en général on sait seulement qu'il a
dévoilé une lamie a Corinthe. Mais dans quelle circonstance
ce fait eut-il lieu? comment intéresse-t-il Ménippe? Voilà ce
qu'on ne savait pas encore et ce qui n'est raconté que dans
les Mémoires de Damis et dans l'extrait que je viens d'en
donner[1].

XXVI. C'est à la même époque qu'Apollonius eut un
démêlé avec Bassus de Corinthe · cet homme passait
pour avoir tué son père, et il y avait de graves raisons de
le soupçonner de ce crime; cela ne l'empêchait pas de
simuler la sagesse, et sa langue était d'une audace sans
frein. Apollonius réprima son insolence par ses lettres et
par les discours qu'il tint contre lui. En effet, du moment
qu'Apollonius se faisait l'écho de l'accusation de parricide,
on la supposait fondée : on ne croyait pas possible qu'un

1. Voyez les *Éclaircissements historiques et critiques.*

homme comme lui tint de semblables propos s'ils n'étaient
pas vrais.

XXVII. Revenons au voyage d'Apollonius à Olympie.
Comme il s'y rendait, il reçut des députés de Lacédémone,
qui l'invitèrent a venir dans leur ville. Ces deputes n'a-
vaient rien de lacédemonien, au contraire, toute leur personne annonçait une mollesse digne des Sybarites En
voyant des hommes aux jambes épilées, à la chevelure par-
fumée, au visage sans barbe, au vêtement recherché, il
écrivit aux Éphores qu'ils devraient bien provoquer un
decret pour interdire l'usage de la poix dans les bains,
pour proscrire les épileuses, et pour rétablir les anciennes
mœurs Cela remit en honneur les palestres, fit revivre les
exercices gymniques et refleurir les repas en commun .
Lacédémone redevint semblable a elle-même. Dès qu'Apollonius eut appris l'heureux amendement qui s'était introduit chez les Lacédémoniens, il leur envoya d'Olympie une
lettre plus courte qu'un de leurs messages. La voici
« Apollonius aux Éphores, salut De véritables hommes ne
« doivent pas faire de fautes . mais il n'appartient qu'aux
« hommes de cœur, s'ils commettent des fautes, de les re-
« connaître »

XXVIII Ayant vu la statue de Jupiter à Olympie : « Salut,
« s'écria-t-il, ô bon Jupiter ! Votre bonté est si grande que
« vous daignez vous communiquer aux hommes.» Il expliqua ce que signifiait la statue de bronze de Milon, et rendit
compte de l'attitude que l'artiste a donnée à l'athlète. On
voit Milon sur un disque, les pieds joints ; de la main
gauche il tient une grenade, les doigts de sa main droite
sont étendus et allonges. On dit communément à Olympie
et en Arcadie qu'on n'avait pas de prise sur cet athlète,
et qu'une fois qu'il avait pris une position, il était impossible de l'en faire bouger, on en conclut que la grenade

dans sa main droite indique la force de ses doigts fermés,
et que ses autres doigts allongés et serrés les uns contre les
autres montrent qu'on ne saurait les séparer, même en
s'attaquant à un seul. Quant à la bandelette qui retient ses
cheveux, c'est, ajoute-t-on, un symbole de tempérance
« Tout cela est très-ingénieux, dit Apollonius, mais la vé-
« rité l'est encore davantage Voulez-vous savoir ce que
« signifie ce Milon ? Sachez d'abord que les Crotoniates
« avaient fait de cet athlète un prêtre de Junon Est-il be-
« soin d'expliquer ce que signifie l'ornement de sa tête,
« quand j'ai dit qu'il était prêtre ? Le grenadier est la seule
« plante consacrée à Junon. Si Milon est sur un disque,
« c'est que le prêtre de Junon adresse ses prières a la
« déesse monté sur un petit bouclier, sa main droite est
« dans l'attitude de la prière. Que si les doigts de la
« main et les deux pieds sont joints ensemble, qu'est-ce
« autre chose qu'un des caractères de la sculpture an-
« tique ? »

XXIX Apollonius, étant témoin des jeux, loua fort les
Éléens pour le soin qu'ils y apportaient, pour l'ordre qu'ils
y faisaient régner, pour la pensée sans cesse présente à
leur esprit, qu'ils étaient soumis aux jugements de la Grèce
aussi bien que les athlètes qui prenaient part aux concours,
enfin pour l'attention qu'ils apportaient à ne commettre
aucune faute volontaire ou involontaire. Et comme ses compagnons lui demandaient ce qu'il pensait des dispositions
prises par les Éléens au sujet des jeux · « Je ne sais, répondit-
« il, si ces dispositions sont savantes, mais je les tiens pour
« habiles. »

XXX. Voici une anecdote qui prouvera combien Apollonius critiquait les écrivains présomptueux, et comme il
taxait d'ignorance ceux qui s'essayaient à des compositions
au-dessus de leurs forces. Un jeune homme qui se croyait

du talent rencontra un jour Apollonius dans le temple de
Jupiter, et lui dit « Je vous prie de m'honorer demain de
« votre présence, je ferai une lecture — Et que lirez-vous?
« demanda Apollonius — C'est un éloge de Jupiter, répon-
« dit le jeune homme, » et il lui montra sous son manteau
un manuscrit volumineux, dont il était tout fier « Et que
« louerez-vous de Jupiter? Sera-ce un eloge du Jupiter
« d'Olympie, et vous attacherez-vous a prouver qu'il n'y a
« rien sur la terre qui puisse lui être comparé ? — Je dirai
« cela et bien d'autres choses avant et après ; car tout vient
« de Jupiter, et les saisons, et ce qui est sous la terre, et
« ce qui est sur la terre, et les vents et les astres — Je
« vois, dit Apollonius, que vous êtes un excellent panégy-
« riste. — Aussi, ai-je fait un éloge de la goutte, de la cécité
« et de la surdité. — Je vous conseille, puisque vous ai-
« mez a louer ces sortes de choses, de ne pas dédaigner le
« catarrhe ni l'hydropisie; vous feriez même bien de suivre
« les morts et de faire l'eloge des maladies auxquelles ils ont
« succombé; cela soulagerait la douleur de leurs pères, de
« leurs enfants et de leurs proches » Cela rabattit un peu
l'arrogance du jeune homme Apollonius s'en aperçut et lui
dit « Quand on veut faire un éloge, qu'est-ce qu'on loue
« le mieux, ce qu'on sait ou ce qu'on ignore ? — Ce qu'on
« sait Car comment louer ce qu'on ignore? — Eh bien!
« avez-vous déja écrit l'éloge de votre père ? — J'y avais
« songé, mais comme c'est à mes yeux un homme remar-
« quable, un homme de cœur, le plus beau de tous les
« hommes que je connais, un maître de maison capable, un
« esprit egalement propre à tout, je me suis abstenu de
« faire son eloge, de peur que mon discours ne répondît pas
« au mérite de mon père. » Apollonius ne put réprimer un
mouvement de colère, dont il n'etait pas maître quand il
avait affaire a des impertinents « Ainsi, misérable, s'écria-

« t-il, vous ne vous croyez pas en état de louer convenable-
« ment votre père, que vous connaissez comme vous-même :
« et le père des Dieux et des hommes, l'architecte de l'uni-
« vers, l'ordonnateur de tout ce qui est autour de nous et
« au-dessus de nous, vous vous trouvez a votre aise pour
« faire son éloge, vous ne craignez pas l'être que vous
« louez, et vous ne comprenez pas que vous avez pris là un
« sujet qui depasse les forces humaines »

XXXI. Pendant le sejour d'Apollonius à Olympie, il
traita les sujets les plus importants, par exemple, de la sagesse, du courage, de la tempérance et de toutes les vertus
l'une après l'autre Il parlait de la porte du temple, et exci-
tait l'admiration non-seulement par le fond des pensées,
mais par les beautés de l'elocution.

Un jour des Lacédémoniens l'entourèrent et le procla-
mèrent, a la face de Jupiter, l'hôte de leur république, le
père et le précepteur de la jeunesse de Lacédémone, l'honneur de ses vieillards. Un Corinthien, choqué de ce qu'il
voyait, demanda si l'on n'allait pas aussi lui décerner les
honneurs divins. « Par les Tyndarides, s'écria un Lacé-
« démonien, ils sont tout prêts. » Apollonius, pour éviter
l'envie, les détourna de rien faire de semblable. Quand il
eut franchi le Taygète, et qu'il vit Lacédémone florissante
et les institutions de Lycurgue en vigueur, il se rendit avec
empressement a l'appel des magistrats, qui désiraient l'entretenir et lui poser diverses questions. Ils lui demandèrent
d'abord : « Comment faut-il servir les Dieux ? — Comme
« des maîtres. — Comment les demi-dieux ? — Comme des
« pères. — Comment les hommes ? — Ce n'est pas une
« question digne de Lacédémoniens — Que pensez-vous de
« nos lois ? — Ce sont d'excellents maîtres, et ce qui fait
« la gloire des maîtres, c'est la diligence des disciples. —
« Et quels conseils avez-vous à nous donner au sujet du

« courage ? — Ce que je conseille ? Tout simplement d'en
« avoir [1]. »

XXXII. Pendant qu'Apollonius était à Lacédémone, un
jeune homme fut traduit en justice pour avoir manqué aux
mœurs de la patrie. Il descendait de ce Callicratidas qui
avait commandé aux Arginuses la flotte lacédémonienne ; il
aimait le commerce maritime, et au lieu de s'occuper des
affaires publiques allait sans cesse à Carthage ou en Sicile
sur des vaisseaux qu'il s'était fait construire. Apollonius,
ayant appris le genre d'accusation qui pesait sur ce jeune
homme, pensa qu'il y aurait de la dureté à l'abandonner
dans cette circonstance. « Mon ami, lui dit-il en l'abordant,
« qu'avez-vous à vous promener ainsi tout pensif ? — Un
« procès m'est intenté au nom de l'État, parce que je suis
« tout entier au commerce sur mer, et ne m'occupe pas des
« affaires publiques. — Votre père et votre grand-père
« étaient-ils armateurs ? — Loin de là, c'étaient des gym-
« nasiarques, des éphores, des patronomes [2], et l'un de mes
« ancêtres, Callicratidas, a commandé une flotte. — Est-ce
« celui des Arginuses ? — Lui-même, celui qui a péri dans
« le combat. — Quoi ! la mort de votre ancêtre ne vous a
« pas rendu la mer odieuse ? — Nullement ; je ne vais pas
« en mer pour combattre. — Mais y a-t-il une race d'hom-
« mes plus misérable que celle des marchands, et surtout
« de ceux qui font le commerce sur mer ? D'abord ils sont
« sans cesse en course pour chercher un marché mal appro-
« visionné ; ils passent leur vie au milieu des courtiers et
« des petits trafiquants, à vendre, à acheter, à placer leur
« argent à des intérêts iniques, afin de rentrer le plus tôt

1. Je préfère ici la leçon d'Oléarius à celle de Westermann, qui ne
me paraît guère avoir de sens.
2. C'était le nom des magistrats de Sparte qui étaient chargés de
veiller à la conservation des lois.

« possible dans le capital. S'ils réussissent, c'est bien, ils
« voguent à pleines voiles, et ils sont tout fiers de n'avoir
« fait couler leur vaisseau ni volontairement ni involontai-
« rement, mais si le profit ne suffit pas à payer les dettes,
« ils montent dans la chaloupe, conduisent le navire sur des
« récifs, et, par un artifice impie, vont eux-mêmes, de leur
« plein gré, perdre la fortune d'autrui, en alléguant l'irré-
« sistible volonté des Dieux. Je veux bien que la race des
« marchands navigateurs soit meilleure que je ne dis, mais
« quand on est Spartiate, quand on descend d'hommes qui
« ont habité au cœur de Sparte, aller s'ensevelir dans un
« vaisseau, oublier Lycurgue et Iphitus, pour ne songer
« qu'à des ballots de marchandises et à tous les menus dé-
« tails de la navigation, n'est-ce pas une honte? Quand il
« n'y aurait pas d'autre considération, en voici une qui
« mérite de vous arrêter : tant que Sparte s'est tenue à la
« terre, elle a porté sa gloire jusqu'aux nues, mais le jour
« où elle s'est adonnée à la marine, son empire a été, je ne
« dirai pas seulement englouti par la mer, mais anéanti
« même sur terre. » Ces paroles produisirent un tel effet
sur le jeune homme, qu'il baissa la tête et se mit à pleurer,
en songeant qu'il avait dégénéré à ce point de ses pères. Il
vendit les vaisseaux où il avait passé sa vie. Apollonius, le
voyant bien affermi dans sa résolution de vivre sur terre,
le mena devant les éphores, et le fit renvoyer absous.

XXXIII. Voici un autre incident du séjour d'Apollonius
à Lacédémone. Il vint aux Lacédémoniens une lettre de
l'empereur, qui reprochait à leur république de pousser la
liberté jusqu'à la licence ; une dénonciation du gouverneur
de l'Achaïe leur avait attiré cette lettre. Les Lacédémoniens
étaient indécis et divisés. Ils se demandaient s'ils devaient
conjurer la colère de l'empereur ou lui répondre avec fierté.
Ils voulaient consulter Apollonius sur l'esprit que devait

avoir leur réponse; Apollonius, voyant la divergence des
opinions, vint à l'assemblée et ne dit que ces mots : « Si
« Palamède a inventé l'écriture, ce n'est pas seulement pour
« qu'on pût écrire, mais pour qu'on sût quand il ne faut
« pas écrire. » C'est ainsi qu'il les detourna de montrer ni
audace ni lâcheté.·

XXXIV. Apollonius resta a Sparte depuis l'époque des
jeux Olympiques jusqu'a la fin de l'hiver. Au commencement du printemps, il se rendit au cap Malée afin de s'embarquer pour Rome. Comme il se préparait au depart, il eut
un songe. Il vit une femme de haute taille et d'un âge vénérable qui l'attirait dans ses bras et le priait d'avoir commerce avec elle avant d'aller en Italie : elle se disait la
nourrice de Jupiter et portait une couronne ornée de toutes
les productions de la terre et de la mer. En réfléchissant à
ce songe, il comprit qu'il devait commencer par visiter la
Crète, que nous considérons comme la nourrice de Jupiter,
puisqu'il y est né, quant à la couronne, elle pouvait aussi
bien désigner toute autre ile. Il y avait au cap Malée plusieurs vaisseaux qui allaient partir pour la Crète . il en prit
un qui pût contenir toute sa société; il entendait par là ses
disciples et leurs esclaves, car il ne dédaignait pas même
les esclaves. Il passa devant Cydon sans y descendre et
débarqua à Gnosse Ses compagnons voulurent voir le laby-
rinthe qu'on y montre, et qui, j'imagine, renfermait autrefois
le Minotaure. Il les y autorisa, mais déclara qu'il ne voulait
pas voir le théâtre de l'injustice de Minos Il alla ensuite a
Gortyne pour voir le mont Ida. Il y monta, visita les lieux
recommandés par des traditions sacrées, et se rendit au
temple Lébénéen, dédié a Esculape. Ce temple est le rendez-
vous de toute la Crète, comme Pergame de toute l'Asie; on
y vient même souvent de la Libye Ce temple regarde la
mer de Libye près de Phœstum; ville où la mer est retenue

par un petit rocher. Il est appelé, dit-on, Lébénéen, parce qu'il est sur un promontoire qui a la figure d'un lion, comme cela est fréquent pour les amas de rochers : d'après une légende du pays, ce lion serait un de ceux qui furent autrefois attelés au char de la déesse Rhéa. Un jour qu'Apollonius s'entretenait dans ce temple, vers midi, avec plusieurs personnes attachées au service de l'autel, la Crète fut ébranlée par un violent tremblement de terre, un coup de tonnerre se fit entendre, parti non des nuages, mais du fond de la terre, et la mer se retira de près de sept stades. La plupart des interlocuteurs d'Apollonius craignaient que la mer, en se retirant, n'emportât le temple et ceux qui s'y trouvaient; mais il leur dit : « N'ayez pas peur, c'est la « mer qui vient d'enfanter de la terre. » On crut qu'il voulait dire simplement par là que la concorde régnait parmi les éléments, sans indiquer que la mer eût produit aucune nouveauté sur la terre. Mais, quelques jours après, des voyageurs venus de Cydon annoncèrent que le jour du tremblement de terre, vers midi, une île était sortie des flots dans le détroit qui sépare la Crète de l'île de Théra[1]. Mais abrégeons, et venons à ce que fit Apollonius à Rome immédiatement après avoir quitté la Crète.

XXXV. Néron s'opposait aux études philosophiques. Les philosophes lui paraissaient s'adonner à des connaissances inutiles, il les prenait pour des magiciens déguisés, et le manteau des philosophes était traduit devant les tribunaux comme un voile pour la magie. Sans parler de bien d'autres, Musonius, qui n'était inférieur qu'au seul Apollonius, fut jeté dans les fers pour crime de philosophie ou de magie[2]. Il courut en prison les plus grands dangers, et même il y

---

1. Voyez les *Éclaircissements historiques et critiques.*
2. Voyez les *Éclaircissements historiques et critiques.*

serait mort s'il n'avait tenu qu'à ses persécuteurs et s'il eût
été moins robuste Telle était la situation de la philosophie
à Rome, lorsque Apollonius y arriva, sous Néron.

XXXVI. Comme il était encore à cent vingt stades, il
rencontra Philolaüs de Cittium dans le bois d'Aricie Philolaüs était un parleur disert, mais il était peu ferme contre
l'adversité Il venait de quitter Rome en fugitif, et toutes
les fois qu'il rencontrait un philosophe, il l'invitait à en faire
autant. Il engagea donc Apollonius à céder aux circonstances, et a ne pas venir à Rome dans un moment où la ·
philosophie était décriée   il lui raconta tout ce qui s'y
passait, en prenant soin de se retourner souvent, de peur
qu'on ne l'entendît par derrière. « Vous venez, lui disait-il,
« avec un cortége de philosophes, semant partout le soup-
« çon sur votre route On voit que vous ne connaissez pas
« à quels hommes Néron a confié la garde des portes. Ils
« vont mettre la main sur vous et sur eux avant que vous
« ne soyez entrés. — Philolaüs, quelles sont les occupa-
« tions favorites de l'empereur ? — Il promène des chars
« en public, il chante, monté sur les théâtres des Romains,
« il vit avec des gladiateurs, lui-même fait le métier de
« gladiateur et se plaît à égorger des hommes — Eh quoi !
« dit Apollonius, croyez-vous, mon cher Philolaüs, qu'il y
« ait un spectacle plus intéressant pour des hommes ins-
« truits qu'un prince qui se déshonore? L'homme est le
« jouet de Dieu, suivant le sentiment de Platon. Or un
« prince qui devient le jouet d'un homme, qui, pour amu-
« ser le peuple, étale devant lui sa honte, quels sujets de
« discours pour les philosophes ! — Assurément, reprit
« Philolaüs, si cela était sans danger. Mais si vous êtes
« enlevé et mis à mort, si Néron vous mange tout vif avant
« que vous ayez rien pu voir de ce qu'il fait, il vous en
« coûtera beaucoup de lui être tombé sous la main, il vous

« en coûtera plus qu'à Ulysse, lorsqu'il vint chez le Cyclope.
« Il perdit plusieurs de ses compagnons pour n'avoir pas su
« résister à la curiosité, pour avoir voulu voir un être dif-
« forme et hideux — Pensez-vous, répliqua Apollonius, qu'il
« soit moins aveugle que le Cyclope, s'il se conduit comme
« vous dites? — Qu'il devienne ce qu'il voudra, mais vous,
« sauvez ces hommes ! » Philolaus dit ces dernières paroles
en élevant la voix et en poussant un soupir.

XXXVII. Damis craignit que la pusillanimité de Philolaüs n'ébranlât les plus jeunes disciples d'Apollonius Il dit
au maître : « Ce lièvre-là, jetant partout l'effroi et le decou-
« ragement, va perdre nos jeunes gens. — Quoi ! dit Apol-
« lonius, les Dieux ont bien souvent exaucé mes prières;
« mais, je le déclare, jamais ils ne m'ont accordé une
« faveur aussi grande qu'aujourd'hui. Une occasion s'offre
« à moi d'éprouver ces jeunes gens . je vais voir ceux
« d'entre eux qui sont vraiment attachés à la philosophie,
« et ceux qui pensent à toute autre chose » Apollonius
connut en effet les faibles d'entre eux . épouvantés par les
paroles de Philolaus, les uns sé dirent malades, les autres
prétendirent avoir épuisé leurs provisions de route, d'autres
furent pris du mal du pays, ou bien des songes les détournèrent de continuer leur voyage ; si bien que, de trente-
quatre qui avaient dû le suivre à Rome, le nombre des
élèves d'Apollonius se réduisit à huit Les autres s'enfuirent par peur de Néron et de la philosophie.

XXXVIII Apollonius réunit ceux qui lui restaient, parmi
lesquels était Ménippe, le fiancé de l'empuse, Dioscoride,
l'Égyptien, et Damis. « Je ne dirai rien de désobligeant,
« leur dit-il, de ceux qui nous ont quittés j'aime mieux
« vous complimenter, vous qui êtes des hommes aussi bien
« que moi. Je n'appellerai pas lâche qui est parti par crainte
« de Néron : mais ceux qui ont surmonté cette crainte, je

« leur donnerai le titre de philosophes, et je leur appren-
« drai tout ce que je sais Commençons, s'il vous plaît,
« par remercier les Dieux qui vous ont inspirés tous, eux
« comme vous, et par les prier de nous conduire ; car,
« sans l'aide des Dieux, où pourrions-nous fixer nos pas ?
« Entrons dans cette ville, qui commande à une si grande
« partie de la terre habitée Et comment, s'ils ne nous
« conduisaient, y pourrions-nous entrer sous une tyrannie
« si cruelle, qu'elle proscrit la philosophie? Qu'on ne nous
« traite pas d'insensés, parce que nous osons marcher dans
« une route que fuient beaucoup de philosophes. D'abord
« je ne crois pas qu'il y ait rien chez les hommes d'assez
« terrible pour effrayer un sage Et puis, pourquoi recom-
« manderais-je le courage s'il n'y avait pas de périls à
« affronter? D'ailleurs, moi qui ai parcouru plus de pays
« qu'aucun autre homme, j'ai rencontré en Arabie et
« dans l'Inde une foule de bêtes féroces, mais cette bête
« féroce, qu'on appelle un tyran, je ne sais pas encore
« combien elle a de têtes, ni si elle a des griffes bien cro-
« chues et des dents bien tranchantes On dit que cette bête
« est sociable et qu'elle habite au sein des villes ; cepen-
« dant je la trouve plus sauvage que celles qui vivent sur
« les montagnes et dans les forêts : car il arrive quelquefois
« que les lions et les panthères se laissent apprivoiser par
« des caresses et changent de naturel, tandis que ce
« monstre s'irrite quand on veut le toucher, redouble de
« férocité et déchire tout Vous ne pourriez dire d'aucune
« bête féroce qu'elle dévore sa mère, Néron, lui, est gorgé
« de cette pâture Si cela s'est déjà vu dans Oreste et Alc-
« méon, ils avaient au moins pour excuse leurs pères, dont
« l'un avait été tué, l'autre avait été vendu pour un collier
« par sa propre femme Mais Néron, que sa mère a fait
« adopter par le vieil empereur, qui doit a sa mère l'héri-

« tage du trône, il a fait construire pour elle un vaisseau
« dans lequel il l'a noyée à quelque distance' du rivage [1].
« Si, après cela, quelqu'un s'imagine que Néron soit redou-
« table, et si pour cette raison il déserte la philosophie,
« croyant dangereux de déplaire à ce tyran, je lui affirme
« que les hommes vraiment redoutables, ce sont ceux qui
« pratiquent la tempérance et la sagesse, car les Dieux sont
« de leur côté. Quant aux impies, leurs menaces doivent
« faire pitié, comme des propos d'ivrogne : car eux aussi
« sont insensés, mais non redoutables. Allons donc à Rome
« si nous avons du cœur. Contre les décrets de Néron, qui
« proscrivent la philosophie, nous avons le mot d'Antigone
« dans Sophocle [2] :

        « Ce n'est pas de Jupiter que sont émanés de pareils décrets. »

« Ils ne sont pas non plus émanés des Muses ni d'Apollon,
« dieu de la sagesse. Du reste, il est probable que Néron,
« qui aime la tragédie, à ce que l'on dit, connaît ces vers
« de Sophocle. » Le lecteur se rappelle-t-il ce passage
d'Homère, où il dit que lorsqu'une harangue a transporté
d'une commune ardeur des guerriers, ils ne font plus qu'un
seul casque, un seul bouclier [3]? C'est ce qui arriva au discours d'Apollonius. Enflammés par ses paroles, tous se
trouvèrent prêts à mourir pour la philosophie et à montrer qu'ils avaient le cœur plus ferme que ceux qui s'étaient
retirés.

----

1. Philostrate oublie les faits. Agrippine ne périt pas noyée ; mais,
étant parvenue à échapper à ce danger, elle fut peu après égorgée sur le
rivage par ordre de son fils (Voy. Tacite, *Annal.*, XIV, 9).
2. *Antigone*, v. 456.
3. *Iliade*, XIII, 130. Homère ne dit pas cela sous forme générale
il représente seulement les Grecs, après une harangue de Neptune, s'a-
vançant *en rangs serrés, bouclier contre bouclier, casque contre casque.*

XXXIX. C'est dans ces dispositions que nos voyageurs
arrivèrent aux portes de Rome Les gardes ne leur adressèrent aucune question, mais examinèrent avec admiration
leur tenue : ils voyaient bien que c'etaient des hommes respectables et non des vagabonds. Ils s'arrêtèrent dans une
auberge voisine et y prirent leur repas. Il était tard. Au
milieu de leur repas se présente un homme aviné, mais
d'une voix agréable. Cet homme faisait le tour de Rome en
chantant les vers de Néron : il s'en faisait un revenu, et
quand on l'écoutait avec négligence ou qu'on le payait mal,
il avait le droit de poursuivre pour crime de lèse-majesté.
Il avait une cithare et tous les instruments du citharède ;
de plus, il portait dans une petite boîte une corde usée à
force de servir, qu'il disait venir de la cithare même de
Néron . il ajoutait qu'il l'avait payée deux mines et qu'il
ne la vendrait à personne, si ce n'est à quelque excellent
joueur de lyre qui eût concouru aux jeux Pythiques. Il
préluda, selon sa coutume, par un petit hymne de Néron,
puis déclama des morceaux de l'*Orestie*, d'*Antigone*, ou de
quelque autre de ses tragédies, vocalisant et imitant toutes
les intonations hasardées dont s'était servi Néron. Les
voyant peu attentifs, il déclara que c'était une offense à
l'empereur et un acte d'hostilité contre sa voix divine ; mais
ils n'eurent même pas l'air de s'apercevoir de ce qu'il leur
disait Seulement Ménippe demanda à Apollonius ce qu'il
pensait des menaces de cet homme. « J'en pense, dit
« Apollonius, ce que je pense de ses chants. Cependant,
« Ménippe, il faut que nous soyons calmes et que nous le
« payions, le laissant libre de sacrifier tant qu'il voudra
« aux muses de Néron. »

XL. L'insolence de cet ivrogne n'eut pas de suite. Le
jour venu, Télésinus, l'un des consuls, ayant mandé Apollonius, lui demanda : « Qu'est-ce que ce vêtement? — Un

« vêtement pur, répondit Apollonius, où n'entre rien de ce
« qui a eu vie. — En quoi consiste votre sagesse? — C'est
« une inspiration d'en haut, c'est la science des prières et
« des sacrifices. — Mais, ô philosophe! qui donc ne sait
« pas cela? — Cette connaissance n'est pas aussi commune
« que vous croyez; mais pour celui même qui la posséde-
« rait, il y aurait avantage à savoir d'un homme plus sage
« que lui, qu'il sait bien ce qu'il sait. » A ces mots, Télésinus, qui n'était pas indifférent aux choses divines, reconnut
quel homme il avait devant lui, d'après ce qu'il avait déjà
entendu dire d'Apollonius. Il ne voulut pas lui demander
publiquement son nom, dans le cas où il voudrait le cacher
quelque temps; mais il le ramena sur ce qui a rapport aux
Dieux, car il était tout disposé à ce genre d'entretien. Il
interrogea donc Apollonius comme un sage : « Quand vous
« approchez des autels, quelle est votre prière? — Je de-
« mande aux Dieux de faire que la justice règne, que les
« lois soient respectées, que les sages restent pauvres, que
« les autres s'enrichissent, mais par des voies honnêtes. —
« Quoi! quand vous demandez tant de choses, pensez-vous
« être exaucé? — Sans doute, car je demande tout cela en
« un seul mot; et, m'approchant des autels, je dis : « O
« Dieux! donnez-moi ce qui m'est dû. » Si je suis du
« nombre des justes, j'obtiendrai plus que je n'ai dit; si au
« contraire les Dieux me mettent au nombre des méchants,
« ils me puniront, et je ne pourrai faire de reproches aux
« Dieux si, n'étant pas bon, je suis puni. » Ces discours
étonnèrent Télésinus; mais, voulant être agréable à Apollonius, il lui dit : « Vous pouvez aller dans tous les tem-
« ples, j'écrirai à tous les prêtres de vous accueillir et de
« recevoir les observations que vous aurez à leur adresser.
« — Ne m'accueilleraient-ils pas sans un mot de vous? —
« Non, j'ai ordre d'y veiller. — Je suis heureux de voir de

« si hautes fonctions entre les mains d'un homme juste,
« mais je voudrais vous dire encore un de mes goûts . J'aime
« à habiter les temples qui ne sont pas fermés avec trop de
« rigueur, aucun Dieu ne me refuse l'hospitalité, tous m'ad-
« mettent sous leur toit. Je vous demande encore cette per-
« mission, que les Barbares m'ont toujours accordée —
« C'est un grand mérite dont les Barbares ont enlevé l'ini-
« tiative aux Romains   mais je veux que nous ne restions
« pas en arrière sur eux. » Apollonius habita donc dans le
temple, tantôt dans un, tantôt dans un autre   Comme on le
lui reprochait, il dit   « Les Dieux n'habitent pas toujours
« dans le ciel ; tantôt ils s'en vont en Éthiopie, ils vont sur
« les cimes de l'Olympe et de l'Athos   il me semble absurde
« que , lorsque les Dieux viennent si souvent chez les
« hommes, les hommes n'aillent jamais chez les Dieux. Ce-
« pendant on ne peut blâmer les maîtres qui négligent leurs
« esclaves, car peut-être les négligent-ils parce qu'ils ont a
« s'en plaindre ; mais des esclaves qui ne prennent pas tous
« les moyens pour être agréables à leurs maîtres méritent
« d'être anéantis comme des maudits et des ennemis des
« Dieux. »

XLI. Les discours qu'Apollonius tenait dans les temples
augmentaient le respect des Dieux , on voyait s'y porter
une plus grande affluence d'hommes qui espéraient se
rendre les Dieux plus favorables , et l'on ne pouvait encore
trouver rien de mal a ses entretiens, qui avaient lieu en
public, car il n'allait pas frapper aux portes, faire la cour
aux grands ; il accueillait tous ceux qui venaient à lui, et
leur disait ce qu'il disait au peuple.

XLII Démétrius, dont j'ai déjà dit, au sujet du voyage
à Corinthe, les bonnes dispositions pour Apollonius, vint à
Rome quelque temps après. Il voyait assidûment Apollonius, et se déchaînait contre Néron Les soupçons commen-

cèrent a se porter sur la science d'Apollonius, qu'on
accusait d'avoir excite Démétrius. Ils redoublèrent lorsque
Néron fit construire un gymnase, le plus beau des gymnases de Rome Ce jour solennel fut célébré par des sacrifices auxquels prirent part l'empereur, le sénat et les chevaliers, Démétrius vint a entrer dans ce gymnase, et
prononça tout un discours contre les baigneurs, les traitant
d'efféminés qui se souillaient au lieu de se nettoyer, et montrant que tout cela n'etait qu'une vaine recherche de luxe
Démétrius aurait sur-le-champ payé de sa vie son audace,
si Néron ne s'était trouvé ce jour-la même se surpasser
comme chanteur. c'est dans une taverne attenante au gymnase que Néron avait chanté, et cela, nu, ou du moins avec
une simple ceinture, comme les derniers des histrions. Les
paroles de Démétrius ne demeurèrent, du reste, pas impu-
nies. Tigellin, qui tenait en main le glaive de Néron[1], le
chassa de Rome comme ayant par son discours démoli les
bains; et il surveilla secrètement Apollonius pour voir s'il
ne tiendrait pas, lui aussi, des propos coupables ou à double
entente.

XLIII. Mais Apollonius ne donnaitaucune marque de mépris, et ne paraissait même pas se tenir sur ses gardes comme
un homme qui veut éviter un danger; mais il dissertait avec
aisance sur tous les sujets qui lui étaient soumis, soit par
Télésinus, soit par d'autres qui venaient philosopher avec
lui, et qui, malgré le discrédit de la philosophie, ne croyaient
pas s'exposer en fréquentant Apollonius. Cependant, je l'ai
dit, il était tenu pour suspect, et le fut encore plus après ce
qu'il eut dit au sujet d'un prodige Il y avait eu une éclipse
de soleil, accompagnée d'un coup de tonnerre, phénomène
peu ordinaire pendant une éclipse. « Quelque chose, dit

1. Il était préfet du prétoire.

« Apollonius, en regardant le Ciel, arrivera et n'arrivera pas » Que signifiaient ces paroles ? Ses auditeurs se le demandèrent en vain pendant deux jours, mais le troisième, tous comprirent. Néron etait à table, lorsque la foudre tomba sur la table et traversa la coupe que l'empereur tenait en main et qu'il approchait de ses lèvres. On comprit que ces mots « quelque chose arrivera et n'arrivera pas » faisaient allusion au péril si pressant qu'avait couru Néron [1]. Tigellin, ayant été informé de cette prédiction d'Apollonius, commença à craindre que cet homme ne fût très-versé dans les choses célestes. il ne voulut pas le mettre ouvertement en accusation, pour ne pas s'exposer à quelque mal qu'Apollonius eût pu lui faire en secret, mais qu'il parlât ou se tût, qu'il fût assis ou se promenât, qu'il prit un repas et chez qui que ce fût, qu'il sacrifiât ou ne sacrifiât pas, il l'observa de tous ses yeux, je veux dire de tous ceux qui sont au service du pouvoir.

XLIV. Une maladie épidémique vint à se déclarer à Rome. Les médecins la désignent du nom de catarrhe . le malade tousse et sa voix est altérée. Les temples étaient remplis de suppliants, parce que Néron avait la gorge enflée et la voix enrouée. Apollonius ne pouvait souffrir la démence de tout ce peuple, mais il ne disait rien à personne ; et même, comme Ménippe était indigné de ce qu'il voyait, Apollonius le calma et lui dit que les Dieux avaient bien le droit d'aimer les bouffons. Ce mot fut rapporté à Tigellin, qui le fit amener à son tribunal pour se justifier du crime de lèse-majesté Tigellin avait chargé de l'accusation un homme qui avait déjà perdu plus d'un accusé, un athlète chargé de couronnes. Cet homme tenait à la main un rouleau contenant son accusation, et il l'agitait au-dessus de

---

1. Voyez les *Éclaircissements historiques et critiques,*

la tête d'Apollonius, disant que c'était une épée bien affilée,
et qu'il ne résisterait pas à ses coups Tigellin ouvrit le
rouleau, et n'y trouva pas trace d'une seule lettre, d'un
seul caractère. Tigellin crut avoir affaire à un démon. On
dit que le même fait se reproduisit depuis avec Domitien[1].
Tigellin prit donc à part Apollonius, le mena dans l'endroit
le plus secret du tribunal, où il jugeait loin des yeux de
tous les choses les plus importantes; et là, sans témoin, il
lui demanda qui il était Apollonius désigna son père et sa
patrie; il dit pourquoi il s'était voué à la philosophie, c'est-
à-dire pour connaître les Dieux et comprendre les hommes,
car, ajouta-t-il, il est moins aisé de se connaître soi-même
que de connaître les autres. « Mais, Apollonius, comment
« mettez-vous à découvert les démons et les spectres? —
« Comme les meurtriers et les sacrilèges. » Ce mot était à
l'adresse de Tigellin, qui provoquait Néron à toute sorte de
cruautés et de débauches. « Voudriez-vous bien, si je vous
« en priais, me prédire quelque chose? — Comment le
« pourrais-je, n'étant pas devin? — Cependant on vous
« attribue le mot : *Quelque chose arrivera et n'arrivera pas.*
« — Il est vrai que j'ai dit ce mot, mais cela ne vient pas
« de l'art du devin, ne le croyez pas, cela vient de la science
« que Dieu accorde aux hommes sages. — Pourquoi ne
« craignez-vous pas Néron? — Parce que le même Dieu qui
« lui a donné de paraître terrible m'a donné d'être sans
« crainte.—Que pensez-vous de Néron?—J'en pense plus de
« bien que vous autres : car vous le croyez digne de chanter,
« et moi de se taire. — Je vous laisse votre liberté, s'écria
« Tigellin, frappé de ces réponses; mais vous me donnerez
« caution pour votre personne. —Et qui voudra cautionner
« une personne que nul ne peut enchaîner? » Tout cela parut

1. Philostrate, quand il en sera arrivé à cette partie de son récit,
oubliera ce fait.

à Tigellin au-dessus de l'homme, et, croyant à la présence de quelque démon, il ne voulut pas combattre en quelque sorte avec un Dieu. « Allez-vous-en, dit-il, où vous voudrez, car « vous êtes trop fort pour que mon pouvoir vous atteigne. »

XLV Voici encore un miracle d'Apollonius Une jeune fille nubile passait pour morte, son fiancé suivait le lit mortuaire en poussant des cris, comme il arrive quand l'espoir d'un hymen a été trompé, et Rome tout entière pleurait avec lui, car la jeune fille était de famille consulaire. Apollonius, s'étant trouvé témoin de ce deuil, s'écria « Posez « ce lit, je me charge d'arrêter vos larmes. » Et il demanda le nom de la jeune fille Presque tous les assistants crurent qu'il allait prononcer un discours comme il s'en tient dans les funérailles pour exciter les larmes Mais Apollonius ne fit que toucher la jeune fille et balbutier quelques mots; et aussitôt cette personne qu'on avait crue morte parut sortir du sommeil. Elle poussa un cri et revint à la maison paternelle, comme Alceste rendue a la vie par Hercule[1]. Les parents firent présent à Apollonius de cent cinquante mille drachmes, qu'il donna en dot a la jeune fille. Maintenant, trouva-t-il en elle une dernière étincelle de vie, qui avait échappe a ceux qui la soignaient? Car on dit qu'il pleuvait, et que le visage de la jeune personne fumait. Ou bien la vie était-elle en effet éteinte, et fut-elle rallumée par Apollonius? Voilà un problème difficile à résoudre, non-seulement pour moi, mais pour les assistants eux-mêmes[2].

XLVI Vers ce temps il se trouva que dans les prisons de Néron était enfermé un homme que l'on dit avoir été un philosophe accompli, Musonius. Apollonius n'eut pas d'entrevue avec lui, Musonius s'y étant refusé par mesure de prudence pour l'un comme pour l'autre, mais ils entretin-

1. Voir la tragédie d'Euripide, *Alceste.*
2. Voyez les *Éclaircissements historiques et critiques.*

rent un commerce de lettres par l'intermédiaire de Ménippe
et de Damis, qui allaient voir Musonius dans sa prison. Nous
laisserons de côté celles de leurs lettres qui sont peu importantes, mais nous rapporterons celles où l'on trouvera
quelque chose de grand. « Apollonius au philosophe Mu-
« sonius, salut. Je veux vous aller trouver, converser avec
« vous, partager votre toit et essayer de vous être utile Si
« vous ne mettez pas au rang des fables le récit sur Thésée
« retiré des enfers par Hercule, dites-moi ce que je dois
« faire. Portez-vous bien » — « Musonius au philosophe
« Apollonius, salut. Vos bonnes intentions méritent mes
« éloges; mais un homme qui compte se justifier et prouver
« qu'il n'est pas coupable se délivrera lui-même[1]. Portez-
« vous bien. » — « Apollonius au philosophe Musonius,
« salut. Socrate ne consentit pas à être tiré de sa prison
« par ses amis, il se présenta devant les juges, et fut mis à
« mort. Portez-vous bien. » — « Musonius au philosophe
« Apollonius, salut. Socrate fut mis à mort parce qu'il ne
« voulut pas se défendre, mais je me défendrai Portez-vous
« bien. »

XLVII Néron, partant pour la Grèce, fit un décret pour
interdire le séjour de Rome à tous les philosophes. Apollonius prit alors la résolution de parcourir les parties occi-
dentales de la terre, qui sont bornées par les colonnes
d'Hercule; il voulait voir le reflux de l'Océan et le pays de
Gades, car il avait entendu dire qu'il y avait là aussi des
philosophes assez avancés dans la connaissance des choses
divines. Tous ses disciples le suivirent, enchantés à la fois
et du voyage et de leur maître.

1. Je suis ici le texte d'Oléarius, préférablement à celui de Westermann.

LIVRE V.

I. Sur les colonnes qu'on dit avoir été posées de la main d'Hercule, et qui marquent la limite de la terre, on raconte bien des fables que je laisserai de côté, pour m'attacher aux relations sérieuses et dignes d'attention. Les deux promontoires qui terminent l'Europe et la Libye forment un détroit, large de soixante stades, par laquelle l'Océan entre dans le bassin des mers intérieures. Le promontoire de Libye, qu'on nomme Abinna, se compose de montagnes élevées, dont les sommets sont habitées par des lions, et qui s'étendent jusqu'au pays des Gétules et des Tingitains[1], peuples sauvages, comme tous ceux de la Libye, du côté de l'Ocean, ces montagnes vont jusqu'à l'embouchure du fleuve Salec, a neuf cents stades du detroit Elles se prolongent même plus loin, mais sur quelle étendue? Personne ne saurait le dire Car, au delà de ce fleuve, la Libye est inhabitable et déserte. Le promontoire d'Europe s'appelle Calpis; il est à droite pour qui entre dans l'Océan, et il a une longueur de soixante stades; il se termine à l'antique ville de Gades.

II. On parle beaucoup du flux et du reflux de l'Océan, j'ai moi-même été le témoin de ce phénomène chez les Celtes. Mais pourquoi la mer fait-elle tant de chemin en avant et en arrière? C'est ce qu'Apollonius me paraît avoir parfaitement expliqué. Dans une de ses Lettres aux Indiens, il dit que ce qui fait que l'Océan s'avance et se retire, c'est qu'il est poussé par des vents sous-marins, sortis de plusieurs cavernes qui sont placées au-dessous de la mer ou sur ses bords, c'est un mouvement semblable à celui de la respiration qui produit le flux et le reflux. Apollonius confirme son opinion par une observation que lui ont fournie les malades de Gades pendant tout le temps du flux, le souffle n'abandonne pas les mourants, ce qui ne s'explique que parce qu'alors le vent se répand sur la terre Ce qu'on remarque pour la lune, qui est tour à tour naissante, pleine et décroissante, se retrouve dans l'Océan. il suit les modifications de la lune, il croît et décroît avec elle

III. Chez les Celtes, comme chez nous, le jour succède à la nuit et la nuit au jour, par une progression insensible de la lumière ou de l'obscurité; mais a Gades et aux co-

[1]. L'ancienne ville de Tingis est aujourd'hui la ville de Tanger,

lonnes d'Hercule, nous disent nos voyageurs, l'obscurité et
la lumière frappent les yeux tout d'un coup, comme des
éclairs Les îles des Bienheureux sont à l'extrémité de la
Libye, non loin d'un promontoire inhabité.

IV Gades est a la limite de l'Europe. Les habitants de
ce pays sont d'une religion minutieuse. Ils ont élevé un
autel à la Vieillesse, ils sont les seuls hommes sur la terre
qui chantent des hymnes a la Mort Ils ont aussi des autels
consacrés a la Pauvreté, à l'Art, a Hercule Égyptien, à Hercule Thébain, ils disent que le second alla jusqu'a l'île
Érythie, voisine de Gades [1], lorsqu'il vainquit Géryon et
s'empara de ses bœufs, et que le premier, qui se voua à la
science, parcourut la terre entière d'un bout a l'autre. Nos
voyageurs nous disent que les habitants de Gades sont Grecs
d'origine, et que leur éducation est la même que la nôtre,
ils honorent les Athéniens plus que tous les autres Grecs,
et offrent des sacrifices a l'Athénien Ménesthée. Dans leur
admiration pour Thémistocle, qui commanda la flotte athénienne avec tant d'habileté et de courage, ils lui ont élevé
une statue d'airain, qui le représente dans une attitude de
recueillement, et comme un homme qui écoute un oracle.

V. Nos voyageurs virent dans ce pays des arbres tels
qu'ils n'en avaient jamais vus, et qu'on appelle arbres de
Géryon Ils sont deux et sortent du tombeau de Géryon; ils
tiennent du pin et du sapin, et distillent du sang comme
les peupliers Héliades [2] distillent de l'or. L'île où est le
temple n'est pas plus grande que le temple même; on n'y
trouve pas de pierre, on dirait partout un pavé taillé et poli.

1. L'île Érythie, appelée aussi l'*île Junonienne*, qui formait le royaume
fabuleux de Géryon, est une île de l'Océan, à l'embouchure du Bétis.

2. Souvenir mythologique. Les Héliades, sœurs de Phaéton, à force
de pleurer leur frère, furent changées en peupliers d'où découlait de
l'or.

Les deux Hercules sont adorés dans ce temple Ils n'ont pas
de statue, mais Hercule Égyptien a deux autels d'airain,
sans inscription ni figure, et Hercule Thébain a un autel en
pierre, sur lequel on voit des bas-reliefs représentant l'hydre
de Lerne, les chevaux de Diomède et les douze travaux
d'Hercule Dans ce temple dédié aux Hercules se trouve
aussi l'olivier d'or de Pygmalion[1] on en admire beaucoup
le travail, qui est exquis, mais on admire surtout les
fruits, qui sont en émeraude On y montre aussi le baudrier
d'or d'Ajax, fils de Télamon comment et pourquoi ce héros
navigua vers l'Océan, Damis dit qu'il l'ignore, et qu'on n'a
pu lui donner de renseignements sur ce point. Les colonnes
d'Hercule, qu'on voit dans le temple, sont d'or et d'argent
mêlés ensemble et formant une seule couleur, elles ont
plus d'une coudée de hauteur, elles sont quadrangulaires
comme des enclumes, et leurs chapiteaux portent des caractères qui ne sont ni égyptiens ni indiens, ni de nature
à être déchiffrés. Comme les prêtres gardaient le silence a
ce sujet, Apollonius leur dit « Hercule Égyptien ne me
« permet pas de taire ce que je sais. Ces colonnes sont les
« liens de la Terre et de l'Océan Ces caractères, c'est Her-
« cule qui les a gravés dans la demeure des Parques, pour
« empêcher toute guerre entre les éléments, et maintenir
« inviolable la concorde qui les unit. »

VI. Nos voyageurs remontèrent le fleuve Bétis, où Apollonius trouve une des principales preuves de son explication du flux et du reflux[2]. En effet, lorsque la mer est
haute, le fleuve remonte vers sa source par l'effet des vents
dont j'ai parlé, qui l'éloignent de la mer. La région qui, du
nom de ce fleuve, s'appelle Bétique, est la plus riche de la

---

1. Il s'agit du statuaire qui est célèbre pour être devenu amoureux
de sa Vénus (Voy. Ovide, *Métamorphoses*, X, v. 247).

2. Voyez plus haut, ch. 2.

terre ; on y.trouve partout des villes et des pâturages que
traverse le Bétis ; les champs y sont très-bien cultivés, et
la température y est aussi agréable que celle de.l'Attique à
l'automne, au temps des mystères.

VII. Damis nous dit qu'Apollonius parla souvent sur ce
qui s'offrait a leurs yeux ; mais il n'a jugé nécessaire de
rapporter qu'un de ses entretiens, c'est le suivant Un jour
qu'ils étaient réunis dans le temple des deux Hercules, Ménippe vint à parler de Néron, et dit en riant · « Que pensez-
« vous que devienne cet illustre vainqueur? Quels prix a-t-il
« remportés? N'êtes-vous pas d'avis que ces bons Grecs
« doivent pouffer de rire en se rendant aux jeux ? — J'ai
« entendu dire, répondit Apollonius, que Néron craint le
« fouet des Éléens. En effet, comme ses courtisans l'en-
« gageaient à remporter une victoire aux jeux Olympiques,
« et à faire proclamer avec son nom celui de Rome, il s'é-
« cria : « Pourvu que les Éléens ne me jalousent pas; car on
« dit qu'ils fouettent[1] et qu'ils se croient au-dessus de moi.»
« Et il ajouta plusieurs pauvretés encore plus misérables.
« Pour moi je garantis que Neron sera vainqueur à Olym-
« pie; qui donc serait assez audacieux pour se poser comme
« son adversaire? Cependant il ne sera pas vainqueur aux
« jeux Olympiques, car ce n'est pas le moment de les célé-
« brer. Suivant.l'usage traditionnel, ces jeux devaient être
« célébrés l'année dernière; Néron les a fait différer jusqu'à
« son voyage, apparemment parce que ces jeux sont célébrés
« en l'honneur de Néron plutôt qu'en l'honneur de Jupiter.
« Il annonce une tragédie et des chants à des hommes qui
« n'ont pas même de théâtre ni de scène pour les repré-
« sentations de ce genre, mais qui ont un stade naturel, et
« chez lesquels il n'y a que des combats gymniques. Il

---

1. Les athlètes qui violaient quelque loi des jeux pouvaient être
fouettés (Oléarius).

« va être couronné pour des choses qu'il devrait cacher. Il
« va déposer la robe de Jules César et d'Auguste pour re-
« vêtir le costume d'Amébée et de Terpnus[1]. Que dire de
« tout cela? Quoi! Il apporte assez de scrupules dans les
« rôles de Créon et d'Œdipe, pour avoir peur de commettre
« quelque faute sur le choix de la porte[2], sur le costume
« ou sur la manière de porter le sceptre! Au mépris de sa
« dignité d'empereur et de Romain, au lieu de régler l'État,
« il s'occupe de régler sa voix, il fait l'histrion hors d'une
« ville où doit siéger sans cesse le prince qui tient en sa main
« les destinées du monde! Mon cher Ménippe, les acteurs
« tragiques, parmi lesquels Néron vient de se faire inscrire,
« sont en assez grand nombre. Eh bien! si l'un d'entre eux,
« après avoir représenté Œnomaüs ou Cresphonte, quittait
« le théâtre plein de son rôle, au point de vouloir comman-
« der aux autres, et se croire roi, que diriez-vous de lui?
« Ne diriez-vous pas qu'il a besoin d'ellébore ou de toute
« autre potion propre à purger le cerveau? Mais si c'est un
« prince qui, laissant là sa grandeur, se confond avec des
« acteurs et des artistes assouplissant sa voix, tremblant
« devant les juges d'Olympie ou de Delphes, ou bien encore
« jouant mal avec sécurité, s'il ne craint pas d'être frappé de
« verges par ceux auxquels il est chargé de commander, que
« diriez-vous des pauvres peuples qui sont soumis à un tel
« misérable? Que va-t-il être aux yeux des Grecs? Le pren-
« dra-t-on pour un Xerxès dévastateur, ou pour un Néron
« citharède? Songez un peu aux dépenses que vont pour
« eux entraîner ses chants; voyez-les chassés de leurs mai-
« sons, dépouillés de leurs meubles les plus précieux et de

1. C'étaient des joueurs de cithare fameux du temps de Néron (Voyez
Athénée, liv. XIII, et Suétone, *Vie de Néron*, ch. 2).
2. Il y avait sur les théâtres tragiques trois portes : la porte du milieu
pour les premiers rôles ; celle de droite pour les seconds rôles ; celle de
gauche pour les rôles inférieurs.

« leurs plus beaux esclaves, outragés dans leurs femmes et
« leurs enfants par les pourvoyeurs des infâmes plaisirs de
« Néron, accablés d'accusations, ne fût-ce qu'au sujet de
« ses tragédies et de ses chants. « Vous n'êtes pas venu, leur
« dira-t-on, écouter Néron ; ou bien vous êtes venu, mais
« vous avez écouté négligemment, vous avez ri, vous n'avez
« pas applaudi, vous n'avez pas fait de sacrifices pour qu'il
« fût en voix, et revînt plus illustre des jeux Pythiques. »
« Quelles sources de maux pour la Grèce ! Il y a là le sujet
« de plusieurs *Iliades*. Quant au percement de l'isthme, qui
« s'exécutera ou plutôt ne s'exécutera pas (j'apprends qu'on
« y travaille), il y a longtemps qu'un Dieu me l'a annoncé.
« — Mais, interrompit Damis, le percement de l'isthme
« n'est-il pas l'acte le plus considérable du règne de Néron ?
« N'est-ce pas là une grande pensée ? — La pensée est
« grande, en effet, Damis ; mais, comme l'œuvre restera
« inachevée, il me semble qu'on peut dire de Néron qu'il
« creuse comme il chante, c'est-à-dire d'une manière im-
« parfaite. Quand je passe en revue les actes de Xerxès, je
« lui sais gré, non d'avoir enchaîné l'Hellespont, mais de
« l'avoir traversé ; quant à Néron, je vois qu'il ne naviguera
« jamais à travers l'isthme, et qu'il ne mènera pas jusqu'au
« bout son entreprise. Je le vois même s'enfuir de Grèce tout
« tremblant Si je me trompe, c'est qu'il n'y a plus de vérité.

VIII. Quelques temps après, un de ces hommes qui
portent les nouvelles avec célérité vint annoncer à Gades
qu'il fallait se réjouir et faire des sacrifices en l'honneur de
la triple victoire de Néron aux jeux Olympiques. Les habitants de Gades comprirent de quelle victoire il s'agissait ;
ils se dirent qu'il y avait en Arcadie quelques jeux célèbres
où Néron avait été vainqueur ; j'ai déjà dit qu'ils se pi-
quaient de connaître les choses de la Grèce[1]. Mais les

1. Cela n'empêche pas qu'ils ne se trompent sur la géographie et ne

peuples éloignés de Gades ne savaient ce que c'était que les
jeux Olympiques, ni même de quels jeux et de quels combats il était question, ni à propos de quoi ils sacrifiaient.
Ils finirent par se faire une opinion assez plaisante : ils
s'imaginèrent que Néron avait été vainqueur dans quelque
guerre, et qu'il avait exterminé je ne sais quels Olympiens.
Les pauvres gens n'avaient jamais assisté ni à une tragédie
ni à un concours de cithare.

IX. A ce propos Damis raconte un fait qui me paraît
digne de trouver place ici. Je veux parler du singulier effet
qu'un acteur tragique produisit sur les habitants d'Hispola,
ville de Bétique. Comme les sacrifices se multipliaient dans
les villes (on venait encore d'annoncer la victoire de Néron
aux jeux Pythiques), un des acteurs de tragédies qui n'osaient
concourir contre Néron parcourait les villes de l'Occident
pour y faire quelque argent. Son talent lui avait attiré
quelque réputation dans les villages qui n'étaient pas trop
barbares, d'abord parce que les peuples chez lesquels il
venait n'avaient jamais entendu de tragédies, ensuite parce
qu'il affirmait reproduire exactement les intonations de
Néron. Quand il fut arrivé chez les habitants d'Hispola,
ceux-ci furent épouvantés avant même qu'il eût dit un mot.
Dès qu'ils le virent marcher à grands pas, se dresser sur
ses cothurnes, ouvrir une large bouche, et se draper dans
une robe démesurément large, ils ne purent se défendre de
quelque effroi; mais lorsqu'il se fit entendre et se mit
à déclamer, la plupart crurent que c'était un démon qui
hurlait à leurs oreilles, et s'enfuirent. On voit combien les
mœurs de ces populations sont simples et primitives !

X. Le gouverneur de la Bétique exprima le désir d'être
admis aux entretiens d'Apollonius. Celui-ci répondit que

mettent en Arcadie des jeux qui se célèbrent en Élide. Peut-être est-ce
une malice de Philostrate, qui s'exerce en cet endroit à la satire.

ces entretiens n'avaient rien d'agréable pour ceux qui n'aimaient pas la philosophie. Mais le gouverneur insista, c'était un homme dont on disait beaucoup de bien et qui était mal vu des mimes de Néron Apollonius lui écrivit de venir à Gades aussitôt, laissant de côté l'orgueil du pouvoir, le gouverneur s'y rendit avec quelques-uns de ses plus intimes amis. Après s'être salués, ils s'entretinrent à l'écart, et personne ne sait sur quel sujet Damis suppose qu'ils formèrent un complot contre Néron. Ce qui le lui fait croire, c'est que leurs entretiens secrets se poursuivirent pendant trois jours. A son départ, le gouverneur serra dans ses bras Apollonius, qui lui dit « Adieu. « Souvenez-vous de Vindex. » Que signifiaient ces paroles? Pendant que Néron chantait en Achaïe, les peuples de l'Occident furent soulevés par Vindex, homme tout à fait capable de couper les cordes que Néron touchait si mal. Il tint à l'armée qu'il commandait un discours contre Néron ce discours était plein de la plus généreuse philosophie dont on puisse s'inspirer pour parler contre un tyran. Il dit que Néron était tout plutôt que joueur de cithare, et que cependant il était encore plutôt joueur de cithare qu'empereur, il ajouta qu'il lui reprochait sa démence, son avarice, sa luxure, mais qu'il ne lui reprochait pas le plus grand de ses crimes, son parricide il avait eu raison de tuer sa mère, puisqu'elle avait enfanté un tel monstre. Apollonius, prévoyant ce qui allait se passer, ménageait à Vindex l'alliance du gouverneur de la province voisine : c'était presque comme s'il eût porté les armes pour Rome.

XI. Lorsque nos voyageurs virent l'Occident commencer à s'agiter, ils passèrent en Libye, de la dans le pays des Tyrrhéniens; puis, continuant leur route, partie sur terre, partie sur mer, ils s'arrêtèrent à Lilybée, en Sicile. Après qu'ils eurent passé Messine et traversé le détroit, où le

mélange de la mer Tyrrhénienne et de l'Adriatique produit
le dangereux tourbillon de Charybde, ils apprirent que
Néron était en fuite, que Vindex était mort, et que l'empire
était en proie à l'ambition de quelques citoyens de Rome et
de quelques étrangers. Les compagnons d'Apollonius lui
demandèrent ce qu'allait devenir tout cela, et à qui devait
désormais appartenir l'empire. « A quelques Thébains. ».
Il comparait dans sa pensée le court règne de Vitellius, de
Galba et d'Othon à la puissance des Thébains, qui furent si
peu de temps les chefs de la Grèce.

XII. S'il connaissait à l'avance tous ces faits, c'était par
suite d'une inspiration divine, et ceux qui pensent que
c'était un magicien ont bien tort : déjà tout ce que nous
avons dit jusqu'ici le prouve, mais il faut nous expliquer sur
ce point. Les magiciens sont, à mon avis, les plus misérables des hommes : ils se flattent de changer la destinée,
les uns en tourmentant des esprits, les autres par des sacrifices barbares, d'autres par des charmes ou des préparations magiques. Plusieurs d'entre eux, mis en jugement, ont
reconnu que telle était leur science. Apollonius, au contraire, se conformait aux décrets du destin, il annonçait
qu'ils devaient s'accomplir ; et s'ils lui étaient révélés à
l'avance, ce n'était point par des enchantements, c'était par
des signes où il savait lire la volonté des Dieux. Voyant
chez les Indiens les trépieds, les échansons d'airain et autres
objets qu'ils disaient se mouvoir d'eux-mêmes, Apollonius
n'avait pas demandé le secret de leur construction, et
n'avait pas désiré qu'on le lui apprît : il avait loué l'artifice, mais sans vouloir l'imiter.

XIII. Comme ils étaient à Syracuse, une femme de la
haute classe mit au monde un enfant monstrueux : il avait
trois têtes attachées par trois cous différents à un même
corps. Plusieurs interprétations grossières avaient été don-

nées de ce prodige. D'après les uns, la Sicile, cette île aux
trois promontoires, devait périr s'il n'y régnait la concorde
et l'union ; or, il y avait partout des discussions, soit des
villes entre elles, soit des citoyens de chaque ville D'après
d'autres, Typhée, le géant a plusieurs têtes, menaçait la
Sicile de quelque ébranlement. « Damis, dit Apollonius,
« allez voir ce qui en est. » L'enfant était exposé en public
pour qu'il pût[être vu de quiconque savait expliquer les
prodiges. Damis revint dire à Apollonius que c'était un
enfant mâle, qui avait en effet trois têtes. Alors, rassemblant
ses compagnons, il leur dit « Il y aura trois empereurs ;
« ce sont ceux que j'appelais dernièrement des Thébains.
« Aucun d'eux ne s'emparera de tout l'empire ; mais après
« qu'ils auront exercé le pouvoir, deux d'entre eux à Rome
« même, le troisième dans le voisinage de Rome, ils péri-
« ront ; et leur rôle n'aura pas même duré autant que le
« rôle des rois de théâtre. » Cette prédiction ne tarda pas à
se vérifier . Galba mourut aux portes de Rome après avoir
été un instant empereur, Vitellius mourut aussi après
l'avoir été, pour ainsi dire, en rêve, enfin, Othon mourut
en Occident, chez les Gaulois, sans même avoir obtenu les
honneurs d'une sépulture illustre, car il fut enseveli comme
un simple particulier La Fortune, en sa course, accomplit
toutes ces révolutions dans l'espace d'un an.

XIV. Nos voyageurs allèrent ensuite à Catane, près de
laquelle est le mont Etna. D'après les traditions du pays,
c'est-la que Typhée est enchaîné, et c'est lui qui vomit le
feu dont l'Etna est embrasé Mais ils se firent de ce phénomène une idée plus vraisemblable et plus digne de philosophes. Apollonius leur fraya le chemin par quelques
questions qu'il leur adressa. « Vous connaissez ce qu'on
« appelle les fables ? — Oui, répondit Ménippe, les poëtes
« en parlent assez. — Et que pensez-vous d'Ésope ? — C'est

« un conteur de fables et de contes. — Parmi les fables,
« quelles sont les plus savantes ?—Celles des poëtes, parce
« qu'elles sont vraisemblables. — Et qu'est-ce que les fables
« d'Ésope ? — Ce ne sont que grenouilles, ânes, et baga-
« telles de ce genre, véritable pâture de vieilles femmes et
« d'enfants. — Eh bien ! selon moi, ce sont les fables
« d'Ésope qui sont le plus propres à la science. En effet,
« celles qui parlent des héros (et toute la poésie en est
« pleine), corrompent ceux qui les écoutent : les poëtes ne
« parlent que d'amours criminels et incestueux, de blas-
« phèmes contre les Dieux, d'enfants dévorés, de perfidies
« et de querelles coupables. Et de plus, la vraisemblance
« même que recherchent les poëtes est, pour les hommes
« passionnés, envieux, avares ou ambitieux, une excitation à
« faire ce que les fables rapportent. Ésope était trop sage pour
« aller se joindre à la foule de ceux qui chantent ces sortes
« de fictions; il a mieux aimé se frayer un chemin particulier;
« puis, comme les cuisiniers qui savent faire d'excellents repas
« avec les mets les plus simples, il fait sortir des plus petits
« objets les plus grands enseignements, il ajoute à ses récits
« une moralité, et ainsi atteint la vérité bien plutôt que les
« poëtes. Les poëtes, en effet, torturent leurs récits pour
« les rendre vraisemblables : Ésope, au contraire, annonce
« un récit que tout le monde sait imaginaire, et qui est vrai,
« sans chercher à le paraître. Quand le poëte a fait sa nar-
« ration, il laisse l'auditeur sensé examiner si elle est vraie
« ou fausse; mais le fabuliste qui, comme Ésope, conte une
« fable et en tire un précepte de morale, montre qu'il se
« sert de la fiction pour l'utilité même de ses auditeurs. Ce
« qu'il a de plus charmant, c'est qu'il donne de l'agrément
« même aux bêtes et les rend dignes de l'attention des
« hommes : comme dès l'enfance nous avons été entretenus
« de ces fables, comme elles ont été nos institutrices, nous

« nous formons certaines idées sur le caractère de chacun
« des animaux   les uns nous semblent des esprits de rois,
« d'autres des intelligences vulgaires ; à d'autres, nous
« attribuons de l'esprit ou de la candeur. Enfin, le poète
« nous dit « Les destins sont changeants, » ou quelque
« chanson de ce genre, et puis il nous laisse là. Ésope, lui,
« ajoute, pour ainsi dire, un oracle à sa fable, et ne prend
« congé de ses auditeurs qu'après les avoir conduits où il a
« voulu.

XV. « Lorsque j'étais petit enfant, Ménippe, ma mère
« m'a appris sur la science d'Ésope une fable que je veux
« vous conter à mon tour. Ésope était berger, il faisait
« paître son troupeau près d'un temple de Mercure Comme
« il aimait la science il la demanda au Dieu. Beaucoup
« d'autres étaient venus faire la même demande à Mercure,
« déposant sur son autel soit de l'or, soit de l'argent, soit
« un caducée d'ivoire, soit quelque autre riche présent.
« Ésope n'était pas d'une condition à faire de telles of-
« frandes, mais il était économe même de ce qu'il avait
« il se bornait à verser en libation tout le lait d'une chèvre,
« a porter au Dieu autant de miel qu'en pouvait tenir sa
« main, ou encore à lui offrir quelques grains de myrte,
« quelques roses ou quelques violettes.—«Est-il nécessaire,
« ô Mercure, disait-il, que je néglige mon troupeau pour
« te tresser des couronnes?» Le jour fixé pour le partage de
« la science arriva. Mercure, comme le dieu de l'éloquence
« et du gain, dit a celui qui lui avait apporté les plus riches
« offrandes —«Je te ferai part de ma science. Prends place
« parmi les orateurs » Puis se tournant vers ceux qui étaient
« au second rang par leurs dons : — « Toi, tu seras astro-
« nome , toi, musicien; toi, poète héroïque, toi, poète
« iambique » Le Dieu, malgré son habileté, distribua par
« mégarde toutes les sciences, et dans cette distribution il

« oublia Ésope. En ce moment, il lui revint à la mémoire
« que les Heures qui l'avaient nourri sur le sommet de
« l'Olympe, comme il était au berceau, lui avaient conté
« une fable sur l'homme et le bœuf, où le bœuf disait
« toute sorte de choses sur lui-même et sur la terre, et que
« cela lui avait fait désirer les bœufs d'Apollon. Alors il fit
« don à Ésope de l'art des fables, le seul qui restât en sa
« possession. — « Reçois, lui dit-il, la première chose que
« j'aie apprise. » C'est ainsi qu'Ésope fut doté de sa facilité
« pour varier les formes de son art, et qu'il excella dans la
« composition des fables.

.XVI. « Mais je ne sais à quoi je pense. Je voulais vous
« amener à une explication plus conforme à la vérité des
« choses que les contes du vulgaire au sujet de l'Etna, et
« voici que je me suis laissé entraîner à un éloge des fables
« d'Ésope. Après tout, cette digression a son prix, car
« la fable que je réfute n'est pas une de celles d'Ésope,
« mais une de celles qui retentissent sur le théâtre, et qui
« sont sans cesse répétées par les poëtes. A les entendre,
« sous cette montagne gémit enchaîné quelque géant, Ty-
« phée ou Encelade, qui, dans sa longue agonie, vomit tout
« ce feu. J'accorde qu'il a existé des géants; car, en divers
« endroits, des tombeaux entr'ouverts nous ont fait voir
« des ossements qui indiquent des hommes d'une taille ex-
« traordinaire; mais je ne saurais admettre qu'ils soient
« entrés en lutte avec les Dieux : tout au plus peut-être
« ont-ils outragé leurs temples et leurs statues. Mais qu'ils
« aient escaladé le ciel et en aient chassé les Dieux, il est
« insensé de le dire, il est insensé d'y croire. Une autre
« fable, qui paraît moins irrévérente envers les Dieux,
« et dont cependant nous ne devons pas faire plus de
« cas, c'est que Vulcain travaille à la forge dans les pro-
« fondeurs de l'Etna, et qu'il y fait sans cesse retentir l'en-

« clume. Il y a, sur différents points de la terre, d'autres
« volcans, et l'on ne s'avise guère de dire qu'il y ait autant
« de Géants et de Vulcains.

XVII. « D'où viennent donc les feux qui sortent de
« ces montagnes ? La terre, mêlée de bitume et de soufre,
« fume naturellement, mais sans flamme. Que si elle est
« pleine de cavités, si l'air pénètre à l'intérieur de ces ca-
« vités, elle élève comme une torche enflammée. Puis la
« flamme, comme un torrent grossi, se précipite des mon-
« tagnes, se répand dans la plaine et va se jeter dans la
« mer en ruisseaux de feu. Vous savez qu'il y a là un
« champ, appelé le *champ des enfants pieux*, lequel fut
« respecté par la lave qui coula tout autour [1]. C'est
« une preuve que pour les hommes pieux la terre en-
« tière est une demeure sûre, et que la mer ne leur
« offre aucun danger, soit qu'ils y naviguent, soit qu'ils y
« nagent. » C'est ainsi qu'Apollonius terminait ses entretiens par quelque leçon morale.

XVIII. Après être resté en Sicile autant de temps qu'il
trouva de quoi s'instruire, il s'embarqua pour la Grèce au
temps où se lève l'Arcture [2]. Après une heureuse traversée,
il prit terre à Leucade. Là il dit : « Changeons de navire :
« il ne nous serait pas bon d'aller en Achaïe avec celui-ci. »
Ceux-là seuls firent attention à cette parole, qui connaissaient Apollonius. Il partit sur un vaisseau leucadien avec
ceux qui désirèrent l'accompagner dans sa navigation, et
aborda au cap Léchée ; le vaisseau syracusain qu'il avait
quitté périt en entrant dans le golfe de Crissa.

1. Allusion à une légende qu'on trouve rapportée dans plusieurs auteurs anciens (Strabon, livre VI; Solin, *Polyhistor*, ch. XI; Valère
Maxime, V, 4, 4, etc.). Il s'agit de deux frères qui, dans une éruption
de l'Etna, auraient emporté leurs parents à travers des ruisseaux de
lave, et les auraient sauvés.
2. Vers le milieu du mois de septembre.

XIX. Il fut initié à Athènes par l'hiérophante qu'il avait prédit au prédécesseur de celui-ci. Là il trouva le philosophe Démétrius, qui s'y était établi après ce qu'il avait dit des Thermes de Néron, et dont l'âme était toujours si ferme qu'il ne quitta pas la Grèce, même pendant le temps des folies de Néron aux jeux de Delphes et d'Olympie. Démétrius disait avoir vu Musonius enchaîné et confondu avec les ouvriers qui travaillaient au percement de l'isthme : il s'en était indigné, comme c'était naturel; mais Musonius, saisissant sa pioche, l'avait vigoureusement enfoncée en terre; puis, levant les yeux vers Démétrius, il lui avait dit : « Vous êtes affligé de me voir travailler au percement de « l'isthme; aimeriez-vous mieux me voir jouer de la cithare, « comme Néron? » Je pourrais rapporter beaucoup d'autres détails, et de plus remarquables, sur Musonius. Mais je m'arrête, pour ne point paraître enhardi par la négligence avec laquelle on a parlé de Musonius [1].

XX. Apollonius passa l'hiver à visiter tous les temples de la Grèce. Au printemps, il se prépara à faire un voyage en Égypte. Après avoir adressé aux villes des reproches, des conseils, ou des éloges (car il ne s'abstenait pas de louer quand il voyait quelque chose de bien), il descendit au Pirée. Il y avait dans ce port un navire dont les voiles étaient déjà déployées, et qui allait partir pour l'Ionie. Mais le maître de ce vaisseau n'y voulait recevoir personne, disant qu'il l'avait équipé à ses frais et pour son compte. « Quelle est votre cargaison? demanda Apollonius. — Ce « sont des statues de Dieux, que je porte en Ionie : les unes « sont de marbre et d'or, les autres d'or et d'ivoire. — Est-« ce pour les consacrer vous-même? — Non, mais pour les « vendre à qui voudra les consacrer. — Avez-vous peur,

____

1. Allusion à quelque récente biographie de Musonius, que Philostrate jugeait peu instructive.

« mon ami, que nous ne volions vos statues? —Ce n'est pas
« cela que je crains, mais j'ai peur de prendre des passagers
« qui les souillent par des conversations et par des mœurs
« comme sont en général celles des gens de mer. — Mais,
« mon ami, vous êtes Athénien, je crois · eh bien! les na-
« vires, dont vous vous êtes servi contre les Barbares, et
« qui étaient remplis de marins licencieux, les Dieux y sont
« montés avec vous, sans crainte d'être souillés par votre
« compagnie, et vous êtes assez malavisé pour repousser de
« votre navire des philosophes, les meilleurs amis des
« Dieux, vous qui trafiquez avec les statues des Dieux! ce ne
« sont pas les traditions de la statuaire antique. Autrefois
« les sculpteurs ne colportaient pas les Dieux de ville en
« ville pour les vendre, ils ne voyageaient qu'avec leurs
« mains et les outils nécessaires pour tailler le marbre ou
« l'ivoire : la matière informe leur était fournie dans les
« temples, et c'est dans les temples qu'ils travaillaient.
« Mais vous, vous portez les Dieux dans les ports et
« sur les marchés, comme vous feriez (le dirai-je?)
« pour des esclaves d'Hyrcanie ou de Scythie; et vous
« ne croyez pas commettre une impiété ! Je vois quel-
« ques bateleurs plaisants porter des statues de Cérès
« ou de Bacchus, et dire qu'ils sont nourris par les Dieux
« qu'ils portent : mais se nourrir des Dieux eux-mêmes, et
« cela sans se rassasier jamais, quel honteux commerce,
« ou plutôt quelle folie, si vous vous y livrez avec sécurité! »
Apres cette réprimande, Apollonius monta sur un autre
vaisseau.

XXI. Arrivé a Chio, il ne mit même pas pied à terre, mais
sauta dans un vaisseau voisin, qui s'annonçait comme allant
partir pour Rhodes. Ses compagnons firent comme lui, sans
dire un mot; car leur première étude était d'agir et de parler comme lui. Un vent favorable amena bientôt Apollonius

à Rhodes, et voici les conversations qu'il y tint. Comme il
était allé voir le colosse, Damis lui demanda s'il connaissait
quelque chose de plus grand que cette statue. « Oui, dit
« Apollonius, c'est un homme qui est philosophe sainement
« et de bonne foi. » Il y avait alors à Rhodes un musicien,
nommé Canus, qui passait pour le plus habile joueur de
flûte qui existât. Apollonius le fit venir et lui dit : « Quel
« est le triomphe du joueur de flûte? — De faire tout ce
« que désire celui qui l'écoute. — Mais, parmi ceux qui
« l'écoutent, beaucoup aimeraient mieux être riches que
« d'entendre jouer de la flûte. Donnez-vous donc la richesse
« à ceux que vous voyez la désirer? — Nullement, quelque
« désir que j'en aie. — Et donnez-vous la beauté aux jeunes
« gens de votre auditoire? Car tous les jeunes gens vou-
« draient être beaux. — Pas davantage, quoiqu'un charme
« infini soit attaché à ma flûte. — Qu'est-ce donc que de-
« mandent, selon vous, vos auditeurs? — Ce qu'ils deman-
« dent? L'affligé veut que ma flûte endorme son chagrin;
« l'heureux, que j'ajoute à sa joie; l'amoureux, que j'é-
« chauffe sa passion; l'homme religieux, que j'augmente
« son ardeur pieuse, et que je le dispose à chanter les hym-
« nes aux Dieux. — D'où vient cet effet? Est-ce de ce que
« la flûte est composée d'or, d'orichalque, d'os de cerf ou
« d'âne? Ou bien cette puissance vient-elle d'une autre
« cause? — La cause est autre, Apollonius. La musique,
« la modulation, le mélange et la variété des sons, le ca-
« ractère particulier des harmonies, voilà ce qui a de l'ac-
« tion sur les auditeurs et ce qui les rend tels qu'ils désirent
« être. — Je comprends les effets que peut produire votre
« art : ce qui fait votre étude, ce que vous communiquez à
« vos élèves, c'est d'obtenir sur votre instrument la plus
« grande variété et la plus grande souplesse de sons. Mais
« il me semble que vous n'avez pas tout dit, et que la flûte

« a besoin de quelques autres conditions : il faut que le
« souffle soit bon, que la bouche s'applique convenablement
« à la flûte, et que celui qui en joue ait une certaine adresse
« de main. Le souffle est bon, lorsqu'il est net et clair et
« qu'il ne fait aucun bruit en sortant du gosier; car le
« bruit qui vient de là est fort désagréable. La bouche s'ap-
« plique convenablement à la flûte, lorsque les lèvres en
« embrassent bien le bout, sans que le visage se gonfle.
« Enfin il ne faut pas dédaigner l'adresse de main : le joueur
« de flûte ne doit pas courber le poignet, de manière à ce
« qu'il refuse son office, et il ne faut pas que ses doigts
« soient lents à voler sur les trous, ceux-là seuls qui ont
« la main agile peuvent passer vite d'un mode à un autre
« Si vous réunissez toutes ces conditions, Canus, vous pou-
« vez jouer hardiment; vous aurez Euterpe avec vous. »

XXII. Il y avait à Rhodes un jeune homme nouvellement enrichi et sans instruction qui faisait bâtir une maison, et pour l'orner rassemblait des tableaux et des statues
de tous les pays Apollonius lui demanda combien avait
coûté son instruction. — « Pas même une drachme, répon-
« dit le jeune homme. — Et combien vous coûte votre
« maison? — Dix talents, et elle m'en coûtera peut-être
« encore tout autant. — Que ferez-vous d'une telle de-
« meure? — Ce sera une habitation splendide; elle contient
« des promenades et des bosquets, de sorte que j'aurai ra-
« rement besoin de sortir, et ceux qui viendront me voir
« auront les yeux charmés comme s'ils allaient dans un
« temple. — Croyez-vous que les hommes soient estimables
« par eux-mêmes ou par ce qui les entoure? — Par leur
« richesse, car rien n'est aussi puissant que la richesse. —
« Qui est-ce qui gardera le mieux ses richesses, l'homme
« instruit ou l'ignorant? » Le jeune homme garda le silence.
Apollonius reprit « Il me semble que ce n'est pas vous qui

« possédez votre maison, mais que c'est votre maison qui
« vous possède. Pour moi, j'aimerais bien mieux aller dans
« un petit temple et y admirer une statue d'or et d'ivoire,
« que d'entrer dans un temple immense et de n'y trouver
« qu'une misérable statue d'argile. »

XXIII. Apollonius vit un autre jeune homme d'un fort
embonpoint, et qui se vantait de manger et de boire plus
que personne. « C'est vous, lui dit-il, qui soignez si bien
« votre ventre ? — C'est moi-même ; je fais des sacrifices
« pour lui. — Que vous revient-il de tant manger ? — Je
« fais l'étonnement de tout le monde et j'attire sur moi tous
« les regards : ne savez-vous pas que les grands repas d'Her-
« cule ont été chantés à l'égal de ses travaux ? — Oui, mais
« c'était Hercule. Et vous, malheureux, quel est votre mé-
« rite ? Toute votre gloire est de vous emplir jusqu'à
« crever. »

XXIV. Nous avons dit ce que raconte Damis sur le séjour
d'Apollonius à Rhodes, disons ce qui se rapporte à son
séjour à Alexandrie, où il débarqua ensuite. Avant même
qu'Apollonius ne fût venu dans leur ville, les habitants
d'Alexandrie l'aimaient et le désiraient, comme un ami désire un ami. Ceux de la haute Égypte, fort adonnés à la
science des choses divines, faisaient des vœux pour qu'il
les vînt visiter. Comme il y avait de fréquents rapports
entre la Grèce et l'Égypte, Apollonius était fort célèbre dans
ce pays, et les oreilles des Égyptiens se dressaient au seul
nom d'Apollonius. Quand il fut débarqué et qu'il eut pris
le chemin de la ville, tous fixaient sur lui leurs regards,
comme sur un Dieu, et dans les passages étroits, tous lui
cédaient le pas, comme à un prêtre portant des objets sacrés. Comme il s'avançait avec un cortège plus considérable
que celui des chefs du pays, il rencontra douze brigands
que l'on menait à la mort. Apollonius les regarda, et dit :

« Tous ne sont pas coupables. En voici un qui s'est faus-
« sement accusé[1]. » Puis, se tournant vers les bourreaux
qui conduisaient ces hommes : « Ralentissez un peu votre
« marche, leur dit-il, allez lentement au lieu du supplice,
« et ne mettez cet homme à mort qu'après les autres, car
« il n'est pas coupable. Vous feriez bien de donner quelques
« heures de grâce à ces misérables, et même vous feriez
« encore mieux de leur laisser la vie. » Et il traînait son
allocution en longueur, contre son habitude, qui était d'être
bref. La raison de cette conduite fut bientôt connue ; car, à
peine huit têtes étaient-elles tombées, qu'un cavalier vint
à toute bride au lieu du supplice, et cria : « Ne touchez pas
« à Phanion. » Puis il expliqua qu'il n'était pas coupable
de brigandage, mais qu'il s'était accusé pour éviter la torture, et que les tourments avaient fait avouer aux autres
son innocence. Il n'est pas besoin de dire les trépignements
d'enthousiasme et les applaudissements que ce fait excita
chez les Égyptiens, déjà pleins d'admiration pour Apollonius.

XXV. Apollonius entra dans le temple. Là tout ce qu'il
vit, tout ce qu'il entendit lui parut divin et conforme à la
sagesse ; il n'y eut que les sacrifices de taureaux et d'oies
qu'il désapprouva, comme indignes des festins des Dieux. Le
prêtre lui demanda par quelles raisons il ne faisait pas de
ces sacrifices : « Dites-moi plutôt, répondit Apollonius, pour-
« quoi vous-mêmes vous en faites de semblables. — Et quel
« est le Sage assez sûr de lui pour blâmer ce que font les
« Égyptiens ? — Le premier venu, pourvu qu'il vienne de
« chez les Indiens. Je brûlerai aujourd'hui un bœuf, veuil-
« lez en partager avec nous le parfum : vous ne vous plain-
« drez pas de votre part, car les Dieux n'en auront pas

1. Voyez les *Éclaircissements historiques et critiques.*

« d'autre. » Apollonius fit brûler le simulacre d'un bœuf.
Pendant qu'il se consumait « Voyez le sacrifice, dit-il au
« prêtre.— Quel sacrifice? Je ne vois rien ici.— Quoi, mon
« ami, les Iamides, les Telliades, les Clytiades et la race
« prophétique des Mélampodides n'ont donc débité que des
« sottises, lorsqu'ils ont tant parlé du feu et en ont tiré tant
« d'oracles ! Ou bien, si vous croyez que la flamme d'une
« torche de pin ou de cèdre peut prédire l'avenir, et qu'elle
« a une vertu prophétique, ne pensez-vous pas que le feu
« qui sort de ces larmes si grasses et si pures est bien pre-
« férable ? Si vous possédiez bien la science du feu, vous
« liriez beaucoup de signes dans le disque du soleil levant. »
C'est ainsi qu'Apollonius fit honte au prêtre de son ignorance des choses divines.

XXVI Les habitants d'Alexandrie aimaient beaucoup les
chevaux, et toute la ville se portait à l'hippodrome pour
voir les courses. Ce spectacle donnait lieu a des rixes qui
devenaient quelquefois mortelles Apollonius blâma de telles
mœurs. Il alla au temple, et là s'adressant à la foule .
« Jusques a quand, s'écria-t-il, vous verrai-je affronter la
« mort, non pour défendre vos enfants et vos autels, mais
« pour profaner vos temples, en y entrant souillés de sang
« et de poussière, et pour venir expirer dans leur enceinte ?
« Troie a été perdue, dit-on, par un seul cheval, fabriqué
« par les Grecs; mais contre vous sont équipées des cen-
« taines de chars, qui vous rendent très-difficiles à conduire,
« et ce qui vous perd, ce ne sont pas les Atrides ou les
« Eacides, c'est vous-mêmes, ce qui n'est pas arrivé aux
« Troyens même dans leur ivresse. A Olympie, où il y a
« des concours de lutte et de pancrace, personne n'est mort
« pour des athlètes; et cependant là il y aurait une sorte
« d'excuse : on ne ferait que dépasser les bornes en imitant
« ce qu'on a vu. Mais ici, que vois-je? A propos de chevaux,

« des épées nues sans cesse hors du fourreau, et des pierres
« toutes prêtes à être lancées par des bras forcenés. Puisse
« le feu détruire une ville où l'on n'entend que les cris
« plaintifs ou furieux

> « Des meurtriers et des victimes, où des ruisseaux de sang
> « inondent le sol [1]. »

« Respectez donc le Nil, cette coupe où s'abreuve toute
« l'Égypte. Mais que vais-je parler du Nil à des hommes
« plus habitués à mesurer les inondations de sang que celles
« du fleuve? » Il ajouta plusieurs invectives, que rapportent les Mémoires de Damis

XXVII. Vespasien, qui aspirait à l'empire, se trouvait
alors dans le voisinage de l'Égypte. Il se dirigea vers ce
pays [2]. Les Dion et les Euphrate, dont il sera parlé un peu
plus loin, engageaient tous les habitants a se réjouir. En
effet, depuis le premier empereur, qui avait réglé les affaires
de Rome, des tyrannies violentes avaient sévi pendant cinquante ans, et le règne de Claude lui-même, qui occupa un
intervalle de treize ans, n'avait pu compter pour un bon
règne Cependant cet empereur était arrivé au pouvoir à
cinquante ans, c'est-à-dire à l'âge où d'ordinaire l'homme
est dans toute la force de son intelligence, et il paraissait
aimer tous les genres d'instruction ; mais ce vieillard avait
fait plusieurs actes de jeune homme, il avait laissé l'empire en proie a des femmes, et était mort par leurs mains
honteusement en effet, quoiqu'il prévit bien ce qui devait
lui arriver, il n'avait pas même pris les précautions nécessaires ! Apollonius se réjouissait, autant que Dion et Euphrate, de l'arrivée de Vespasien, mais il n'en faisait pas

---

1. Apollonius cite ici un vers d'Homère (*Iliade*, VI, v. 450).
2. Voyez les *Éclaircissements historiques et critiques*.

l'objet de discours publics, jugeant que de tels discours con-
venaient moins a un philosophe qu'a des rhéteurs. Lorsque
l'empereur entra dans la ville, les prêtres allèrent à sa rencontre, ainsi que les principales autorités de l'Égypte, les
chefs des Nomes, les philosophes et tous les savants. Apollonius, sans s'inquiéter de ces cérémonies, resta dans le
temple a philosopher. L'empereur dit quelques mots pleins
-de noblesse et de douceur aux députations, puis demanda
si le Tyanéen n'était pas en Égypte. « Il y est, répondit-on,
« et travaille à nous rendre meilleurs. — Comment puis-je
« le voir? J'en ai le plus vif désir. — Vous le trouverez, ré-
« pondit Dion, dans le temple, où il m'a dit se rendre comme
« je venais ici. — Allons, dit l'empereur, adresser des
« prières aux Dieux et voir cet homme vertueux. » C'est de
cette entrevue qu'est venu le bruit que Vespasien, en faisant le siége de Jérusalem, avait songé à s'emparer de l'empire; qu'il avait prié Apollonius de venir lui donner des
conseils à ce sujet, que celui-ci avait refusé de se rendre
dans un pays souillé par les crimes et par les souffrances [1]
de ses habitants; et qu'alors Vespasien, déja maître de l'empire, était venu lui-même en Égypte, pour avoir avec Apollonius l'entretien dont je vais rendre compte.

XXVIII. Dès qu'il eut sacrifié, et sans se donner le temps
de répondre convenablement aux députés des villes, il se
tourna vers Apollonius comme un suppliant, et lui dit :
« Faites-moi empereur. — Je vous ai déjà fait empereur,
« répondit Apollonius Quand je demandais aux Dieux un
« prince juste, vertueux, sage, orné d'une couronne de
« cheveux blancs, un véritable père, c'est vous que je de-

1. Le scholiaste pense qu'il est fait ici allusion aux persécutions contre
le Christ et les apôtres. C'est une hypothèse purement gratuite. Oléarius
fait observer, avec juste raison, qu'il est simplement question des séditions et des guerres intestines des Juifs.

14

« mandais. » Ces mots comblèrent de joie l'empereur, et la
multitude qui était dans le temple les confirma par ses ac-
clamations. « Que pensez-vous, demanda Vespasien, du
« règne de Néron? — Néron savait peut-être bien accor-
« der sa cithare, mais il déshonorait l'empire, tantôt en
« tendant trop, tantôt en relâchant trop les cordes. —
« Vous voulez donc qu'un chef d'État sache observer la
« mesure. — Ce n'est pas moi qui le veux, c'est le Dieu
« qui a mis la justice dans la modération. Du reste, voici
« de bons conseillers, » ajouta Apollonius en montrant
Dion et Euphrate ; ce dernier n'était pas encore devenu
son ennemi Alors, l'empereur, levant les mains au ciel
« ô Jupiter, s'écria-t-il, puisse-t-il se faire que je com-
« mande à des sages et que des sages me commandent ! »
« Puis, se tournant vers les Égyptiens   « Vous pourrez
« puiser à ma libéralité comme vous puisez à votre fleuve.»
A partir de ce moment l'Égypte respira du joug qu'elle
avait porté.

XXIX Lorsque Vespasien sortit du temple, il prit Apollonius par la main et le conduisit au palais. «Peut-être, lui dit-
« il, trouvera-t-on que j'ai fait un trait de jeune homme en
« m'emparant de l'empire à soixante ans : je vais me jus-
« tifier auprès de vous pour que vous puissiez me justifier
« auprès des autres L'amour de l'or, je ne me souviens
« pas qu'il m'ait jamais dominé, même dans ma jeunesse.
« Pour les charges et les dignités de l'empire, je ne me suis
« montré ni indifférent ni empressé, et l'on ne peut me
« taxer, a cet égard, ni de présomption ni d'humilité. Une
« révolution, je n'y ai jamais songé, même sous Néron .
« comme il était arrivé à l'empire, sinon légitimement, du
« moins par la volonté de son prédécesseur, je me suis sou-
« mis à lui par respect pour Claude, qui m'avait fait consul
« et m'avait mis au nombre de ses conseillers. Je jure par

« Pallas que je n'ai pas été une fois témoin des infamies de
« Néron sans verser des larmes, en songeant à quel mons-
« tre Claude avait laissé la meilleure part de son héritage.
« Mais comme je vois que l'empire, même débarrassé de
« Néron, n'en va pas mieux, et que l'autorité suprême est
« avilie au point d'être tombée aux mains d'un Vitellius,
« je n'hésite plus, je me porte prétendant à l'empire, d'a-
« bord parce que je veux que les hommes conçoivent de
« moi une haute estime; ensuite parce que, si je vais avoir
« à combattre, c'est contre un homme qui vit dans la cra-
« pule. Vitellius use pour ses bains plus de parfums que je
« n'use d'eau : il me semble que, s'il est percé d'une épée,
« il sortira de son corps plus de parfums que de sang. Il
« noie sa raison dans le vin dont il se gorge. Il passe son
« temps à jouer, plein d'inquiétude sur sa chance au jeu ;
« et l'empire même, il le livre au caprice d'un coup de dés.
« Il est entouré de courtisanes, ce qui ne l'empêche pas
« d'aimer des femmes mariées; car il dit que le péril ajoute
« un attrait à l'amour. Je ne vous dis rien de ses plaisirs
« infâmes, pour ne pas souiller vos oreilles de telles ordu-
« dures. Non, je ne puis voir d'un œil tranquille les Ro-
« mains commandés par un pareil homme, mais, que les
« Dieux me conduisent, et je me montrerai semblable à
« moi-même. C'est sur vous, Apollonius, que reposent mes
« espérances ; car je sais que presque tous les secrets des
« Dieux vous sont connus. Conseillez-moi. Vous voyez les
« soins qu'exigent la terre et la mer. Si les Dieux sont pour
« moi, je vais poursuivre mon entreprise ; s'ils nous sont
« contraires, à moi et aux Romains, je ne veux pas aller à
« l'encontre de la volonté des Dieux. »

XXX. Vespasien se tut, et Apollonius, se sentant inspiré
d'un transport divin, s'écria : « O Jupiter Capitolin, car
« c'est de vous que dépendent les affaires présentes, con-

« servez-vous pour Vespasien, et conservez Vespasien pour
« vous Car votre temple qui a été incendié hier par des
« mains criminelles, le Destin veut qu'il soit rétabli par cet
« homme. » Comme Vespasien manifestait son étonnement,
Apollonius ajouta : « Un jour viendra où ce que je dis
« apparaîtra, ne m'interrogez pas davantage, et achevez ce
« que vous avez si bien commencé[1]. » Voici ce qui était
arrivé. Le fils de Vespasien, Domitien, en était venu aux
mains avec Vitellius pour soutenir les prétentions de son
père. Vitellius avait été assiégé dans le Capitole, d'où il
avait pu s'échapper, mais le temple avait été brûlé, et
Apollonius l'avait su bien plus vite que si cet événement
se fût passé en Égypte. Après cet entretien, Apollonius prit
congé de l'empereur, disant que les coutumes indiennes,
qu'il suivait, ne lui permettaient pas de faire a midi autre
chose que ce que font les Indiens eux-mêmes Vespasien se
sentit plein d'une ardeur nouvelle, et, loin de laisser les
affaires lui echapper des mains, il vit dans ce que lui avait
dit Apollonius de nouvelles raisons de les considérer comme
solides et assurées, et d'y porter une main ferme.

XXXI. Le lendemain, a la pointe du jour, Apollonius
vint au palais Il demanda aux gardes ce que faisait l'empereur. Il lui fut répondu qu'il était levé depuis longtemps
et occupé à écrire des lettres Apollonius n'en demanda pas
davantage, il s'en alla en disant à Damis . « Cet homme
« saura commander. » Il retourna au palais quand le soleil
fut levé, et trouva aux portes Dion et Euphrate, qui le
questionnèrent avec empressement sur l'entretien qu'il
avait eu la veille avec l'empereur. Apollonius leur com-
muniqua l'apologie de Vespasien, telle qu'il la tenait de sa
bouche, sans leur dire ce qu'il pensait lui-même. Introduit

1. Voyez les *Éclaircissements historiques et critiques.*

le premier, il dit à l'empereur · « Dion et Euphrate, dont
« la réputation est depuis longtemps parvenue jusqu'a
« vous, sont aux portes de votre palais, et s'intéressent a
« vos affaires. Vous pouvez les faire appeler et les admettre
« à notre entretien : ce sont deux hommes fort savants. —
« Les portes de mon palais, répondit Vespasien, ne sont
« jamais fermées pour les savants, quant à vous, mon
« cœur même, sachez-le bien, vous est ouvert »

XXXII. Dion et Euphrate furent introduits « J'ai pré-
« senté hier, leur dit-il, l'apologie de ma conduite au ver-
« tueux Apollonius. — Il nous l'a communiquée, répondit
« Dion, et elle nous semble excellente. — Aujourd'hui,
« mon cher Dion, nous allons raisonner ensemble sur mon
« entreprise, afin que tout ait un bon succès et tourne au
« plus grand bien des hommes. Voyons d'abord Tibère : il
« changea le pouvoir en une tyrannie cruelle. Après lui,
« Caligula fut en proie a une sorte de fureur bachique, il
« aimait à se vêtir d'une robe lydienne et a triompher
« pour des guerres imaginaires . il troubla tout l'empire
« par un règne qui ne fut qu'une honteuse orgie. En-
« suite vint Claude, tout débonnaire, qui se laissa domi-
« ner par des femmes au point d'oublier le soin de son
« empire, le soin même de sa vie car on dit que sa mort
« fut leur ouvrage Que pourrai-je dire de Néron après les
« paroles si brèves et si expressives d'Apollonius ? Je me
« rappelle ces *cordes trop tendues ou relâchées* qui, disait-il,
« ont fait la honte de Néron et de l'empire. Que dire encore
« des intrigues de Galba, qui fut tué au milieu du Forum
« au moment où il songeait à se faire des enfants plus ou
« moins légitimes d'Othon et de Pison ? Laisser l'empire à
« Vitellius, le plus vicieux de tous, ce serait faire revivre
« Néron. Mes amis, voyant l'empire avili par les tyrans que
« je viens de vous nommer, j'ai voulu prendre conseil de

« vous sur la manière de le relever dans l'estime des hom-
« mes.—Un jour, dit Apollonius, un joueur de flûte des plus
« habiles envoya ses élèves chez les mauvais joueurs de
« flûte, pour leur apprendre comment il ne faut pas jouer;
« vous savez maintenant, Vespasien, comment il ne faut
« pas régner, vos prédécesseurs vous l'ont appris. Réflé-
« chissons maintenant à la manière de bien régner. »

XXXIII. Euphrate était déjà secrètement jaloux d'Apollonius, voyant l'empereur plus empressé auprès de lui que ne
le sont auprès des oracles ceux qui les viennent consulter.
Il ne put alors se contenir, et, élevant la voix plus qu'à
l'ordinaire, il dit · « Il ne faut point flatter les passions, ni
« se laisser follement entraîner avec ceux qui leur lâchent
« la bride ; mais nous devons les contenir si nous voulons
« agir en philosophes Nous devions, avant tout, examiner
« s'il fallait agir or voici que vous nous demandez de vous
« indiquer la manière d'agir, et cela, avant de savoir si
« l'entreprise dont nous allons delibérer est juste. Pour
« moi, j'approuve que Vitellius soit renversé, car je sais
« que c'est un homme souillé de vices et de crimes : mais
« je ne crois pas qu'il convienne à un homme loyal et gé-
« néreux comme vous de chercher a réparer le mal fait par
« Vitellius, et de vous ignorer vous-même Tous les excès
« qu'entraîne la monarchie, je n'ai pas à vous les dire, vous
« même les avez rappelés Mais, sachez-le bien, un jeune
« homme qui s'empare du pouvoir agit suivant son carac-
« tère, car la jeunesse aime le pouvoir, comme le vin,
« comme les femmes, et un jeune homme qui s'est em-
« paré de l'autorité suprème n'est pas toujours mau-
« vais , bien que l'exercice de cette autorité lui donne
« quelquefois l'occasion de paraître cruel et licencieux.
« Quand c'est un vieillard qui s'empare du pouvoir, tout
« d'abord on le blâme d'avoir de semblables désirs : il a

« beau être humain et modéré, ce n'est pas à lui qu'on en
« fait un mérite, c'est à son âge et à son expérience. De
« plus, on dira qu'il avait eu cette ambition de bonne
« heure, dès sa jeunesse, mais sans succès, et ces sortes
« d'insuccès sont attribués en partie à la mauvaise fortune,
« en partie à la timidité. On se dit, ou bien que, peu con-
« fiant en sa fortune, il a renoncé à l'espoir de régner, ou
« bien qu'il a cédé l'empire à un autre, dont il a craint le
« caractère énergique. Pour la mauvaise fortune, je n'en
« parle pas ; quant à la timidité, comment vous justifier d'un
« tel reproche, surtout quand l'homme que vous paraîtriez
« avoir craint, c'est Néron, le plus lâche et le plus indolent
« des hommes ? L'entreprise qu'a tentée Vindex, c'est vous,
« par Hercule, qu'elle réclamait tout le premier. N'aviez-
« vous pas une armée ? Et les forces que vous meniez
« contre les Juifs n'auraient-elles pas été mieux employées
« au châtiment de Néron ? Il y a longtemps que les Juifs
« sont séparés, je ne dis pas de Rome, mais du reste
« du monde : en effet, un peuple qui vit à l'écart des
« autres peuples, qui n'a rien de commun avec les autres,
« ni tables, ni libations, ni prières, ni sacrifices, n'est-il
« pas plus éloigné de nous que les habitants de Suse, ou
« ceux de Bactres, ou même les Indiens ? Aussi, à quoi bon
« châtier, pour s'être séparée de l'empire, une nation qu'il
« eût mieux valu n'y pas faire entrer ? Quant à Néron, il n'est
« pas un homme qui n'eût fait des vœux pour tuer de sa
« propre main un homme en quelque sorte gorgé de sang,
« et qui se plaisait à chanter au milieu des massacres. Pour
« moi, j'avais l'oreille toujours tendue vers les bruits qui
« venaient de vous, et quand un messager nous apprit que
« vous aviez fait périr trente mille Juifs dans une première
« bataille, et cinquante mille dans une seconde, je le pris à
« part et lui demandai en confidence : — Que fait Vespa-

« sien ? Ne médite-t-il pas quelque plus grand projet ? —
« Maintenant, puisque vous vous êtes fait de Vitellius un
« autre Néron, et que vous lui faites la guerre, persistez
« dans votre généreuse entreprise, mais que la fin réponde
« au début ! Vous savez combien la démocratie est chère
« aux Romains, et que c'est sous cette forme de gouver-
« nement qu'ils ont conquis presque tout ce qui leur est
« soumis. Mettez donc fin à la monarchie, en vue de la-
« quelle vous avez cru devoir vous justifier, rendez aux
« Romains le gouvernement populaire, et assurez-vous
« la gloire d'avoir rétabli la liberté »

XXXIV Tandis qu'Euphrate parlait, Apollonius regardait Dion. Celui-ci partageait l'opinion d'Euphrate, et le
faisait paraître par des gestes et par des paroles d'approbation « Dion, dit Apollonius, n'avez-vous rien a ajouter ?
« — Je voudrais, répondit Dion, dire quelques mots, en
« partie pour confirmer, en partie pour combattre ce que
« vient de dire Euphrate Oui, il eût été bien plus impor-
« tant de renverser Néron que de pacifier la Judée . moi-
« même, je vous l'ai déjà dit, mais vous sembliez ne tra-
« vailler qu'à consolider pour toujours son empire · en
« effet, rétablir ses affaires, là où elles étaient troublées,
« n'était-ce pas lui donner de nouvelles forces contre tous
« ceux qu'il opprimait ? J'approuve votre entreprise contre
« Vitellius, mais il est plus grand de ne pas laisser naître
« la tyrannie que de la détruire quand elle est établie.
« J'aime le gouvernement populaire si ce gouvernement
« ne vaut pas l'aristocratie, il est cependant, pour les gens
« de bien, préférable a l'oligarchie et à la tyrannie. Mais je
« crains que les tyrannies qui se sont succédé n'aient cor-
« rompu les Romains, et n'aient rendu difficile un change-
« ment de ce genre. Je crains qu'ils ne puissent ni vivre en
« liberté, ni regarder en face le gouvernement populaire,

« comme les personnes qui, au sortir des ténèbres, sont
« exposées à une lumière vive. Il faut donc, selon moi,
« enlever l'empire à Vitellius, et prendre toutes les mesures
« pour que cette révolution s'accomplisse le plus vite et le
« mieux possible. Préparez-vous comme pour une guerre,
« non qu'il y ait à déclarer la guerre a un tel homme :
« menacez-le seulement du dernier supplice s'il ne se dé-
« met de l'empire. Quand vous serez maître de lui, et vous
« y arriverez sans beaucoup de peine, laissez aux Romains
« le choix de leur gouvernement : s'ils choisissent la dé-
« mocratie, contentez-les, un tel acte sera plus glorieux
« pour vous que plusieurs royaumes, que plusieurs palmes
« olympiques ; votre nom sera partout gravé dans Rome,
« partout vous aurez des statues d'airain, et vous fournirez
« des sujets de discours incomparables . Harmodius et
« Aristogiton ne seront rien auprès de vous. Si les Romains
« acceptent la monarchie, quel autre que vous sera l'élu
« du peuple ? Comment ne vous donnerait-on pas, de pré-
« férence à tout autre, un bien qui aura été votre conquête,
« et que vous aurez volontairement mis en commun ? »

XXXV. Ces paroles furent suivies d'un profond silence.
Le visage de Vespasien trahissait le combat qui se livrait
dans son âme : après avoir agi et parlé en qualité d'empereur, il se voyait ainsi détourné de l'empire. Apollonius
prit enfin la parole : « Vous avez grand tort, selon moi,
« dit-il à Euphrate et à Dion, d'ébranler dans l'esprit de
« l'empereur une résolution déjà prise . de tels discours
« sont des déclamations de jeune homme, et supposent des
« loisirs que les circonstances ne nous donnent pas. Si c'é-
« tait moi qui possédais le pouvoir qui est aux mains de
« Vespasien, et si, consultés par moi sur ce qu'il faudrait
« faire pour le bien des hommes, vous veniez me donner
« le conseil que vous venez de donner, votre discours pour-

« rait avoir de l'effet car les paroles dictées par la philo-
« sophie agissent sur les auditeurs qui sont des philosophes.
« Mais vous parlez à un consulaire, à un homme habitué à
« commander, et qui, s'il vient à quitter le pouvoir, peut
« craindre pour sa vie : pouvez-vous le blâmer s'il ne re-
« pousse pas les dons de la Fortune, s'il les accueille quand
« ils viennent à lui, et cela quand il demande conseil sur
« la manière d'en user avec modération ? Je suppose que
« nous rencontrions un athlète grand, plein d'ardeur,
« le corps assoupli par l'exercice, traversant l'Arcadie
« pour se rendre aux jeux Olympiques, et puis, qu'après
« l'avoir exhorté à bien tenir contre ses adversaires,
« quand il a remporté la victoire, nous lui defendions
« de laisser proclamer son nom par le héraut, d'ac-
« cepter la couronne d'olivier · on dirait que nous sommes
« des insensés, ou que nous nous faisons un jeu des
« fatigues des autres. Eh bien ! songeons à l'homme qui
« est devant nous, à toutes les lances qui l'entourent, à
« toutes les armures qui étincellent autour de lui, à tous
« les cavaliers qui le suivent, et en même temps à sa sa-
« gesse, a sa modération, à son mérite qui le rend digne du
« rang où il aspire, et nous le laisserons s'élancer vers le
« but qu'il s'est assigné, nous ferons retentir à ses oreilles
« des paroles de bon augure, et nous lui ferons des pro-
« messes meilleures que celles que je viens d'entendre. As-
« surément vous n'avez pas réfléchi que Vespasien a deux
« fils, qui tous les deux commandent des armées, et que, s'il
« ne leur donne pas une part de l'empire, il s'en fait deux
« ennemis acharnés. Et que lui reste-t-il, sinon à prendre
« les armes contre sa propre maison ? Au contraire, qu'il
« accepte l'empire, et il sera respecté de ses enfants, ils
« seront son appui comme il sera le leur, et il aura pour
« veiller à sa sûreté, non pas des mercenaires ou des gens

« contraints et affectant un zèle simulé, mais des satellites
« dévoués et affectionnés. Pour moi, tous les gouvernements
« sont indifférents, car je ne relève que de Dieu , mais je
« ne veux pas que le bétail humain périsse, faute d'un bon
« et fidèle pasteur De même, en effet, qu'un homme d'un
« mérite éminent fait que la démocratie devient évidem-
« ment le gouvernement d'un seul, le gouvernement du
« meilleur, de même le gouvernement d'un seul, lorsqu'il
« veille au bien de tous, c'est la vraie démocratie. Mais, objec-
« tera peut-être Euphrate, vous n'avez pas renversé Néron.
« Et vous, Euphrate, l'avez-vous renversé ? Et Dion ? Et moi ?
« Cependant personne ne nous en fait un reproche, personne
« ne nous accuse de lâcheté, parce que, tant de philosophes
« ayant avant nous détruit des tyrannies, nous n'avons
« rien fait en faveur de la liberté Pour ce qui me concerne,
« je me suis un peu mesuré contre Néron · j'ai tenu contre
« lui plusieurs discours hostiles, j'ai réprimandé en face le
« cruel Tigellin, en Occident, j'ai fait cause commune avec
« Vindex, ce qui était élever un mur contre Néron. Cepen-
« dant, je n'ai pas la prétention de dire que ce soit par moi
« que ce tyran a été renversé, et, parce que vous n'avez
« rien fait contre lui, je ne vous ferai pas le reproche d'avoir
« montré moins de courage qu'il ne convient à un philo-
« sophe. Il est bon qu'un philosophe dise franchement ce
« qui lui vient à l'esprit; mais il doit cependant prendre
« garde de rien dire de contraire à la prudence et à la rai-
« son : quand un consulaire songe a renverser un tyran, il
« faut d'abord qu'il médite mûrement, pour pouvoir atta-
« quer sans avoir donné l'éveil ; puis, qu'il ait un prétexte
« honorable, afin de ne point passer pour parjure. En effet,
« quand un homme va prendre les armes contre celui qui
« l'a investi d'un commandement, et auquel il a juré de
« rendre tous les services possibles, soit par l'action, soit

« par la parole, il doit commencer par se justifier devant
« les Dieux, et par leur prouver qu'il n'y a rien que de juste
« dans son parjure ; puis il lui faut beaucoup d'amis, car il
« ne saurait tenter de pareilles entreprises sans être bien
« appuyé et bien défendu , il lui faut beaucoup d'argent,
« pour se concilier les puissants, surtout quand il attaque
« un homme qui dispose de la terre entière. Combien tout
« cela demande de temps et de soins ! Du reste, prenez-le
« comme vous voudrez, car nous n'irons pas examiner ce
« que, selon toute apparence, Vespasien a considéré mûre-
« ment, et ce que la fortune favorise, même sans aucun
« effort de sa part. Mais voici à quoi je vous défie de ré-
« pondre Hier Vespasien fut couronné empereur, devant
« les autels, par les députés des villes de l'Égypte, son règne
« s'annonce avec éclat et avec grandeur, et vous voulez
« qu'il fasse déclarer par la voix d'un héraut que désormais
« il ne sera qu'un simple particulier, et qu'en aspirant à
« l'empire il a fait acte de folie Qu'arrivera-t-il ? De même
« que s'il persiste dans sa résolution, il peut compter sur
« l'élan de ses gardes, dont la fidélité connue l'a engagé
« dans cette entreprise, de même, s'il change d'avis, il aura
« pour ennemis ces hommes auxquels il aura retiré sa con-
« fiance. »

. XXXVI. L'empereur fut heureux d'entendre parler ainsi
Apollonius « Quand vous verriez a nu mon cœur, lui dit-
« il, vous n'expliqueriez pas plus clairement mes intentions.
« Je suivrai donc votre avis ; car tout ce qui sort de votre
« bouche me paraît un oracle des Dieux. Maintenant ensei-
« gnez-moi tout ce que doit faire un bon prince. — Ce que
« vous me demandez ne s'enseigne pas: l'art de régner est
« ce qu'il y a de plus grand sur la terre, et l'on n'en saurait
« donner des leçons Cependant je vais vous dire ce qui ne
« saurait manquer de vous mériter des éloges Considérez

« comme richesses, non l'argent enfoui, et qui ne sert pas
« plus qu'un tas de sable, ni l'argent arrache a des popula-
« tions gémissant sous le poids des tributs, car l'or qui
« vient des larmes est sans éclat et de mauvais aloi Voulez-
« vous être le prince qui fasse le meilleur emploi de ses ri-
« chesses? Secourez les indigents, et laissez les riches jouir
« en paix de leurs biens. Craignez votre pouvoir absolu ,
« c'est le moyen d'en user plus modérément. Gardez-vous de
« couper les épis qui s'élèvent au-dessus des autres, comme
« le conseille fort injustement Aristote [1], ayez plutôt soin
« d'enlever la haine des cœurs, comme on enlève des blés
« les mauvaises herbes; faites-vous craindre des fauteurs
« de troubles, moins en punissant qu'en laissant croire que
« vous allez punir. Prince, obéissez à la loi tout le premier;
« si vous l'observez, vous serez vous-même un législateur
« prudent. Respectez les Dieux plus encore. que par le
« passé; car vous avez reçu beaucoup d'eux, et vous leur
« demandez beaucoup. Faites comme empereur ce qui con-
« vient à votre autorité, comme simple particulier ce qui
« convient à votre personne Quant à la passion du jeu, a
« celle du vin ou des femmes, et du blâme qu'entraînent
« ces passions, je n'ai pas de conseil à vous donner, puis-
« qu'il paraît que même dans votre jeunesse vous vous en
« êtes abstenu. Vous avez, prince, deux fils, qu'on dit
« hommes de bien. Ils doivent vous obéir plus que tous vos
« sujets; car c'est sur vous que retombe l'odieux de leurs
« fautes. Allez jusqu'à les menacer de ne pas leur laisser
« l'empire, s'ils ne restent pas bons et honnêtes l'empire
« ne doit pas être a leurs yeux une part de leur héritage, mais
« une récompense de leur mérite. Les plaisirs qui ont pour
« ainsi dire droit de cité dans Rome, et ils sont nombreux,

1. Voyez les *Éclaircissements historiques et critiques*.

« doivent, selon moi, être contenus avec modération ; il est
« difficile d'exiger du peuple une tempérance absolue, mais
« il faut peu à peu régler les âmes, en les redressant soit
« ouvertement soit en secret. Réprimez l'insolence des af-
« franchis et des esclaves que votre autorité vous donne ;
« habituez-les à être d'autant plus modestes que le maître
« dont ils dépendent est puissant. Je n'ai plus à vous par-
« ler que des gouverneurs de province, non pas de ceux
« que vous choisirez vous-même (car votre choix ne tom-
« bera que sur le mérite), mais de ceux qui devront leurs
« charges au sort [1]. Ceux-là même, il faut qu'ils convien-
« nent, autant que le sort le permet, aux provinces où ils
« doivent être envoyés, que ceux qui parlent grec soient
« envoyés dans les pays grecs, ceux qui parlent latin chez
« les peuples qui parlent la même langue. Je vais vous dire
« ce qui me fait songer à cela. Lorsque j'étais dans le Pélo-
« ponnèse, la Grèce avait pour gouverneur un homme qui
« ne connaissait rien aux choses de la Grèce, et qui ne
« pouvait se faire comprendre des Grecs. De là bien des
« fautes de sa part. Il était presque toujours trompé : ses
« assesseurs, les magistrats qui siégeaient avec lui dans les
« tribunaux, trafiquaient des procès et traitaient le gouver-
« neur comme un esclave. Telles sont, prince, les recom-
« mandations qui se présentent aujourd'hui à mon esprit ;
« s'il m'en vient d'autres, nous aurons un nouvel entretien.
« Pour le moment, vous devez vaquer aux affaires de l'em-
« pire, afin que vos sujets ne vous accusent pas de né-
« gligence »

XXXVII. « J'accède, dit Euphrate, aux résolutions prises.
« Car je sens que je ne gagnerais rien à proposer le con-
« traire. Mais, prince, il me reste un mot à dire. Respectez

1. Sur ces provinces données au sort à des candidats désignés par
le sénat, voyez Dion Cassius, liv. LIII, p. 505.

« et aimez la philosophie conforme à la nature, gardez-vous
« de celle qui prétend communiquer avec les Dieux, sou-
« vent on nous transporte en nous disant sur les choses
« divines bien des mensonges et bien des sottises. » Ce
trait était dirigé contre Apollonius, qui n'y fit pas attention,
et qui, ayant dit à l'empereur tout ce qu'il voulait lui dire,
se retira avec ses disciples. Euphrate se préparait à parler
plus librement contre Apollonius, l'empereur s'en aperçut,
et l'interrompant : « Introduisez, dit-il, ceux qui demandent
« à parler à l'empereur, et que le conseil s'assemble comme
« de coutume. » Euphrate ne vit pas qu'il s'était fait le plus
grand tort auprès de l'empereur, qui le regarda comme
un envieux et un insolent, et qui considéra ce qu'il avait
dit en faveur de la démocratie non comme l'expression de
sa pensée, mais comme un moyen de contredire Apollonius
qui était favorable à la monarchie. Cependant l'empereur ne
l'éloigna pas de lui, et ne lui témoigna même aucun ressentiment. Il regretta que Dion eût soutenu la même opinion qu'Euphrate, cependant, il ne cessa pas de l'aimer,
parce qu'il parlait agréablement, qu'il évitait les disputes,
que tous ses discours répandaient un parfum semblable à
celui qui s'exhale des temples, et qu'il était le plus habile
des improvisateurs. Pour Apollonius, non-seulement l'empereur l'aimait, mais il l'écoutait volontiers parler des
temps anciens, raconter ce qu'il savait de Phraote, décrire
les fleuves et les animaux de l'Inde, et révéler tout ce que
les Dieux lui dévoilaient au sujet de l'empire. Quand Vespasien quitta l'Égypte, après y avoir rétabli et renouvelé
toutes choses, il voulut qu'Apollonius l'accompagnât; mais
Apollonius s'excusa, parce qu'il n'avait pas encore visité
toute l'Égypte et ne s'était pas encore entretenu avec les
Gymnosophistes, lui qui désirait vivement comparer à la
science des Indiens la science égyptienne. « D'ailleurs,

« ajoutait-il, je n'ai pas bu de l'eau du Nil à sa source. »
L'empereur vit qu'il préparait un voyage en Éthiopie, et
lui dit : « Ne vous souviendrez-vous pas de moi ? — Tou-
« jours, prince, tant que vous serez un bon empereur, et
« que vous vous souviendrez de vous-même. »

XXXVIII Peu après Vespasien fit un sacrifice dans le
temple, et déclara en public qu'il voulait faire des présents
à Apollonius. Celui-ci parut accepter l'offre de l'empereur,
et dit · « Prince, combien de grâces puis-je vous demander?
« — Dix maintenant, mais quand je serai arrivé à Rome,
« tout ce que je possède est à vous — Il faut donc que je
« ménage vos richesses, comme si elles étaient à moi; il
« ne faut pas que je les consume maintenant, mais que je
« les réserve bien entières pour plus tard. Mais contentez
« ces hommes, qui paraissent avoir quelque grâce à vous
« demander, » et en parlant ainsi il montrait Euphrate et
ses amis L'empereur les engagea à énoncer sans crainte
leurs désirs « Veuillez, prince, s'écria Dion en rougissant,
« me réconcilier avec mon maître Apollonius, que j'ai osé
« contredire, moi jusqu'alors son disciple soumis. — Je ne
« puis que vous louer, répondit l'empereur; mais la chose
« est faite, je l'ai obtenue hier d'Apollonius Demandez-
« moi donc une grâce — Lasthène d'Apamée, en Bithynie,
« après avoir philosophé avec moi, s'est épris de la chla-
« myde et de la vie militaire; maintenant il voudrait re-
« prendre le manteau du philosophe, et vous prie de lui
« donner son congé Veuillez, prince, agréer sa prière.
« Vous m'obligerez, en me permettant de le conduire dans
« le chemin de la vertu, et lui, en l'autorisant à vivre à sa
« guise. — Dès aujourd'hui il est libre, dit l'empereur, et,
« puisqu'il aime la philosophie et Dion, il aura les avan-
« tages des vétérans. » Vespasien se tourna ensuite vers
Euphrate, qui avait consigné par écrit ce qu'il demandait

Il présenta sa lettre à l'empereur, pour qu'il la lût en son particulier; mais l'empereur, peu désireux de protéger Euphrate contre la critique, lut tout haut sa lettre. Euphrate y demandait des grâces pour lui et pour quelques-uns de ses amis; et ces grâces, c'étaient des dons d'argent ou des faveurs qui devaient rapporter de l'argent. Cela fit rire Apollonius, qui dit à Euphrate « C'était bien la peine de « parler en faveur de la démocratie, pour faire ensuite « toutes ces demandes à un prince ! »

XXXIX. Tels sont les faits qui, à ma connaissance, firent naître l'inimitié d'Apollonius et d'Euphrate. Quand l'empereur eut quitté l'Égypte, ils parlèrent ouvertement l'un contre l'autre, Euphrate avec colère et en disant des injures, Apollonius en philosophe qui a surtout recours aux raisons. Tous les reproches qu'Apollonius faisait à Euphrate, comme à un homme dont la conduite n'était pas celle d'un philosophe, on peut les voir dans les nombreuses lettres d'Apollonius à Euphrate [1]. Mais je ne veux pas insister sur cet homme, mon dessein n'étant pas de dire du mal d'Euphrate, mais de faire connaître à ceux qui l'ignorent la vie d'Apollonius. Quant à ce qu'on rapporte, qu'Euphrate aurait une fois menacé du bâton Apollonius dans une discussion entre eux, mais s'en serait tenu a la menace, généralement on attribue cette retenue à l'autorité d'Apollonius, pour moi j'aime mieux en faire honneur a Euphrate lui-même, qui aura vaincu sa colère au moment où elle semblait avoir triomphé de lui.

XL. Pour ce qui est de Dion, Apollonius trouvait qu'il y avait dans sa philosophie trop de rhétorique, et qu'il cherchait trop à séduire les auditeurs par les agréments de sa parole. Pour lui faire sentir ce défaut, il lui écrivit « Puis-

---

1. Voyez le recueil des *Lettres* d'Apollonius, dont nous donnons la traduction à la suite de sa *Vie*.

« que vous voulez charmer les oreilles, pourquoi ne pas
« vous servir de la lyre ou de la flûte [1] ? » En plusieurs
endroits de ses Lettres à Dion il blâme cette manie de
plaire.

XLI. Après le voyage de Vespasien en Égypte, Apollonius ne le revit plus et n'eut plus d'entretiens avec lui,
bien que l'empereur lui ait écrit plusieurs lettres pour l'inviter à venir à Rome. Je vais dire pourquoi Apollonius ne
se rendit pas à son désir. Néron, dont on n'aurait guère
attendu cet acte de modération, rendit à la Grèce la liberté;
les villes revinrent aux institutions attiques et doriennes,
la concorde donna à toute la Grèce un aspect florissant,
que depuis longtemps elle n'avait pas eu. Vespasien, ayant
visité la Grèce, lui enleva cette liberté, prenant prétexte
de quelques séditions et de quelques fautes qui ne méri-
taient pas un semblable châtiment. Cette mesure parut,
non-seulement à ceux qui en souffraient, mais à Apollonius
lui-même, d'une dureté peu digne d'un chef d'État. Aussi
écrivit-il ces lettres à l'empereur · « Apollonius à l'empe-
« reur Vespasien, salut. On dit que vous avez asservi
« la Grèce. Vous croyez vous être élevé au-dessus de
« Xerxès, vous ne voyez pas que vous êtes tombé au-des-
« sous de Néron. Néron pouvait agir comme vous, mais il
« ne l'a pas voulu. Adieu. — (Au même.) Vous qui hais-
« sez les Grecs au point de les avoir réduits en servitude,
« qu'avez-vous besoin de mes entretiens? Adieu. — (Au
« même.) Néron a rendu la liberté aux Grecs par manière
« de jeu, vous, vous les avez asservis avec connaissance
« de cause. Adieu. » Voilà ce qui indisposa Apollonius
contre Vespasien, mais ayant su depuis qu'il adminis-
trait l'empire avec sagesse, il ne dissimula pas qu'il était

1. Voyez la lettre IXe.

satisfait, et se sentait de la reconnaissance envers l'empereur.

XLII. Voici encore une circonstance du séjour d'Apollonius en Égypte, qui parut merveilleuse. Un homme avait un lion apprivoisé, qu'il menait en laisse comme un chien, et ce lion flattait, non-seulement son maître, mais quiconque s'approchait de lui Il s'en allait ainsi à travers les villes, où son maître vivait d'aumônes, et il était admis même dans les temples, parce qu'il était pur : il ne léchait même pas le sang des victimes, il ne se jetait pas sur leurs chairs écorchées et dépecées, mais il se nourrissait de galettes de miel, de pain, de gàteaux et de viandes cuites il buvait quelquefois du vin, sans que son naturel en fût changé. Un jour qu'il était entré dans le temple d'Alexandrie, il y vit Apollonius assis aussitôt il se coucha à ses pieds, en faisant entendre un murmure caressant, et resta auprès de lui beaucoup plus longtemps qu'auprès des autres. Tout le monde crut qu'il faisait ces caresses pour avoir quelque chose. Mais Apollonius dit aux assistants : « Ce lion me prie de vous nommer l'homme dont l'âme est « passée en lui. C'est ce fameux Amasis, roi d'Égypte dans « le nome de Saïs. » Quand le lion eut entendu ces paroles, il rugit d'une manière touchante et plaintive, et, pliant les genoux, il poussa des gémissements et versa de vraies larmes. Apollonius le caressa et ajouta . « Je suis d'avis « que ce lion soit envoyé à Léontopolis, pour y être gardé « dans le temple. Car il n'est pas convenable qu'un roi, « dont l'âme est passée dans le corps de ce royal animal, « erre ainsi comme les mendiants. » Les prêtres s'assemblèrent, offrirent un sacrifice au roi Amasis, ornèrent l'animal d'un collier et de bandelettes, et le conduisirent solennellement dans l'Egypte intérieure, en jouant de la flûte et en chantant des hymnes et des cantiques.

XLIII. Quand Apollonius connut suffisamment Alexandrie, il partit pour aller dans l'Égypte intérieure et dans l'Éthiopie visiter les Gymnosophistes[1]. Comme il avait reconnu en Ménippe un disciple déjà capable de discuter et qui ne craignait pas de dire librement son avis, il le laissa dans cette ville pour observer Euphrate. D'un autre côté, voyant que Dioscoride n'était pas assez robuste pour supporter les fatigues du voyage, il l'en détourna. Puis il rassembla ses autres disciples, dont le nombre s'était grossi depuis que quelques-uns l'avaient abandonné auprès d'Aricie, et leur annonça ainsi son projet : « Mes amis, leur dit-il, j'ai à « vous faire une allocution comme on en fait aux lutteurs « qui doivent concourir dans les jeux Olympiques. Quand « le temps des jeux est arrivé, les Éléens font faire dans « l'Élide même, des exercices à trente athlètes; et comme, « à l'époque des jeux Pythiques, les Delphiens, et à l'é- « poque des jeux Isthmiques, les Corinthiens rassemblent « les athlètes, et leur disent : « Entrez dans le stade et « faites en sorte d'être vainqueurs ; » de même les Éléens, « lorsqu'on part pour Olympie, disent aux athlètes : — « Si « vous avez travaillé de manière à vous rendre dignes de « venir à Olympie, si la mollesse et la lâcheté vous sont « inconnues, allez sans crainte en avant ; mais si vous « n'êtes pas assez exercés, allez-vous-en où vous voudrez. » Ses disciples comprirent ce qu'il voulait leur dire ; vingt d'entre eux environ restèrent auprès de Ménippe ; les autres, qui étaient, je crois, au nombre de dix, firent des prières aux Dieux, leur offrirent des sacrifices comme on en offre avant un embarquement, puis s'en allèrent directement vers les pyramides. Ils voyageaient à dos de chameau, laissant le Nil à droite. Souvent aussi ils mon-

---

1. Mot grec qui signifie *les Sages qui vivent nus.*

taient en bateau pour connaître tout ce que le fleuve
offrait de remarquable. Leur relation ne passe sous silence
aucune des villes, aucun des temples, aucun des lieux
consacrés de l'Égypte ; partout ils écoutaient et faisaient
entendre des discours sacrés, et le bateau sur lequel était
monté Apollonius ressemblait à une *théorie* [1].

1. On appelle *théorie* une députation envoyée par une ville à quelque
temple ou à quelque sanctuaire célèbre.

LIVRE VI.

VOYAGE EN ÉTHIOPIE. — LES GYMNOSOPHISTES. — RELATIONS AVEC TITUS. SUITE DES VOYAGES D'APOLLONIUS.

I. L'Éthiopie occupe la pointe occidentale de la terre exposée au soleil, comme l'Inde occupe la pointe orientale. Elle est limitrophe de l'Égypte du côté de Méroé, et, se prolongeant au delà de la partie inconnue de la Libye, elle a pour borne la mer que les poëtes appellent Océan, nom qu'ils donnent à la mer qui entoure la terre entière. C'est l'Éthiopie qui donne à l'Égypte le Nil : ce fleuve vient des

Catadupes[1], et apporte de l'Éthiopie tout le limon dont il couvre l'Égypte. Cette contrée n'est pas, pour l'étendue, comparable à l'Inde, pas plus qu'aucune autre des terres que les hommes appellent des continents. Même en ajoutant l'Éthiopie à l'Égypte (le Nil ne les unit-il pas?) ces deux pays, comparés à l'Inde, qui est immense, sont encore loin de l'égaler. En songeant aux particularités de l'Indus et du Nil, on trouve entre ces deux fleuves de grands rapports de ressemblance · ils inondent la terre à l'époque de l'année où la terre a besoin d'eau ; ce sont les seuls fleuves qui nourrissent des crocodiles et des hippopotames, les cérémonies religieuses y sont les mêmes, le Nil est l'objet d'un culte comme l'Indus. Il y a aussi similitude entre les deux terres, témoin les plantes aromatiques qui y croissent, témoin les lions et l'éléphant, qui, dans l'Égypte comme dans l'Inde, subit la captivité et l'esclavage. Ces deux terres nourrissent des bêtes féroces qu'on ne trouve pas ailleurs, des hommes noirs que n'ont pas les autres continents, des pygmées, des cynocéphales et autres monstres. Les griffons de l'Inde et les fourmis de l'Éthiopie, sous des formes différentes, ont, dit-on, le même instinct on prétend qu'ils aiment les terres où il y a de l'or, et que, dans chacune de ces deux terres ils sont préposés à la garde de ce métal. Je n'ajouterai pas d'autres détails . revenons où nous en étions, et suivons notre héros.

II. Quand il fut arrivé aux frontières de l'Égypte et de l'Éthiopie, à l'endroit qu'on nomme Sycaminon, il trouva, au détour de deux routes, de l'or non monnayé, du lin, de l'ivoire, des racines, des parfums et des aromates. Toutes ces choses étaient là sans gardien. Je vais expliquer ce fait qui vient d'un usage conservé jusqu'à nous. Les Éthiopiens tiennent un marché de tous les produits de l'Éthio-

1. Montagnes de la haute Éthiopie. V. plus loin, ch. XXIII-XXVI.

pie : les Égyptiens les emportent, et apportent au même
lieu des objets de même valeur fournis par leur terre
pour échanger ce qu'ils ont contre ce qui leur manque.
Les peuples qui occupent la frontière des deux pays ne
sont pas tout à fait noirs, ils tiennent de la couleur des
Égyptiens et de celle des Éthiopiens, moins noirs que les
Éthiopiens, plus noirs que les Égyptiens. Apollonius ayant
appris la manière de commercer de ces peuples dit : « Nos
« marchands grecs soutiennent qu'ils ne peuvent vivre si
« l'obole n'enfante pas une obole, s'ils ne sont pas maîtres
« de fixer selon leur caprice le prix des marchandises, fai-
« sant un trafic sordide et enfermant avec soin ce qu'ils
« vendent, donnant pour raison ; l'un qu'il a une fille
« à marier, l'autre qu'il a un fils à établir, celui-ci
« qu'il a une somme à compléter, celui-là qu'il bâtit, un
« autre qu'il serait honteux pour lui qu'on pût dire qu'il a
« moins amassé d'argent que son père. Heureux le temps
« où la richesse n'était pas honorée, où l'égalité florissait,

    « Où le noir fer était encore enfoui dans le sol[1], »

« où les hommes vivaient dans la concorde, et où toute la
« terre semblait ne former qu'un seul pays ! »

III. Apollonius parlait ainsi, fidèle à sa coutume de tirer
des circonstances le sujet de ses entretiens. Il se dirigea
d'abord vers le lieu consacré à Memnon. Il avait pour guide
un jeune Égyptien, sur lequel Damis nous donne les détails
suivants. Il se nommait Timasion ; il était à peine sorti de
la première jeunesse, et il avait gardé toute sa beauté. Sa
belle-mère était éprise de lui, et n'ayant pu vaincre sa chasteté, elle avait indisposé contre lui son père, non point par
des artifices semblables à ceux de Phèdre, mais en le repré-

1. Allusion à un passage d'Hésiode (OEuvres et jours, v. 160).

sentant comme un mignon, qui préférait les caresses des
hommes à celles des femmes. Ce jeune homme quitta la
ville de Naucrate, où tout cela s'était passé, et vint s'établir
près de Memphis; il y acheta une misérable embarcation,
et se fit batelier sur le Nil. Comme il descendait le fleuve,
il vit Apollonius qui le remontait avec ses compagnons :
leurs manteaux et les livres qu'ils avaient entre les
mains apprirent à Timasion que ce bateau avait des sages
pour passagers. Il demanda qu'on l'autorisât, comme ami
de la sagesse, à se joindre aux voyageurs. « Ce petit jeune
« homme, dit Apollonius, est chaste, et mérite qu'on lui
« accorde sa demande. » Et tandis que Timasion ramait
pour aborder, il conta à voix basse, aux disciples qui
l'entouraient, l'histoire de sa belle-mère. Quand les bateaux se furent touchés, Timasion passa du sien dans celui
d'Apollonius, donna des instructions à son pilote sur ce
qu'il devait faire de sa cargaison, et salua Apollonius et ses
disciples. Apollonius le fit placer devant lui, et lui dit :
« Jeune Égyptien (car vous paraissez être de ce pays), dites-
« moi ce que vous avez fait de bien ou de mal ; je vous
« pardonnerai vos fautes, par égard pour votre âge, je vous
« louerai de vos bonnes actions, et je vous admettrai à phi-
« losopher avec moi et mes compagnons » Timasion rougit
et se demanda s'il devait parler ou se taire. Apollonius,
voyant son hésitation, renouvela plusieurs fois sa demande,
comme s'il n'avait rien deviné. Timasion, se rassurant,
s'écria : « O Dieux! que dirai-je de moi? Je n'ai pas fait de
« mal, et je ne sais si je dois croire que j'aie fait du bien.
« Car ne pas mal faire, ce n'est pas là un mérite. —Oh! oh!
« jeune homme, dit Apollonius, vous parlez comme si vous
« reveniez de l'Inde; car vous me dites ce que pense le
« divin Iarchas. Mais, d'où viennent ces idées? De qui les
« tenez-vous? On dirait que vous avez eu à vous défendre

« contre une occasion de pécher. » Dès qu'il eut commencé
à raconter la conduite de sa belle-mère envers lui et sa résistance, les disciples d'Apollonius, voyant que leur maître
avait tout deviné par une inspiration divine, poussèrent
des cris d'admiration. « Qu'avez-vous, amis? leur demanda
« Timasion. Ce que j'ai dit n'est pas plus étonnant que ri-
« sible, à ce qu'il me semble. — Notre étonnement vient
« d'une autre cause, que vous ignorez encore. Quant à vous,
« jeune homme, ce que nous admirons en vous, c'est la
« modestie avec laquelle vous croyez n'avoir rien fait qui
« mérite des éloges. — Offrez-vous des sacrifices à Vénus?
« demanda Apollonius. — Oui, certes, répondit-il, et tous
« les jours. Car je crois que cette déesse est partout pré-
« sente dans les choses divines et humaines. » Apollonius,
« charmé, s'écria : « Décernons, mes amis, une couronne à
« ce chaste jeune homme, bien plutôt qu'au fils de Thésée.
« Hippolyte, en effet, méprisait Vénus, et c'est probable-
« ment pour cela qu'il était fort contre la volupté, et que
« l'Amour ne venait pas jouer autour de lui : il était d'un
« caractère trop sauvage et trop rude. Ce jeune homme, au
« contraire, bien qu'il honore Vénus, lui-même nous le dit,
« n'a pas répondu à la passion de la femme qui l'aimait, et
« s'est enfui, craignant la vengeance de la déesse elle-
« même, s'il ne se gardait d'un amour criminel. Détester
« une divinité quelconque, comme Hippolyte détestait Vé-
« nus, ce n'est pas là ce que j'appelle de la sagesse ; il est
« plus sage de respecter tous les Dieux, et surtout à Athè-
« nes, où il y a des autels élevés même aux Dieux incon-
« nus. » Tels sont les discours que Timasion fournit à
Apollonius, qui l'appelait Hippolyte, à cause de la conduite
qu'il avait tenue envers sa belle-mère : il paraissait de plus
avoir pris soin de son corps et avoir pris des mouvements
gracieux dans les exercices de la gymnastique.

IV. Timasion servit de guide à nos voyageurs au lieu
consacré a Memnon. Voici ce que Damis rapporte au sujet
de Memnon[1]. Il était fils de l'Aurore, et mourut non pas à
Troie (il n'y vint même jamais), mais en Éthiopie, où il
régna durant cinq générations Or les Éthiopiens, qui sont
les peuples de la terre chez lesquels la vie est la plus longue, pleurent Memnon comme un jeune homme emporté
à la fleur de son âge. L'endroit où s'élève sa statue ressemble à une vieille agora, comme il en reste dans les ruines
de villes antiques, présentaut des tronçons de colonnes et
de murailles, des siéges, des portes, des hermès, le tout détruit par la main des hommes ou par le temps. La statue de
Memnon est tournée vers l'Orient elle représente un jeune
homme imberbe; elle est en pierre noire. Les deux pieds
sont joints, suivant l'usage des sculpteurs du temps de Dédale; les deux mains sont droites et appuyées sur le siège :
on dirait un homme assis qui va se lever. Ce mouvement,
l'expression des yeux, et ce que l'on dit de sa bouche, qui
semble près d'émettre des sons, tout cela n'est pas ce qui
d'abord frappa le plus nos voyageurs, qui n'en connaissaient pas l'artifice : mais, lorsque le premier rayon éclaira
la statue (ce qui arrive au lever du soleil), ils ne se tinrent
plus d'admiration. Aussitôt, en effet, que le rayon eut atteint
la bouche, Memnon parla, ses yeux devinrent brillants
comme ceux d'un homme exposé au soleil. Nos voyageurs
comprirent alors que Memnon semble se lever devant le
soleil, comme on se lève pour mieux honorer une divinité.
Ils sacrifièrent au Soleil Éthiopien et à Memnon Oriental :
ce sont les noms que leur donnent les prêtres. Ce nom
d'Éthiopien est donné au soleil parce qu'il échauffe et brûle[2];

1. Voyez les *Éclaircissements historiques et critiques.*
2. Il y a ici, sur le mot *éthiopien*, un jeu de mots qui tient au mot
grec αἴθειν, d'où Philostrate fait venir Αἰθίοψ.

celui d'Oriental à Memnon parce qu'il a pour mère l'Aurore, Après cela, nos voyageurs partirent, montés sur des
chameaux, pour les demeures des Gymnosophistes.

V. Ils rencontrèrent un homme habillé à la mode de
Memphis, et qui paraissait marcher au hasard, et non se
diriger droit vers un but. Damis lui demanda qui il était et
pourquoi il errait ainsi. « Questionnez-moi plutôt que lui,
« dit Timasion ; car il rougirait de vous dire le malheur qui
« lui est arrivé. Mais moi, qui le connais et qui le plains,
« je vous dirai toute son histoire. Il a tué involontairement
« un habitant de Memphis, et les citoyens de cette ville
« condamnent quiconque est coupable d'homicide involon-
« taire à s'expatrier. Il doit aller trouver les Gymnoso-
« phistes ; s'il revient purifié, il peut rentrer dans sa patrie
« après s'être présenté au tombeau du mort et y avoir fait
« quelque léger sacrifice. Tant qu'il n'a pas été reçu par les
« Gymnosophistes, il erre dans ces lieux, jusqu'à ce qu'il
« obtienne d'eux qu'ils l'admettent comme un suppliant. —
« Et que pensent de cet homme les Gymnosophistes ? de-
« manda Apollonius. — Je ne sais, répondit Timasion, car
« voici sept mois qu'il est ici en suppliant, et il n'est pas
« encore purifié. — Les Gymnosophistes, reprit Apollonius,
« ne sont pas des sages s'ils ne purifient pas cet homme.
« Ignorent-ils donc que l'homme qu'il a tué, Philisque, des-
« cendait de l'Égyptien Thamus, qui ravagea autrefois le
« pays des Gymnosophistes ? — Que dites-vous ? demanda
« Timasion étonné. — Je dis ce qui est, jeune homme.
« Thamus préparait une révolution à Memphis : les Gymno-
« sophistes, l'ayant convaincu de complot, s'opposèrent à
« ses menées ; trompé dans son ambition, il ravagea toutes
« leurs terres, et, à la tête d'une bande de brigands, s'établit
« aux environs de Memphis. Philisque, que cet homme a
« tué, est, je le sais, le treizième descendant de Thamus,

« et il devait être un objet d'horreur pour ceux dont Tha-
« mus a autrefois dévasté le territoire [1] Cet homme, il
« faudrait le couronner, s'il avait commis le meurtre de
« dessein prémédité, eh bien! parce qu'il a commis un
« meurtre involontaire, qui, après tout, profite aux Gym-
« nosophistes, est-il sage de ne pas le purifier? » Timasion,
étonné de ce qu'il venait d'entendre, s'écria · « Qui donc
« êtes-vous, ô étranger? — Vous le saurez, répondit Apol-
« lonius, chez les Gymnosophistes. Mais comme je ne puis
« sans sacrilége parler à un homme encore souillé de sang,
« dites-lui, jeune homme, d'avoir bon espoir : bientôt il
« sera purifié; qu'il me suive jusqu'a l'endroit où je vais
« m'arrêter. » Quand le suppliant se fut présenté, Apollonius fit sur lui toutes les cérémonies prescrites pour les expiations par Empédocle et Pythagore, puis il lui dit de s'en
aller et de se considérer comme purifié.

VI. Ils quittèrent, au lever du soleil, l'endroit où s'était
arrêté Apollonius, et arrivèrent avant midi au séjour des
Gymnosophistes. La relation de Damis nous apprend qu'ils
habitent sur une colline peu élevée, a peu de distance du
Nil. Ils sont, pour la sagesse, beaucoup plus au-dessous
des Indiens qu'ils ne sont au-dessus des Égyptiens : ils sont
nus, comme les Athéniens qui s'exposent au soleil. Il y a
peu d'arbres dans ce pays : on n'y voit qu'un petit bois où
ils se réunissent pour délibérer sur les affaires publiques.
Ils n'ont pas un sanctuaire unique, comme les Indiens;
mais ils ont plusieurs chapelles dispersées sur la colline,
et fort bien entretenues, au rapport des Égyptiens. Ils honorent surtout le Nil, qu'ils pensent être à la fois terre et
eau. Ils ne sentent le besoin ni de maisons, ni même de
cabanes : ils vivent en plein air et ne connaissent d'autre

1. Voyez les *Éclaircissements historiques et critiques.*

toit que le ciel; mais, pour recevoir les étrangers, ils ont
construit un petit portique, de la même étendue que celui
d'Olympie, où les athlètes viennent attendre le cri du héraut
à midi.

VII. Ici Damis rapporte un acte d'Euphrate, que je ne
veux pas appeler puéril, mais qui trahit une jalousie peu
digne d'un philosophe. Ayant souvent entendu Apollonius
dire qu'il se proposait de comparer la sagesse des Égyptiens
à celle des Indiens, il envoya chez les Gymnosophistes
Thrasybule de Naucratis, pour le calomnier auprès d'eux.
Thrasybule leur dit qu'il venait s'entretenir avec eux, et les
avertit qu'ils seraient visités par Apollonius de Tyane, et
que cette visite ne laisserait pas d'être un danger pour eux.
Il leur représenta Apollonius comme se croyant plus sage
que les Indiens, qu'il exaltait cependant à toute occasion,
et comme ayant préparé contre les Gymnosophistes toute
sorte d'arguments captieux, comme n'accordant aucun pouvoir au soleil, au ciel, ni à la terre, mais arrangeant leurs
mouvements à sa façon et bouleversant tout selon sa fantaisie.

VIII. Après avoir ainsi décrié Apollonius, Thrasybule
repartit. Les Gymnosophistes ajoutèrent foi à ses paroles;
et, sans refuser tout à fait de s'entretenir avec Apollonius,
ils lui firent dire qu'ils avaient de graves affaires qui
les occupaient tout entiers, qu'ils viendraient lui parler
quand ils auraient du loisir, et qu'il leur aurait fait connaître l'objet de sa visite et les questions qu'il voulait leur
poser. Leur messager engagea Apollonius et ses compagnons à s'établir sous le portique. « A quoi bon parler d'un
« endroit couvert? dit Apollonius. Le climat ne permet-il
« pas ici de vivre nu? » C'était une manière de faire sentir
que, si les Gymnosophistes vivaient nus, ce n'était pas par
choix, c'était par nécessité. Il ajouta: « Quant à l'objet de
« ma visite et aux questions que je veux leur poser, je ne

« m'étonne pas qu'ils me le demandent : cependant les Sages
« indiens n'ont pas eu besoin de me le demander. » Puis
Apollonius s'appuya contre un arbre et répondit à toutes
les questions que lui adressèrent ses compagnons

IX. Damis, prenant à part Timasion, lui dit : « Mon ami,
« vous avez été, je crois, avec ces Sages; eh bien! dites-moi
« en quoi consiste leur sagesse. — Elle est, répondit Ti-
« masion, très-étendue et très-élevée. — Cependant, mon
« ami, leur conduite envers nous . n'est pas très-sage. En
« effet, ne pas vouloir parler de sagesse avec un homme
« comme celui-ci, et le prendre de haut avec lui, comment
« appeler cela, sinon un insupportable orgueil? — Je n'ai
« pas encore vu chez eux d'orgueil, et cependant je suis
« venu déjà deux fois les trouver · jusqu'ici je les ai tou-
« jours vus modestes et pleins de bienveillance pour ceux
« qui les visitaient. Ainsi, récemment, il y a cinquante jours
« environ, il se trouvait ici un certain Thrasybule, qui n'est
« cependant pas un philosophe bien illustre : eh bien! cet
« homme s'étant présenté comme un des disciples d'Eu-
« phrate, il fut accueilli par eux avec beaucoup d'empres-
« sement. — Que dites-vous, jeune homme? dit Damis.
« Vous avez vu ici Thrasybule de Naucratis?—Sans doute,
« et même c'est dans ma barque qu'il a redescendu le
« Nil.—J'y suis maintenant, s'écria Damis d'un air indigné;
« je suis sûr qu'il y a là-dessous quelque fourberie.— Hier,
« reprit Timasion, quand j'ai demandé à votre chef qui il
« est, il a jugé convenable de m'en faire un secret; main-
« tenant, à moins qu'il y ait là quelque mystère, dites-le-
« moi : peut-être pourrai-je contribuer à la découverte de
« ce que vous cherchez. — C'est Apollonius de Tyane, dit
« Damis. — Tout est découvert, s'écria Timasion. En effet,
« comme Thrasybule descendait le Nil dans ma barque, je
« lui demandai pourquoi il était venu ici; alors il me dé-

« voila ses mauvais desseins, et me dit qu'il avait rempli
« l'esprit des Gymnosophistes de préventions contre Apol-
« lonius, afin qu'il fût mal reçu à son arrivée. Les motifs
« de haine qu'il a contre lui, je les ignore; mais, avoir re-
« cours à la calomnie contre un ennemi, cela ne me paraît
« digne ni d'un homme ni d'un philosophe. Je veux aller
« trouver les Gymnosophistes (car je suis de leurs amis) et
« m'informer de leurs dispositions. » Timasion revint le
soir; il ne dit rien à Apollonius, si ce n'est qu'il venait de
voir les Gymnosophistes; il dit en particulier à Damis qu'ils
viendraient le lendemain, pleins des préventions que leur
avait inspirées Thrasybule.

X. La soirée se passa en conversations ordinaires, et qui
ne méritent pas d'être rapportées. Ils prirent leur repas et
dormirent au même endroit; au lever du jour, comme Apollonius, après avoir, selon sa coutume, adoré le Soleil, se
livrait à une méditation, il vit accourir vers lui Nil le plus
jeune des Gymnosophistes, qui lui dit : « Nous sommes à
« vous. — Vous faites bien; car, pour venir vous trouver,
« j'ai fait un long voyage depuis la mer jusqu'ici. » En disant ces mots, il suivit Nil, et rencontra les Gymnosophistes
près du portique. Après les saluts donnés et reçus, il leur
demanda où aurait lieu leur entretien. — « Dans ce bois, »
répondit Thespésion. C'était le plus ancien et le chef des
Gymnosophistes, qui le suivaient, comme les Hellanodices [1]
suivent le plus âgé d'entre eux, d'un pas lent et réglé. Ils
s'assirent au hasard (car ici l'ordre cessait); puis, tous por-
tèrent les yeux sur Thespésion, comme sur le dispensateur
de la parole, et il commença ainsi : « Apollonius, vous avez
« vu les jeux Pythiques et les jeux Olympiques, nous le
« savons par Stratoclès de Pharos, qui vous y a rencontré

---

1. C'était le nom des juges des jeux Olympiques.

« et qui nous l'a rapporté ; or, on dit que Delphes reçoit ses
« visiteurs avec un cortége de chanteurs et de joueurs de
« flûte et de cithare, qu'ils leur font fête avec des comédies
« et des tragédies, et qu'à la fin seulement ils leur donnent
« le spectacle des combats gymniques ; on dit, au contraire,
« qu'à Olympie, on rejette comme inutiles et peu conve-
« nables au lieu tous les préambules de ce genre, et que l'on
« n'offre aux spectateurs que les jeux gymniques, confor-
« mément à l'institution d'Hercule. Il en est de même de
« notre sagesse, comparée à celle des Indiens. Comme les
« ordonnateurs des jeux de Delphes, les Indiens cherchent
« à attirer les visiteurs par diverses séductions ; chez nous,
« comme a Olympie, il n'y a que des hommes nus. Ici vous
« ne verrez pas la terre étendre sous nos corps des tapis de
« gazon, vous ne la verrez pas nous verser du lait ou du
« vin, comme aux Bacchantes ; l'air ne nous soutient pas
« élevés au-dessus du sol ; mais nous nous faisons un lit de
« la terre même, et nous vivons sans lui demander autre
« chose que le nécessaire, afin qu'elle nous le donne de bon
« gré et ne souffre de nous aucune violence. Mais, pour
« que vous ne croyiez pas que nous sommes impuissants a
« faire des prodiges, voyez vous-même. Arbre, s'écria-t-il,
« en montrant un orme, le troisième arbre à partir de celui
« sous lequel avait lieu l'entretien, saluez le sage Apollo-
« nius. » L'arbre obéit, et, d'une voix de femme très-dis-
tincte, fit entendre ces mots · « Salut, sage Apollonius »
Thespésion fit ce prodige pour diminuer les Indiens dans
l'esprit d'Apollonius, et pour changer son opinion à l'égard
de ces Sages, dont il allait partout vantant les paroles et les
actes. Il ajouta qu'il suffit au sage d'être pur de toute nourriture qui ait eu vie, des désirs qui s'allument par les yeux,
de l'envie qui est la mère de l'injustice, et qui porte au
crime l'esprit et la main. « Enfin, dit-il, la vérité n'a pas

« besoin de prodiges ni d'opérations magiques. Voyez Apollon
« de Delphes, qui occupe le milieu de la Grèce et rend des
« oracles. Là, vous le savez, quiconque veut avoir une ré-
« ponse du Dieu expose sa demande en peu de mots; Apol-
« lon répond selon sa sagesse, et cela sans prodiges. Rien
« ne lui serait plus facile que d'ébranler tout le Parnasse,
« de changer en vin l'eau de la fontaine Castalie, d'arrêter
« le cours du Céphise; au lieu de faire tout ce fracas, il se
« borne à dire la vérité. Croyons bien que c'est malgré lui
« qu'on lui apporte de l'or et des offrandes magnifiques;
« son temple même ne lui fait pas de plaisir, et ne lui en
« ferait pas, quand il serait deux fois plus vaste qu'il n'est:
« ce Dieu, en effet, habita autrefois une modeste demeure,
« et il construisit une étroite cabane, selon la tradition,
« avec de la cire apportée par des abeilles et des plumes
« apportées pas des oiseaux [1]. La sagesse, la vérité s'ap-
« prennent à l'école de la simplicité: soyez simple, rejetez
« les prestiges des Indiens, vous paraîtrez un sage accompli.
« Pour dire : « Faites ou ne faites pas, je sais ou je ne sais
« pas, c'est ceci ou c'est cela, » qu'y a-t-il besoin de faire
« du tapage, de lancer la foudre, ou plutôt d'être comme
« si on en avait été frappé? Vous connaissez, entre autres
« allégories, celle de Prodicus sur Hercule. Hercule est
« représenté comme un jeune homme; il hésite entre le
« genre de vie qu'il doit embrasser. La Volupté et la Vertu
« s'emparent de lui et s'efforcent de l'attirer chacune de son
« côté. La Volupté est parée de colliers d'or, elle porte une
« robe de pourpre, ses joues sont brillantes, sa chevelure
« est nouée avec art, ses yeux sont entourés de vermillon,
« et, pour compléter la magnificence de sa toilette, elle a
« des chaussures dorées. La Vertu a l'air d'une personne

1. Voyez Pausanias, liv. V, ch. 10.

« fatiguée, son regard a quelque chose de sévère ; elle se
« fait une parure de son extérieur négligé elle marche nu-
« pieds, n'a qu'une robe courte, et n'en aurait pas du tout
« si la pudeur n'interdisait aux femmes la nudité Eh bien !
« Apollonius, supposez que vous êtes vous-même placé en-
« tre la sagesse indienne et la nôtre. L'une vous dit qu'elle
« vous préparera pour votre sommeil un lit de fleurs, qu'elle
« a du lait pour votre soif et du miel pour votre faim,
« qu'elle vous fournira, quand vous voudrez, du nectar et
« des ailes, que pour vos repas elle formera un cercle de
« trépieds et de siéges d'or, que vous n'aurez pas à prendre
« de peine, que toutes ces choses viendront d'elles-mêmes
« vous trouver. L'autre vous dit, au contraire, qu'il convient
« de coucher sur la dure, de vivre nu, comme nous, et au
« milieu des fatigues de ne prendre ni goût ni plaisir à tout
« ce qui n'aura pas été gagné avec peine, d'éviter l'osten-
« tation et le faste, de rejeter loin de vous les visions et les
« songes qui font oublier la terre. Si vous choisissez comme
« Hercule, si votre jugement est bien ferme, si vous ne
« dédaignez ni ne repoussez la simplicité qui est conforme à
« la nature, vous pourrez vous vanter d'avoir dompté plu-
« sieurs lions, d'avoir coupé la tête à plusieurs hydres,
« d'avoir vaincu des Géryons et des Nessus, afin d'avoir ac-
« compli tous les travaux d'Hercule : que si vous préférez
« les artifices des charlatans, vous pourrez flatter les yeux
« et les oreilles, mais vous ne serez pas plus sage qu'un
« autre, et vous serez battu par un Gymnosophiste égyp-
« tien. »

XI. Quand Thespésion eut fini de parler, tous jetèrent
les yeux sur Apollonius, ses compagnons persuadés qu'il
saurait bien répondre, et ceux de Thespésion se demandant
ce qu'il pourrait avoir à dire. Apollonius commença par
louer Thespésion de l'aisance et de l'animation de sa parole,

et lui demanda s'il n'avait rien à ajouter. « Rien, répondit
« Thespésion ; j'ai dit tout ce que j'avais à dire. » Apollonius voulut savoir si quelque autre des Sages avait quelque
chose à ajouter. « Tous ont parlé par ma bouche, » dit
Thespésion. Apollonius, après s'être recueilli un instant,
les yeux en quelque sorte fixés sur ce qu'il avait entendu,
s'exprima ainsi : « Le choix que, selon Prodicus, Hercule fit
« dans sa jeunesse, a été interprété par vous sainement, et
« dans un esprit vraiment philosophique ; mais, sages
« égyptiens, cela ne s'applique pas à moi. Si je viens
« vous visiter, ce n'est pas pour vous demander conseil
« sur le genre de vie que je dois suivre, il y a long-
« temps que mon choix est fait. Je suis plus âgé que
« vous tous, excepté Thespésion, et je serais bien plutôt
« en état de vous donner des conseils à vous-mêmes sur
« le choix à faire entre les sagesses, si vous n'aviez déjà fait
« le vôtre. Cependant, quel que soit mon âge, et quel que soit
« le degré de sagesse où je suis parvenu, je ne craindrai pas
« de discuter avec vous le genre de vie que j'ai embrassé,
« pour vous prouver que j'ai bien fait de le choisir, n'en
« ayant pas encore trouvé de meilleur. J'ai vu dans la phi-
« losophie de Pythagore quelque chose de grand : j'ai vu
« que, par l'effet d'une sagesse mystérieuse, il savait non-
« seulement ce qu'il était, mais ce qu'il avait été, qu'il ne
« s'approchait des autels que dans un état d'entière pureté,
« qu'il ne se souillait jamais par une nourriture qui eût eu
« vie, qu'il éloignait de son corps le contact de toute étoffe
« faite avec la dépouille des bêtes, que le premier des
« hommes il sut enchaîner sa langue et fit une loi du silence,
« que tout le reste de sa philosophie porte le caractère de
« l'utilité pratique et de la vérité, et j'ai embrassé sa doctrine.
« Je n'ai pas choisi entre deux sagesses, comme l'excellent
« Thespésion me le conseille ; mais la Philosophie a mis

« devant mes yeux toutes ses sectes, elle a paré chacune
« d'elles des ornements qui lui sont propres, puis elle
« m'a dit de les regarder et de bien faire mon choix. Toutes
« me parurent belles et d'un extérieur divin, quelques-unes
« même étaient de nature a éblouir les yeux et à frapper
« d'admiration mais je regardais fixement chacune d'elles
« elles-mêmes m'enhardissaient en cherchant à m'attirer a
« elles et en m'annonçant tous les présents qu'elles se propo-
« saient de me faire. L'une me disait que, sans la moindre
« peine, je verrais fondre sur moi tout l'essaim des plaisirs,
« l'autre m'assurait qu'après la peine viendrait pour moi le
« repos, une troisième promettait de mêler des jouissances
« a mes labeurs. Partout brillaient à mes yeux des plaisirs,
« la permission de lâcher les rênes a ma gloutonnerie,
« d'étendre la main vers les richesses, et de ne réprimer en
« rien mes regards, amours, desirs, passions de ce genre,
« tout m'était accordé. Une seule de toutes ces sagesses se
« vantait d'opposer un frein a ces appétits; elle était fière,
« portée à réprimander les vices, et d'une activité toujours
« en éveil, elle avait une beauté ineffable qui avait autrefois
« séduit Pythagore. Elle ne se confondait pas avec la foule
« des autres sagesses, mais elle se tenait à l'écart et silen-
« cieuse. Voyant que je ne m'attachais pas a ses rivales, et que
« cependant je ne la connaissais pas encore elle-même, elle
« me dit « Jeune homme, je suis sans agrément, et je
« n'aime que l'austérité. Quand un homme embrasse mes
« doctrines, il se résigne a retrancher de sa table tout ce
« qui a eu vie, il renonce au vin, il ne s'expose jamais à
« troubler le pur breuvage de la sagesse, qui est le privilége
« des esprits qui s'abstiennent de vin, il ne se plaît pas à
« porter des vêtements faits avec le poil ou la laine des
« animaux; ses chaussures sont faites d'écorce d'arbre, il
« dort comme il se trouve; est-il sensible aux plaisirs

« de l'amour? J'ai des gouffres où la Justice, ministre de
« la Sagesse, l'entraîne et le précipite. Enfin, jugez de
« ma dureté envers ceux qui adoptent mes préceptes : j'en-
« chaîne jusqu'à leur langue. Maintenant, si vous sup-
« portez une telle vie, voulez-vous savoir ce que vous y ga-
« gnerez? Vous y gagnerez d'être tempérant et juste, de ne
« trouver personne digne d'envie, d'être redouté des tyrans
« au lieu de leur être asservi, d'être évidemment plus
« agréable aux Dieux en leur offrant de modiques sacrifices,
« que ceux qui versent à flots en leur honneur le sang des
« taureaux. Comme vous serez pur, je vous donnerai la
« science de l'avenir, j'éclaircirai vos yeux au point que
« vous pourrez reconnaître un Dieu, distinguer un démon,
« et dissiper les fantômes nébuleux qui souvent pren-
« nent la forme humaine. Telle est, sages Égyptiens, la
« vie que j'aie choisie; ce choix, inspiré par Pythagore, je
« m'en applaudis, et jamais je n'ai trahi mes engagements,
« pas plus que je ne me suis vu trahi : car je suis ce qu'un phi-
« losophe doit être, et j'ai tout ce qui m'avait été promis.
« J'ai étudié les origines de la philosophie, j'en ai vu les
« principes, et il m'a semblé qu'elle vient de quelques
« hommes qui ont bien connu les choses divines et qui ont
« exercé leur âme : leur nature immuable et immortelle
« est la source d'où a jailli la philosophie. Je ne crois pas
« qu'il faille faire honneur de cette découverte aux Athé-
« niens , car si Platon a chez eux disserté sur l'âme d'une
« manière divine et tout à fait sage, eux-mêmes ont altéré
« ses doctrines et se sont jetés dans des opinions contraires
« et tout à fait fausses. Je voulais savoir quelle est la ville,
« quelle est la nation, où je ne dis pas celui-ci et celui-là,
« mais une génération tout entière a tenu le même langage·
« sur l'âme. C'est alors que, jeune encore et inexpérimenté,
« je tournai les yeux de votre côté, parce qu'on vous at-

« tribuait des connaissances tout a fait merveilleuses, et
« j'en parlai à mon maître de philosophie Il me retint et me
« dit « Je suppose que vous soyez porté a l'amour et en
« âge d'aimer. vous faites la rencontre d'un bel adolescent,
« et vous vous éprenez de lui ; vous vous informez de ce
« qu'est son père, on vous dit que son père fut chevalier ou
« général, que ses aïeux ont été choréges Allez ensuite lui
« parler de son père comme d'un simple triérarque ou d'un
« simple phylarque[1] ; vous verrez si c'est le moyen de vous
« le concilier, et si au contraire vous ne le choquerez pas
« en lui donnant un nom obscur et étranger plutôt que ce-
« lui de son père. Eh bien ! vous êtes épris d'une sagesse
« qui vient des Indiens, et au lieu de lui donner le nom de
« ses pères naturels, vous lui donnez celui des hommes qui
« l'ont adoptée, et par la vous accordez aux Égyptiens un
« avantage plus considérable que si vous leur rendiez celui
« dont ils se vantent d'avoir joui jadis, d'avoir l'eau du Nil
« mêlée de miel. » Ces paroles me décidèrent à visiter les
« Indiens avant vous. je me disais que de tels hommes de-
« vaient être d'un esprit plus subtil, comme ils vivaient au
« milieu d'une lumière plus pure, et qu'il devait y avoir
« plus de vérité dans leurs doctrines sur la nature et les
« Dieux, comme ils vivaient plus près des Dieux et habi-
« taient non loin des principes de la substance éthérée et
« vivifiante. Lorsque j'eus été en relation avec eux, il m'ar-
« riva, au sujet de leurs promesses, ce qui arriva, dit-on, aux
« Athéniens au sujet de l'art du poète Eschyle. C'était un
« poète tragique, voyant son art encore grossier et sans rè-
« gle, il réduisit le nombre excessif des choristes, il créa le
« dialogue en évitant de laisser trop longtemps la parole a
« un même acteur, il voulut que les meurtres eussent lieu

---

1. Le *triérarque* commandait une galère, le *phylarque* un corps d'in-
fanterie

« derrière la scène, et non sous les yeux du spectateur : un
« poëte qui a tant fait pour son art est certes un homme de
« génie, et il ne faut pas croire qu'un poëte moins habile eût
« eu les mêmes idées. Eschyle, se sentant capable de parler
« la langue de la tragédie, et considérant que cette sorte de
« poëme s'accommode mieux du sublime que du bas et du
« rampant, imagina un appareil qui répondît à l'extérieur
« des héros : il fit chausser aux acteurs le cothurne, pour
« qu'ils eussent leur taille et leur démarche, il leur donna
« le premier des vêtements semblables à ceux qu'avaient dû
« porter les héros et les héroïnes; aussi les Athéniens
« voyaient-ils en lui le père de la tragédie, et, même après
« sa mort, l'appelaient-ils aux concours tragiques des Diony-
« siaques : un décret permettait de remettre sur la scène les
« pièces d'Eschyle, et ainsi se renouvelaient ses triomphes.
« Et cependant le plaisir d'une tragédie bien représentée ne
« subsiste pas longtemps : il ne dure que quelques heures,
« comme les Dionysiaques elles-mêmes. Au contraire la phi-
« losophie, réglée comme elle l'a été par Pythagore, et ins-
« pirée d'un souffle divin, comme déjà elle l'était avant Py-
« thagore, chez les Indiens, procure des jouissances moins
« fugitives, des jouissances infinies en nombre et en durée.
« Il me semble donc que je n'ai pas été déraisonnable de me
« laisser séduire par une philosophie si richement parée,
« que les Indiens, après l'avoir couverte de vêtements ma-
« gnifiques, exposent à tous les regards sur une machine
« haute et divine. Il est temps de vous prouver que j'ai eu
« raison d'admirer les Indiens et de les considérer comme
« des sages et des bienheureux. J'ai vu des hommes qui ha-
« bitent sur la terre et n'y habitent pas, qui ont une citadelle
« sans en avoir, et qui ne possèdent rien que ce que possède
« tout le monde [1]. Si je vous parle par énigmes, la sagesse

1. Voyez plus haut, livre III, ch. 15, page 106.

« de Pythagore m'y autorise : celui qui enseigna la loi du
« silence apprit aussi à parler par enigmes. Vous-mêmes
« vous avez autrefois encouragé Pythagore dans cette phi-
« losophie, alors que vous approuviez la sagesse des Indiens,
« car vous êtes Indiens d'origine : mais rougissant du motif
« pour lequel vous êtes venus ici, par suite de la colère de
« la terre, vous avez voulu passer pour autre chose que pour
« des Éthiopiens venus de l'Inde, et vous avez tout fait pour
« arriver à ce but. Vous avez commencé par rejeter les vê-
« tements indiens, comme si avec l'habillement vous quittiez
« le nom d'Éthiopiens, vous êtes convenus d'honorer les
« Dieux plutôt d'après les rites égyptiens que d'après les vô-
« tres; vous avez mal parlé des Indiens, comme si vous-mêmes
« vous n'étiez pas suspects comme venant du pays dont vous
« critiquiez les Sages. Vous n'avez pas même encore aujour-
« d'hui renoncé a ces critiques, et vous venez de m'en don-
« ner une preuve dans les injures et dans les plaisanteries
« de Thespésion : selon vous, il n'y a rien de bon dans les
« pratiques des Indiens, ce ne sont qu'artifices pour effrayer
« ou séduire soit les yeux soit les oreilles. Vous ne connais-
« sez pas encore ma science, et je vois que vous êtes inca-
« pables de l'apprécier. Je ne veux rien dire pour moi-même :
« puissé-je seulement être tel que les Indiens me croient !
« Mais je ne puis souffrir qu'on les attaque. Pour peu qu'il
« y ait en vous quelque chose du bon sens de Stésichore,
« qui, après avoir composé des vers contre Hélene, en fit
« d'autres qu'il appela sa *Palinodie*, et qu'il commença
« ainsi : «Non, je n'ai pas dit la vérité, » il est temps que
« vous fassiez, vous aussi, une rétractation, et que vous pre-
« niez à leur égard d'autres sentiments. Que si c'est trop
« demander à votre muse qu'une *Palinodie* comme celle de
« Stésichore, au moins épargnez des hommes auxquels les
« Dieux accordent tous les biens qui leur appartiennent, et

« dont les biens ne sont pas dédaignés par les Dieux eux-
« mêmes. Vous avez dit en passant, Thespésion, que la Py-
« thie rend ses oracles simplement et sans aucun appareil,
« et vous avez tiré un argument en votre faveur de ce tem-
« ple qui fut autrefois formé de cire et de plumes. Il me
« semble que cela ne se fit pas sans quelque préparation.
« Ainsi ces paroles :

> « Oiseaux, apportez vos plumes, abeilles, apportez votre
> cire [1], »

« ne sont-elles pas d'un homme qui se prépare une demeure
« et imite la forme d'une maison? Mais le Dieu, jugeant
« cette demeure trop étroite et peu digne de sa sagesse, en
« voulut une autre, puis une autre, et maintenant il veut
« de grands temples, des temples de cent pieds. A la voûte
« de l'un d'eux [2] on dit qu'il a suspendu des bergeronnettes
« d'or qui attirent comme les Sirènes. Pour orner le temple
« de Delphes, il y a entassé les offrandes les plus magnifiques.
« Il n'a même pas dédaigné la sculpture, il a laissé porter
« dans son temple des statues colossales de Dieux, d'hom-
« mes, de chevaux, de taureaux et d'autres animaux, et n'a
« pas dédaigné le plat ciselé que lui apportait Glaucus [3], ni
« la prise de la citadelle de Troie, qu'y a peinte Polygnote [4].
« Ce n'est pas qu'Apollon ait pensé que l'or des rois de
« Lydie [5], par exemple, fût un bien grand sujet d'orgueil
« pour Delphes, mais c'est dans l'intérêt des Grecs qu'il le

---

1. On attribue ce vers à la première prêtresse de Delphes, Phémonoé.
(Oléarius.)

2. A Delphes (Voy. Pausanias, X, ch. 5. — Athénée, VII, 2).

3. Artiste de Chio ou de Samos. Sur cette offrande de Glaucus,
voy. Pausanias, X, 16.

4. Voyez Pausanias, X, 25.

5. Sur les nombreuses et riches offrandes des rois de Lydie, voy.
Pausanias, X, 16.

« fit mettre dans son temple, sans doute pour qu'ils fussent
« témoins de la richesse des Barbares, et fussent plus por-
« tés à désirer l'or de l'Asie qu'à ravager le pays les uns
« des autres Mais il orna son temple à la manière des Grecs
« et comme il convenait à sa propre sagesse, et c'est par la
« qu'il donna tant d'éclat au temple de Delphes Je vois
« encore, et je ne crois pas me tromper, le souci de l'orne-
« ment, dans ses oracles rendus en vers En effet, s'il n'avait
« pas pensé à cela, voici quelles auraient été ses réponses
« Faites ou ne faites pas ceci; allez ou n'allez pas, concluez
« cette alliance ou ne la concluez pas » Voilà qui eût été
« plus court, et, pour parler comme vous, plus nu. Mais
« Apollon a voulu se servir d'un langage plus élevé et plus
« agréable aux auditeurs, et il a parlé en vers. Il croit tout
« savoir, il dit même savoir le nombre des grains de sable
« de la mer, pour les avoir comptés, il dit avoir mesuré la
« mer entière. Mettrez-vous au nombre des vanteries de
« charlatan ces paroles qu'Apollon prononce avec la ma-
« jesté de son langage et la rectitude de sa raison ? Mais
« (puissiez-vous ne pas vous choquer de ceci, Thespésion !),
« je vous dirai que des vieilles, armées de cribles, s'en vont
« parmi les bergers et les bouviers, se faisant fortes de gué-
« rir par la divination les animaux malades, et qu'elles
« veulent se faire passer pour savantes et plus savantes que
« les véritables devins. C'est l'effet que vous me produisez,
« lorsque je compare votre sagesse a celle des Indiens. Les
« Indiens sont des hommes divins et parés à la manière de
« la Pythie, et vous... Mais je ne veux pas aller plus loin;
« j'aime, comme les Indiens, la modération dans les dis-
« cours; et puissé-je en faire toujours la compagne et la
« conductrice de ma langue, moi qui m'efforce d'avoir ce
« qui est à ma portée, en les louant et en les aimant, au
« lieu de répandre l'invective sur ce que je ne puis attein-

« dre. Vous avez vu, dans les chants d'Homère sur les Cy-
« clopes [1], que la terre nourrit sans semence et sans culture
« les plus cruels et les plus injustes des hommes; cette his-
« toire vous fait plaisir: si quelques Édones ou quelques
« Lydiens célèbrent Bacchus, vous ne mettez pas en doute
« que la terre ne fasse jaillir pour eux des sources de lait
« et de vin, et ne les abreuve à leur gré ; et ceux qui célè-
« brent les Bacchanales de la sagesse, vous ne voulez pas
« que la terre produise rien pour eux d'elle-même ! Dans
« les banquets des Dieux il y a des trépieds qui se meuvent
« d'eux-mêmes [2], et Mars, malgré son ignorance et son ini-
« mitié, n'a pas accusé Vulcain à ce sujet. Jamais les Dieux
« n'ont entendu une accusation comme celle-ci : « Vous
« avez tort, Vulcain, d'orner le banquet des Dieux et d'y
« faire paraître des merveilles. » Il a fait des servantes d'or,
« et personne ne lui a reproché de corrompre les métaux,
« en donnant la vie à l'or. L'ornement est le but de tous
« les arts : ils n'ont été inventés qu'en vue de l'ornement.
« Ceux qui marchent nu-pieds, qui portent le manteau et la
« besace, ne cherchent-ils pas un genre particulier d'orne-
« ment ? Et ceux qui vivent nus, comme vous, il semble
« que leur extérieur soit ce qu'il y a de plus simple et de
« plus dépourvu de recherche; cependant, cette nudité
« même, c'est un ornement, ou du moins cela s'en rap-
« proche par une autre sorte de faste, comme on dit. Il
« faut juger d'après les mêmes principes [3] le culte du Soleil
« et les rites nationaux des Indiens. Les Dieux terrestres
« aiment les fosses et les sacrifices qu'on fait dans les creux
« de la terre ; mais l'air est le véhicule du Soleil, et ceux

1. *Odyssée*, liv. X.
2. *Iliade*, XVIII, v. 375.
3. Nous abandonnons ici le texte de Westermann (αὐτῶν) pour celui
d'Oléarius : τὸν αὐτὸν νόμον.

« qui veulent l'honorer convenablement doivent s'élever
« au-dessus de la terre et se maintenir ainsi avec ce Dieu
« c'est ce que tout le monde voudrait, et ce que peuvent
« les seuls Indiens ◆

XII. Damis respira, lui-même nous le dit, après avoir
entendu ce discours ' Les paroles d'Apollonius produisirent
un grand effet sur les Égyptiens . Thespésion, quoiqu'il fût
noir, rougit d'une manière fort sensible; tous les autres furent saisis de la fermeté et de l'éloquence qu'Apollonius avait
déployée; et Nil, le plus jeune des Gymnosophistes, tout transporté d'admiration, s'avança vers Apollonius, lui prit la
main et le pria de lui rapporter les entretiens qu'il avait
eus avec les Indiens. « Je ne vous cacherai rien, a vous, lui
« dit Apollonius, car je vois que vous êtes docile et que
« vous aimez toute sorte de sagesse; mais pour Thespésion
« et pour ceux qui regardent comme des· radotages les en-
« seignements des Indiens, je n'ai garde de leur communi-
« quer les doctrines que je tiens de ces philosophes — Si
« vous étiez marchand ou armateur, dit Thespésion, et que
« vous nous apportassiez des marchandises de ce pays,
« auriez-vous la prétention, sous prétexte qu'elles viennent
« de l'Inde, de nous les faire accepter sans examen, et de
« nous les vendre sans les laisser voir ni goûter? — Je les
« laisserais examiner, reprit Apollonius, par ceux qui le
« désireraient; mais si, à mon arrivée au port, je voyais
« venir un homme qui méprisât ma marchandise, qui pré-
« tendît que je viens d'un pays qui ne produit rien de bon,
« et que je n'ai rapporté de ma navigation que des objets sans
« valeur, et si cet homme entraînait les autres dans son
« opinion, est-il, je vous le demande, un marchand qui à ma
« place voulût jeter l'ancre et attacher son vaisseau dans
« un tel port? Ne se déciderait-il pas a remettre à la voile,
« à prendre de nouveau le large et à confier sa fortune aux

« vents, plutôt que d'en faire présent à des gens ignorants
« et inhospitaliers? — Mais moi, s'écria Nil, je me saisis du
« câble et je vous conjure, armateur, de me faire part des
« marchandises que vous apportez; je suis même tout dis-
« posé à monter dans votre vaisseau en qualité de passager
« et de contrôleur de votre cargaison. »

XIII. Thespésion voulut mettre fin à ces propos irritants :
« Je suis heureux, dit-il à Apollonius, de vous voir si sen-
« sible à ce que je vous ai dit : cela vous disposera sans doute
« à nous pardonner, si nous avons été sensibles aux traits
« que vous avez lancés contre la sagesse égyptienne, avant
« d'en avoir fait l'épreuve. » Apollonius fut un instant surpris de ces paroles : il n'avait rien appris des intrigues de
Thrasybule et d'Euphrate; mais soupçonnant, avec sa saga-
cité habituelle, ce qui était arrivé, il répondit : « Thespé-
« sion, rien de semblable ne serait arrivé aux Indiens, et ils
« n'auraient pas prêté l'oreille à un Euphrate, s'il était
« venu les trouver : c'est qu'ils savent deviner. Pour moi
« je n'ai eu avec Euphrate aucun démêlé à moi personnel.
« Mais j'ai voulu le mettre en garde contre sa passion
« pour l'or, et contre son empressement à s'enrichir par
« tout moyen; il a trouvé mes conseils déplacés et au-dessus
« de ses forces; il a même pensé que ce que j'en disais était
« pour le discréditer, et il ne cesse de machiner quelque
« chose contre moi. Mais puisqu'il a trouvé créance auprès
« de vous en m'attaquant, faites attention qu'il vous a atta-
« qués vous-mêmes tout les premiers. Il me semble, en effet,
« que tout homme qui est l'objet de mauvais propos est
« fort exposé: on le haïra sans qu'il ait rien fait de mal. Mais
« ne croyez pas qu'ils courent moins de danger, ceux qui
« ont prêté l'oreille à ces mauvais propos : ils font voir d'a-
« bord qu'ils aiment le mensonge, et qu'ils en font autant
« de cas que de la vérité; puis, qu'ils sont légers et cré-

« dules, ce qui est honteux même pour des jeunes gens ;
« qu'ils sont portés à l'envie, puisque c'est l'envie qui
« enseigne à écouter les discours injustes, enfin qu'ils sont
« assez disposés à la calomnie, puisqu'ils l'acceptent si facile-
« ment sur les autres En effet, l'esprit des hommes est porté a
« faire ce qu'il est porté à croire. Puisse un homme d'un tel
« caractère ne jamais parvenir à l'autorité suprême, et ne
« jamais être à la tête du peuple ! car la démocratie même
« deviendrait, sous lui, une insupportable tyrannie. Puisse-
« t-il n'être jamais juge ! car il ne prendrait pas d'informa-
« tions ; ni commandant d'un vaisseau ! car tout l'équipage
« se révolterait; ni chef d'armée ! car cela ferait les affaires
« de l'ennemi; ni philosophe ! car la vérité ne guiderait pas
« son esprit. Euphrate vous a fait tort, même de votre sa-
« gesse : car des hommes qui se sont laissé séduire par des
« mensonges, comment prétendraient-ils être sages? Est-ce
« faire preuve de sagesse, que de croire les rapports les
« plus invraisemblables? — Assez parlé d'Euphrate et de
« petits sujets, dit Thespésion, d'une voix qui annonçait
« qu'il voulait calmer Apollonius. Nous tâcherons de vous
« réconcilier tous les deux, car nous pensons qu'il appar-
« tient à la sagesse de vider les débats entre les Sages. Mais
« qui me réconciliera avec vous et vos amis? Car, je com-
« prends qu'un homme, qui a été calomnié, soit toujours en
« garde contre la calomnie. — C'est bien, dit Apollonius,
« mettons-nous à philosopher; c'est ce qui nous réconci-
« liera le mieux. »

XIV. Nil, qui désirait vivement entendre Apollonius, lui
dit: « Il convient que vous commenciez ce que vous avez à
« nous dire par la relation de votre voyage dans l'Inde et
« des entretiens que vous avez eus avec les Sages, les sujets
« en ont sans doute été magnifiques.—Je désire vous entendre
« aussi parler, dit Thespésion, de la sagesse de Phraote;

« car on dit que vous rapportez aussi de l'Inde l'empreinte
« profonde de ses discours. » Apollonius leur raconta tout
ce qu'il avait appris dans ses voyages, en commençant par
Babylone. Les Gymnosophistes l'écoutèrent avec plaisir et
avec l'attention la plus soutenue ; à midi, ils interrompirent
l'entretien : les Gymnosophistes, comme les Indiens, accom-
plissent à ce moment les cérémonies religieuses.

XV. Comme Apollonius et ses compagnons prenaient
leur repas, Nil vint à eux avec des légumes, des pains et des
gâteaux, dont il portait une partie, et dont le reste était
porté par d'autres. Il leur dit en plaisantant : « Voici des
« présents que les Sages vous envoient, et à moi aussi ; car
« on ne dira pas que je n'ai pas été invité ; je me suis
« invité moi-même. — Le plus agréable des présents que
« vous nous apportez, répondit Apollonius, c'est vous-
« même, et votre esprit, qui paraît être celui d'un philo-
« sophe sincère et des mieux disposés pour les doctrines
« des Indiens et de Pythagore. Couchez-vous ici et mangez
« avec nous. — Me voici en place, mais jamais il n'y aura
« de quoi satisfaire mon appétit. — Vous êtes donc un bien
« grand mangeur ? — Je suis vorace : car après le festin si
« copieux et si magnifique que vous nous avez servi, je ne
« suis pas encore rassasié ; et je ne tarderai pas à venir de-
« mander un nouveau repas. Après cela, de quel nom
« voulez-vous m'appeler, si ce n'est du nom d'insatiable et
« de glouton ? — Rien ne vous empêche de vous satisfaire :
« mais vous ferez en partie les frais du régal, et je me
« charge du reste. »

XVI. Le repas achevé, Nil commença ainsi : « Jusqu'ici,
« j'ai servi dans les rangs des Gymnosophistes. Je m'étais
« enrôlé dans les troupes légères et parmi les frondeurs : je
« m'en vais me faire inscrire parmi les hoplites, et me
» parer, Apollonius, de votre bouclier. — Mais, mon cher

« Egyptien, Thespésion et les autres Gymnosophistes se
« plaindront de ce que vous embrassez notre parti, avant de
« nous avoir bien examinés, et avec plus de précipitation que
« n'en comporte le choix d'un genre de vie. — Sans doute,
« répliqua Nil, mais s'il y a quelque chose à dire contre qui
« choisit, que n'y aura-t-il pas à dire contre qui n'aura
« pas choisi ! Et ils seront plus blâmés s'ils viennent à faire
« ensuite le même choix que moi Quand des hommes plus
« âgés que moi, et plus sages, n'auront pas choisi depuis
« longtemps ce que je choisis aujourd'hui, on aura droit de
« leur savoir mauvais gré de ce que, ayant sur moi de tels
« avantages, ils n'ont pas su mieux faire leur choix. — On
« ne saurait mieux dire, jeune homme, mais peut-être,
« précisément en raison de leur âge et de leur sagesse, ont-
« ils bien fait le choix qu'ils ont fait, peut-être ont-ils eu
« raison de se garder du vôtre, peut-être enfin aurez-vous
« été un peu téméraire, en agissant de vous-même [1], au
« lieu d'agir en suivant leur impulsion. » L'Égyptien répondit contre l'attente d'Apollonius   « Pour toutes les choses
« où un jeune homme doit obéissance à ses aînés, je n'ai
« jamais été en défaut Tant que j'ai cru voir en eux plus de
« sagesse que chez les autres hommes, je me suis attaché
« à eux. Voici ce qui me donna lieu de prendre cette réso-
« lution: Mon père naviqua autrefois pour son plaisir sur
« la mer Érythrée; il commandait un vaisseau que les
« Égyptiens envoient dans l'Inde S'étant trouvé en rapport
« avec les Indiens qui habitent les côtes, il rapporta sur
« les Sages de ce pays des relations semblables à celles que
« vous nous avez faites. J'appris de lui que les Indiens sont
« les hommes les plus sages de la terre, que les Éthiopiens
« descendent d'une colonie indienne, qu'il leur reste

---

1. Je suis ici l'excellente leçon indiquée par M. Piccolos (Voyez *Journal des savants*, 1840, p. 652).

17

« quelque chose de la sagesse de leurs ancêtres, vers
« laquelle sont fixés leurs regards. Dès que je fus arrivé à
« l'adolescence, j'abandonnai mon patrimoine à qui le vou-
« lut et je me rendis chez les Gymnosophistes, nu comme
« eux, pour apprendre les doctrines indiennes, ou des
« doctrines parentes de celles-là. Je trouvai chez eux de la
« science, mais non la science des Indiens. Et comme je leur
« demandais pourquoi ils ne suivaient pas la philosophie
« indienne, ils se mirent à la ravaler à peu près comme ils
« ont fait aujourd'hui devant vous. Cependant, malgré ma
« jeunesse, ils m'ont admis, comme vous voyez, dans leur
« communauté, sans doute afin que je ne les quittasse pas
« pour naviguer, comme mon père, sur la mer Érythrée;
« ce que, par les Dieux! je n'eusse pas manqué de faire.
« Même j'aurais poussé jusqu'à la citadelle des Sages, si
« quelque Dieu ne vous eût envoyé ici à mon aide : mais de
« cette manière je n'aurai pas besoin de passer la mer
« Érythrée et de me mettre en relation avec les habitants des
« rivages de l'Inde, pour connaître la sagesse indienne; car
« ce n'est pas d'aujourd'hui que j'ai choisi mon genre de vie :
« ce choix était fait depuis longtemps, mais je n'avais pas
« ce à quoi j'aspirais. Qu'y a-t-il d'étrange à ce qu'un chas-
« seur, qui a perdu la trace du gibier qu'il poursuit, y
« revienne après l'avoir retrouvée? Et si j'arrivais à leur
« faire prendre le même parti, à les convaincre de ce dont
« je me suis persuadé moi-même, qu'y aurait-il là, je vous
« le demande, de si téméraire? Il ne faut pas détourner la
« jeunesse d'agir ainsi, car elle est plus en état d'apprendre
« que la vieillesse; et quand un homme conseille à un autre
« d'embrasser une philosophie qu'il a embrassée lui-même,
« du moins ne peut-on pas lui faire le reproche de cher-
« cher à persuader ce dont il n'est pas convaincu; au con-
« traire, jouir seul des biens qui vous viennent de la fortune,

« c'est faire tort à ces biens, qui pourraient faire un plus
« grand nombre d'heureux. »

XVII. Nil parlait ainsi, avec tout l'entrain d'un jeune
homme. Apollonius répondit : « Mais puisque ma philoso-
« phie vous plaît, ne commencerez-vous pas par traiter
« avec moi des honoraires? — Ce sera bientôt fait . vous
« pouvez me demander ce que vous voudrez. — Je vous
« demande de garder pour vous le choix que vous avez
« fait, et de ne pas importuner les Gymnosophistes en cher-
« chant à les convaincre, ce à quoi vous n'arriveriez pas. —
« Je vous obéirai. Ainsi nous voilà d'accord sur les hono-
« raires. » Tels furent leurs entretiens. Puis, Nil ques-
tionna Apollonius sur le temps qu'il se proposait de passer
parmi les Gymnosophistes. « Autant de temps, répondit
« Apollonius, qu'il faut pour s'instruire de leur sagesse
« Après cela nous irons aux Catadupes, pour voir les
« sources du Nil : car je serai heureux, non-seulement
« de voir ses sources, mais d'entendre le bruit de ses ca-
« taractes »

XVIII. Le jour se passa au milieu de ces entretiens et de
conversations sur l'Inde, puis ils dormirent sur le gazon.
Le jour suivant, dès l'aurore, ils firent leurs prières habituelles, et suivirent Nil qui les conduisit auprès de Thespésion. Après s'être salués et s'être assis dans le bois, ils
se mirent à parler de philosophie. Apollonius commença
ainsi : « Ce que nous avons dit hier prouve qu'il convient
« de ne pas tenir la science cachée. J'ai appris des Indiens
« tous les secrets de leur science, que j'ai cru pouvoir
« m'approprier : plein du souvenir de mes maîtres, je par-
« cours le monde, enseignant ce qu'ils m'ont enseigné. Vous
« voyez que, vous aussi, vous avez tout à gagner à me ren-
« voyer au courant de votre science, car je ne cesserai d'en
« parler aux Grecs et d'en écrire aux Indiens. — Question-

« nez-moi, vous savez que l'enseignement se fait par des
« questions et par des réponses. »

XIX. « Ma première question, dit Apollonius, sera sur les
« Dieux. Pourquoi avez-vous donné aux hommes de ce
« pays des images de Dieux si ridicules et si grotesques, à
« l'exception d'un petit nombre. Que dis-je, un petit
« nombre? C'est à peine s'il existe chez vous quelques repré-
« sentations des Dieux qui soient raisonnables et qui con-
« viennent à la nature divine? En voyant toutes les autres,
« on dirait que vous adorez non des Dieux, mais des bêtes
« privées de raison et de beauté. » Thespésion ne put entendre ces mots de sang-froid ; il s'écria : « Comment les
« Dieux sont-ils donc représentés chez vous? — De la ma-
« nière la plus belle et la plus respectueuse pour les Dieux.
« — Vous parlez sans doute du Jupiter d'Olympie, de la
« statue de Pallas-Athéné, de la Vénus de Cnide, de la
« Junon d'Argos, et des autres statues qui sont des chefs-
« d'œuvre? — Je ne parle pas seulement de celles-là ;
« mais je dis qu'en général la statuaire de tous les pays a
« observé la bienséance, tandis que vous, vous semblez
« plutôt chercher à tourner les Dieux en dérision qu'à les
« faire respecter. — Est-ce que les Phidias et les Praxitèle
« sont montés au ciel, et en ont rapporté les empreintes
« des Dieux pour composer ensuite leurs statues? Ou bien
« est-ce par un autre moyen qu'ils se sont mis à les faire ?
« — C'est par un autre moyen, qui est plein d'habileté. —
« Et lequel? Ce ne peut être que par l'imitation. — Non,
« c'est l'imagination qui a conduit leur main, l'imagination
« qui est une plus grande artiste que l'imitation. En effet,
« l'imitation ne représentera que ce qu'elle a vu, l'imagi-
« tion représentera même ce qu'elle n'a pas vu : elle se le
« figurera, en se reportant au réel. Il arrive souvent que
« la surprise nuit à l'exactitude de l'imitation, tandis qu'elle

« ne peut rien sur l'imagination, qui va droit et sans se trou-
« bler à l'objet qu'elle se représente. Ainsi, celui qui s'est
« figuré l'image de Jupiter doit nécessairement, comme
« Phidias l'a fait dans un transport de génie, le voir avec
« le ciel, les saisons et les astres Celui qui veut représenter
« Pallas doit avoir à la fois dans l'esprit et l'ardeur guer-
« rière, et la prudence, et les arts, et la déesse s'élançant
« du cerveau de Jupiter. Faites un épervier, une chouette,
« un loup, un chien et mettez ces images pour représenter
« Mercure, Pallas, Apollon, il semblera que ces images
« soient en l'honneur des animaux, et la dignité des Dieux
« se trouvera fort diminuée. — Prenez garde de juger nos
« usages sans les avoir examinés. Si les Égyptiens ont
« montré de la sagesse en quelque chose, c'est en n'ayant
« pas la présomption de représenter les Dieux eux-mêmes,
« mais en n'offrant d'eux que des images symboliques et
« allégoriques. Ces images n'en sont que plus respectables.
« — Mes amis, dit Apollonius en souriant, je vois que vous
« avez bien profité de la sagesse des Égyptiens et des
« Éthiopiens, puisqu'un chien, un ibis et un bouc, vous
« paraissent plus dignes que vous-mêmes de figurer les
« Dieux. C'est, en effet, ce que me dit le sage Thespésion.
« Qu'y a-t-il donc dans ces images qui soit propre à inspirer
« le respect ou l'effroi ? Les parjures, les sacriléges, et toute
« l'engeance des impies méprisent de tels Dieux plutôt
« qu'ils ne les craignent, et c'est bien naturel Vous trou-
« vez vos images symboliques plus vénérables? Mais les
« Dieux auraient obtenu plus de vénération en Égypte, si
« l'on n'avait pas fait d'images, et si vous traitiez les choses
« divines autrement, d'une manière plus sage et plus mys-
« térieuse. Vous pouviez, en effet, leur bâtir des temples,
« leur élever des autels, leur faire des sacrifices bons ou
« mauvais, dont vous auriez déterminé l'époque, la durée,

« les paroles et les cérémonies, mais ne pas mettre de sta-
« tues dans les temples, laissant ceux qui les fréquentent
« libres de se les figurer sous telle ou telle forme : car l'esprit
« est encore plus puissant pour concevoir des images, que
« tout l'art des artistes pour en exécuter. Mais qu'avez-vous
« fait? Que les Dieux ne peuvent plus paraître beaux ni aux
« yeux ni à l'esprit. — Il y a eu, répondit Thespésion, un
« Athénien nommé Socrate, qui était, comme nous, un vieux
« fou : car il prenait des chiens, des oies et des platanes
« pour des divinités, et il jurait par elles. — Ce n'était pas
« un fou, c'était un homme divin et un vrai sage : s'il jurait
« par des chiens, des oies et des platanes, ce n'était pas
« qu'il les prît pour des Dieux, mais c'était pour éviter de
« jurer par les Dieux. »

XX. A ce moment Thespésion, comme un homme qui
voulait changer le sujet de la conversation, interrogea Apollonius sur la peine du fouet chez les Lacédémoniens, et lui
demanda si le fouet se donnait en public. « Parfaitement,
« dit Apollonius, et cependant c'est le plus libre et le plus
« fier des peuples. — Et que font-ils aux esclaves, quand ils
« les prennent en faute? — Ils ne les tuent plus, comme le
« permettait la loi de Lycurgue; mais ils se servent aussi
« du fouet contre eux. — Et que pensent d'eux les autres
« Grecs? — Ils accourent à ce spectacle, comme aux Hya-
« cinthies et aux Gymnopédies[1], avec autant de joie que
« d'empressement. — Eh quoi ! ces braves Grecs n'ont pas
« honte de voir ceux qui ont été leurs maîtres fouettés pu-
« bliquement ! Ils ne rougissent pas d'avoir obéi à des gens

---

1. C'étaient deux fêtes lacédémoniennes, qui étaient consacrées à
diverses réjouissances. Les *Hyacinthies* se célébraient en l'honneur du
bel Hyacinthe ; les *Gymnopédies* étaient une fête où se donnait une
danse solennelle de jeunes garçons nus (Voyez Robinson, *Antiquités grecques*, II, p. 18 et 69).

« qu'on fouette ainsi en public ! Comment n'avez-vous pas
« corrigé cet abus ? car on dit que vous avez donné des
« conseils même aux Lacédémoniens. — Mes conseils ont
« porté sur ce qu'il était possible de corriger, et ils se sont
« empressés de les suivre. car ce sont les plus libres des
« hommes, et ils ne se rendent qu'aux bons avis Quant à
« l'usage du fouet, il est maintenu en l'honneur de Diane
« Scythique, et, à ce qu'il paraît, sur l'ordre formel des ora-
« cles. Or c'est une folie, je suppose, de s'élever contre la
« volonté des Dieux. — Ce sont des Dieux bien peu sages
« que ceux des Grecs, Apollonius, s'ils ont conseillé de pu-
« nir du fouet des hommes qui font profession d'être libres.
« — Ils ne commandent pas de fouetter, mais d'arroser
« l'autel de sang humain, parce que tel était l'usage des
« Grecs· mais les Lacédémoniens ont habilement interprété
« ce qu'il y avait de barbare dans cet ordre de verser le
« sang, et ils en font un exercice de patience, qui ne fait
« pas mourir, et qui permet d'offrir à la déesse les prémices
« de leur sang.—Pourquoi ne sacrifient-ils pas les étrangers
« à Diane, comme c'était l'usage des Scythes ? — Parce que
« les Grecs n'ont pas coutume d'emprunter les coutumes
« des Barbares. — Cependant il semble qu'il y aurait eu
« moins d'inhumanité de leur part à sacrifier un ou deux
« étrangers qu'à porter contre eux une loi qui les chasse
« tous. —Thespésion, n'attaquons pas Lycurgue, et d'abord
« comprenons bien ce qu'il a voulu : quand il a interdit aux
« étrangers le séjour de Lacédémone, il n'a pas prétendu
« empêcher ses concitoyens de se mêler aux autres hommes,
« son intention a été de préserver l'intégrité de leurs mœurs
« en évitant le contact des étrangers dans l'intérieur de
« Sparte.—Pour moi, j'aurais pour les Lacédémoniens l'es-
« time à laquelle ils prétendent, s'ils vivaient avec les étran-
« gers sans rien changer des mœurs de leurs pères: car le

« vrai mérite eût été de se conserver toujours les mêmes,
« non pas à la faveur de l'absence des étrangers, mais mal-
« gré leur présence. Or, qu'est-il arrivé? Malgré leurs lois
« contre les étrangers, ils ont laissé leurs mœurs se corrom-
« pre, et on les a vus prendre celles du peuple qu'ils haïs-
« saient le plus dans la Grèce. En effet, la marine et les im-
« pôts qu'a entraînés son établissement, n'est-ce pas là une
« institution athénienne? Ainsi, ce que les Lacédémoniens
« avaient d'abord considéré comme un juste sujet de guerre
« contre Athènes, ils se mirent à le faire à leur tour, vain-
« queurs des Athéniens à la guerre, mais vaincus par leurs
« mœurs et leurs institutions. De plus, amener de Scythie
« ou de Tauride une déesse, n'était-ce pas faire un emprunt
« à des étrangers? Si c'était pour obéir à des oracles, qu'é-
« tait-il besoin du fouet? Pourquoi imaginer un genre de
« patience convenable à des esclaves? Je m'imagine qu'il eût
« été plus conforme aux mœurs lacédémoniennes, afin de
« fortifier contre la mort, qu'un jeune Spartiate eût été vo-
« lontairement immolé : un tel sacrifice eût mieux fait écla-
« ter le courage des Spartiates, et aurait empêché la Grèce
« de jamais prendre les armes contre eux. Mais, dira-t-on,
« il fallait conserver les jeunes gens pour la guerre. Eh bien!
« la loi des Thraces sur les sexagénaires devait être appli-
« quée par les Lacédémoniens encore plus que par les Scy-
« thes, si c'était sincèrement et non par ostentation qu'ils
« disaient aimer la mort. Ce que je dis n'est pas contre les
« Lacédémoniens, mais contre vous, Apollonius. Si nous
« nous mettons à chercher le mauvais côté des institutions
« anciennes, et que leur ancienneté nous empêche de bien
« connaître, si nous en venons à accuser les Dieux de les
« approuver, cette manière de philosopher nous fera tom-
« ber dans une foule d'absurdités. Nous pourrions par exem-
« ple, au sujet des mystères d'Éleusis, regretter qu'on fasse

« ceci, plutôt que cela; au sujet des mystères de Samo-
« thrace, trouver mauvais qu'on fasse cela plutôt que ceci,
« de même pour les Dionysiaques, les cérémonies Ithyphal-
« liques, pour l'Hermès de Cyllène[1]; nous ne pourrions que
« critiquer toutes ces choses Passons maintenant à un au-
« tre sujet, celui que vous voudrez, et respectons le précepte
« de Pythagore, qui est aussi le nôtre il est bon de garder
« le silence, sinon sur toutes les matières, du moins sur
« celles de ce genre. — Si vous aviez voulu approfondir ce
« sujet, reprit Apollonius, je vous aurais fait voir que La-
« cédémone peut alléguer un grand nombre de belles insti-
« tutions qu'elle observe avec honneur et mieux que tous
« les autres Grecs : mais puisque vous écartez ces matières,
« et que vous allez même jusqu'à croire qu'il y a de l'im-
« piété à en parler, passons à un autre sujet, fort important,
« à mon avis ! Parlons de la justice.

XXI. — « Oui, traitons ce sujet, dit Thespésion car il
« convient à ceux qui sont philosophes et à ceux qui ne le
« sont pas. Mais pour que nous n'allions pas mêler les opi-
« nions des Indiens à celles qui nous sont propres, et que
« notre entretien ne reste pas sans résultat, commencez par
« exposer ce que pensent les Indiens sur la justice car il
« n'y a pas de doute que vous en ayez conféré avec eux. Si
« leur sentiment est conforme à la vérité, nous y donnerons
« notre assentiment : si, au contraire, ce que nous pensons
« est plus sage, il faudra que vous y accédiez, cela même
« rentre dans la justice. — Fort bien, Thespésion, répondit
« Apollonius, ce que vous dites me fait le plus grand plai-
« sir. Écoutez donc comment ont raisonné les Indiens. Je
« leur racontais qu'autrefois, quand mon âme présidait à un
« autre corps, j'étais pilote et dirigeais un grand navire.

1. Hermès ou Mercure était représenté à Cyllène, en Élide, sous la
forme d'un phallus (Voyez Pausanias, VI, 26).

« Des pirates me promettaient de l'argent si je voulais, par
« trahison, conduire le navire en un endroit où ils devaient
« l'attaquer et s'emparer de la cargaison; je promis de faire
« ce qu'ils voudraient, pour éviter leur attaque, puis je les
« dépassai et me mis hors de leur portée[1]. Je croyais en cela
« avoir fait un grand acte de justice. — Et les Indiens ont-
« ils été de votre avis? — Ils se sont mis à rire, et m'ont dit
« que ce n'est pas être juste que de ne pas commettre une
« injustice. — Ils ont eu raison : car ce n'est pas être pru-
« dent que de ne pas former une folle entreprise, ni brave
« que de ne pas abandonner son poste, ni tempérant que de
« ne pas tomber dans l'adultère, ni digne de louange que
« de ne pas s'attirer de blâme. Tout ce qui ne mérite ni
« récompense ni peine n'est pas encore la vertu. — Que
« doit faire un homme, Thespésion, pour être couronné
« comme juste? — Ne pouviez-vous philosopher sur la jus-
« tice d'une manière plus complète et plus convenable à la
« circonstance, que vous ne l'avez fait en présence du roi
« d'une contrée si vaste et si fertile, qui vous entendait dis-
« serter sur la chose qui a le plus de rapport avec la justice,
« la royauté? — Si nous avions parlé en présence de Phraote,
« vous auriez eu raison de nous blâmer de n'avoir pas de-
« vant lui épuisé ce qu'il y avait à dire sur la justice. Mais
« d'après ce que je vous ai raconté hier, vous avez vu que
« le roi devant qui nous parlions était un homme adonné
« au vin et ennemi déclaré de toute philosophie : nous n'au-
« rions fait que l'ennuyer, et à quoi bon? Qu'était-il besoin
« de nous ennuyer nous-mêmes à disserter devant un homme
« qui ne voyait rien hors de la volupté? Mais puisque la
« poursuite de la justice convient mieux à des sages comme
« vous qu'à des rois et à des généraux, cherchons l'homme

1. Voyez le récit détaillé de ce fait, liv. III, c. 23-24, p. 113 et suiv.

« vraiment juste. Ainsi moi qui croyais l'être, quand je com-
« mandais à mon vaisseau, et les autres qui se bornent à
« s'abstenir d'injustice, vous ne nous accordez pas encore le
« nom de justes et vous ne pensez pas que nous ayons droit
« à être honorés comme tels. — Et ce n'est pas sans raison.
« Car on n'a jamais vu ni les Athéniens ni les Lacédémo-
« niens décréter de couronner tel citoyen parce que ce n'est
« pas un débauché, ou d'accorder le droit de cité à tel
« homme, parce que ce n'est pas un pilleur de temples.
« Quel est donc l'homme juste, et à quels actes se recon-
« naît-il ? Car je ne sache pas que personne ait été couronné
« comme juste, ni que jamais il y ait eu un décret pour le
« couronner, parce qu'il s'est montré juste en faisant telle
« ou telle chose. Il semble même, quand on songe au sort
« de Palamède à Troie, et à celui de Socrate à Athènes,
« qu'il n'y a guère de bonheur pour la justice parmi les
« hommes : c'étaient les plus justes des hommes, et ils ont
« été traités de la manière la plus injuste Encore ces hom-
« mes justes ont-ils été lfrappés par des condamnations im-
« méritées, et pour des crimes supposés; mais ce qui a
« perdu Aristide, fils de Lysimaque, c'est sa justice même,
« et c'est parce qu'il avait cette vertu que ce grand homme
« s'en est allé en exil. J'avoue que la justice a des chances
« pour paraitre une chose assez ridicule. Elle a été placée
« sur la terre par Jupiter et les Parques pour protéger les
« hommes contre l'injustice, et elle ne se peut protéger elle-
« même contre ses attaques. L'exemple d'Aristide me suffit
« pour faire voir quel est l'homme injuste, quel est l'homme
« juste. En effet, dites-moi, cet Aristide n'est-il pas cet Athé-
« nien qui, selon les récits des Grecs venus en Égypte,
« chargé de parcourir les îles pour régler les tributs, n'en
« établit que de fort modérés, et revint avec le même man-
« teau qu'il avait au départ? — C'est lui-même, et il fit fleu-

« rir l'amour de la pauvreté. — Eh bien ! Je suppose qu'il se
« soit trouvé dans Athènes deux orateurs pour approuver
« Aristide, à son retour de chez les alliés ; je suppose
« que l'un ait proposé de le couronner parce que non-seu-
« lement il est revenu sans s'être enrichi et sans avoir rien
« acquis pour lui-même, mais qu'étant l'un des plus pauvres
« citoyens d'Athènes, il est revenu plus pauvre ; et que l'au-
« tre soumette au peuple un décret ainsi conçu : « Considé-
« rant qu'Aristide n'a pas imposé aux alliés des tributs qui
« fussent au-dessus de leurs forces, mais qu'il les a fixés
« selon leurs ressources ; considérant qu'il a cherché à con-
« cilier leurs esprits à la République, et a fait en sorte
« qu'ils supportassent les tributs sans se plaindre ; le peu-
« ple ordonne qu'il soit couronné à cause de sa justice. »
« Ne croyez-vous pas qu'Aristide se fût opposé lui-même au
« premier décret, comme étant peu en rapport avec sa con-
« duite, attendu qu'il n'avait pas droit à être couronné pour
« n'avoir pas commis d'injustice, et que peut-être il eût
« approuvé l'autre, comme frappant au but qui avait été
« celui de tous ses efforts ? En effet, c'est dans l'intérêt des
« Athéniens et des alliés qu'il avait veillé à ce que les tri-
« buts fussent modérés, et c'est après Aristide que la sagesse
« de sa conduite apparut plus clairement. Les Athéniens
« dépassèrent les limites qu'Aristide avait fixées aux tri-
« buts, ils en imposèrent aux îles de trop lourds : à partir
« de ce moment, c'en fut fait de leurs forces navales, qui
« étaient ce qui les rendait le plus redoutables ; les Lacédé-
« moniens étendirent leur empire jusque sur la mer, il ne
« leur resta rien de leur puissance, et tous les peuples qui
« leur étaient soumis ne songèrent qu'à se révolter et à se
« détacher d'eux. Ainsi, Apollonius, l'homme juste, pour
« suivre la droite raison, n'est pas celui qui ne commet pas
« d'injustice, c'est celui qui fait lui-même des choses justes,

« et qui empêche les autres de faire des injustices. De la
« justice, ainsi entendue, naîtront d'autres vertus, surtout
« la vertu judiciaire et la vertu législative : un homme qui
« possédera cette justice jugera avec plus d'équité que ceux
« qui prêtent serment sur la chair coupée des victimes ; et
« s'il fait des lois, ce sera un Solon, un Lycurgue : car assu-
« rément c'est la justice qui a inspiré ces grands légis-
« lateurs. »

XXII. C'est ainsi, suivant Damis, que Thespésion parla
au sujet de l'homme juste, et Apollonius l'approuva ; car il
avait coutume de ne pas refuser son assentiment à ce qui
était bon. Ils s'entretinrent aussi de l'immortalité de
l'âme, et parlèrent sur la Nature à peu près comme Platon
dans le *Timée*. Ils s'occupèrent surtout des lois qui sont en
vigueur chez les Grecs. « Je suis venu ici, dit enfin Apollo-
« nius pour vous visiter et pour voir les sources du Nil :
« ces sources, il est permis de ne pas les connaître quand
« on ne va pas plus loin que l'Égypte, mais, quand on
« pousse comme moi jusqu'en Éthiopie, ce serait une honte
« de les négliger et ne pas chercher à s'en enquérir. —Allez,
« et soyez heureux ! Vous pourrez demander a ces sources
« tout ce qui vous plaira : car il y a en elles quelque chose
« de divin. Je suppose que vous prendrez pour guide Tima-
« sion, citoyen autrefois de Naucratis, aujourd'hui de Mem-
« phis : il connaît bien les sources, et il est si pur qu'il n'a
« pas besoin d'expiation. Mais vous, Nil, nous avons à vous
« parler en particulier. » Apollonius comprit le sens de ces
mots : il devina que les Gymnosophistes voyaient avec peine
l'attachement que Nil témoignait pour lui Il les laissa donc
parler avec Nil, et se retira pour faire ses préparatifs il devait
partir le lendemain au lever du jour. Bientôt Nil vint le trouver : il ne dit rien de ce qui lui avait été dit, mais il riait à part
lui ; personne ne l'interrogea, tous respectèrent son secret.

XXIII. On prit le repas du soir, on causa de choses in-
différentes, et l'on s'endormit. Quand le jour parut, Apollonius et ses amis prirent congé des Gymnosophistes et
suivirent la route qui conduisait aux montagnes, à gauche
du Nil. Voici ce qu'ils virent de remarquable. Les Catadupes sont des montagnes de terre, semblables au Tmolus,
montagne de Lydie; le Nil en descend, et toute la terre qu'il
entraîne, il la répand sur l'Égypte. Le bruit de ces eaux qui
se précipitent du haut de ces montagnes et qui se jettent
avec fracas dans le lit du Nil est assourdissant et on ne
saurait le supporter; quelques-uns de ceux qui en ont
approché trop près en sont devenus sourds [1].

XXIV. Apollonius et ses compagnons, poussant plus
loin, virent des collines couvertes d'arbres, dont les Éthiopiens récoltent les feuilles, l'écorce et la résine. Sur leur
chemin des lions, des panthères et d'autres bêtes féroces
du même genre s'offrirent à leurs regards, mais sans les attaquer : ces animaux s'éloignaient précipitamment, comme
si la vue des hommes leur eût fait peur. Ils virent aussi des
cerfs, des chevreuils, des autruches, des onagres en grand
nombre, mais surtout des bœufs sauvages et des *boutrages*,
animaux qui tiennent du bouc et du bœuf : de là leur nom.
Souvent nos voyageurs rencontraient de leurs os et de leurs
cadavres demi-rongés : c'est que les lions, quand ils se sont
repus de proie fraîche, en dédaignent les restes, assurés
qu'ils sont d'en trouver toujours une nouvelle.

XXV. Cette contrée est habitée par les Éthiopiens nomades, qui habitent sur des chars comme dans des villes. Près
d'eux sont des peuplades qui font la chasse aux éléphants :
il les coupent en morceaux qu'ils exposent en vente;
comme ils se nourrissent d'éléphants, on les a nommés Élé-

1. Voyez les *Éclaircissements historiques et critiques*.

phantophages. Parmi les autres peuplades de l'Éthiopie il y a aussi les Nasamons, les Androphages, les Pygmées, les Sciapodes [1] : ces peuplades habitent sur les bords de l'Océan Éthiopique, où les voyageurs ne vont que malgré eux, et poussés par une tempête .

XXVI Comme Apollonius et ses compagnons dissertaient sur les animaux qu'ils avaient vus, et sur la Nature qui fournit aux différentes espèces d'animaux une nourriture différente, ils entendirent un bruit semblable à celui d'un tonnerre qui n'a pas encore éclaté, mais dont les premiers grondements retentissent dans la nue. « Compagnons, s'écria « Timasion, nous approchons de la cataracte qui est la « dernière en descendant, et la première en montant. » S'étant avancés à dix stades environ, ils virent le fleuve tomber d'une montagne avec un volume d'eau aussi considérable que le Marsyas et le Méandre [2] à leur confluent. Ils allèrent encore plus loin, après avoir adressé des prières au Nil. Au dela ils ne rencontrèrent plus d'animaux : car les animaux craignent naturellement le bruit, et aiment mieux giter près des eaux tranquilles que près de celles qui tombent avec fracas dans quelque précipice. A environ cinquante stades de là, ils entendirent une autre cataracte, mais celle-là faisait un bruit qui n'était plus supportable l'eau tombait de montagnes plus élevées, et en volume double de celui de la précédente Damis nous dit qu'il fut, ainsi qu'un des voyageurs, tellement assourdi qu'il revint sur ses pas et pria Apollonius de ne pas aller plus loin : mais Apollonius, sans se laisser déconcerter, s'avança vers la troisième cata-

---

1. Mot grec qui signifie : « hommes qui se servent de leurs pieds « pour se faire de l'ombre. » (Voyez plus haut, p. 133.) Les Sciapodes jouent un grand rôle dans tous les romans géographiques de l'antiquité. (Voy. notre *Histoire du Roman dans l'antiquité grecque et latine*).

2. Fleuves d'Asie Mineure (Phrygie).

racte avec Nil et Timasion. A son retour, voici ce qu'il rapporta. Au-dessus du Nil s'élèvent en cet endroit des montagnes de huit stades au plus, mais vis-à-vis de ces montagnes
se trouve un rocher découpé d'une manière extraordinaire,
sur lequel vient se briser l'eau qui tombe de la montagne;
l'eau se jette ensuite dans le Nil toute blanche d'écume. Ce
que l'on éprouve en présence de cette masse d'eau qui est
plus considérable que les précédentes, le bruit qu'elle produit et que répercutent les montagnes, tout cela fait qu'on
ne peut qu'avec peine contempler cette chute d'eau. Quant
au chemin qui mène plus loin, vers les premières sources
du Nil, il est difficile à parcourir et même à imaginer. On fait,
sur des Dieux qui les fréquentent, plusieurs récits semblables
à ceux qu'a faits le docte Pindare sur le Dieu qu'il représente présidant à ces sources pour régler le cours du Nil.

XXVII. Après avoir vu les cataractes, nos voyageurs
s'arrêtèrent dans un petit bourg de l'Éthiopie; le soir venu,
comme ils prenaient leur repas, en mêlant le badinage aux
propos sérieux, ils entendirent des cris nombreux: c'étaient
les femmes du bourg qui se criaient les unes aux autres:
« Prenez-le, poursuivez-le, » et qui excitaient leurs maris
à les aider. Ceux-ci s'emparant de pierres, de morceaux
de bois, et de tout ce qui leur tombait sous la main, s'excitaient à venger l'outrage fait à leurs femmes. Il y avait
déjà dix mois que ce bourg était fréquenté par le fantôme
d'un Satyre qui se ruait sur les femmes, et qui, disait-on,
avait tué deux d'entre elles, dont il était, à ce qu'il parait, particulièrement épris. Ce tumulte effraya les compagnons d'Apollonius, mais il leur dit: « Ne craignez rien. Ce
« n'est qu'un Satyre qui en veut aux femmes. — Par Jupi-
« ter! s'écria Nil, voici longtemps que nous autres Gymno-
« sophistes, nous sommes impuissants à mettre un terme à
« ses lubricités.—Cependant il y a contre les êtres lubriques

« de cette espèce un préservatif dont on dit que Midas se
« servait autrefois Ce Midas était lui-même quelque peu de
« la famille des Satyres, comme il paraissait à ses oreilles :
« un Satyre, s'autorisant de la parenté, s'amusa un jour à
« le plaisanter sur ses oreilles en chantant et en jouant de la
« flûte : mais Midas avait appris, je pense, de sa mère, que
« le moyen de venir à bout d'un Satyre, c'est de l'enivrer,
« et qu'une fois endormi il devient calme et réservé ; il mêla
« du vin à une fontaine qui coulait près de son palais, et y
« fit boire le Satyre. dès qu'il eut bu, il fut dompté [1]. Et,
« voulez-vous que je vous prouve que ce n'est pas une
« fable ? Allons trouver le chef du bourg . si les habitants
« ont du vin, nous le mêlerons d'eau, et, quand nous l'au-
« rons fait boire à ce Satyre, il lui arrivera ce qui est arrivé
« à celui de Midas. » La proposition d'Apollonius fut ap-
prouvée : il jeta quatre amphores égyptiennes dans l'abreu-
voir du bétail, et invita le Satyre a y venir boire, en ajoutant
quelques menaces secrètes. Le Satyre ne parut pas aux
yeux des assistants ; mais le vin diminua, de manière qu'on
vit bien qu'il y avait quelqu'un qui le buvait. Lorsqu'il fut
épuisé, Apollonius dit . « Maintenant faisons la paix avec le
« Satyre, car il dort » Et après avoir dit ces mots, il conduisit les habitants du bourg vers l'antre des Nymphes,
qui était à une distance de moins d'un plèthre, là il leur
montra le Satyre endormi, et leur défendit de le frapper et
de lui faire aucun mal, « Car, ajouta-t-il, il n'est plus au
« nombre des fous. » Cet acte d'Apollonius n'est pas, qu'on
se garde de le croire, un ornement ajouté au récit de son
voyage, mais un des principaux incidents de ce voyage [2] ;

1. Voir cette histoire racontée par Xénophon, *Anabase*, liv. l, c. 2 ;
Pausanias, l, 4, Plutarque, *Consolation à Apollonius* ; Maxime de Tyr,
XXX, init. — Voy. les *Éclaircissements historiques et critiques*.

2. Il y a ici dans le grec un jeu de mots qui ne saurait se traduire en
français.

et si, dans vos lectures, vous tombez sur une lettre d'Apollonius à un jeune débauché, dans laquelle il lui dit qu'il a ramené à la continence un démon du genre des Satyres, souvenez-vous de cette histoire. Quant à l'existence des Satyres et à leur penchant à l'amour, c'est un fait dont on ne saurait douter. J'ai eu pour camarade à Lemnos un enfant dont la mère, disait-on, était fréquentée par un Satyre, à en juger par la description qu'on en donnait : il avait sur le dos une peau de faon qui s'y trouvait naturellement attachée, et dont les pieds de devant entouraient le cou et étaient noués sur la poitrine. Du reste je n'insiste pas : on doit croire l'expérience et mon affirmation.

XXVIII. C'est après qu'Apollonius fut de retour de l'Éthiopie, que l'animosité entre Euphrate et lui s'aggrava par suite des discours qu'ils tenaient chaque jour, et dans lesquels Apollonius s'adressait surtout à Ménippe et à Nil : pour lui, il ne parlait contre Euphrate que rarement, et donnait tous ses soins à l'instruction de Nil.

XXIX. Lorsque Titus eut pris Jérusalem et rempli toute la ville de carnage, les populations voisines lui décrétèrent des couronnes : il les refusa, disant que ce n'était pas lui qui avait fait tout cela, et qu'il n'était que l'instrument de la colère de Dieu. Apollonius approuva cette conduite. Ce refus d'être couronné pour du sang versé annonçait un homme ami de la sagesse, qui avait l'intelligence des choses divines et humaines. Il lui écrivit une lettre, qu'il lui fit remettre par Damis. Elle était ainsi conçue : « Apollonius à « Titus, général des Romais, salut. Vous n'avez pas voulu « recevoir de couronne pour un combat et pour du sang « versé; puisque vous savez si bien ce qui mérite ou ne « mérite pas une couronne, je vous décerne celle de la mo-« dération. Adieu. » Cette lettre fit grand plaisir à Titus, qui répondit : « Je vous rends grâces et en mon nom et au nom

« de mon père, et je me souviendrai de vous . je me suis
« emparé de Jérusalem, et vous de moi. »

XXX. Titus fut peu après proclamé empereur a Rome, et
reçut ainsi le prix de ses exploits, ilpartit donc pour partager
l'empire avec son père. Mais, pensant retirer un grand profit
d'un entretien même fort court avec Apollonius, il le pria de
venir à Argos[1]. A son arrivée, il l'embrassa et lui dit « Mon
« père m'a fait connaître toutes les circonstances où il vous a
« eu pour conseiller. Voici sa lettre, où il m'écrit que nous
« vous devons tout ce que nous sommes Je n'ai, comme vous
« voyez, que trente ans, et je suis parvenu au rang que mon
« père n'a obtenu qu'à soixante · je suis appelé à com-
« mander peut-être, avant d'avoir appris à obéir, et je
« crains d'avoir à porter un fardeau trop lourd pour moi. »
Alors Apollonius, lui frappant sur le cou, qu'il avait aussi
robuste qu'un athlète, lui dit « Qui donc osera mettre sous
« le joug un taureau si vigoureux? — Celui, répondit Titus,
« qui a pris soin de moi, alors que je n'étais qu'un veau »
Titus désignait ainsi son père, et annonçait l'intention de
n'obéir qu'à celui qui, dès son bas âge, l'avait habitué à l'o-
béissance. «Je me félicite, dit Apollonius, de voir que vous
« êtes prêt à vous soumettre à votre père, à qui sont heu-
« reux d'obéir même ceux qui ne sont pas ses enfants, et
« que vous lui rendrez les hommages qu'on vous rendra à
« vous-même. La jeunesse partageant avec la vieillesse le
« pouvoir souverain, quelle harmonie suave et délicieuse !
« Est-il une flûte, est-il une lyre qui la puisse égaler? A
« cette union de la vieillesse et de la jeunesse, la vieillesse
« gagnera la force, et la jeunesse la modération. »

XXXI. « Et quelles règles me prescrivez-vous, demanda
« Titus, au sujet de l'autorité suprême ? — Celles que vous

1. Il s'agit d'Argos en Cappadoce, ville appelée aussi Argéopolis.

« vous êtes tracées à vous-mêmes. Puisque vous devez être
« d'une entière docilité envers votre père, il n'est pas dou-
« teux que vous ne deveniez semblable à lui. Cependant je
« vous citerai le précepte d'Archytas : c'était un Tarentin,
« disciple de Pythagore. Dans un Traité sur l'éducation des
« enfants, il dit : « Que le père soit un modèle de vertus
« pour ses enfants; la pensée que leurs enfants leur res-
« sembleront fera que les pères marcheront d'un pas plus
« ferme dans la voie de la vertu. » De plus je mettrai en
« rapport avec vous mon ami Démétrius, que vous retien-
« drez autant que vous voudrez, pour apprendre de lui les
« devoirs de l'honnête homme. — Quel est le genre de mé-
« rite de ce philosophe? — De parler avec franchise, et de
« dire la vérité, sans s'effrayer de rien : il a la fermeté d'un
« cynique. » Ce titre de cynique ou de chien déplut à Titus.
Apollonius reprit : « Homère a pensé que Télémaque, étant
« jeune, avait besoin de deux chiens, et il a jugé convenable
« de les donner, quoique dénués de raison, comme compa-
« gnons au fils d'Ulysse : vous aussi, vous aurez avec vous
« un chien qui aboiera pour vous contre les autres et contre
« vous-même, quand vous commettrez une faute, et ce sera
« un chien pourvu de raison et même de sagesse. — Eh
« bien ! Donnez-moi pour compagnon ce chien, s'écria
« Titus, et je lui permets de me mordre, quand il me trouvera
« en faute. — Je lui ai écrit à Rome, car c'est dans cette ville
« que réside ce philosophe. — Vous avez bien fait, mais je
« voudrais que quelqu'un vous écrivît aussi en ma faveur,
« afin que vous fissiez avec moi le voyage de Rome. — Je le
« ferai quand il sera plus utile pour vous et pour moi. »
XXXII. Titus fit alors éloigner tout le monde, et dit :
« Apollonius, nous sommes seuls, me permettez-vous de
« vous interroger sur ce qui me tient le plus au cœur? —
« Vous pouvez m'interroger, répondit Apollonius, et plus

« vos questions seront importantes, plus vous pouvez les
« faire avec confiance — Je veux vous interroger au sujet
« de ma vie et des hommes contre lesquels je dois le plus
« me tenir en garde; mais peut-être trouverez-vous qu'il y a
« de la lâcheté dans de telles apprehensions.—Je ne vois là
« que de la précaution et de la prudence : car c'est a cela
« qu'il faut veiller tout d'abord. » Et, levant les yeux vers
le Soleil, il prit ce Dieu à témoin qu'il allait précisément
parler à l'empereur sur ce sujet, quand l'empereur ne l'eût
pas abordé : il ajouta que les Dieux lui avaient dit d'avertir
Titus de redouter, du vivant de son père, les ennemis de
son père, et après la mort de Vespasien, ses plus proches
parents. « De quelle manière mourrai-je? demanda Titus.
« — Comme Ulysse : on dit que la mort lui vint de la mer. »
Cela voulait dire, comme nous l'explique Damis, que Titus
devait se garder du piquant de la raie, qui blessa, dit-on,
Ulysse. En effet, deux ans après avoir été admis par son
père au partage de l'empire, il mourut empoisonné avec
du lièvre-marin, poisson qui fournit un venin plus mortel
que toutes les substances de la terre et de la mer Néron
s'en était servi pour empoisonner dans ses festins ses plus
grands ennemis : Domitien s'en servit contre son frère Titus,
irrite, non parce qu'il avait pour collègue un frère, mais
parce que son collègue était doux et vertueux. Après cet
entretien secret, Titus et Apollonius s'embrassèrent publiquement. Quand l'empereur partit, Apollonius le salua par
ces mots : « Prince, soyez supérieur à vos ennemis par vos
« armes, à votre père par vos vertus. »

XXXIII. Voici la lettre qu'Apollonius avait écrite à Démétrius : « Le philosophe Apollonius à Démétrius le cynique,
« salut. Je vous donne à l'empereur.Titus, pour que vous
« lui appreniez a régner. Faites que je lui aie dit vrai a votre
« égard, et soyez tout pour lui, mais sans colère Adieu. »

XXXIV. Les habitants de Tarse avaient autrefois détesté
Apollonius, parce qu'il leur avait adressé des reproches
continuels, et que, vivant dans la mollesse et la volupté,
ils ne pouvaient supporter un langage un peu ferme. Mais
à l'époque où nous sommes arrivés, ils se prirent pour lui
d'une telle estime qu'ils le considérèrent comme le fondement
et le soutien de leur ville. Dans un sacrifice public que faisait Titus, tous les citoyens, se pressant autour de l'empereur, l'implorèrent pour leurs intérêts les plus chers : Titus
répondit qu'il présenterait leur requête à son père, et qu'il
se chargerait en leur faveur des fonctions de député de la
ville de Tarse. Apollonius s'approcha et dit : « Si je vous
« prouvais que quelques-uns de ces hommes sont les ennemis
« de votre père et les vôtres, qu'ils ont eu des intelligences à
« Jérusalem pour y exciter la révolte, et qu'ils ont ainsi
« donné secrètement du secours à vos ennemis le plus dé-
« clarés, que leur feriez-vous? — Que pourraient-ils atten-
« dre de moi, sinon la mort? — Eh quoi! ne rougissez-vous
« pas d'avoir les châtiments tout prêts en votre main, et de
« différer les bienfaits; de vous charger vous-même des
« premiers, et d'avoir besoin pour les autres d'en référer à
« votre père? » Ces paroles firent un grand plaisir à Titus
qui s'écria : « J'accorde aux habitants de Tarse ce qu'ils
« demandent : mon père ne pourra trouver mauvais que je
« cède à la vérité et à vous, Apollonius. »

XXXV. J'ai énuméré les pays qu'Apollonius visita pour
apprendre et pour enseigner. Depuis, il voyagea souvent,
mais ses voyages furent moins longs et il n'alla chez aucun
peuple qu'il ne connût déjà. Les pays où il séjourna le plus
longtemps après son retour d'Éthiopie sont la basse Égypte,
la Phénicie, la Cilicie, l'Ionie, l'Achaïe, l'Italie où il retourna; partout il fit en sorte qu'on le vît toujours le même.
En effet, s'il paraît difficile de se connaître soi-même, il est

plus difficile encore, à mon sens, que le sage reste toujours
semblable à lui-même : et il ne peut amener au bien ceux
qui ont une mauvaise nature qu'à la condition de ne pas
changer lui-même. Mais j'ai suffisamment exposé cette doctrine ailleurs, et pour peu qu'on lise avec soin l'exposé
que j'en ai fait, on' y apprendra que l'homme vraiment
homme ne peut ni changer ni être réduit en servitude. Afin
donc de ne pas allonger cet ouvrage en reproduisant tous les
discours qu'a tenus ce philosophe chez les différents peuples,
et d'un autre côté pour ne pas avoir l'air de traiter légèrement une histoire que j'écris avec beaucoup de soin pour
ceux qui ne connaissent pas Apollonius, je crois devoir
choisir, pour y insister, les faits les plus importants et les
plus dignes de mémoire. Quant à ses voyages, nous devons
les considérer comme semblables aux visites des enfants
d'Esculape [1].

XXXVI. Il y avait [2] un jeune homme fort ignorant, qui
instruisait des oiseaux, et qui les avait sans cesse avec lui
pour en faire des oiseaux savants · il leur apprenait a parler comme les hommes et à moduler tous les sons de la flûte.
Apollonius, le rencontrant un jour, lui demanda quelles
étaient ses occupations Le jeune homme ne parla que de rossignols et de merles, il dit tout ce qu'il apprenait aux plu-
viers, mais son langage décelait son ignorance Apollonius
lui dit : « Vous me paraissez doublement pervertir les oi-
« seaux, d'abord en ce que vous ne leur laissez pas faire
« entendre leur ramage, dont la douceur est telle qu'elle ne
« peut être imitée même par les instruments de musique les
« plus perfectionnés, ensuite en ce que vous leur apprenez
« à parler le mauvais grec que vous parlez vous-même. De

1. Machaon, Polydirius, et leurs descendants.
2. Philostrate oublie de dire le lieu où il place ce fait. C'est sans
doute à Tarse, où nous a laissés le chapitre XXXIV.

« plus, jeune homme, vous vous ruinez : quand je vois
« votre suite et votre parure, vous me paraissez de la classe
« de ces riches voluptueux dont les sycophantes sucent la
« substance en dardant contre eux leur langue acérée. A
« quoi vous servira alors votre passion pour les oiseaux? Vous
« aurez beau faire retentir à la fois toutes les mélodies de vos
« rossignols, vous ne parviendrez pas à vous débarrasser de
« ces gens-là : ils s'acharneront et se colleront contre vous,
« il vous faudra répandre sur eux vos richesses, il vous
« faudra leur jeter l'or comme on jette aux chiens des gâ-
« teaux de miel; et, s'ils aboient, il faudra leur en donner
« encore, puis encore, jusqu'à ce que vous soyez sans res-
« sources et que vous mouriez de faim. Vous avez besoin
« d'un changement, et en quelque sorte d'une éclatante
« métamorphose dans votre conduite, si vous ne voulez pas
« vous laisser plumer sans vous en apercevoir, et mériter
« les chants plaintifs plutôt que les chants joyeux de vos
« oiseaux. Pour opérer une telle métamorphose, il n'est
« pas besoin de toutes les ressources de la magie. Il y a
« dans toutes les villes une race d'hommes que vous ne
« connaissez pas encore, et qu'on appelle des maîtres. Don-
« nez-leur une petite partie de vos richesses, et vous vous
« assurerez la possession du reste : ils vous enseigneront
« l'éloquence des places publiques, ce n'est pas bien diffi-
« cile à apprendre. Si je vous voyais encore enfant, je vous
« dirais de fréquenter des philosophes et des sophistes, et
« de mettre autour de votre maison comme un rempart de
« toute sorte de sciences : mais vous n'êtes plus d'âge à
« apprendre tout cela; instruisez-vous donc seulement dans
« l'art de parler pour vous, mais dites-vous que, si vous
« acquériez une science plus parfaite, vous seriez comme
« un homme couvert d'une armure complète et dont le seul
« aspect serait redoutable, tandis que, vous bornant à la

« rhétorique, vous n'aurez que l'équipement des troupes
« légères et des frondeurs, mais vous-vous en servirez pour
« chasser les sycophantes comme des chiens. » Le jeune
homme comprit la sagesse du conseil d'Apollonius . il cessa
de s'occuper d'oiseaux, fréquenta les écoles, et devint assez
fort dans les combats d'esprit et de parole.

XXXVII. Deux traditions sont répandues à Sardes : l'une
sur le Pactole, qui aurait autrefois charrié pour Cresus des
paillettes d'or, l'autre sur des arbres qui seraient plus anciens que la terre. Apollonius jugeait que la première était
assez digne de foi ; qu'en effet le Tmolus avait autrefois un
sable mêlé d'or que les pluies avaient fait descendre et
qu'elles avaient entraîné dans le lit du Pactole, mais qu'a-
vec le temps tout ce sable avait été emporté, et qu'il n'en
restait plus. Quant a l'autre tradition, il ne fit qu'en rire .
« Vous vous vantez, dit-il aux habitants, d'avoir des arbres
« plus anciens que la terre ; mais depuis le temps que j'étu-
« die, je n'ai pas encore vu qu'il y ait des astres plus an-
« ciens que le ciel » C'était leur dire que le contenu ne
peut exister sans le contenant.

XXXVIII. Le gouverneur de Syrie répandait la discorde
dans Antioche, et nourrissait entre les citoyens des soupçons
qui mettaient la division dans les assemblées. Un fort tremblement de terre étant survenu, ils furent frappés d'épouvante ; et, comme c'est l'ordinaire, quand il est arrivé quelque prodige, ils prièrent les uns pour les autres. Apollonius
se présenta au milieu d'eux et leur dit : « Reconnaissez ici
« la main de Jupiter, qui a voulu vous réconcilier ; vous,
« désormais, gardez-vous de retomber dans la sédition, si
« vous ne voulez vous exposer au même malheur. » Ainsi
il les avertit des maux qu'ils auraient à subir, et leur dit
qu'ils auraient à craindre le même fléau que les autres
villes.

XXXIX. Voici encore un fait qui mérite d'être rapporté.
Un homme faisait un sacrifice à la Terre, pour lui demander
de l'or; et il ne craignait même pas, dans cet intérêt, d'a-
dresser des prières à Apollonius. Celui-ci, songeant au
désir de cet homme, dit : « Je vois un homme bien avide
« de richesses. — Dites que vous voyez un pauvre miséra-
« ble, qui n'a presque rien à lui, qui n'a pas de quoi nour-
« rir sa famille. — Vous nourrissez donc une foule de fai-
« néants? Car, pour ce qui est de vous, je vois que vous
« n'êtes pas du nombre des sots. — J'ai, dit l'homme, en
« s'attendrissant et en versant quelques larmes, quatre
« filles, et il me faut autant de dots. Je n'ai pour le moment
« que vingt mille drachmes environ : quand je les leur
« aurai partagées, chacune d'elles ne paraîtra pas avoir reçu
« grand'chose, et moi je serai tout à fait ruiné. » Apollonius
ne put s'empêcher de le prendre un peu en pitié, et il lui
dit . « C'est bien. La Terre et moi, nous nous occuperons
« de vous. Car on dit que vous offrez un sacrifice à la
« Terre. » Après avoir ainsi parlé, il s'en alla dans le faubourg de la ville, comme les gens qui vont acheter du fruit;
il vit un champ planté d'oliviers, admira la grandeur et la
belle venue de ces arbres, et, comme il y avait là un petit
jardin avec des fleurs et des essaims d'abeilles, il y entra
comme pour examiner quelque chose de plus près, fit des
prières à Pandore, et revint à la ville. Il alla ensuite trouver le maître du champ, qui avait amassé une fortune
d'une manière tout à fait inique, en dénonçant les Phéniciens détenteurs de quelque bien [1]. « Vous possédez, lui

---

1. Ce passage contient une allusion assez obscure. Oléarius conjecture d'une manière tout à fait vraisemblable qu'il s'agit ici des Juifs,
dont les biens avaient été confisqués dans tout l'empire pendant la
guerre de Judée. Un passage de Strabon (livre XVI, p. 749) l'autorise
en effet à croire que les Phéniciens et les Juifs étaient quelquefois nommés les uns pour les autres chez les anciens.

« dit-il, tel champ. Combien l'avez-vous acheté? et combien
« avez-vous dépensé pour son entretien? — Je l'ai acheté
« l'année dernière quinze mille drachmes, répondit cet
« homme, mais je n'y ai fait encore aucuns frais d'entre-
« tien. » Apollonius le décida à vendre ce champ vingt
mille drachmes, ce qui lui fit un bénéfice de cinq mille.
L'homme qui soupirait après un trésor ne voyait pas bien
ce qu'il gagnait à ce marché. il croyait même y avoir perdu,
et y avoir perdu d'autant plus que les vingt mille drachmes
qu'il avait en main ne dépendaient que de lui, tandis que le
champ qu'il recevait en échange était exposé aux gelées,
aux grêles et aux autres accidents qui perdent les fruits de
la terre. Mais bientôt il y trouva, autour des ruches mêmes,
une amphore contenant vingt mille dariques ¹, et fit une
ample récolte d'olives, dans une année peu productive,
alors il chanta des hymnes en l'honneur d'Apollonius, et
sa maison se remplit de prétendants jaloux de lui plaire ².

XL. Encore quelques actes d'Apollonius, dont le souvenir mérite d'être conservé. Un homme était amoureux de
la statue de la Vénus de Cnide, qui est représentée nue. Il
lui faisait de riches dons, et promettait de lui en faire de
plus riches encore afin qu'elle l'acceptât pour époux.
Apollonius trouvait absurde une telle conduite. Mais les
habitants de Cnide n'y voyaient rien de mal · ils disaient
même que le pouvoir de la déesse n'en était que plus manifeste, puisqu'elle trouvait un amant. Apollonius n'en voulut pas moins purifier le temple de cette folie, les Cnidiens
lui demandèrent s'il se proposait d'amender quelque chose
aux sacrifices et aux prières : « Je veux répondit-il, amen-
« der les yeux, mais vos rites nationaux resteront tels qu'ils

1. Les dariques (ainsi nommés du nom de Darius) étaient la monnaie
des anciens Perses.
2. Voyez les *Éclaircissements historiques et critiques.*

« sont. » Il fit venir l'amoureux transi, et lui demanda s'il
croyait aux Dieux. « J'y crois si bien, répondit l'insensé,
« que je suis épris d'une déesse, que je veux l'épouser, et
« que je célèbre les sacrifices de l'hymen. — Mon ami, lui
« dit Apollonius, votre présomption vous vient des poëtes
« qui chantent l'hymen des Anchise et des Pélée avec des
« déesses, mais croyez à ce que je vais vous dire de l'amour
« entre les différents êtres. Les Dieux aiment des déesses ;
« les hommes, des femmes ; les animaux, des femelles de
« leur espèce ; chaque être aime son semblable, pour en-
« fanter des êtres semblables à lui. Quand il y a union entre
« deux êtres d'espèces différentes, c'est une monstruosité,
« ce n'est pas un hymen. Si vous aviez songé à l'histoire
« d'Ixion, jamais il ne vous serait venu à l'esprit de vous
« éprendre pour un être d'une nature différente de la vôtre.
« Ixion tourne comme une roue dans le ciel ; quant à vous,
« si vous ne renoncez à entrer dans ce temple, vous serez
« poursuivi par le malheur sur toute la terre, et vous ne
« pourrez dire que les Dieux ne sont pas justes envers
« vous. » Ainsi s'éteignit cette ivresse ; et l'amoureux s'en
alla, après avoir offert à Vénus un sacrifice pour implorer
son pardon.

XLI. Les villes situées sur la rive gauche de l'Hellespont
ayant été agitées par des tremblements de terre, des Égyptiens et des Chaldéens y firent des quêtes afin de recueillir
une somme d'argent nécessaire pour offrir à Neptune et à la
Terre un sacrifice de dix talents. Les villes y contribuèrent
des deniers publics ; les particuliers, frappés d'épouvante,
y mirent aussi du leur ; et ces charlatans déclaraient que
le sacrifice n'aurait pas lieu tant que l'argent n'aurait pas
été déposé chez les banquiers. Apollonius ne voulut pas négliger les riverains de l'Hellespont : il parcourut les villes
qui avaient été affligées du fléau, en chassa les misérables

qui profitaient de l'infortune d'autrui pour battre monnaie,
s'enquit des causes de la colère des Dieux, leur offrit des
sacrifices selon les ressources des villes, éloigna d'elles le
fléau sans leur imposer de lourdes charges, et arrêta les
tremblements de terre.

XLII. Vers ce temps, l'empereur Domitien défendit par
décret de faire des eunuques, et de planter des vignes, avec
ordre d'arracher celles qui étaient déjà plantées Apollonius,
qui arrivait chez les peuples de l'Ionie, leur dit : « Ces
« décrets ne me concernent pas car, je suis peut-être le
« seul homme qui ne sente le besoin ni des parties géni-
« tales, ni du vin. Mais ce prince merveilleux ne voit pas
« qu'il épargne les hommes, et châtre la terre. » Ce mot en-
hardit les Ioniens, qui envoyèrent des députés à l'empereur pour intercéder en faveur de leurs vignes et le prier
de rapporter une loi qui ordonnait de ravager la terre et
de n'y point planter.

XLIII. Il me reste à rapporter un incident du séjour
d'Apollonius à Tarse. Un chien enragé s'était jeté sur un
adolescent, et l'effet de cette morsure fut que l'adolescent
imita tout ce que font les chiens. Il aboyait, il hurlait, il
marchait à quatre pattes. Il y avait trente jours qu'il était
malade, quand Apollonius, qui venait d'arriver a Tarse,
vint le trouver. Apollonius ordonna de rechercher le chien
qui était l'auteur de tous ces désordres. On lui répondit
qu'on n'avait pas vu ce chien, que le jeune homme avait été
attaqué par lui hors de la ville, comme il s'exerçait à lancer des javelots, et que, comme le malade n'avait pas même
conscience de lui-même, il avait été impossible d'apprendre
de lui la forme de ce chien. Apollonius, après quelques
moments de réflexion, dit à Damis « C'est un animal qui
« a le poil blanc et fort épais, il est originaire d'Amphilochie[1],

1. Ville d'Acarnanie, sur le golfe d'Ambracie.

« il est encore près de telle fontaine, tout tremblant:
« car il voudrait boire, et l'eau lui fait horreur. Amenez-le-
« moi sur la rive du Cydnus, à l'endroit où sont les
« palestres. Il vous suffira de lui dire que c'est moi qui
« l'appelle. » A peine ce chien eut-il été amené par Damis,
qu'il alla se coucher aux pieds d'Apollonius, en poussant
des cris plaintifs, comme les suppliants qui entourent les
autels. Apollonius le caressa, pour le rendre encore plus
traitable, et plaça le jeune homme auprès de lui, le rete-
nant par la main. Puis, pour que personne n'ignorât ce
grand mystère, il dit à haute voix : « L'âme de Télèphe le
« Mysien est passée en cet enfant, et la destinée s'acharne
« toujours contre lui. » Après avoir prononcé ces mots, il
ordonna au chien de lécher la plaie, afin que l'auteur du
mal en fût aussi le médecin. Aussitôt l'enfant se retourna
vers son père, reconnut sa mère, adressa la parole à ses camarades, et but de l'eau du Cydnus. Apollonius n'oublia
pas le chien : après avoir fait des prières au fleuve, il lança
cet animal au travers du courant. Quand le chien eut atteint
l'autre rive, il s'y arrêta, aboya (ce que ne font jamais les
chiens enragés), baissa les oreilles, et remua la queue, se
sentant guéri. L'eau en effet est le remède contre la rage,
quand le malade ose l'affronter.

Voilà ce que fit Apollonius pour les temples et les villes,
ce qu'il fit à l'égard de différents peuples et pour leur
avantage, ce qu'il fit pour les morts et les malades, à l'égard
des sages et des hommes étrangers à la sagesse, enfin à l'é-
gard des princes qui le consultèrent sur la manière de bien
vivre.

LIVRE VII.

APOLLONIUS PERSÉCUTÉ PAR DOMITIEN

I. La tyrannie, on l'a dit, est l'épreuve la plus décisive des philosophes; et l'on a raison d'examiner en quoi ils ont montré plus de courage les uns que les autres. C'est là le but de ce livre. Sous la tyrannie de Domitien, Apollonius

fut l'objet d'une foule d'attaques et d'accusations. Je vais
faire connaître leur origine, leurs causes et les points sur
lesquels elles portaient. J'aurai à dire comment, par ses
paroles et par l'opinion qu'il fit concevoir de lui-même,
Apollonius sortit du débat vainqueur du tyran plutôt que
vaincu par lui, mais auparavant je crois opportun de rappeler les circonstances mémorables où des sages eurent à
lutter contre des tyrans, afin de pouvoir comparer leur conduite à celle d'Apollonius. C'est le moyen d'arriver à la
vérité.

II. Zénon d'Élée, qui passe pour l'inventeur de la dia-
lectique, avait été fait prisonnier à la suite d'une tentative
pour renverser le tyran de Mysie, Néarque; mis à la torture,
il refusa de dénoncer ses complices, mais il accusa de trahison les amis les plus fidèles du tyran, qui furent mis à mort
comme coupables : ainsi Zénon d'Élée détruisit la tyrannie
avec ses propres armes. Platon déclare lui-même avoir
combattu pour la liberté des Siciliens de concert avec
Dion. Phyton, chassé de Rhégium, se réfugia chez Denys,
tyran de Sicile : ayant été accueilli avec plus d'honneur
qu'un exilé n'a droit d'en attendre, il comprit les desseins
du tyran, qui avait des vues sur Rhégium, et il l'écrivit à ses
concitoyens. Denys, l'ayant su, l'attacha vivant à une des
machines qu'il faisait avancer contre les murailles de la
ville, espérant que les assiégés, pour épargner la vie de
Phyton, ne lanceraient aucun trait contre cette machine;
mais Phyton leur cria de lancer hardiment leurs traits,
attendu qu'en le visant, c'est la liberté qu'ils viseraient. Hé-
raclide et Pyton, qui tuèrent Cotys de Thrace, étaient deux
jeunes gens; ils devinrent des sages, en suivant la secte
académique, et la sagesse les conduisit à la liberté. Qui
ne connaît la conduite de Callisthène d'Olynthe, qui, en un
même jour, loua et réprimanda les Macédémoniens, parve-

nus au comble du pouvoir, et qui perdit la vie pour leur
avoir déplu? Diogène de Sinope, aussitôt après la bataille
de Chéronée, blâma vivement Philippe pour avoir, lui qui
se disait descendant des Héraclides, détruit par les armes
la puissance des Athéniens, qui avaient autrefois pris les armes pour soutenir les Héraclides. Cratès le Thébain, comme
Alexandre lui promettait de rebâtir Thèbes en sa faveur,
répondit qu'il n'avait pas besoin d'une patrie que pourrait
détruire le premier soldat heureux. Je pourrais citer bien
d'autres exemples, mais je ne puis m'étendre sur ces faits,
non qu'ils ne soient fort beaux et fort célèbres, mais parce que
j'ai à leur opposer les actes d'Apollonius, qui leur sont aussi
supérieurs qu'ils sont eux-mêmes supérieurs aux actions
des autres hommes

III. Ainsi l'on ne saurait comparer à Apollonius Zénon
d'Élée, ni les deux philosophes qui tuèrent Cotys, en effet,
s'il est facile d'asservir les Thraces, les Mysiens et les
Gètes, il est peu sensé de les rendre libres . je suppose
qu'ils aiment médiocrement la liberté, n'attachant aucune
honte à l'esclavage. Je ne dirai pas (car je sais qu'un tel
discours déplairait à bien des gens) qu'il y eut de la part
de Platon peu de sagesse à entreprendre de corriger les désordres de la Sicile, plutôt que ceux d'Athènes, et que
séduit vraisemblablement par des offres d'argent, il fut à la
fois trompeur et trompé Lorsque Python de Rhégium
attaqua Denys, la puissance de ce tyran était déjà ébranlée
en Sicile, et quand il n'aurait pas été percé par les traits de
ses concitoyens, il savait qu'il n'avait à attendre de Denys
que la mort. je ne vois donc pas qu'il ait rien fait d'admirable a mieux aimer mourir pour sauver la liberté des autres
que pour mettre le comble à sa servitude. Comment, aujour-
d'hui même, Callisthène échapperait-il au reproche de malignité? Quand, le même jour, il a fait l'éloge et la satire des

mêmes hommes, ou bien il a blâmé des hommes qu'il
savait dignes d'éloges, ou bien il en a loué qu'il devait
critiquer hautement; un homme qui ne craint pas d'injurier
d'honnêtes gens ne saurait échapper au reproche de détracteur injuste, et un homme qui a pour les méchants des
éloges et des adulations assume la responsabilité de leurs
méfaits : car en louant les méchants, on les rend plus méchants encore. Quant à Diogène, si, avant Chéronée, il avait
parlé à Philippe comme il l'a fait, il aurait pu lui épargner
la honte de faire la guerre aux Athéniens : son blâme, s'appliquant à des faits accomplis, n'y changeait absolument
rien. Enfin tout homme qui aime sa patrie trouvera mauvais que Cratès n'ait pas confirmé Alexandre dans le dessein
qu'il avait formé de rebâtir la ville de Thèbes.

IV. Apollonius, lui, sans avoir de crainte pour sa patrie
en péril, sans avoir perdu l'espérance de vivre, sans se
laisser aller à des discours insensés pour les Gètes ou les
Thraces, entra en lutte, non pas contre le maître d'une
seule île ou d'un petit territoire, mais contre un homme
qui commandait à la terre entière et à la mer, et auquel il
reprochait de faire peser sur les peuples un joug insupportable. Déjà il avait été animé des mêmes dispositions contre
Néron : mais contre Néron il ne fit que lancer quelques
traits de loin, car il ne prit pas les armes lui-même, il se
contenta de saper les bases de la tyrannie en encourageant
Vindex et en réprimandant Tigellin. Encore ici quelque
détracteur d'Apollonius pourra-t-il dire qu'il ne fallait pas grand courage pour attaquer Néron, qui menait
une vie de joueuse de flûte ou de joueuse de lyre. Mais,
pour Domitien, que dira-t-on? Domitien était fort de corps,
il méprisait les plaisirs de la musique comme propres à
énerver ses instincts violents; il se faisait une joie des
souffrances et des larmes des autres, il disait que la défiance

des peuples est une sauvegarde contre les tyrans, et celle
des tyrans une sauvegarde contre les peuples, il pensait que
la nuit doit mettre un terme aux travaux de l'empereur, et
donner le signal du carnage· c'est ainsi que le sénat fut
décapité de ses membres les plus illustres, et que l'effroi se
répandit parmi les philosophes, au point que tous quittèrent
leur manteau, et que les uns s'enfuirent vers l'Occident, chez
les Celtes, ou dans les déserts de la Libye et de la Scythie,
et que les autres en vinrent a se faire, dans leurs discours,
les conseillers du crime. Mais de même que le Tirésias de
Sophocle dit à OEdipe

« Ce n'est pas vous que je sers, c'est Apollon, »

de même Apollonius, ne reconnaissant d'autre souverai-
neté que celle de la Sagesse, ne se croyait pas le tributaire
de Domitien ; il pensait que c'était pour lui qu'avaient été
prononcées les paroles de Tirésias, et, sans crainte pour
lui-même, il était plein de commisération pour les maux
des autres. Par là, il excita contre Domitien tous les jeunes
gens du sénat et tous les hommes intelligents qu'il voyait
dans ce corps; il allait de province en province, tenant aux
gouverneurs le langage d'un philosophe, et disant partout
que la force des tyrans n'est pas éternelle, et que ce qui
précipite leur perte, c'est l'effroi qu'ils inspirent: il leur
rappelait ces fêtes des Panathénées, pour lesquelles sont célébrés Harmodius et Aristogiton, et l'entreprise de Thrasybule qui, après s'être emparé de la citadelle de Phylé [1],
abattit d'un seul coup les trente tyrans, et les belles actions
des Romains eux-mêmes, du temps de la république, alors
qu'ils renversèrent à main armée diverses tyrannies.

V. Un acteur tragique était venu à Éphèse pour jouer la

.1. En Attique.

tragédie d'*Ino*, et parmi les auditeurs se trouvait le proconsul d'Asie, qui, bien que jeune et illustre parmi les consu-
laires, était un peu timide dans les affaires de l'État. Comme
l'acteur achevait la tirade où Euripide dit que les tyrans
s'élèvent lentement, et sont renversés par les moindres
chocs, Apollonius se leva brusquement et s'écria : « Voilà
un lâche qui ne comprend ni Euripide ni moi. »

VI. Le bruit se répandit que Domitien avait offert une
éclatante expiation à la Vesta romaine, en faisant mourir
trois Vestales qui avaient dénoué leur ceinture et s'étaient
souillées par des amours sacriléges, bien qu'appartenant à
un corps chargé de garder saintement le Palladium et le feu
de Vesta. « Puisses-tu, ô Soleil ! s'écria Apollonius, être pu-
« rifié, toi aussi, des meurtres iniques dont la terre est au-
« jourd'hui remplie ! » Et tout cela, Apollonius le disait,
non point tout bas, comme les lâches, mais bien haut et devant tout le monde.

VII. Domitien, après avoir tué Sabinus, un de ses parents, avait épousé Julie, veuve de la victime, sa propre
nièce, l'une des filles de Titus. Éphèse fêtait par des sacrifices les noces de l'empereur. Apollonius vint au lieu où se
célébraient ces fêtes, et s'écria : « O nuit des antiques Da-
« naïdes [1], que vous êtes incomparable ! »

VIII. C'est ainsi qu'Apollonius se conduisait au sujet des
affaires de Rome. On considérait comme digne de l'empire
Nerva, qui régna sagement après Domitien, et l'on avait la
même opinion d'Orphitus et de Rufus. Domitien les accusa
de conspirer contre lui : il relégua dans des îles Orphitus et
Rufus, et assigna Tarente pour résidence à Nerva. Apollonius avait eu avec eux des rapports d'amitié, et tout le temps
que Titus régna, soit avec son père, soit après son père, il

1. Elles avaient, dans la première nuit des noces, égorgé leurs cousins qui étaient devenus leurs maris.

leur avait envoyé des lettres pour les exhorter à la sagesse, et les avait mis du parti des empereurs parce que ces empereurs étaient des hommes vertueux, mais, Domitien étant un prince cruel, il détacha de lui ces deux hommes, et les encouragea à défendre la liberté commune. Il pensa que les correspondances par lettres étaient dangereuses pour eux, car plusieurs hommes importants avaient été trahis par des esclaves, par des amis, par des femmes, et pas une maison ne gardait alors un secret. Mais il prenait en particulier les plus prudents d'entre ses familiers, tantôt l'un, tantôt l'autre, et il leur disait. « Je vous confie un grand secret Il « faut que vous alliez à Rome trouver tel citoyen, lui par- « ler, et prendre, comme je le ferais, toute espèce de moyens « pour le gagner » Un jour on lui apprit qu'ils étaient en' exil, pour avoir tenté quelque entreprise contre l'empereur, dans laquelle ils n'avaient pas réussi, faute d'activité, ce fut pour lui l'occasion d'un discours qu'il tint sur les Parques et la destinée, dans le bois de Smyrne que baigne le Mélès.

IX. Sachant que Nerva devait régner bientôt, il dit que les tyrans eux-mêmes ne sauraient forcer la destinée ; et, comme il y avait une statue élevée a Domitien près du Mélès, il fit tourner de ce côté les regards de tous les assistants, et s'écria : « Insensé, que tu connais mal les Parques « et la destinée ! Celui qui doit régner après toi, tu aurais « beau le tuer, il ressusciterait ! » Ce mot fut porte par Euphrate aux oreilles de Domitien. Nul ne savait lequel désignait cet oracle, de Nerva, d'Orphitus ou de Rufus : Domitien, pour se délivrer de toute crainte, résolut de les mettre à mort tous les trois. Mais afin de n'avoir pas l'air d'agir ainsi sans raison, il cita devant lui Apollonius pour qu'il se justifiât du reproche de complots tramés avec eux. Car il se disait : Ou bien Apollonius viendra, il sera condamné, et les

autres paraîtront, non pas condamnés sans jugement, mais
convaincus comme lui d'intrigues secrètes, ou bien il aura
l'habileté de ne pas se laisser prendre, et ce sera une charge
de plus contre les accusés que la fuite d'un des leurs.

X. Comme il faisait ces réflexions et s'apprêtait à écrire
au proconsul d'Asie pour donner l'ordre de se saisir d'Apollonius et de le mener à Rome, celui-ci prévit tout, selon
sa coutume, et grâce à ses facultés surnaturelles. Il dit à
ses amis qu'il avait à faire un voyage secret. Cela fit penser
au vieil Abaris, et l'on crut qu'Apollonius allait entreprendre
quelque voyage de ce genre[1]. Il partit avec Damis, sans dire,
même à son compagnon, ce qu'il méditait, et vint en Achaïe.
Il prit terre à Corinthe, comme il était midi, il y fit, suivant
son habitude, ses prières au Soleil. Le soir venu, il s'embarqua pour la Sicile et l'Italie Le vent était favorable et
la mer calme il arriva le cinquième jour à Dicéarchie[2].
Là il trouva Démétrius, qui était considéré comme le plus
hardi d'entre les philosophes, parce qu'il ne résidait pas à
une trop grande distance de Rome Apollonius savait fort
bien qu'il avait quitté Rome à cause du tyran, néanmoins, il
lui dit, par manière de conversation : « Je vous surprends au
« sein des délices, à l'endroit le plus fortuné de cette Italie
« heureuse (si tant est qu'elle soit heureuse). C'est ici, dit-
« on, qu'Ulysse lui-même oublia, dans la compagnie de Ca-
« lypso, la fumée d'Ithaque et sa demeure chérie. » Démétrius l'embrassa, et, cherchant à détourner les sinistres
pensées qui s'offraient à son esprit « O Dieux, s'écria-t-il,
« quels dangers va courir la philosophie en la personne d'un

1. Ce personnage mythique des régions hyperboréennes est représenté comme un prêtre d'Apollon, qui avait reçu de son Dieu le don
singulier de traverser les airs sur une flèche, et qui fit ainsi de nombreux
voyages.

2. C'est la ville de Pouzzoles (*Puteoli*).

« tel homme! — Quel danger a-t-elle donc à craindre? de-
« manda Apollonius — Celui que vous avez prévu et au-
« devant duquel vous allez : car, si je ne connais pas vos in-
« tentions, je ne connais pas non plus les miennes. Venez
« causer avec moi, mais pas ici . allons dans un endroit ou
« nous puissions parler seuls. Il va sans dire que Damis
« nous accompagnera, Damis qui, par Hercule ! est l'Iolas[1]
« de vos travaux. »

XI. En disant ces mots, il les mène à l'ancienne villa du
célèbre Cicéron, située non loin de la ville Ils s'assirent
sous un platane. Les cigales chantaient, caressées par un
doux zéphyr. « Heureuses cigales! s'écria Démétrius, ô
« vrais sages! les Muses vous ont appris un chant qui n'a
« fait encore l'objet d'aucune accusation ni d'aucune calom-
« nie. Elles vous ont rendues supérieures aux appétits du
« ventre, et vous ont fait habiter ces arbres, bien au-dessus
« des jalousies humaines, et là vous vivez heureuses, vous
« chantez votre félicité, qui est aussi celle des Muses. » Apollonius vit bien où tendait ce discours mais il feignit de voir
dans ces paroles une perte de temps a laquelle il ne s'attendait
pas : « Quoi ! dit-il, c'est pour me faire l'éloge des cigales
« que vous m'avez pris à l'écart, et que vous êtes venu vous
« cacher ici, comme s'il y avait une loi d'État qui défendit
« de louer les cigales ! — Il ne s'agit pas d'un eloge, répon-
« dit Démétrius je voulais dire que les cigales peuvent faire
« entendre leur chant, tandis que nous, il ne nous est pas
« même permis de souffler mot : c'est un crime d'aimer la
« sagesse. Autrefois Anytus et Mélitus disaient : « Socrate
« est coupable, en ce qu'il corrompt la jeunesse et introduit
« des divinités nouvelles. » Aujourd'hui l'on dit « Cet
« homme est coupable, en ce qu'il est sage et juste, en ce

1. Iolas, neveu d'Hercule, fut le compagnon de quelques-uns de ses
travaux. (Voy. Ovide, *Métamorphoses*, liv. IX.)

« qu'il a étudié les choses divines et humaines, en ce qu'il a
« sur les lois des notions étendues. » Comme vous êtes le
« plus sage d'entre les philosophes, c'est dans l'accusation
« dirigée contre vous qu'éclate le plus de sagesse · Domitien
« veut vous trouver complice du crime dont il accuse Nerva
« et ses amis. — Quel crime leur reproche-t-il? — Le plus
« grand de tous ceux dont on puisse être accusé aujour-
« d'hui, d'après le jugement de l'accusateur. Il dit avoir des
« preuves qu'ils conspirent contre son autorité, et que c'est
« vous qui les y avez excités, en coupant, je crois, un en-
« fant. — Quoi ! ce serait un eunuque qui renverserait l'em-
« pereur ! — Ce n'est pas là ce dont on vous accuse : mais
« on prétend que vous avez immolé un enfant dans un sa-
« crifice, pour lire les secrets de l'avenir cachés dans de
« jeunes entrailles; on vous reproche encore votre manière
« de vous vêtir et de vous nourrir, et l'on ajoute qu'il y a
« des gens qui vous adorent comme un Dieu. Voilà ce que
« j'ai appris de Télésinus, qui est mon ami et le vôtre. —
« Quel bonheur, si nous pouvions revoir Télésinus ! Car
« vous parlez sans doute de ce philosophe qui a été consul
« sous Néron ? — De lui-même. Mais comment le verriez-
« vous ? Les tyrans sont soupçonneux surtout à l'égard de
« tous ceux qui ont un rang, s'ils viennent à conférer avec
« des hommes accusés de crimes comme ceux qu'on vous
« impute; et Télésinus a quitté Rome, pour se conformer
« au décret qui en chasse tous les philosophes, aimant mieux
« se retirer comme philosophe que rester en qualité de con-
« sulaire. — Je ne veux pas, dit Apollonius, lui faire courir
« de dangers il en court assez déjà pour la philosophie.

XII. « Mais dites-moi, Demétrius, que dois-je dire et
« que dois-je faire, à votre avis, pour me mettre hors de
« péril ? — Ne pas plaisanter et ne pas dire que vous res-
« sentez des craintes que vous n'éprouvez pas. Car si vous

« craigniez, vous vous éloigneriez et vous éviteriez même
« d'en entendre parler. — Mais vous-même, fuiriez-vous,
« si vous couriez le même danger que moi? — Non, par
« Minerve! s'il y avait un juge. Mais ici, il n'y aurait pas
« de juge véritable. Personne pour écouter ma défense ! En
« admettant qu'on m'écoutât, on me condamnerait quoique
« innocent Vous ne me permettriez pas de choisir cette
« mort si froide, cette mort d'esclave, au lieu de la mort
« qui convient à un philosophe. Ce qui nous convient, à
« nous autres philosophes, c'est de mourir ou bien pour
« affranchir notre patrie, ou bien pour défendre nos pa-
« rents, nos enfants, nos frères et le reste de nos proches,
« ou bien pour combattre en faveur de nos amis, qui doi-
« vent nous être plus chers même que nos proches ou que
« les êtres que nous donne l'amour. Mais mourir pour des
« crimes imaginaires, pour de mensongères accusations,
« fournir à un tyran l'occasion de se croire un habile
« homme, ce serait, à mon avis, un supplice plus cruel que
« celui de tourner en l'air sur une roue, comme on le rap-
« porte d'Ixion Pour vous, ce me semble, la lutte doit
« commencer à votre arrivée ici. Vous donnez cela comme
« preuve de la pureté de votre conscience, attendu que vous
« n'auriez osé venir, si vous vous fussiez senti coupable.
« Mais Domitien ne pensera pas ainsi, il dira que vous n'a-
« vez eu tant de confiance et de hardiesse que parce que
« vous avez une puissance secrète. Il vous a cité à compa-
« raître devant lui, cela est vrai, mais il n'y a pas encore
« dix jours, comme on dit, et voici que vous venez vous
« offrir au jugement, avant d'avoir appris que vous êtes
« accusé cela va donner du poids à l'accusation. On dira
« que vous prévoyez l'avenir, et cela fortifiera le bruit ré-
« pandu au sujet de l'enfant. Prenez garde que ce qui a fait
« le sujet de l'entretien que vous avez eu en Ionie sur les

« Parques et la destinée ne se réalise pour vous, que le
« Destin ne vous prépare quelque mal inattendu, et que
« sa puissance irrésistible ne vous entraîne à votre perte,
« pour n'avoir pas su qu'en toute circonstance la plus
« grande habileté consiste à se tenir sur ses gardes. Pour
« peu que vous n'ayez pas oublié les temps de Néron, vous
« vous rappelez comment je me suis conduit, et vous
« savez que j'envisage la mort avec les sentiments d'un
« homme libre. Mais alors il y avait encore quelque relâ-
« che si la cithare paraissait faire perdre à Néron la
« dignité de tenue qui convient à un empereur, elle avait
« du moins l'avantage de temperer et calmer ses autres
« passions ; grâce à elle, il observait quelques trêves, et
« se reposait quelquefois du carnage. C'est ainsi qu'il ne
« m'a pas mis à mort, bien qu'il eût déjà tiré le glaive pour
« m'en frapper à cause des discours que nous avions tenus,
« vous et moi, sur les Thermes [1] : s'il m'a épargné, c'est
« que la voix lui était revenue, et qu'il avait obtenu
« comme chanteur un brillant succès. Mais maintenant, à
« quelle voix, à quelle cithare sacrifierons-nous ? Il s'agit
« bien de musique ! je ne vois partout que rage : ce n'est
« pas Domitien qui s'apaisera de lui-même, nul ne saurait
« l'apaiser. Et cependant Pindare, dans un éloge de la lyre,
« dit qu'elle calme même la fureur de Mars, et qu'elle le
« détourne des combats. Domitien a établi un concours
« de musique avec des couronnes distribuées aux frais de
« l'Etat [2] ; cela ne l'a pas empêché, dit-on, de faire périr
« dernierement quelques-uns des musiciens qui avaient
« disputé le prix de la flûte et du chant De plus, il faut que

1. Voy. liv. IV, ch. 42, p. 181.
2. Allusion aux jeux Capitolins, jeux quinquennaux institués par Domitien : il s'y faisait des concours de musique, de courses de chars et
d'exercices gymniques. (Voy. Suétone, *Vie de Domitien*, c. 4.)

« vous songiez aux hommes qui sont enveloppés dans la
« même accusation que vous; vous les entraînez dans votre
« ruine, pour peu que vous fassiez montre de hardiesse,
« et que vous donniez des conseils, qui ne seront certaine-
« ment pas suivis. Votre salut est en vos mains. Voici des
« vaisseaux, en grand nombre, comme vous voyez, les uns
« partent pour la Libye, les autres pour l'Égypte, d'autres
« pour la Phénicie et l'île de Cypre; quelques-uns vont
« droit en Sardaigne, les autres au delà de la Sardaigne.
« Le meilleur parti à prendre, est de monter sur un de ces
« vaisseaux, et de vous faire transporter dans un de ces
« pays, n'importe lequel Les tyrans sont moins redoutables
« pour les hommes illustres, du moment qu'ils voient que
« ces hommes cherchent l'obscurité. »

XIII. Damis fut entraîné par les raisons de Démétrius Il
lui dit · « La présence d'un ami tel que vous peut être d'un
« grand bien pour Apollonius. Car moi, je n'ai guère d'au-
« torité, quand je lui conseille de ne pas se précipiter sur
« des épées dressées contre lui, de ne pas aller se heurter
« contre la tyrannie la plus cruelle qui fut jamais. Ce
« voyage même, je n'en aurais pas su l'objet, si je ne vous
« avais rencontré; un homme est moins prompt à exécuter
« ses propres résolutions, que je ne le suis à exécuter les
« siennes. Il ne faut pas qu'on me demande, quand je suis
« sur la mer, où je vais et pourquoi je suis parti Je ferais
« rire, si je disais que je parcours la mer de Sicile et le
« golfe Tyrrhénien sans savoir dans quel but. Si du moins
« je savais ce qui se prépare, je pourrais dire à ceux qui
« m'interrogeraient «Apollonius est épris de la mort, et moi,
« son rival, je fais voile avec lui.» Mais, si je ne sais rien à ce
« sujet, je dois du moins dire ce que je sais Et je parlerai
« pour l'amour de lui. Si je meurs, la philosophie ne fera
« pas en moi une grande perte : je suis semblable à l'écuyer

« de quelque brave soldat, mon seul mérite est de suivre
« un tel homme. Mais s'il est tué (les tyrans sont toujours
« prêts à élever l'un et à renverser l'autre), ce sera un bien
« grand désastre pour la philosophie, car il n'a jamais existé
« d'aussi grand philosophe. Hélas¹ nous avons contre nous
« plusieurs Anytus et plusieurs Melitus, de tous côtés les
« accusations fondent sur quiconque fréquente Apollonius :
« on reproche à l'un d'avoir ri tandis qu'il parlait contre la
« tyrannie, à l'autre d'avoir approuvé ce qu'il disait, à un
« troisième de l'avoir encouragé à parler, à un autre de
« s'être retiré en louant ce qu'il avait entendu. Selon moi,
« il faut mourir pour la philosophie comme on meurt pour
« les autels des Dieux, pour les murs de la patrie, pour les
« tombeaux des ancêtres. Plusieurs hommes illustres sont
« morts pour la défense de ces objets chéris Mais mourir
« pour anéantir la philosophie, ce ne serait pas mon goût,
« ni celui de quiconque aime la philosophie et Apollonius. »

XIV. Apollonius prit la parole à son tour. « Si Damis,
« dit-il, a parlé avec quelque timidité des circonstances
« présentes, il faut lui pardonner Il est Assyrien, et il a
« fréquenté les Mèdes, chez qui l'on se prosterne devant les
« tyrans aussi n'estime-t-il pas la liberté autant qu'elle
« vaut. Mais vous, Démétrius, comment vous justifierez-
« vous auprès de la philosophie? Vous répandez la terreur,
« et cependant, s'il y avait en effet quelque chose à craindre,
« votre devoir ne serait-il pas bien plutôt de dissiper que
« d'entretenir l'effroi chez un homme qui craint des dan-
« gers auxquels il semble qu'il ne devrait même pas s'at-
« tendre? Que l'homme sage meure pour les intérêts que
« vous avez dits, cela est naturel Mais celui-là même qui
« ne l'est pas peut fort bien mourir de la même façon : car
« il y a des lois qui imposent à chacun l'obligation de
« mourir pour la liberté ; et quant à mourir pour ses

« parents, ses amis ou ses enfants, c'est la nature qui le veut.
« Tous les hommes sont esclaves de la nature et de la loi ;
« mais ils le sont volontairement de la nature, et, par force,
« de la loi. Le propre du sage, c'est de mourir pour ce
« qui fait l'objet de ses préoccupations. Ce n'est pas la loi qui
« lui a imposé ce choix, ce n'est pas la nature qui le lui
« a inspiré, c'est son courage et sa force d'âme qui l'y
« ont poussé. Eh bien! qu'on vienne à détruire ce dont il
« est épris, en vain il se verra menacé du feu, de la hache,
« rien ne triomphera de sa fermeté, rien ne lui arrachera le
« moindre mensonge ; mais aussi il gardera tout ce qu'il
« sait, avec un soin aussi religieux que le secret des mys-
« tères. Je sais plus de choses que la plupart des hommes,
« car je sais tout : mais ce que je sais est pour les hommes
« de bien, pour les sages, pour moi, pour les Dieux : je ne
« sais rien pour les tyrans. Et ce n'a pas été à moi une
« folie de venir ici je vais vous le prouver. Pour ma
« personne, je ne cours aucun danger, il n'appartient
« pas à un tyran de me faire mourir, quand je voudrais
« moi-même mourir par ses mains. D'un autre côté je
« comprends que je cours des dangers dans la personne de
« ces hommes dont le tyran me fait le chef ou le complice
« je suis ce qu'il lui plaira Si je les trahissais par ma len-
« teur ou ma lâcheté dans cette affaire, que diraient de moi
« les honnêtes gens ? Qui n'aurait droit de me tuer comme
« me faisant un jouet d'hommes auxquels les Dieux ont
« accordé ce que je demandais? Je ne pourrais éviter les
« reproches de trahison · voyez plutôt. Il y a deux sortes
« de tyrannies. les unes immolent sans jugement, les autres
« commencent par faire comparaître devant un tribunal ;
« elles ressemblent, les premières aux bêtes féroces les
« plus fougueuses et les plus agiles, les autres à des bêtes
« féroces plus molles et plus somnolentes. Elles sont

« cruelles l'une comme l'autre On en peut juger en pre-
« nant Neron pour exemple de la tyrannie fougueuse et
« aveugle, et Tibère pour exemple de la tyrannie plus
« calme : le premier faisait périr les gens sans qu'ils eussent
« eu le temps de craindre, le second, après les avoir tenus
« longtemps sous la terreur. Cependant, à mon sens, la plus
« cruelle des deux espèces de tyrannies est encore celle qui
« affecte les formes de la justice, et qui prétend que ses
— « arrêts sont dictés par les lois · ces sortes de tyrans ne
« suivent en rien les lois, leurs sentences ressemblent de
« tout point a celles des tyrans qui ne jugent pas ; ils déco-
« rent du nom de justice les lenteurs de leur colère, ils
« ôtent aux malheureux qu'ils condamnent à mort, même
« la compassion de la foule, qui est comme un drap mor-
« tuaire bien dû à qui meurt injustement. Je vois que la
« tyrannie présente use des formes judiciaires, mais je vois
« aussi qu'elle finit tout comme celle qui agit sans forme
« de procès. Elle condamne les gens d'avance, et les fait
« comparaître comme si l'arrêt n'était pas déja porté.
« Quand on est condamné, on peut alors dire que, si l'on
« succombe, c'est parce que le juge n'a pas jugé selon les
« lois · mais, si l'on ne se présente pas, n'est-il pas évident
« que l'on a l'air de se condamner soi-même ? Si donc,
« quand le sort de mes illustres amis est entre mes mains,
« je refusais de combattre pour eux et pour moi, dans quel
« coin de la terre pourrais-je me réfugier sans emporter
« une souillure ? Supposons, Démetrius, qu'après vous
« avoir entendu je croie que vous avez raison, et que je
« suive vos conseils, puis, que ces hommes soient mis à
« mort, quelles prières pourrais-je faire, après un tel acte,
« pour obtenir une bonne navigation ? Où aborderais-je ?
« chez qui chercherais-je un refuge ? Ne serais-je pas obligé
« de sortir des limites de l'empire romain et d'aller trou-

« ver des amis bien éloignés, comme Phraote, Vardane, le
« divin Iarchas, ou le noble Thespésion? Mais si je m'en
« allais en Ethiopie, que dirais-je a Thespésion? Cacherais-
« je ce que j'ai fait? Ce serait avouer que j'aime le men-
« songe, ou plutôt que j'en suis esclave. Essayerais-je de
« me justifier? Voici ce qu'il faudrait dire : « Thespésion,
« Euphrate m'a calomnié auprès de vous, il m'a accusé de
« fautes dont je ne me sens pas coupable : il a dit que je
« suis un faiseur d'embarras, un charlatan, un orgueilleux
« qui me pare de toute la science des Indiens : il n'y a rien
« de vrai dans tout cela Ce qui est vrai, c'est que je suis un
« traître, que j'ai livré mes amis à la mort; que je suis un per-
« fide, en qui l'on ne saurait avoir confiance; et ainsi de suite
« Cela n'empêche pas que, comme il y a ici une couronne
« destinée à la vertu, je viens la réclamer pour avoir ruiné de
« fond en comble les plus grandes maisons de Rome, en
« sorte que nul n'y puisse plus habiter » Ces paroles, Dé-
« métrius, vous font rougir, je le vois. Mais figurez-vous
« Phraote, représentez-vous que je passe par sa cour en
« fuyant chez les Indiens, comment oserais-je le regarder?
« Comment lui avouer le motif de ma fuite? Lui dirais-je
« qu'à mon premier voyage, j'étais vertueux et que je n'au-
« rais pas craint de mourir pour des amis, et qu'après l'avoir
« connu, j'ai rejeté ces saintes dispositions avec mépris, et
« cela pour vous plaire ? Iarchas, a mon arrivée, ne m'in-
« terrogera même pas; mais de même qu'Éole chassa hon-
« teusement de son île Ulysse pour avoir mal profité du don
« qu'il lui avait fait d'une bonne navigation [1], de même il

1. Voyez *Odyssée*, liv. X, v. 71 et suiv. Éole avait donné à Ulysse une
outre où les vents étaient retenus captifs. Ulysse ayant négligé de bien
garder cette outre, ses compagnons l'ouvrirent, et les vents, ainsi dé-
chaînés, soulevèrent une tempête qui écarta d'Ithaque le vaisseau d'U-
lysse, et le rejeta dans l'île d'Éole. Il implora le secours d'Éole, qui refusa de l'entendre et le chassa de son île.

« m'ordonnera de quitter sa colline, me reprochant d'avoir
« profané la coupe de Tantale car ils veulent que qui-
« conque y a trempé ses lèvres partage les dangers de-ses
« amis. Je sais, Démétrius , combien vous êtes habile à
« trancher les difficultés. Aussi allez-vous me dire : « N'al-
« lez pas chez ces gens-là, allez chez des hommes que vous
« n'avez pas encore vus . là vous n'aurez qu'a vous féliciter
« de votre fuite, il vous sera plus facile de vous cacher au
« milieu d'hommes qui ne vous connaîtront pas. » Eh
« bien ! examinons ce parti, et voyons jusqu'à quel point il
« est fondé Pour moi, voici ce que j'en pense. Selon moi, le
« sage ne fait rien en particulier et pour lui seul; il ne
« peut même pas avoir une pensée si secrète, qu'elle ne
« l'ait au moins lui-même pour témoin; et soit que l'ins-
« cription de Delphes ait pour auteur Apollon lui-même,
« soit qu'elle vienne d'un homme qui se connaissait parfai-
« tement lui-même, et qui pour ce motif faisait de cette
« connaissance un précepte pour tous, il me semble que le
« sage, se connaissant lui-même, et ayant pour témoin son
« esprit, ne saurait rien craindre de ce que craint le vul-
« gaire, ni rien oser de ce que les autres font sans rougir.
« Car les autres, étant esclaves des tyrans,'sont prêts a leur
« livrer leurs amis les plus chers, et cela parce qu'ils re-
« doutent ce qui n'est pas à craindre, et ne craignent pas
« ce qui est à redouter. Mais la sagesse ne permet pas cela ·
« outre l'inscription de Delphes, elle approuve la sentence
« d'Euripide, qui pense que la conscience est le châtiment
« des coupables, alors qu'ils songent à leurs crimes [1]. C'est
« la conscience qui représentait à l'imagination d'Oreste les
« fantômes des Euménides, dans ses accès de fureur, après
« son parricide. L'esprit préside aux actions à faire, la con-

---

1. Allusion à un vers de l'*Oreste* d'Euripide (v. 396).

« science, à celles que l'esprit a résolues. Si l'esprit s'est
« déterminé pour le bien, la conscience accompagne l'inno-
« cent avec des chants de joie dans tous les lieux saints,
« dans toutes les rues, dans toutes les demeures des Dieux
« et des hommes ; elle enchante son sommeil, en faisant
« retentir à ses oreilles les accents mélodieux du peuple
« des songes. Que si l'esprit s'est laissé entraîner au mal,
« la conscience ne permet au coupable ni de regarder en
« face les autres hommes, ni de leur parler sans balbutier ;
« elle le chasse des temples et ne l'admet pas aux prières
« des hommes Elle ne souffre pas qu'il tende les mains
« vers les statues des Dieux, elle coupe court à leurs ado-
« rations sacriléges comme les lois aux tentatives homi-
« cides, elle l'éloigne de toute société, elle remplit d'épou-
« vante son sommeil ; pour tout ce qu'il a vu pendant le
« jour, pour tout ce qu'il a pu dire ou entendre, elle lui
« forge dans ses songes des visions fantastiques, et lui
« montre comme vraies et terribles les vaines créations de
« son imagination. Je crois vous avoir démontré clairement
« et avec la dernière évidence que, si je venais a trahir
« mes illustres amis, ma conscience me dénoncerait, et
« auprès de ceux qui me connaissent et auprès de ceux qui
« ne me connaissent pas Aussi je ne me trahirai pas moi-
« même, et j'entrerai en lutte avec le tyran, m'appliquant
« le mot d'Homère, le noble poete . « Mars est pour tous »

XV. Ces paroles firent un grand effet sur Damis . il nous
dit lui-même qu'elles lui rendirent confiance et courage ,
Démétrius, loin de blâmer Apollonius, approuva tout ce qu'il
avait dit, lui donna raison, et fit des vœux pour lui au sujet
des dangers qu'il allait courir, ainsi que pour la philosophie,

1. C'est un mot d'Hector, en réponse à Polydamas, qui conseille aux
Troyens de fuir devant Achille et de se renfermer dans leurs murailles.
(Iliade, XVIII, v. 309)

en l'honneur de laquelle il souffrait ces persécutions. Il voulait même conduire Apollonius à sa demeure ; mais Apollonius s'excusa. « Il est tard , dit-il , et il faut que vers l'en-
« trée de la nuit je parte pour le port des Romains [1]. c'est
« l'heure du départ ordinaire des vaisseaux qui s'y rendent
« Nous souperons ensemble quand mes affaires se seront
« arrangées ; présentement, on pourrait vous mettre en
« accusation pour avoir pris un repas avec un ennemi de
« l'empereur. Je ne veux même pas que vous m'accom-
« pagniez au port, pour que la conversation que nous avons
« eue ne vous fasse pas accuser de conspirer avec moi. » Démétrius se jeta dans les bras d'Apollonius et de Damis :
puis il les quitta et s'en alla, se retournant souvent et
essuyant des larmes Apollonius, de son côté, regardant
Damis, lui dit « Si vous êtes ferme et résolu comme moi,
« allons tous les deux nous embarquer, si vous sentez votre
« cœur faiblir, il est temps que vous restiez ici vous pour-
« rez, en m'attendant, demeurer auprès de Démétrius , qui
« est votre ami et le mien » Damis répondit. « Et quelle
« opinion aurais-je de moi-même , si , après vous avoir en-
« tendu parler comme vous avez fait aujourd'hui sur les
« amis et l'obligation de partager leurs dangers, au lieu de
« suivre vos préceptes, j'allais fuir pour me soustraire à vos
« dangers, moi qui jusqu'ici n'ai pas hésité a les partager ?
« — Vous avez raison, reprit Apollonius, marchons donc.
« Moi, je resterai comme je suis ; mais il faut que vous vous
« rapprochiez dans votre tenue de celle de tout le monde,
« que vous vous débarrassiez de la longue chevelure que
« vous portez, que vous changiez contre un manteau votre
« vêtement de lin , et que vous quittiez vos chaussures.
« Pourquoi tout cela? Je vais vous le dire. Je suis prêt à

1. On appelait ainsi le port de Puteoli, qui était pour les Romains
un port à la fois marchand et militaire.

« souffrir avant même mon jugement beaucoup de maux ;
« mais je ne veux pas vous les faire partager, ce qui arrive-
« rait, si vous étiez dénoncé par votre costume : c'est comme
« ami, non comme philosophe, qu'il faut que vous me sui-
« viez et que vous assistiez à tout ce que je ferai. » C'est
pour cette raison que Damis quitta le vêtement des Pythagoriciens : il assure qu'il ne le déposa point par lâcheté ni
par regret de le porter, mais qu'il le fit parce qu'il approuva
l'idée d'Apollonius, et voulut, sur son conseil, se conformer aux circonstances

XVI Trois jours après s'être embarqués a Dicéarchie, ils
arrivèrent à l'embouchure du Tibre, de la jusqu'a Rome,
la navigation est fort courte Le préfet du prétoire était alors
Élien, qui depuis longtemps était attaché à Apollonius,
l'ayant connu en Égypte Elien ne parlait pas ouvertement
à Domitien en faveur d'Apollonius, sa charge ne le permettait pas: pouvait-il louer devant l'empereur un homme accusé de conspirer contre l'empereur? pouvait-il élever la
voix pour lui ? Mais tous les moyens détournés qui étaient
de nature a lui être utiles, il s'en servait Ainsi, pendant
tout le temps qui précéda son arrivée, comme il était l'objet
de violentes accusations, il disait a l'empereur : « Les so-
« phistes sont gens qui parlent fort légèrement, leur art
« n'est qu'ostentation, et comme la vie ne leur offre aucune
« jouissance, ils sont avides de la mort, et ils n'attendent
« pas qu'elle vienne d'elle-même, ils l'attirent a eux en pro-
« voquant ceux qui portent le glaive. C'est pour cela, je
« crois, que Néron n'a pas voulu mettre à mort Démétrius.
« Il vit que ce sophiste désirait la mort et il lui laissa la
« vie, non qu'il voulût lui faire grâce, mais parce qu'il ne
« daigna pas le faire mourir. Musonius le Tyrrhénien, qui
« s'était souvent opposé à l'empereur, Néron le tint enfermé
« dans l'île de Gyare et les Grecs sont tellement captivés

« par ces sophistes, qu'on vint alors en foule a l'île de Gyare
« s'entretenir avec Musonius, et que maintenant encore on
« y va voir la source que ce sophiste découvrit dans cette
« île, autrefois sans eau les Grecs vantent cette source
« comme celle que Pégase fit jaillir sur l'Hélicon »

XVII. C'est ainsi qu'Élien s'efforçait de calmer l'empereur, avant l'arrivee d'Apollonius. Quand celui-ci fut à
Rome, Élien prit plus de précautions Il le fit saisir et amener en sa présence. Le délateur l'accusa d'être un enchanteur et un magicien. Élien fit taire cet homme, en lui
disant « Réservez-vous , réservez votre accusation pour
l'audience de l'empereur. » Apollonius dit alors . « Si je
« suis un enchanteur, comment suis-je au pouvoir des ju-
« ges! Et, si je suis au pouvoir de mes juges, comment suis-
« je un enchanteur? Peut-être, il est vrai, cet homme, dira-
« t-il que la puissance des délateurs est telle qu'elle triomphe
« de tous les enchantements. » L'accusateur voulait ajouter
quelque insolence, mais Élien, l'arrêtant, lui dit · « Laissez-
« moi tout le temps jusqu'au jugement J'interrogerai en
« particulier ce sophiste S'il s'avoue coupable, il n'y aura
« plus besoin de discours devant l'empereur, et vous pour-
« rez vous retirer en paix S'il nie, l'empereur jugera. »
Ensuite il se dirigea vers son tribunal secret, où sont exa-
minées, loin du public, les causes les plus importantes, et
il dit « Sortez tous et que personne n'écoute. C'est l'ordre
« de l'empereur »

XVIII Lorsqu'ils furent seuls, Élien prit la parole ·
« Apollonius, dit-il, j'étais fort jeune quand le père de l'em-
« pereur vint en Égypte offrir un sacrifice aux Dieux et vous
« consulter sur ses affaires. L'empereur m'avait fait tribun
« militaire, parce que j'avais quelque expérience des armes.
« J'eus alors avec vous d'excellentes relations tandis que
« l'empereur recevait les députés des villes , vous me prites

« en particulier, vous me dites de quel pays j'étais , com-
« ment je me nommais, quel était mon pere ; et vous me
« prédites que j'occuperais la charge que j'ai aujourd'hui,
« charge qui parait a tout le monde considérable et supé-
« rieure à toutes les dignités humaines ensemble, mais qui
« est pour moi un supplice et une véritable calamité. En
« effet, je me trouve préposé à la garde d'un tyran cruel Je
« ne veux pas le renverser, par crainte du courroux des
« Dieux d'un autre côté, je vous ai montré que mes dispo-
« sitions à votre egard sont toutes bienveillantes : car
« vous dire comment a commencé mon amitié, c'est vous
« dire qu'elle n'aura pas de fin, au moins tant qu'il me sera
« donné de me souvenir de ce commencement J'ai feint de
« vouloir vous interroger en particulier sur l'accusation
« qui pèse sur vous ç'a ete un prétexte heureux pour m'en-
« tretenir avec vous, vous rassurer sur mes dispositions, et
« vous instruire de celles de l'empereur. Ce qu'il decidera
« a votre sujet, je l'ignore ; mais il est dans la situation
« d'esprit d'un homme qui désire condamner, mais qui rou-
« girait de condamner sans raison. en réalité il desire que
« vous lui fournissiez un prétexte de perdre plusieurs con-
« sulaires. Il veut quelqué chose d'injuste, et il s'efforce de
« couvrir son acte du voile de la justice Il faut donc que je
« dissimule et que j'affecte d'être acharne contre vous ' car,
« s'il vient à me soupçonner de faiblesse, je ne sais lequel de
« nous deux périra le premier. »

XIX. Apollonius répondit . «Nous causons avec franchise,
« vous m'avez ouvert votre cœur, et je dois vous ouvrir le
« mien ; vous raisonnez de vos affaires comme pourraient
« le faire mes plus anciens disciples , et vous êtes assez
« bienveillant a mon égard pour consentir a vous exposer
« avec moi; aussi vais-je vous dire ma pensée tout en-
« tière. Je pouvais vous échapper par la fuite, car beaucoup

« de contrées ne sont pas encore soumises a votre empire ;
« je pouvais aller trouver des hommes sages, et plus sages
« que je ne suis ; je pouvais offrir aux Dieux un culte con-
« forme à la raison, en me rendant chéz des peuples plus
« religieux que ceux-ci, chez des peuples qui ne connaissent
« ni délation ni procès : par cela même en effet qu'ils ne
« font ni ne subissent d'injustices, ils n'ont pas besoin de
« tribunaux. Mais je n'ai pas voulu encourir le reproche de
« trahison, en évitant de me justifier moi-même, et en per-
« dant ceux qui sont en danger à cause de moi. C'est pour-
« quoi je viens me justifier. Je desire savoir de quelle accu-
« sation j'ai à me défendre »

XX. — « Les chefs d'accusation, reprit Élien, sont nom-
« breux et variés. On vous reproche votre-costume et votre
« genre de vie. On dit qu'il y a des gens qui vous adorent
« comme un Dieu, que vous avez predit la peste à Éphèse,
« que vous avez parlé contre l'empereur tantôt secrètement,
« tantôt en public, qu'enfin vous avez quelquefois donné vos
« attaques comme inspirées par les Dieux. En dernier lieu
« (chose parfaitement invraisemblable pour moi, car je sais
« que vous n'admettez pas que l'on verse le sang même dans
« les sacrifices), mais très-vraisemblable pour l'empereur,
« on vous accuse d'être allé trouver Nerva à la campagne, et
« comme il offrait un sacrifice contre l'empereur, d'avoir
« vous-même coupé en morceaux un enfant Arcadien, et
« d'avoir exalté ses espérances par ce sacrifice, qui eut lieu,
« dit-on, la nuit, comme la lune commençait a décroître.
« Cette dernière accusation est tellement grave que nous
« pouvons considérer les autres comme n'étant rien auprès
« de celle-la. C'est la que vient aboutir l'accusation tout
« entière car si votre dénonciateur parle de votre costume,
« de votre genre de vie et de vos prédictions, c'est qu'il pré-
« tend que tout cela vous a encouragé à la révolte et a fait

« naître en vous l'audace d'un tel sacrifice. Il vous faut donc
« vous préparer à vous défendre sur tous ces points, et surtout
« que votre langage ne paraisse pas méprisant pour l'empe-
« reur. — La preuve que je ne le méprise pas, c'est que je
« suis venu me justifier devant lui : d'ailleurs, quand même
« je serais assez hardi pour m'élever au-dessus d'un tyran,
« je suivrais le conseil d'un homme tel que vous, et qui me
« témoigne tant d'amitié. Que l'on passe pour méchant dans
« l'esprit de ses ennemis, ce n'est pas là ce qui est dur :
« car nos ennemis nous haïssent, non pour ce qui pourrait
« nous faire mal voir de tous, mais pour ce qui leur déplaît
« à eux en particulier. Mais voir un ami supposer qu'une
« accusation criminelle portée contre vous pourrait être
« fondée, voilà ce qui est plus cruel que toutes les persécu-
« tions de nos ennemis à la fois. Car il ne se peut faire
« qu'ils ne nous haïssent pour les crimes dont ils nous
« croient coupables. » Élien approuva ces paroles, et engagea Apollonius à se rassurer : lui-même se persuada que
rien ne pourrait épouvanter cet homme, pas même une
tête de Gorgone, si elle venait à se dresser devant lui. Il
appela donc les geôliers et leur dit : « Gardez cet homme
« jusqu'à ce que l'empereur soit informé de son arrivée et
« apprenne de sa bouche tout ce qu'il m'a dit. » Il prononça
ces paroles de l'air d'un homme courroucé. Puis il entra
au palais pour s'acquitter des devoirs de sa charge.

XXI. Ici Damis rapporte un fait qui est semblable à un
fait de la vie d'Aristide, et qui en même temps en diffère.
Aristide fut banni de sa patrie par l'ostracisme pour sa
vertu ; comme il était déjà hors des murs, un paysan s'approcha de lui, et le pria d'écrire sur une coquille son vote
contre Aristide [1]. Cet homme ne savait ni lire ni écrire, il ne

---

1. Le fait est conté ainsi par Plutarque (*Vie d'Aristide*), mais un peu
différemment par Cornélius Népos.

savait qu'une chose, c'est qu'Aristide était haï à cause de sa
justice. Le tribun, qui était un des hommes qui connaissaient le plus Apollonius, lui demanda d'un air insolent
pour quel crime il était poursuivi. « Je l'ignore, » répondit
Apollonius. — « Eh bien ! moi, je le sais : on dit que vous
« vous faites adorer, et que vous recevez un culte comme
« un Dieu. — Et qui donc m'a jamais adoré? — Moi, lors-
« que j'étais enfant a Éphèse, à l'époque où vous nous avez
« sauvés de la peste. — Vous avez bien fait alors, vous et
« la ville d'Éphèse, qui me devait son salut. — Aussi ai-je
« préparé pour vous une apologie qui vous fera gagner votre
« cause · sortons de la ville, et si je vous coupe le cou avec
« mon épée, l'accusation tombe d'elle-même, et vous êtes
« reconnu innocent; si au contraire vous produisez sur moi
« un tel effet que mon épée me tombe des mains, il faudra
« bien qu'on vous croie un homme divin, et par conséquent
« justement accusé » Cet homme était encore plus grossier
que le paysan qui voulait exiler Aristide car il parlait ainsi
en riant et en grimaçant. Apollonius fit semblant de ne pas
l'entendre, et se mit à s'entretenir avec Damis sur le Delta
que forment, en se partageant, les eaux du Nil.

XXII Élien fit ensuite appeler Apollonius et ordonna de
le mettre parmi les prisonniers qui n'étaient pas enchaînés,
jusqu'a ce que l'empereur eût le loisir de lui parler en particulier, comme il voulait le faire avant d'aller plus loin.
Apollonius fut donc conduit du tribunal dans la prison. Il
dit alors a Damis : « Parlons aux prisonniers. Car que faire
« autre chose, jusqu'au moment ou le tyran me fera les
« questions qu'il veut me faire? — Ils nous prendront pour
« des bavards, si nous allons les troubler dans la prépara-
« tion de leur défense. D'ailleurs à quoi bon parler philo-
« sophie a des hommes dont l'esprit est abattu? — Ce sont
« précisément ceux qui ont le plus besoin qu'on leur parle

« et qu'on les réconforte. Rappelez-vous ce qu'Homère dit
« d'Hélène, qui versait dans une coupe les remèdes égyp-
« tiens pour y noyer les chagrins des hommes [1] : ne croyez-
« vous pas qu'Hélène, qui était instruite dans la sagesse
« égyptienne, prononçait sur cette coupe certaines paroles
« magiques, et que c'était a la fois la vertu de ces paroles et
« celle du vin qui guérissaient les affliges? — Rien n'est plus
« probable, dit Damis, s'il est vrai qu'elle soit allée en
« Égypte, qu'elle y ait connu Protée, ou, comme le dit Ho-
« mère, qu'elle ait été liée avec Polydamne, épouse de
« Thon [2]. Mais laissons-les pour le moment : je veux vous
« demander quelque chose — Je sais ce que vous allez me
« demander, répondit Apollonius. Vous voulez savoir quelle
« conversation j'ai eue avec le préfet du prétoire, ce qu'il
« m'a dit; s'il a été doux ou terrible. » Et il lui dit tout.
Damis alors, se prosternant devant lui, s'écria · « Mainte-
« nant je ne doute plus que Leucothee n'ait autrefois donné
« son voile à Ulysse, alors que, son vaisseau ayant été
« brisé, il traversait la mer à la nage [3]. En effet, comme
« nous voici tombés dans un péril terrible et d'où il nous
« est difficile de nous tirer, quelqu'un des Dieux étend sur
« nous sa main, pour que nous ne soyons pas destitués de
« tout secours. » Apollonius n'approuva pas ce langage .
« Quand donc cesserez-vous, lui dit-il, de craindre ainsi?
« Quand apprendrez-vous que la sagesse agit sur tout
« ce qui la comprend, et que rien n'agit sur elle? — Mais,
« objecta Damis, nous sommes entre les mains d'un homme
« qui n'est nullement philosophe, sur qui non-seulement
« nous ne saurions, mais rien ne saurait avoir action. —

1. Voy. *Odyssée*, IV, v. 219 et suiv.
2. Noble Égyptien qui résidait près de Canope, et qui donna l'hosp-
talité à Ménélas. (Voy. le IV* livre de l'*Odyssée*)
3. Voy. *Odyssée*, V, v. 333 et suiv.

« Vous voyez donc, Damis, que c'est un insensé gonflé d'or-
« gueil ? — Sans doute, comment ne le verrais-je pas ? —
« Eh bien! vous devez mépriser ce tyran d'autant plus que
« vous le connaissez mieux. »

XXIII. Comme ils s'entretenaient ainsi, un homme, un
Cilicien, je crois, s'approcha d'eux, et leur dit . « Moi,
« compagnons, c'est ma fortune qui fait que je suis en dan-
« ger — Si votre fortune, lui dit Apollonius, a été acquise
« par des moyens injustes, par le brigandage, par les empoi-
« sonnements, par la violation des tombeaux des anciens
« rois, qui sont pleins d'or, et dans lesquels sont renfermés
« des trésors, non-seulement vous passerez en jugement,
« mais vous êtes perdu : car, si vous êtes riche, vos richesses
« sont le fruit du crime et de la cruaute. Si au contraire
« elles vous viennent d'un héritage ou d'un commerce
« honnête, non d'un honteux trafic, quel pouvoir peut être
« assez tyrannique pour vous enlever, en prétextant les
« lois, ce qui vous revient conformément aux lois? — Mes
« biens, répondit le prisonnier, me viennent de plusieurs
« parents, et se sont réunis dans ma maison. Je m'en sers,
« non comme de biens étrangers, car ils m'appartiennent,
« ni comme de biens à moi seul appartenant, car j'en fais
« part aux gens de bien. Mais les délateurs m'accusent et
« disent qu'il est contraire à l'interêt de l'empereur que de
« telles richesses soient en ma main; qu'en effet, si je mé-
« ditais quelque révolution, elles seraient pour moi d'un
« grand secours, et que, si je formais avec un autre quelque
« complot, elles pèseraient dans la balance d'un poids
« considérable. Déjà on allègue contre nous, comme autant
« d'oracles, que toute fortune excessive engendre l'inso-
« lence, porte à lever la tête au-dessus des autres, encou-
« rage l'orgueil, invite au mépris des lois, et fait qu'on va
« presque jusqu'à lever la main sur les magistrats qui sont

« envoyés dans les provinces, et qui sont ou bien subjugués
« par le pouvoir de l'or, ou bien entraînés à des connivences
« coupables. Quand j'étais jeune, avant que j'eusse a moi-
« même cent talents, je me jouais de tout, et je craignais
« peu pour mes biens. mais lorsqu'en un seul jour la mort
« de mon oncle paternel me laissa maître de cinq cents ta-
« lents, mon esprit fut changé comme celui d'un cheval que
« l'on dresse, et qui perd ses allures grossières et sauvages
« A mesure que ma fortune s'est accrue, et que le bien m'est
« venu soit de la terre, soit de la mer, mes richesses ont
« donné dans mon cœur un libre accès à la crainte, alors
« j'ai jeté une partie de mon or en pâture aux délateurs,
« pour apaiser leur rage; j'en ai versé une partie entre les
« mains des magistrats, pour m'assurer un appui contre
« mes ennemis, une autre entre les mains de mes parents,
« pour que ma fortune ne fît pas d'eux des envieux, j'en ai
« gorgé mes esclaves, pour qu'ils ne devinssent pas plus
« méchants, sous prétexte que leur maître les négligeait
« De plus, je faisais paître un superbe troupeau d'amis, qui
« veillaient à mes intérêts, géraient une partie de mes af-
« faires, et me donnaient des avis pour le reste. Eh bien !
« j'ai eu beau entourer ma fortune de tous ces remparts et
« de tous ces retranchements, voici qu'elle me met en péril,
« et je ne sais pas même si je sortirai d'ici avec la vie sauve.
« — Rassurez-vous, dit Apollonius, votre fortune vous ré-
« pond de votre vie. c'est a cause d'elle que vous êtes en
« prison, elle vous délivrera, et non-seulement vous fera
« sortir d'ici, mais vous dispensera de faire désormais la
« cour aux délateurs et aux esclaves auxquels elle vous
« avait asservi jusqu'ici. »

XXIV. Un autre prisonnier dit qu'il était mis en jugement
parce que, offrant un sacrifice à Tarente, où il était investi
du commandement, il avait oublié d'ajouter aux prières

publiques que Domitien était fils de Minerve[1]. « Apparem-
« ment, lui dit Apollonius, vous pensiez que Minerve, étant
« vierge, n'avait jamais enfanté, vous ne savez pas, à ce
« qu'il parait, que cette déesse enfanta autrefois aux Athé-
« niens un dragon[2]. »

XXV. Un autre était retenu en prison sous le coup de l'accusation suivante. Il avait une propriété près des bouches
de l'Achélous Ayant fait avec une petite chaloupe le tour
des îles Échinades, il en vit une qui s'était presque jointe au
continent Il y planta des arbres fruitiers et des vignes qui
donnaient un tres-bon vin, et s'y prepara de quoi vivre à son
aise . il avait apporté du continent toute l'eau nécessaire
pour cette île. De la, une accusation contre cet Acarnanien .
on avait prétendu qu'évidemment il était coupable de quelque crime, et que c'était le remords de forfaits affreux qui
l'avait poussé à se séparer du reste des hommes et de s'exiler d'une terre souillée par lui: on le comparait à Alcmeon,
fils d'Amphiaraus, qui, après le meurtre de sa mère, vint à
l'embouchure de l'Achélous se soustraire aux remords qui
l'obsédaient . sans l'accuser du même crime, on disait qu'il
avait commis quelque attentat presque égal a celui-là. Cet
homme repoussait cette accusation, et disait que, s'il était
venu habiter en cet endroit, c'était par amour du repos.

1. On sait, en effet, que Domitien honorait particulièrement Minerve
(Voy. Suétone, *Domitien*, c. 15, Quintilien, *Institution Oratoire* X, 1),
et qu'il prétendait être considéré comme Dieu de son vivant même (Voy.
Pline, *Panégyrique* Suétone, ch. 13).

2. Allusion à Erichthonius, qui, selon une tradition athénienne, était
fils de Minerve et de Vulcain (Maury, *Histoire des religions de la Grece*,
I, p. 104). Selon une autre tradition, il était fils de Vulcain et de la
Terre (Ibid , p. 229). Il avait un buste humain, et ses jambes étaient
deux queues de serpent (Voy. la *Bibliothèque* d'Apollodore, III, 13, et
Ovide, *Métamorphoses*, III, v. 561). — On voit, du reste, comment
Apollonius fait retomber sur Domitien sa pretention d'être né de Mi-
nerve, qui, si elle a enfanté, n'a enfanté qu'un monstre.

Voilà pour quelle raison il était mis en jugement et tenu en prison.

XXVI. Bientôt Apollonius fut entouré d'un grand nombre de prisonniers, qui lui adressèrent des plaintes semblables Il y avait dans cette prison environ cinquante hommes. Les uns étaient malades, les autres abattus et découragés, ceux-ci attendaient la mort, ceux-là pleuraient sur leurs enfants, leurs parents et leurs femmes. «Damis, dit Apollonius, ces hommes me paraissent avoir besoin du remède « dont je vous ai parlé en entrant ici. Que ce soit une plante « égyptienne ou qu'elle ait été coupée sur quelque autre « terre par la Sagesse dans un de ses jardins, faisons-en « part à ces malheureux, de peur que l'affliction n'abrége « leurs jours. — Vous avez raison, répondit Damis, ils ont « l'air d'en avoir grand besoin. » Apollonius, les ayant donc rassemblés, leur dit · « O vous tous, avec qui je partage « cette demeure, je vous plains d'aller ainsi de vous-mêmes « à votre perte, sans savoir si vous succomberez à l'accusa- « tion qui pèse sur vous. En vérité, l'on dirait que vous « voulez vous donner la mort pour devancer l'arrêt qui, « comme vous le croyez, vous menace, et que vous avez du « courage contre ce que vous craignez, que vous craignez « ce que vous regardez avec courage. Cela ne sied pas à des « hommes; il faut vous souvenir de la belle pensée d'Ar- « chiloque de Paros : ce poete, parlant de la force qui fait « résister aux afflictions, dit que «la patience, étant une in- « vention des Dieux, nous élève au-dessus des adversités, « comme l'art soutient au-dessus des ondes le malheureux « dont le vaisseau est submergé.» D'ailleurs, vous ne devez « pas considérer comme des maux les circonstances que « vous subissez, et auxquelles, moi, je viens m'offrir Si en « effet vous avouez être coupables de ce dont on vous ac- « cuse, ah ! c'est alors qu'il faut gémir sur le jour dans le-

« quel votre cœur vous trompa en vous poussant a des actes
« injustes et cruels, mais si vous êtes innocents, si vous
« pouvez affirmer, vous, que ce n'est pas pour les raisons
« mises en avant par le délateur que vous habitez l'île d'A-
« chélous, vous', que vous n'avez jamais disposé de vos ri-
« chesses pour des menées hostiles à l'empereur, vous, que
« vous n'avez pas eu le dessein arrêté de nier les liens qui
« l'unissent à Minerve ; si en un mot chacun de vous peut
« déclarer fausses les accusations pour lesquelles il est em-
« prisonné et en danger de mort, que signifient les gémis-
« sements que vous poussez sur des faits imaginaires ? Plus
« vous sont proches ceux dont vous déplorez l'absence, plus
« vous devez être forts . car les récompenses proposées à
« votre patience, les voila ! Peut-être trouvez-vous dur
« d'être renfermés ici et de vivre dans une prison ? Peut-
« être croyez-vous que ce n'est que le commencement des
« maux que vous devez souffrir, ou que c'est déjà un sup-
« plice, quand il ne devrait pas y en avoir d'autre ? Pour
« moi, qui connais la nature humaine, je vous enseignerai
« des préceptes qui n'ont rien de commun avec les remèdes
« des médecins . car ils donnent la force et empêchent de
« mourir Tous tant que nous sommes, nous sommes en
« prison pendant la durée de ce qu'on appelle la vie. Notre
« âme, liée à ce corps périssable, souffre des maux nom-
« breux, est l'esclave de toutes les nécessités de la condition
« d'homme, et ceux qui les premiers ont imaginé de se
« construire une maison n'ont pas réfléchi qu'ils s'enfer-
« maient dans une seconde prison. Assurément ceux qui
« habitent des palais, et qui sont entourés de toute espèce
« de précautions pour leur sûreté, nous devons les considé-
« rer comme tenus dans une prison plus étroite que ceux
« qu'ils emprisonnent. Quand je songe aux villes et à leurs
« murailles, je me dis que ce sont autant de prisons publi-

« ques, qui font autant de prisonniers des hommes qui ven-
« dent et achètent, des citoyens qui se réunissent dans les
« assemblées, de ceux qui assistent aux représentations
« dramatiques, et de ceux qui célèbrent quelque fête. Les
« Scythes, sur leurs chariots, ne sont pas moins prisonniers
« que nous ils sont enfermés entre l'Ister, le Thermodon
« et le Tanaïs, fleuves peu faciles à traverser, à moins
« qu'ils ne soient gelés; ils ont sur leurs chariots comme
« des maisons, où tout en voyageant, ils restent blottis Si
« je ne craignais de paraître faire une déclamation de jeune
« homme, j'ajouterais que l'Océan lui-même environne la
« terre comme un lien. Venez, poetes, car ceci est votre do-
« maine, et contez à ces hommes découragés comment Sa-
« turne a été enchaîné par l'artifice de Jupiter, comment le
« belliqueux Mars l'a été dans le ciel par Vulcain, et sur la
« terre par les Aloïdes Songeons a tout cela, rappelons-
« nous tous les sages et tous les puissants qui ont été jetés
« dans des cachots par des peuples tumultueux, ou bien ou-
« tragés par des tyrans, et acceptons notre sort, afin de ne
« pas être au-dessous de ceux qui ont accepté un sort sem-
« blable. » Ces paroles produisirent un tel changement
dans l'esprit des prisonniers, que la plupart se remirent a
manger, renoncèrent aux pleurs, et conçurent l'espérance
qu'il ne leur arriverait aucun mal tant qu'ils seraient dans
la société d'Apollonius

XXVII. Le lendemain, Apollonius continua à parler
dans le même sens Au nombre des prisonniers se trouva
un homme aposté par Domitien pour écouter ses discours.
Cet homme paraissait triste, et se disait fort en danger il
s'exprimait avec assez de volubilité, comme les gens qui ont
fait provision de huit ou dix formules captieuses à l'usage
des délateurs. Apollonius vit le piége, et ne dit rien qui pût
profiter à cet homme · il ne parla que des fleuves, des mon-

tagnes, des bêtes féroces et des arbres cela faisait le plus
grand plaisir aux prisonniers, mais le délateur ne faisait
pas ses frais Il s'était donné beaucoup de peine pour l'amener a mal parler du tyran, il lui avait dit, par exemple :
« Vous pouvez me dire tout ce que vous voulez, camarade :
« ce n'est pas moi qui vous dénoncerai J'entends bien dire
« son fait à l'empereur, et le lui dire en face. »

XXVIII Il y eut encore dans la prison d'autres scènes,
les unes préparées, les autres fortuites, mais peu importantes, et qui ne méritent pas de m'arrêter Si Damis les a
rappelées, c'est qu'il a tenu a ne rien omettre. Voici les
seules qui vaillent la peine d'être rapportées. Un soir, le
cinquième jour depuis l'emprisonnement d'Apollonius, il
arriva un homme qui parlait grec, et qui demanda : « Où
« est le Tyanéen ? » Puis il prit à part Apollonius, et lui dit :
« Demain l'empereur aura une entretien avec vous figurez-
« vous que c'est Élien qui vous l'apprend — J'entends le
« mystère, répondit Apollonius, car Élien seul peut le sa-
« voir — Il a été de plus recommandé au gardien de la
« prison de vous accorder tout ce que vous pourrez désirer
« — C'est bien a vous, mais vivre ici ou vivre dehors, ce
« m'est chose indifférente : je parle tout aussi bien sur ce
« qui se présente, et je n'ai besoin de rien — Pas même
« d'un conseiller, qui vous dise comment vous devriez
« parler a l'empereur ? — Je puis en avoir besoin, mais il ne
« faut pas qu'il m'engage à dire des flatteries — Et s'il vous
« conseillait de ne témoigner à l'empereur ni dédain ni mé-
« pris ? — Son conseil serait excellent, mais c'est précisé-
« ment ce que je me propose de faire — C'est là l'objet qui
« m'amène, et je suis heureux de vous trouver disposé à
« la modération. Il faut aussi que vous soyez préparé à
« soutenir la voix rude de l'empereur et son regard sévère ;
« sa voix en effet est toujours rude, même quand il veut

« parler avec douceur, ses yeux sont couverts d'épais sour-
« cils, enfin, et c'est ce qu'il y a de plus frappant chez lui,
« son teint est bilieux. `Apollonius, il ne faut pas que cela
« vous épouvante · ce sont des défauts naturels, et que rien ne
« peut changer.—Ulysse, lorsqu'il est entré dans la demeure
« de Polyphème n'avait appris de personne quelle était la
« taille du Cyclope, ni quelle nourriture il prenait, ni quelle
« voix tonnante il avait ; et cependant, après un moment de
« trouble, il soutint sa vue sans effroi, puis il sortit de l'antre
« après avoir fait preuve de cœur. Pour moi il me suffit de
« quitter Domitien sain et sauf, après avoir sauvé les amis
« pour lesquels je me suis exposé à ce danger. » Après cet
entretien, dont il fit part aussitôt à Damis, Apollonius se
livra au sommeil.

XXIX. Le lendemain, au point du jour, un des greffiers
du tribunal de l'empereur vint à la prison   « L'empereur
« ordonne, dit-il, que vous veniez au palais, Apollonius,
« à l'heure où la place publique est remplie[1] ; ce n'est pas
« encore pour vous juger, c'est pour voir quel homme
« vous êtes, et pour avoir un entretien avec vous seul.
« — Pourquoi est-ce à moi que vous venez dire cela? —
« N'êtes-vous pas Apollonius? — Sans doute. — Eh bien! à
« qui le dirais-je ? — A ceux qui doivent me conduire ; car
« il faut que je sorte comme un prisonnier — Ils ont déjà
« leurs instructions: je reviendrai moi-même à l'heure dite;
« pour le moment je ne suis venu qu'afin de vous prévenir,
« ayant reçu hier cet ordre fort tard. »

XXX. Quand le greffier fut parti, Apollonius, se remet-
tant sur son lit, dit à Damis: « Il faut que je dorme · j'ai
« passé la nuit sans sommeil, travaillant à me rappeler ce
« que m'a dit autrefois Phraote — Cependant, répondit

1. C'est-à-dire vers midi.

« Damis, il vaudrait mieux veiller, et vous préparer à l'en-
« trevue qu'on vous a annoncée, c'est une chose si impor-
« tante ! — Et comment me préparerais-je, ne sachant sur
« quoi je serai interrogé ? — Eh quoi ! vous allez improviser
« votre défense dans une cause capitale ? — Sans doute,
« ma vie elle-même n'est-elle pas toute d'improvisation ?
« Mais je veux vous dire ce que je me suis rappelé des con-
« versations de Phraote. c'est une chose utile pour la cir-
« constance présente, vous-même serez de mon avis. Au
« sujet des lions que l'on veut apprivoiser, Phraote me
« disait qu'il ne faut ni les maltraiter, car ils se souviennent
« des mauvais traitements, ni user envers eux de trop de
« ménagements, parce que cela les rend fiers, mais que le
« moyen de les amener à la douceur, c'est de les flatter en
« les menaçant. Quand il me parlait ainsi, ce n'était pas
« pour m'apprendre à apprivoiser des lions, ce qui n'est
« pas l'objet de mon étude, il voulait me mettre en main des
« rênes qui pussent me servir pour conduire les tyrans : en
« en faisant usage, il pensait que je ne saurais m'écarter de
« la modération. — Ces conseils, répondit Damis, sont assu-
« rément fort bons pour se mettre en garde contre les tyrans.
« Mais je me rappelle une fable d'Ésope, *le lion dans son*
« *antre*. Ce lion, dit Ésope, n'était pas malade, mais il faisait
« semblant de l'être, et il se saisissait de tous les animaux
« qui allaient lui rendre visite. « Qu'est-ce que cela signifie ?
« se demanda le renard. Je ne vois personne avec le lion, et
« je ne vois pas non plus de traces d'animal qui soit sorti de
« son antre » — Eh bien ! reprit Apollonius, le renard au-
« rait été, à mon sens, encore plus avisé, s'il était entré, ne
« s'était pas laissé prendre, et était sorti de l'antre en lais-
« sant des traces de son retour » Après avoir ainsi parlé,
Apollonius, prit un peu de sommeil, mais le sommeil ne fit
qu'effleurer ses paupières.

XXXI. Quand il fut grand jour, Apollonius adora le Soleil
autant qu'il pouvait le faire dans la prison, il répondit à toutes
les questions qui lui furent posées, et à l'heure dite le greffier
lui ordonna de venir à la porte du palais. « Il ne faut pas,
« dit-il, qu'on nous appelle avant que nous soyons arrivés.
« — Allons, » dit Apollonius, et il sortit le premier d'un pas
rapide. Quatre gardes le suivaient, mais a une distance plus
grande qu'on n'a coutume de suivre les prisonniers Damis
suivait aussi, il avait le cœur plein de crainte, mais faisait
semblant de méditer. Tous les regards étaient fixés sur
Apollonius, son costume attirait tout d'abord l'attention ;
de plus, son air inspirait une sorte d'admiration religieuse,
et la pensée qu'il était venu s'exposer pour d'autres lui
conciliait même ceux qui lui étaient précédemment hostiles.
Comme il se tenait à la porte du palais, il fut témoin des
hommages qui se rendaient et se recevaient, et entendit
le bruit de ceux qui entraient et sortaient « Damis, dit-il,
« ne dirait-on pas un établissement de bains ? Ceux du
« dehors se pressent pour entrer, ceux du dedans pour
« sortir, on dirait des gens qui vont se baigner, ou qui en
« viennent. » C'est un mot que je serais bien aise qu'on ne
dérobât point a Apollonius, pour l'attribuer à tel ou tel   il
appartient si bien en propre à Apollonius, qu'il l'a lui-
même transporté dans une de ses *Lettres*. Voyant un
homme déjà vieux qui demandait un commandement, et
qui, pour l'obtenir, offrait à l'empereur des hommages ser-
viles, il dit à Damis : « Sophocle a eu beau dire[1]. voici un
« homme qu'il n'a nullement persuadé de fuir un tyran
« furieux et féroce. — Mais nous-mêmes, objecta Damis,

---

1. Oléarius suppose que le *tyran furieux et féroce* dont il est question
ici n'est autre, dans Sophocle, que l'Amour. Il est certain que Philostrate a rapporté plus haut (I, 13) un mot semblable de Sophocle, qui
s'appliquait à l'Amour.

« nous l'avons choisi · c'est pour cela que nous sommes a
« cette porte. — On dirait, Damis, que vous croyez
« qu'Éaque, le juge des enfers, garde aussi cette porte :
« on vous prendrait pour un mort. — Non pas pour un
« mort, mais pour un homme qui va mourir. — Vous
« n'êtes pas encore fait a la mort, mon cher Damis, et ce-
« pendant voici longtemps que nous sommes ensemble, et
« vous philosophez depuis votre jeunesse. Je vous croyais
« aguerri contre elle, et aussi bien exercé que moi-même.
« Quand un général est en campagne et qu'il combat, le
« courage ne lui suffit pas, il lui faut encore la science qui
« indique les moments opportuns, de même le philosophe
« doit observer les moments favorables pour mourir : il
« faut qu'il les saisisse, non pas au hasard ni avec l'envie
« de mourir, mais avec choix et réflexion. J'agis sagement
« et dans le moment opportun pour la gloire de la philoso-
« phie, en m'offrant aujourd'hui à la mort, s'il se trouve
« un homme pour me tuer; c'est ce que j'ai prouvé à d'au-
« tres en votre présence, et ce que je suis las de vous dé-
« montrer a vous-même. »

XXXII. C'en est assez sur ce sujet. Quand l'empereur
se fut débarrasse des affaires urgentes et put donner audience à Apollonius, celui-ci fut conduit vers l'empereur par ceux qui sont préposés à cet office : on ne permit
pas à Damis de le suivre Domitien avait alors sur la
tête une couronne formée d'une branche verte , parce
qu'il venait de sacrifier à Minerve dans une cour du palais, consacrée au dieu Adonis, et toute remplie de ver-
dure et de fleurs [1], selon une mode venue d'Assyrie ,
d'avoir dans l'intérieur même des habitations des jardins
pour la célébration des mystères d'Adonis. L'empereur,

1. Allusion aux *Jardins d'Adonis*, sortes de corbeilles pleines de
fleurs qu'on portait aux fêtes d'Adonis.

« qui n'avait pas encore terminé toutes les cérémonies du
« sacrifice, se retourna, et, frappé de l'extérieur d'Apollo-
« nius, il s'écria . « Élien, c'est un démon que vous
« m'amenez là » Apollonius ne se troubla point, et, se
prenant à ce qu'il venait d'entendre « O empereur, dit-il,
« je vous croyais sous la protection de Minerve comme
« autrefois Diomède a Troie. Cette déesse, en effet, delivra
« les yeux de Diomède de ce brouillard qui offusque la vue
« des mortels, et lui donna la faculté de distinguer les
« Dieux et les hommes. Mais elle ne vous a pas encore pu-
« rifié a ce point. Autrement vous verriez mieux Minerve
« elle-même, et vous ne prendriez pas des hommes pour
« des démons. — Et vous, ô philosophe, quand avez-vous
« eu les yeux délivrés de ce brouillard? — Il y a longtemps
« de cela, c'est depuis que j'ai commencé a philosopher.
« — Alors, comment avez-vous pris pour des Dieux les
« hommes qui sont mes ennemis les plus acharnés ? —
« Quelle guerre y a-t-il donc jamais eu entre vous et les
« Indiens Iarchas et Phraote? car ce sont les seuls hommes
« que je considère comme Dieux, ou du moins comme dignes
« de ce nom. — N'allez pas chercher les Indiens. Parlez-
« moi de votre cher Nerva et de ses acolytes — Dois-je
« plaider sa cause, ou...?—Non, il est inutile de la plaider,
« car il est déjà reconnu coupable, mais que vous n'êtes
« pas coupable vous-même, vous qui étiez informé de
« ses projets criminels, voila ce que je veux vous entendre
« démontrer.— Vous voulez savoir ce dont je suis informé,
« je vais vous le dire Car a quoi bon cacher la vérité? »

XXXIII. L'empereur se crut au moment d'entendre des
secrets de la plus haute importance, et de nature à perdre
Nerva et ses amis Apollonius, le voyant tout enflé de cette
espérance, lui dit : « Nerva est, de tous les hommes que je
« connais, le plus modéré, le plus doux, le plus dévoué à

« l'empereur, il remplirait admirablement une grande
« charge, mais il a tellement peur du faste qu'il craint les
« moindres honneurs Ses acolytes (et vous désignez de ce
« nom, si je ne me trompe, Rufus et Orphitus) sont, eux aussi,
« autant que je les connais, des hommes modérés, ennemis
« des richesses, un peu indolents à faire même ce qui est per-
« mis, également incapables et de tramer un complot, et
« d'entrer dans un complot organisé par un autre » Ces
paroles exaspérèrent l'empereur. « Ainsi, selon vous, s'écria-
« t-il, je calomnie ces hommes ! Et quand je les ai trouvés
« souillés de crimes et prêts a se ruer contre moi, vous venez
« me dire que ce sont les plus honnêtes et les plus calmes
« des hommes ! Je me doute que si on les questionnait à leur
« tour sur votre compte, ils répondraient « Apollonius n'est
« ni un magicien, ni un audacieux, ni un fanfaron, ni un
« homme avide de richesses, ni un contempteur des lois. »
« Vous êtes des scélérats merveilleusement d'accord pour
« mal faire Mais l'accusation vous démasquera : car vos,
« serments, leur objet, le moment où ils ont été prêtés, les
« sacrifices qui les ont accompagnés, je sais tout cela aussi
« bien que si j'y avais assisté et que si j'y avais pris part. »
Apollonius, toujours impassible, répondit · « Il est honteux
« et contraire aux lois, ô empereur ! ou de faire un simu-
« lacre de jugement quand votre opinion est faite à l'a-
« vance, ou de vous faire une opinion avant d'avoir jugé.
« Puisque telles sont vos dispositions, permettez-moi de
« commencer dès maintenant a me justifier. Prince, vous
« me jugez bien mal, et vous me faites plus de tort que le
« délateur, car il promet de prouver mon crime, et vous,
« avant de l'avoir entendu, vous l'affirmez. — Commencez
« votre justification par où vous voudrez, répondit Domi-
« tien, quant à moi, je sais par où je dois finir et par où il
« convient de commencer. »

XXXIV. Domitien, en effet, commença aussitôt à faire subir au philosophe d'ignominieux traitements; il lui fit couper la barbe et les cheveux[1], il le fit enchaîner au milieu des plus grands scélérats Tandis qu'on lui coupait les cheveux, Apollonius dit · « Prince, je ne savais pas « que ce fût ma chevelure qui était en péril.» Puis, quand on le mit aux fers « Si vous me prenez pour un magi-« cien, comment ferez-vous pour m'enchaîner ? Et si « vous m'enchaînez, comment m'accuserez-vous de magie? « —Je ne vous lâcherai pas avant de vous avoir vu vous « changer en eau, en arbre ou en bête féroce.—Quand je « le pourrais, je ne le ferais pas, afin de ne pas trahir des « hommes qui, contre toute justice, courent les plus grands « périls. Je resterai tel que je suis et subirai tout ce que « vous voudrez faire endurer à ce corps misérable, jusqu'à « ce que j'aie justifié les innocents que l'on accuse —Et qui « vous justifiera vous-même?— Le temps, l'inspiration des « Dieux, et l'amour de la sagesse qui m'anime »

XXXV. C'est ainsi, selon le récit de Damis, qu'Apollonius préluda a son apologie devant Domitien; mais ceux qui ont présenté malignement ces faits disent qu'il commença par faire son apologie, puis fut enchaîné, ensuite fut rasé; ils ont même imaginé une lettre écrite par lui dans le dialecte ionien, lettre d'une longueur insupportable; dans cette lettre, Apollonius aurait supplié Domitien de lui épargner les chaînes. Il est vrai qu'Apollonius écrivit son *Testament* en ionien; mais je ne connais pas de lui une seule lettre écrite dans ce dialecte, bien que j'en aie recueilli un grand nombre; et, dans ses lettres, je ne l'ai jamais

---

1. C'était chez les peuples anciens une peine infamante que d'avoir les cheveux et la barbe coupés. (Voy. le IIe livre des *Rois*, ch. 10). — Les Romains rasaient la tête des esclaves : Domitien veut sans doute traiter comme un esclave Apollonius, parce qu'il se glorifie d'être libre.

trouvé verbeux. Elles sont toutes d'une brièveté lacédémonienne, et semblent détachées d'une scytale[1]. D'ailleurs
il sortit vainqueur du tribunal de l'empereur; comment
aurait-il donc été enchaîné une fois la sentence rendue?
Mais il n'est pas encore temps de parler du jugement. Disons d'abord ce que dit Apollonius au sujet de sa barbe et
de ses cheveux coupés.

XXXVI Il y avait deux jours qu'il était enchaîné, lorsqu'il se présenta à la prison un homme qui lui dit avoir
acheté à prix d'argent la permission de lui parler, et qui
annonça vouloir lui donner un conseil salutaire C'était un
Syracusain; Domitien ne pensait et ne parlait que par lui.
Il avait été envoyé, comme le précédent, par l'empereur,
mais il y avait plus de vraisemblance dans ses paroles. Le
premier avait dû faire venir de loin la conversation, celui-
ci avait, dans les circonstances présentes, une entrée en
matière toute trouvée : « O Dieux ! s'écria-t-il, qui aurait
« pu croire qu'Apollonius eût pu être chargé de chaînes !—
« Qui l'eût pu croire? celui qui l'a fait. Car il ne m'eût pas
« enchaîné s'il n'eût cru pouvoir le faire. —Qui aurait ja-
« mais cru qu'on eût pu couper sa divine chevelure?—
« Moi, qui la laissais croître.—Et comment supportez-vous
« tout cela?—Comme doit le faire un homme qui ne s'est

1. On appelait *scytale* une bande de peau préparée et roulée autour
d'un bâton de bois, dont les éphores spartiates se servaient pour faire
parvenir à un général des depêches secretes Quand ils l'envoyaient en
expédition, ils prenaient deux rouleaux de bois parfaitement égaux en
grosseur, lui en remettaient un et conservaient l'autre. Après son départ, ils roulaient autour du bâton qu'ils avaient gardé une longue
bande de cuir, en en faisant toucher les bords, et couvraient ce cuir de
caractères dans le sens de la longueur. Ils deroulaient ensuite cette bande
et la remettaient en cet état, c'est-à-dire tout à fait inintelligible, à
un messager. Le général, pour comprendre la dépêche, n'avait qu'à
la rouler à son tour tout autour de son bâton. (Voy. Robinson, *Antiquités
grecques*, t. II, p. 172.)

« offert à ces circonstances ni volontairement ni contre son
« gré.— Et comment votre jambe supporte-t-elle ces chaî-
« nes ?— Je ne sais, car mon âme est ailleurs —Cependant
« l'âme est ouverte à la douleur.—Nullement, car l'âme
« (du moins la mienne) ou he sentira pas la douleur ou la
« fera cesser.—Et à quoi donc songe votre âme?—A ne
« pas se soucier de tout ceci. » Notre visiteur revint alors
a la chevelure d'Apollonius, et remit la conversation sur
ce sujet. « Bien vous prend, lui dit alors Apollonius, de
« n'avoir pas été un des Grecs qui firent le siége de Troie;
« il m'est avis que vous auriez poussé bien des gémisse-
« ments sur la chevelure d'Achille coupée en l'honneur de
« Patrocle (si toutefois elle fut coupée en effet), et qu'un tel
« spectacle vous aurait fait défaillir Vous qui me témoignez
« tant de compassion pour mes cheveux, tout blancs qu'ils
« étaient et incultes, que n'auriez-vous pas ressenti pour
« cette chevelure blonde et si bien entretenue ! » Tous les
propos du Syracusain étaient autant de piéges; il voulait
savoir ce qui pouvait chagriner Apollonius, et surtout si le
ressentiment des mauvais traitements qui lui avaient été
infligés ne le ferait pas parler contre l'empereur. Trompé
dans ses espérances par tout ce qu'il venait d'entendre, il
lui dit . « Vous êtes accusé auprès de l'empereur de plu-
« sieurs crimes, particulièrement de ceux qu'on impute à
« Nerva et à ses amis. On lui a rapporté aussi certains pro-
« pos qu'on vous accuse d'avoir tenus en Ionie, et qui té-
« moignent de dispositions hostiles et haineuses ; mais il
« ne tient pas compte de cela, parce qu'il a de plus graves
« sujets de colère, et cependant vous avez été dénoncé par
« un homme dont le renom va sans cesse grandissant —
« Voilà un fier athlète, qui croit se faire un nom en mon-
« trant sa force dans la délation ! Je comprends, du reste,
« que c'est Euphrate. Cet homme est, je le sais, décidé à

« tout faire pour me nuire : il m'a déjà nui, et dans des choses
« plus graves Ainsi, ayant appris que je devais aller visiter
« les Gymnosophistes d'Éthiopie, il m'a calomnié auprès
« d'eux, et si je n'avais pas vu le piége, peut-être aurais-je
« dû partir sans voir ces Sages. » Cette parole étonna fort le
Syracusain. « Quoi ! s'écria-t-il, être calomnié auprès de
« l'empereur, c'est pour vous un malheur moindre que ne
« l'eût été celui de passer dans l'esprit des Gymnosophistes
« pour aussi noir que vous avait représenté Euphrate ! —
« Certes, répondit Apollonius. Car j'allais chez eux pour
« apprendre, et ici je suis venu pour enseigner —Que pré-
« tendez-vous enseigner? — Que je suis un homme ver-
« tueux, ce que ne sait pas encore l'empereur.—Vous ferez
« bien de le lui apprendre, et si vous l'aviez fait plus tôt,
« vous ne seriez pas dans les fers. » Apollonius comprit que
le Syracusain parlait dans le même sens que l'empereur, et
espérait que l'horreur des chaînes le porterait à émettre
quelque calomnie contre Nerva et ses amis « Mon-ami, lui
« dit-il, si j'ai été mis aux fers pour avoir dit la vérité à
« Domitien, que m'arrivera-t-il pour avoir menti? L'em-
« pereur croit que c'est la franchise qui mérite les fers, et
« moi, je crois que c'est le mensonge »

XXXVII Le Syracusain sortit de la prison après avoir
exprimé son admiration pour Apollonius et sa philosophie
si élevée. Quand Apollonius fut resté seul avec Damis, il
lui dit « Avez-vous vu ce Python?—J'ai bien vu, répondit
« Damis, que cet homme vous tendait un piége et cherchait à
« vous surprendre. Mais je ne sais ce que vous voulez dire par
« ce Python —Il y eut autrefois un orateur nommé Python,
« de Byzance, qui était fort habile à persuader même dans
« les mauvaises causes. Cet homme avait été envoyé en am-
« bassade auprès des Grecs par Philippe, fils d'Amyntas, qui
« voulait les réduire en servitude, sans s'occuper des autres

« Grecs, il vint à Athènes, et devant les Athéniens eux-
« mêmes, au temps où ils étaient les plus renommés pour
« l'éloquence, il soutint qu'ils étaient injustes envers Phi-
» lippe, et que c'était un crime de leur part de défendre la
« liberté de la Grèce. Tel est le langage que tint Python ; et
« comme Démosthène répondit à cet audacieux discours et
« soutint seul l'effort de Python, c'est une des luttes dont il
« s'honora le plus. Quant à moi, je ne considérerai pas
« comme une lutte glorieuse pour moi de ne pas m'être
« laissé séduire par les conseils de cet homme, mais je dis
« qu'il a agi comme Python, et qu'il est venu ici pour gagner
« le salaire d'un tyran et donner de détestables conseils. »

XXXVIII. Damis rapporte d'autres propos tenus par
Apollonius en cette circonstance. Il ajoute que lui-même
était fort inquiet sur leur situation, et ne voyait pas d'autre
moyen d'en sortir, si ce n'est de prier les Dieux, qui souvent ont tiré ceux qui les invoquaient de dangers bien plus
terribles. Aussi, un peu avant midi, il dit à Apollonius
« O Tyanéen ! (il savait que le philosophe aimait à être
« appelé ainsi) que va-t-on faire de nous ? — Ce qu'on a
« fait jusqu'ici, répondit Apollonius, et rien de plus, car
« nous ne serons pas mis à mort. — Mais comment y
« échapper? Serez-vous donc mis en liberté?—Oui, je le
« serai aujourd'hui par la volonté du juge, je le suis dès
« maintenant par la mienne. » Et en disant cela, il tira sa
jambe des fers qui la retenaient, et dit à Damis: « Voici la
« preuve que je suis libre, ainsi prenez confiance. » Damis nous dit qu'alors, pour la première fois, il comprit
qu'Apollonius était d'une nature divine et supérieure à la
nature humaine · et comment l'eût-il ignoré plus longtemps,
quand il eut vu Apollonius, sans avoir fait de sacrifice (ce
qui ne se pouvait guère dans une prison), sans avoir
même adressé une prière aux Dieux, sans avoir dit un seul

mot, se rire de ses fers, puis remettre sa jambe dans
ses entraves, et continuer d'agir comme un homme enchaîné?

XXXIX. Les hommes simples attribuent a la magie ces
faits merveilleux [1], et ils font de même pour beaucoup
de faits qui n'ont rien que d'humain. Ainsi les athlètes et
les divers lutteurs ont recours a la magie, dévorés qu'ils
sont du désir de la victoire, certes la magie ne leur sert
de rien pour remporter. le prix, mais si par hasard ils
viennent à être vainqueurs, aussitôt ces malheureux, se
faisant tort à eux-mêmes, rapportent tout à cet art, et
ceux qui ont été vaincus par eux ne le croient pas moins
fermement « Si j'avais fait tel sacrifice, brûlé tel par-
« fum, dit chacun de ces derniers, la victoire ne m'au-
« rait pas échappé. » Voilà ce qu'ils disent, voilà ce qu'ils
pensent. La magie assiége encore la porte des marchands.
Viennent-ils à faire quelque bonne affaire, ils croient en
être redevables au magicien, ont-ils fait quelque perte, ils
en accusent leur chicherie, et se reprochent de n'avoir pas
sacrifié autant qu'il l'aurait fallu. C'est surtout sur les
amants que s'étend le pouvoir de la magie les amants sont
des malades si faciles à tromper qu'ils viennent demander
même à de pauvres vieilles un remède à leurs maux, faut-
il s'étonner qu'ils recherchent les maîtres de cet art, qu'ils
prêtent l'oreille à leurs instructions, qu'il leur faille porter
une ceinture, ou des pierres tirées soit des profondeurs de
la terre, soit de la lune, soit des astres, ou tous les parfums
que l'Inde produit? Faut-il s'étonner qu'ils donnent des
sommes folles pour des pratiques qui, du reste, leur sont
parfaitement inutiles? Pour peu que les objets de leur passion viennent à se laisser fléchir, ou que l'irrésistible attrait

---

1. Voyez les *Éclaircissements historiques et critiques*.

des présents avance les affaires de nos amoureux, les voilà
à chanter les louanges de la magie et a glorifier sa toute-
puissance; mais s'ils ont échoué, ils attribuent cet échec à
quelque négligence de leur part : ils auront oublié de brûler
quelque parfum, d'offrir quelque sacrifice, de faire fondre
au feu quelque partie de victime, et c'était de la plus grande
importance, tout dépendait de là. Quant aux artifices par
lesquels les magiciens opèrent tous leurs prestiges, ç'a été
l'objet de plusieurs écrits où leur science a été bafouée, je
les dénonce à mon tour, pour que les jeunes gens ne s'a-
dressent jamais à ces gens-là, et ne s'habituent pas à de
pareilles choses, même pour en faire un sujet de badinage.
Mais cette digression m'a mené trop loin. Qu'est-il besoin
d'insister davantage sur une chose que condamnent à la fois
la nature et les lois?

XL. Après qu'Apollonius eut montre à Damis qui il était,
et eut conversé quelque temps avec lui, ils virent, vers
midi, arriver un homme qui dit a haute voix : « Apollonius,
« sur le conseil d'Élien, l'empereur ordonne qu'on vous
« délivre de ces chaînes, et qu'on vous tienne dans une pri-
« son moins étroite, jusqu'au jour de votre justification;
« ce sera sans doute le cinquième à partir d'aujourd'hui.
« — Qui me fera sortir d'ici? demanda Apollonius. — Moi,
« et vous pouvez me suivre. » A la vue d'Apollonius, les
prisonniers dont la captivité était moins resserrée l'embrassèrent comme un compagnon qui leur était rendu contre
toute espérance. Car l'amour que des enfants ressentent
pour un père qui les avertit avec douceur et avec tendresse,
ou leur parle de son jeune âge, ces hommes l'éprouvaient
pour Apollonius et ne s'en cachaient pas. Apollonius, de son
côté, ne cessait de leur donner des conseils.

XLI. Le lendemain, il appela Damis : « Il me faudra, lui
« dit-il, me justifier au jour indiqué. Vous, partez pour Di-

« cearchie[1] par la route de terre, ce qui vous vaudra mieux.
« Quand vous aurez salué Démétrius, tournez-vous vers la
« mer, du côté de l'île de Calypso, vous verrez Apollonius
« vous apparaître. — Vous verrai-je vivant ou autrement? »
Apollonius répondit en souriant : « Toujours vivant, selon
« moi, selon vous, ramené a la vie » Damis nous dit qu'il
partit à regret : sans doute il ne considérait pas Apollonius
comme perdu, mais il n'avait pas non plus un ferme espoir
qu'il dût échapper au péril. Trois jours après, il arriva à
Dicéarchie là il entendit parler d'une tempête qui avait sévi
les jours précédents; on lui dit qu'un vent violent, mêlé de
pluie, s'était abattu sur la mer, avait submergé plusieurs
des vaisseaux qui se dirigeaient vers ces parages, et avait
rejeté les autres sur les côtes de Sicile et dans le détroit :
il comprit alors pourquoi Apollonius lui avait recommandé
de se rendre par terre à Dicéarchie.

XLII. Ce qui suit, Damis le rapporte d'après la relation
qu'Apollonius, dit-il, en fit plus tard a Démétrius et a lui.
Un jeune homme de Messène, en Arcadie, était venu à Rome;
comme il était d'une beauté remarquable, plusieurs s'étaient
épris de lui, et Domitien tout le premier mais la passion des
rivaux de l'empereur était si forte qu'ils ne craignirent pas
de lui tenir tête. Le jeune homme était chaste et respectait sa
beauté et sa jeunesse. S'il méprisa les séductions de l'or, des
richesses, des chevaux et de tout ce qui sert souvent à corrompre les jeunes gens, ce n'est pas là ce dont je le louerai :
il faut qu'un homme soit dans ces dispositions. Mais ce
jeune homme, pouvant se donner plus de plaisirs que tous
ceux qui attirèrent jamais sur eux des yeux de prince, se
refusa tout ce qu'on lui offrait. Il fut donc enchaîné par ordre
de celui qui l'aimait. Se trouvant en présence d'Apollonius,

1. Nom grec de *Puteoli* (Pouzzoles). Voyez p. 294.

il voulut lui parler, mais, n'écoutant que les conseils de la
honte, il n'osait. Apollonius devina ce qui se passait en lui,
et lui dit . « Enfant, vous n'êtes pas encore en âge de mal
« faire, et vous êtes ici enfermé avec des criminels comme
« nous! — Et il me faudra mourir, car les lois de mainte-
« nant punissent de mort la chasteté. — Comme celles du
« temps de Thésée : car la chasteté d'Hippolyte fut cause
« que son père même le fit mourir. — Moi aussi, c'est mon
« pere qui me fait mourir Car, bien que je sois de Messène
« en Arcadie, il ne m'a pas donné l'instruction des Grecs,
« mais il m'a envoyé ici pour apprendre les lois des Ro-
« mains, et c'est comme j'étais ici pour ce motif, que l'em-
« pereur m'a regardé à mon désavantage. » Apollonius,
. faisant semblant de ne pas le comprendre, lui dit : « Est-ce
« que l'empereur croirait que vous avez les yeux bleus,
« quand vous les avez parfaitement noirs, à ce que je vois,
« ou bien le nez de travers, quand vous l'avez aussi droit
« que les Hermès les mieux travaillés, ou bien les cheveux
« d'une autre couleur qu'ils ne sont en réalité, or ils sont
« d'un blond foncé et très-brillant? Je trouve aussi votre
« bouche si bien faite qu'elle plaît autant, que vous parliez ou
« que vous gardiez le silence. De plus, vous vous tenez bien
« droit et vous avez l'air noble. L'empereur vous a donc vu
« tout autre que vous n'êtes, que vous me dites avoir été
« regardé par lui à votre désavantage? — Il m'a vu comme
« vous, et c'est ce qui m'a perdu. Il s'est mis à m'aimer sans
« retenue, comme on aime une femme, et va jusqu'a vouloir
« me faire violence. » Apollonius admira ce jeune homme,
et voyant sa pudeur et la modestie de son langage, il ne
voulut pas lui demander ce qu'il pensait de telles actions,
et s'il ne les trouvait pas honteuses; il se contenta de lui
dire : « Possédez-vous en Arcadie quelques esclaves? — J'en
« possède un grand nombre. — Que pensez-vous être rela-

« tivemènt à eux? — Ce que me font les lois, leur maître.
« — Les esclaves doivent-ils obéir à leurs maîtres ou peu-
« vent-ils refuser ce qui plaît à ceux qui ont droit sur eux ? »
Le jeune homme vit où tendait cette question, et répondit :
« L'autorité des tyrans est un joug pesant auquel on ne
« peut se soustraire, je le sais ils veulent avoir pour es-
« claves même les hommes libres · mais je suis le maître de
« mon corps, et je le garderai sans souillure. — Et com-
« ment? Vous avez à compter avec un amant qui vous fait
« la cour l'épée à la main. — J'aime mieux tendre le cou à
« cette épée c'est ce qu'elle demande. — A merveille,
« jeune homme! s'écria Apollonius; je vois que vous êtes
« un vrai Arcadien. » Il s'est souvenu de ce jeune homme
dans une de ses Lettres, et il a conté son histoire bien plus
agréablement que je ne l'ai fait ici. En faisant à celui auquel
il écrit sa lettre l'éloge de la chasteté de ce jeune homme,
il dit que le tyran ne le mit pas à mort, mais, ayant admiré
son courage, le laissa libre. Il revint en Arcadie, et y fut
plus honoré que ceux qui, à Lacédémone, remportent des
prix pour leur patience à supporter la flagellation [1].

1. C'était un usage lacédémonien (Voy. Athénée, VIII, p. 350) de
fouetter des hommes libres en l'honneur de Diane Scythique : on les
fouettait jusqu'au sang, parce que cette déesse aimait le sang. Philostrate a déjà parlé, plus haut, de cet usage, livre VI, ch. 20. Voyez
p. 263 ; — Il résulte de ce passage qu'il y avait des prix proposés à ceux
qui enduraient le mieux le fouet (Voyez, sur cet usage singulier, Meur-
sius, *Græcia feriata*, p. 85 et suiv).

LIVRE VIII.

I. Entrons maintenant au tribunal, pour entendre Apollonius plaider sa cause Déjà le soleil est levé, déjà le tribunal s'est ouvert aux principaux personnages. Au rapport des familiers de l'empereur, Domitien ne se donna même pas le temps de prendre un morceau, absorbé sans doute par la révision des pièces du procès · en effet, pendant le

22

jugement il avait en main un cahier que tantôt il froissait avec colère, tantôt il tenait avec plus de calme. Il faut se représenter Domitien comme un tyran qui en voulait aux lois d'avoir inventé les tribunaux.

II. Apollonius, tel qu'il va se présenter a nos yeux, se croira bien plutôt a une séance de discussion philosophique qu'à un débat où sa vie est engagée. On peut en juger par ce qu'il fit avant de venir au tribunal. Tandis qu'il s'y rendait, conduit par le greffier, il lui demanda « Où allons-« nous? — Au tribunal, répondit le greffier. — Contre qui « devrai-je me défendre? — Contre votre accusateur · c'est « l'empereur qui prononcera entre vous — Et qui pronon-« cera entre l'empereur et moi? Car je prouverai qu'il est « injuste envers la philosophie. — L'empereur se soucie « bien de philosophie! Et il s'agit bien de savoir s'il est « injuste envers elle! — La philosophie, elle, se soucie de « l'empereur, car il lui importe qu'il gouverne bien. » Le greffier approuva les paroles d'Apollonius, car il était bien disposé pour ce sage, et l'avait prouvé dès le commencement. Puis il reprit . « Combien d'eau demandez-vous pour « votre défense [1]? Il faut que je le sache avant le procès — « Si vous me permettez de parler autant que le procès « l'exige, le Tibre tout entier, versé dans la clepsydre, ne « suffirait pas, mais si je ne dois parler qu'autant qu'on « m'interrogera, c'est à celui qui m'interrogera a fixer la « durée de mes réponses. — Vous possédez, je le vois, deux « talents contraires, puisque vous vous faites fort de parler « sur le même sujet ou longuement ou brièvement. — Ils « ne sont pas contraires, ils s'accordent entre eux. Qui a « l'un ne saurait manquer d'avoir l'autre; et l'accord des

---

1. Dans les tribunaux de l'antiquité, on mesurait le temps aux plaideurs par la clepsydre, comme on le fait encore aujourd'hui par le sablier, dans les examens de la Faculté de médecine, par exemple.

« deux n'est pas un troisième talent . c'est, selon moi, la
« première vertu du discours. J'en connais bien encore une
« autre, c'est le silence devant le juge — Celle-là ne vaut
« rien, ni pour vous, ni pour tout autre accusé. — Elle ser-
« vit cependant bien à Socrate devant ses juges. — Et com-
« ment lui servit-elle, puisque la mort suivit son silence?
« —Socrate n'est pas mort, quoi qu'en aient pense les Athé-
« niens. »

III. C'est ainsi qu'Apollonius était préparé contre toutes
les attaques du tyran Comme il allait entrer dans la salle,
un autre greffier se présenta et lui dit . « O Tyanéen ! vous
« ne devez rien avoir sur vous. —Vais-je me baigner ou
« bien être jugé?—Quand je vous dis de n'avoir rien sur
« vous, je n'entends pas vous dire de quitter vos vête-
« ments mais l'empereur veut que vous n'introduisiez ici
« ni amulette , ni livre, ni papier quelconque — Et me
« défend-il aussi d'introduire une férule pour en donner à
« ceux qui lui ont donné ce sot conseil ? » En entendant
ces mots, l'accusateur se mit a crier « Prince, ce magi-
« cien menace de me frapper, car c'est moi qui vous ai
« donné ce conseil. — C'est donc vous , dit Apollonius, qui
« êtes un magicien , plutôt que moi ; car je n'ai pu encore
« persuader a l'empereur que je ne le suis pas , et vous
« dites avoir persuadé l'empereur que je le suis » Comme
l'accusateur se livrait à son insolence , il avait auprès de
lui un des affranchis d'Euphrate , que celui-ci avait , disait-
on, envoyé pour témoigner des discours tenus en Ionie par
Apollonius Euphrate lui avait remis de l'argent pour l'accusateur.

IV. Ce n'était encore que le prélude du combat. Venons
au combat même Le tribunal était orné comme s'il s'était
agi d'une réunion pour entendre un discours d'apparat. Les
plus illustres citoyens de Rome étaient présents : car l'em-

pereur tenait a convaincre devant le plus de monde possible Apollonius de complicité avec Nerva et ses amis.
Apollonius, plein de mépris pour l'empereur, ne daigna
pas même lever les yeux sur lui, et comme l'accusateur
accusait un tel maintien d'un orgueil intolérable, et som-
mait Apollonius de lever les yeux sur le Dieu de tous les
hommes, le Sage leva les yeux au plafond, pour montrer
que c'est vers Jupiter qu'il tournait ses regards, et qu'il
considérait comme plus coupable encore que le flatteur
celui qui tolerait de telles flatteries. L'accusateur finit par
crier · « Prince, faites apporter la clepsydre, car si vous ne
« lui mesurez pas le temps, il va tous nous suffoquer. Voici
« l'écrit qui contient tous les chefs d'accusation · qu'il se ·
« defende sur chacun. »

    V. L'empereur approuva ce conseil, et ordonna qu'Apol-
lonius se défendrait comme l'avait dit l'accusateur. Puis,
négligeant quelques articles, comme peu dignes que l'on en
tînt compte, il réduisit l'accusation à quatre points, sur
lesquels il pensait qu'Apollonius ne pourrait se justifier.
« Apollonius, demanda-t-il d'abord, pourquoi ne portez-
« vous pas le même vêtement que tout le monde, et en avez
« un particulier et d'une espèce singulière? — Parce que je
« demande a la terre mon vêtement, comme ma nourriture,
« et que je ne veux pas faire de mal aux pauvres animaux. »
L'empereur lui posa cette seconde question . « Pourquoi
« vous appelle-t-on Dieu? — Parce que l'on honore du nom
« de Dieu tout homme que l'on croit vertueux. » J'ai dit, en
parlant des Brachmanes [1], à qui Apollonius avait emprunte
ce jugement. L'empereur l'interrogea en troisième lieu sur
la peste d'Éphèse « Sur quel fondement ou sur quelle con-
« jecture vous êtes-vous appuyé pour prédire aux Éphé-

---

1. Voir plus haut, livre III, ch. 18, p. 110.

« siens le fléau ? — Prince, me nourrissant d'une manière
« plus légere que les autres, j'ai été le premier a m'aper-
« cevoir de ce fléau si vous voulez, je vous dirai toutes les
« causes des maladies pestilentielles » Domitien eut peur,
sans doute, qu'Apollonius n'établit quelques rapports entre
ces maladies et l'injustice, les mariages incestueux [1] et tous ses
mefaits, aussi s'empressa-t-il de dire. « Je n'ai que faire de
« cette démonstration » Quand il fut arrivé au quatrième chef
d'accusation, relatif à Nerva et à ses amis, il n'eut garde d'agir
précipitamment . il fit une pause assez marquee, refléchit
longtemps , et d'un air embarrasse , presenta sa question
d'une manière toute differente de ce qu'on attendait   on
avait cru que , laissant enfin de côte toute dissimulation , il
ne craindrait pas de désigner par leur nom les hommes qui
lui étaient suspects, et parlerait du sacrifice avec amertume
et violence Il n'en fut rien , mais il aborda cette question
d'une manière détournée   « Apollonius, répondez . tel jour
« vous êtes sorti de votre demeure , vous êtes allé dans un
« champ , et vous avez sacrifie un enfant; pour qui faisiez-
« vous ce sacrifice ? » Apollonius, comme s'il eût adressé
des reproches à un jeune homme, s'écria   « Pas de mau-
« vaises paroles ! Si ce jour-la je suis sorti de ma demeure,
« il se peut que je sois allé dans un champ; si je suis allé
« dans un champ, il se peut que j'aie sacrifié; si j'ai fait
« un sacrifice. il se peut que j'aie mangé de la victime.
« Mais c'est ce qu'il faudrait faire attester par des hommes
« dignes de foi. » A ces mots , il s'éleva dans l'auditoire un
murmure d'approbation plus fort que ne le permet le tribunal de l'empereur. Domitien, pensant que les assistants
portaient témoignage en faveur d'Apollonius, frappé d'ailleurs de la force et du sens de ses réponses, lui dit : « Je

1. Allusion au mariage de Domitien avec sa nièce. (Voyez plus haut,
livre VII, ch. 7.)

« vous absous de l'accusation qui pese sur vous, mais je
·« vous garderai jusqu'à ce que j'aie eu avec vous un entre-
« tien. » Alors Apollonius, dont la confiance allait toujours
en croissant, s'écria · « Je vous rends grâces, prince · ces
« hommes funestes ont ruiné les provinces, et rempli les
« iles de proscrits, le continent de cris lamentables, les
« armées de lâcheté, le sénat de soupçons Il est temps que
« vous m'accordiez la parole a mon tour, ou bien envoyez
« saisir mon corps car, pour ce qui est de mon âme, c'est
« impossible ; et même mon corps ne saurait tomber en
« votre pouvoir :

« Non, vous ne me ferez pas périr, car périr n'est pas dans
« ma destinée [1]. »

A peine eut-il prononcé ces mots, qu'il disparut du tribunal. C'etait d'abord bien se tirer de la circonstance présente, car il voyait que l'empereur n'allait pas s'en tenir
là, et qu'il allait bien gratuitement revenir sur les questions qu'il avait laissées de côté, tant il se sentait fier de
n'avoir pas condamné a mort Apollonius ; c'était en même
temps bien aviser à l'avenir, et faire en sorte de ne pas se
retrouver dans une semblable situation Il crut que le meilleur moyen d'obtenir ce résultat était que toute erreur sur
sa nature fût détruite, et que l'on sût qu'il etait impossible
de se saisir de lui sans qu'il le voulût bien. D'ailleurs il
était rassuré sur le compte de Nerva et de ses amis : car, le
tyran n'ayant pas osé lui adresser une question à ce sujet,
quels prétextes aurait-il eus pour les mettre à mort sur des

---

1. Philostrate fait citer ici à Apollonius un vers de l'*Iliade* (livre XXII,
v. 13), qui est dans la bouche d'Apollon poursuivi par Achille.
Veut-il par là faire entendre qu'il est Dieu comme Apollon? Ce qui suit
le donnerait à entendre.

accusations qui n'eussent pas eté juridiquement établies?
Voila tout ce que me fournissent sur le procès les Mémoires
de Damis.

VI. Mais Apollonius avait composé une Apologie, se pro-
posant de la lire pendant le temps que lui accorderait la
clepsydre · cette Apologie, que Domitien refusa d'entendre,
pour se borner aux questions que j'ai rappelées plus haut,
je la rapporterai ici. Je sais bien que ce discours ne sera
pas fort goûté de ceux qui aiment le langage des bouffons,
qu'ils en trouveront le style moins châtié qu'il ne convient,
suivant eux , les expressions trop relevées et les pensées
trop hautes mais quand on songe à l'auteur de ce discours,
il me semble qu'un sage comme lui aurait eu grand tort de
déguiser son caractère en recherchant des phrases symé-
triques et en faisant claquer sa langue comme un crotale[1] ;
ce sont là les façons des rhéteurs, lesquels devraient eux-
mêmes y renoncer En effet, dans les tribunaux, l'éloquence qui se montre dénonce un homme qui veut surprendre la religion des juges, celle qui se cache a bien
plus de chances pour remporter la victoire. La véritable
éloquence consiste à ne pas laisser soupçonner au juge tout
ce qu'elle peut. L'apologie d'un sage ne doit pas d'ailleurs
avoir le caractère des autres discours judiciaires . en effet,
le sage n'a que faire d'accuser ce qu'il a le pouvoir de corriger De plus, son style doit être préparé, sans le paraître, il
faut qu'il montre une âme élevée et presque dédaigneuse,
surtout qu'il évite de faire appel à la compassion Comment, en effet, lorsqu'il interdit les supplications, pourrait-
il chercher à exciter la pitié? Tel paraîtra ce discours à

---

1. Sorte de castagnettes en usage chez les anciens, et dont ils se servaient surtout pour accompagner la danse. (Voyez Rich, *Antiquités ro-
maines et grecques*, au mot *Crotalum*.)

ceux qui écouteront sans mollesse Apollonius et moi. Voici
comment il l'avait composé[1].

VII. « Prince, nous avons à débattre de grands intérêts.
« Vous courez le plus grand des dangers qu'ait encore cou-
« rus un empereur, celui de paraître animé contre la philo-
« sophie d'une haine tout à fait injuste; et moi je suis plus
« exposé qu'autrefois Socrate à Athènes, car, si on l'accu-
« sait d'introduire des divinités nouvelles, on ne l'appelait
« ni on ne le croyait un Dieu. Dans un péril aussi grand
« que celui qui nous menace tous les deux, je ne craindrai
« pas de vous conseiller ce dont j'ai commencé par me per-
« suader moi-même. Depuis que le délateur nous a, l'un et
« l'autre, amenés à ce débat, il s'est répandu chez la plu-
« part des hommes de fausses opinions sur vous et sur moi.
« On s'est figuré que vous, dans cette audience, vous ne
« prendriez conseil que de votre colère, et que vous me
« mettriez à mort, de quelque mort que ce fût, et que moi
« je chercherais a me soustraire au jugement par tous les
« moyens possibles, et ces moyens ne manquaient pas.
« Pour moi, lorsque je vous ai entendu accuser ainsi, je ne
« me suis pas senti prévenu contre vous, et je ne vous ai
« pas fait l'injure de croire que vous ne m'écouteriez pas
« avec équité; mais j'ai obéi aux lois, et je viens répondre
« à mon accusateur.

« Je vous engage à faire comme moi. Il est juste de ne
« rien préjuger, et de ne pas s'asseoir sur le siége du juge
« avec cette opinion préconçue que je suis coupable envers
« vous. Si l'on venait vous dire que l'Arménien, le Baby-
« lonien et les autres maîtres de ces provinces éloignées
« menacent de vous priver de votre empire, vous ne pour-
« riez vous empêcher de rire · et cependant ces hommes-là

---

1. Voyez les *Éclaircissements historiques et critiques.*

« ont a leur service des chevaux en grand nombre, des ar-
« chers de toute espèce, une terre fertile en or, et (je le
« sais) des multitudes de soldats. Et vous croyez qu'un
« philosophe, un homme dénué de tout, peut s'armer contre
« l'empereur des Romains! Voila ce que vous accueillez
« de la bouche d'un délateur égyptien[1]! Avez-vous jamais
« reçu une pareille communication de Minerve, que vous
« dites votre protectrice? Est-ce que, par hasard, la flat-
« terie et la délation, ces fléaux qui vous obsèdent, au-
« raient grandi au point de vous persuader que les Dieux
« peuvent bien, dans les cas peu graves, comme des oph-
« thalmies, des fièvres ou des tumeurs d'entrailles, vous
« donner de bons avis, vous servir de médecins, et guérir
« la partie malade; mais que, si c'est votre pouvoir et votre
« vie qui sont en péril, les Dieux ne sauraient venir eux-
« mêmes vous donner aucun conseil ni sur les personnes
« dont vous devez vous garder, ni sur les armes dont vous
« devez user contre elles, et que les délateurs sont l'égide
« de Minerve et la main de Jupiter; que les délateurs
« savent mieux que les Dieux ce qui vous interesse, que
« les délateurs sont chargés de veiller pour vous et de dor-
« mir pour vous? Dormir, mais le peuvent-ils, ces misé-
« rables qui, comme l'on dit, entassent maux sur maux,
« et mettent bout a bout je ne sais combien de lugubres
« *Iliades?* Qu'ils nourrissent des chevaux, qu'ils promè-
« nent aux yeux de tous des attelages blancs, qu'ils se
« gorgent de mets succulents dans de la vaisselle d'argent
« et d'or, qu'ils aiment à leur guise, qu'ils aient des mi-
« gnons achetés vingt ou trente mille sesterces, qu'ils jouis-
« sent de femmes mariées, tant qu'ils pourront cacher
« leur adultère, que, l'adultère une fois divulgué, ils les

1. Euphrate, le premier accusateur d'Apollonius, était né à Tyr,
mais enseignait la rhétorique à Alexandrie.

« épousent, et que pour toutes ces belles victoires ils re-
« cueillent des applaudissements, quand un philosophe, un
« consulaire [1], sans crime aucun, est dénoncé par eux et
« perdu par vous, j'accorde tout cela à ces infâmes, qui ne
« songent qu'à leurs plaisirs, et ne craignent ni les lois ni
« les regards des hommes. Mais qu'ils en viennent à s'éle-
« ver au-dessus des autres hommes au point de prétendre
« savoir plus que les Dieux, voila ce que je ne puis en-
« tendre sans peine et sans horreur Et si vous tolérez un
« tel excès, qui sait s'ils ne vous mettront pas vous-même
« en accusation, comme coupable de pensées sacriléges? Il
« faut s'attendre a voir ces sortes de dénonciations s'abattre
« sur vous, quand il ne restera plus de proie aux délateurs.
« Je m'aperçois que je me laisse aller aux reproches au
« lieu de présenter ma défense, mais vous me pardonnerez
« d'avoir élevé la voix en faveur des lois · car la ruine de
« leur empire est la ruine du vôtre.

« Quel appui demanderai-je pour ma défense? Si j'invoque
« celui de Jupiter, que je sais présider à ma vie, on dira que
« je fais acte de magie et que je veux faire descendre le ciel
« sur la terre Ayons donc recours, en cette circonstance, à
« un homme que le vulgaire croit mort, et qui ne l'est pas, je
« l'affirme. C'est votre père, qui m'a honoré autant que vous
« l'honorez, qui vous a fait empereur comme je l'ai fait lui-
« même. C'est lui qui me viendra en aide dans ma défense, car
« je suis bien mieux connu de lui que de vous. Il est venu
« en Égypte, n'étant pas encore empereur, pour sacrifier
« aux Dieux de l'Égypte et s'entretenir avec moi au sujet de
« l'empire. Il me vit avec ma chevelure et avec le vêtement
« que je porte il ne me fit pas une seule question sur mon
« costume, pensant que tout ce que je faisais était bien fait,

1. Nerva.

« mais il m'avoua qu'il était venu tout exprès pour moi; il
« partit en me donnant beaucoup de louanges, après m'a-
« voir dit ce qu'il n'aurait dit a nul autre, et avoir entendu
« de moi ce que nul autre ne lui aurait dit. C'est moi qui
« l'ai confirmé dans la pensée qui le portait vers l'empire,
« alors que sa résolution était ébranlée par d'autres qui
« étaient ses amis sans doute, mais qui ne vous parai-
« traient guère avoir agi en amis En effet, les conseillers
« qui le détournaient de l'empire vous empêchaient par la
« même de l'avoir après lui, et c'est parce que je l'ai en-
« gagé a ne pas se juger indigne de l'empire, qui était, pour
« ainsi dire, à sa porte, et a vous en faire héritiers, vous et
« votre frère, c'est pour cela qu'il a définitivement approuve
« cette résolution, et qu'il est monte au faite des grandeurs
« pour vous y élever a sa suite.

   « S'il m'avait pris pour un magicien, croyez-vous qu'il
« m'eût admis a la confidence de ses préoccupations? Non,
« il n'était pas venu pour me dire · « Je veux que vous
« forciez Jupiter et les Parques a me faire proclamer em-
« percur, qu'en ma faveur vous produisiez des illusions, que
« par exemple vous montriez le soleil se levant du côté de
« l'Occident, et se couchant du côté de l'Orient » Je ne
« l'aurais pas jugé propre a l'empire s'il m'avait cru capa-
« ble de telles pratiques, ou disposé a conquérir ainsi le
« trône, qu'il fallait gagner par des vertus. Pour moi, j'a-
« vais coutume d'enseigner en public, dans un sanctuaire,
« et la séquelle des magiciens évite les demeures des Dieux,
« pour lesquelles les adeptes de la magie n'ont que de
« l'horreur : ils s'enveloppent de nuit et de ténèbres, et ne
« permettent pas à leurs dupes d'avoir des yeux ni des
« oreilles. Votre père s'est entretenu en particulier avec
« moi: je dis en particulier, malgré la présence d'Euphrate
« et de Dion, le premier mon ennemi déclaré, le second mon

« ami dévoué, car je ne cesserai jamais de compter Dion au
« nombre de mes amis. Comment donc Vespasien serait-il
« venu consulter un magicien en présence d'hommes
« sages ou qui faisaient profession de sagesse? Qui ne re-
« douterait également d'avoir pour témoin d'un acte
« mauvais, soit des amis, soit des ennemis? Il y a plus
« les discours que nous avons tenus étaient opposés à la
« magie. Peut-être vous imaginez-vous que votre père,
« désirant l'empire, eut plus de confiance en la magie
« qu'en lui-même, et que je lui ai fourni les moyens de con-
« traindre les Dieux pour en arriver a ses fins? mais il
« pensait l'avoir entre les mains, avant même de venir en
« Égypte, et ensuite il s'est entretenu avec moi des plus grands
« objets, des lois, des richesses fondées sur la justice, de la
« manière d'honorer les Dieux, et des biens que peuvent at-
« tendre d'eux les princes qui règnent selon les lois voilà
« ce qu'il voulait apprendre de moi Ce sont là des choses
« tout à fait contraires a la magie car si elles étaient en vi-
« gueur, la magie n'existerait pas.

« Veuillez, prince, considérer une chose. Il y a parmi
« les hommes plusieurs arts utiles les uns ont un objet,
« les autres un autre Tous ont pour but d'acquérir de
« l'argent les uns procurent un faible salaire, les autres en-
« richissent, d'autres donnent de quoi vivre; et je ne parle
« pas seulement des arts mécaniques, mais des arts libé-
« raux ou qui ont avec eux quelque affinité je n'excepte
« que la philosophie, du moins celle qui mérite ce nom.
« Les autres arts libéraux sont la poésie, la musique, l'as-
« tronomie, l'art des sophistes et des orateurs qui ne parlent
« pas sur la place publique. Parmi les arts qui ont de l'affi-
« nité avec les arts libéraux, je classe la peinture, la poli-
« tique, la sculpture, l'art des pilotes, l'agriculture (quand
« elle se conforme aux variations des saisons) ces sortes

« d'arts ne le cèdent pas beaucoup aux véritables arts libé-
« raux. Mais il y a, prince, une engeance de faux savants
« et de charlatans dont il ne faut pas confondre les
« pratiques avec l'art des devins leur art serait d'un grand
« prix, si c'était un art véritable; mais est-ce un art? Voilà
« ce dont je ne suis pas bien sûr. Loin de là, les magi-
« ciens ne sont pour moi que de faux savants en effet,
« croire que ce qui n'est pas est, et que ce qui est n'est pas,
« cela dépend plus ou moins de la credulité de leurs dupes
« Toute la puissance de leur art réside dans la sottise de
« spectateurs qui se laissent duper. Il y a cependant un art
« de ces sortes de choses, il y a tant de cupidités qui y
« trouvent leur compte ! Toutes les finesses des magiciens,
« c'est en vue du gain qu'ils les ont imaginées, et dans leur
« soif de richesses , ils se rendent maitres de la volonté de
« quiconque désire quelque chose, en prétendant qu'ils dis-
« posent de tout [1].

« Quelles richesses avez-vous donc vues autour de moi,
« pour croire que je cultive les arts menteurs, et cela quand
« votre père m'estimait supérieur aux richesses? Voulez-
« vous que je vous prouve que je dis la vérité? Voici une
« lettre de cet homme vraiment noble et divin, qui, entre
« autres éloges qu'il me donne, me loue de ma pauvreté :
« L'empereur Vespasien au philosophe Apollonius, salut !
« Si tous les philosophes voulaient vous ressembler, Apol-
« lonius, ce serait un grand bonheur pour la philosophie
« et pour la pauvreté, pour la philosophie qui ne trafiquerait
« pas d'elle-même, et pour la pauvreté qui se verrait recher-
« chée. Salut ! » Vous l'entendez . c'est votre père lui-même
« qui prend ma défense, et qui dit que je n'ai pas trafiqué
« de la philosophie, et que c'est volontairement que je suis

1. Voyez les *Éclaircissements historiques et critiques*.

« pauvre. Il se souvenait de ce dont il avait été témoin en
« Égypte Il avait vu Euphrate, et plusieurs de ceux qui
« faisaient profession de philosophie, faire appel sans détour
« à sa libéralité, et moi, non-seulement je ne lui deman-
« dais rien, mais je les repoussais comme des esprits mal-
« sains. Dès ma jeunesse, j'avais conçu de l'aversion pour
« les richesses : mon patrimoine, qui se composait d'une
« fortune considérable, je ne l'ai vu qu'un jour, et je l'ai
« cédé a mes frères [1], à mes amis, et à ceux de mes parents
« qui étaient sans fortune: mon premier soin a été de n'a-
« voir aucun besoin Je ne parle pas de Babylone, de
« l'Inde au delà du Caucase et du fleuve Hyphase, que j'ai
« traversés toujours semblable à moi-même : mais pour
« ce que j'ai fait dans ces régions-ci, et pour mon mé-
« pris de l'or, je ne veux d'autre témoin qu'Euphrate lui-
« même. En effet, il m'accuse d'avoir commis et médité
« plusieurs crimes, mais il ne dit pas pour quelles sommes
« je me suis rendu coupable ni quel gain j'avais en vue;
« il me croit assez fou pour être un magicien, et quel
« magicien? Non pas comme tant d'autres, qui veulent
« par là s'enrichir, mais un charlatan qui trompe sans pro-
« fit, et qui crie bien haut aux passants · « Venez, imbéciles,
« je fais de la magie, non pas pour de l'argent, mais gratis.
« En venant me voir, vous aurez tous les objets de vos
« désirs, et moi j'y gagnerai périls et procès. »

   « Parlons sérieusement. Je demanderai a mon accusateur
« sur quel point je dois répondre d'abord. Mais qu'est-il
« besoin de le questionner? Il a commencé par parler de mon
« costume, et, par Jupiter ! de ce que je mange ou ne mange
« pas. C'est à vous ici de me défendre, divin Pythagore!
« Car nous sommes mis en cause pour avoir suivi vos

1 Voyez les *Éclaircissements historiques et critiques.*

« préceptes. Prince, la terre produit tout pour les hommes :
« et, s'ils veulent faire la paix avec les animaux, rien ne
« leur manque. Elle a pour eux des fruits, elle a des mois-
« sons : cette bonne mère leur donne tout ce qui leur est
« nécessaire, selon les saisons. Mais les hommes, sans res-
« pect pour elle, aiguisent le fer contre les animaux pour
« se vêtir et se nourrir. Les Brachmanes de l'Inde ont désap-
« prouvé cette conduite, et ils ont enseigné aux Gymno-
« sophistes égyptiens à faire comme eux. Les Gymnoso-
« phistes à leur tour ont transmis cette doctrine à Pythagore,
« le premier des Grecs qui ait conversé avec les Egyptiens.
« Pythagore a laissé à la terre les animaux ; mais, considérant
« comme pur tout ce qu'elle produit, il en a tiré sa nourri-
« ture : c'est en effet ce qui convient à la nourriture du
« corps et de l'esprit. Il a déclaré que les vêtements tirés
« des animaux sont impurs, et il s'est habillé de lin : pour
« la même raison il s'est servi de chaussures faites d'écorces
« d'arbre. Cette pureté lui a procuré plusieurs avantages,
« et en premier lieu celui de connaître son âme. Il est venu
« au monde dans le temps où Troie combattait pour Hélène,
« il était le plus beau des enfants de Panthoüs et le plus
« richement vêtu : il mourut si jeune que sa mort a inspiré
« à Homère des accents plaintifs [1]. Ensuite, son âme passa
« dans plusieurs autres corps, selon la loi d'Adrastée [2] sur
« les migrations de l'âme [3], puis elle reprit la forme hu-
« maine, et alors Pythagore naquit de Mnésarchide de Sa-
« mos : ce n'était plus un barbare, c'était un sage ; ce n'était

1. Allusion aux vers d'Homère sur la mort d'Euphorbe tué par Ménélas. (*Iliade*, XVII, v. 50 et suivants.)

2. On donne à ce mot une étymologie qui signifie l'*inévitable*. C'est
un nom qui s'applique en général à Némésis, la déesse de la Vengeance,
et qui paraît ici désigner la Fatalité, le Destin, comme dans le *Phèdre*
de Platon (p. 248, C.)

3. Voyez les *Éclaircissements historiques et critiques.*

« plus un Troyen, c'était un Ionien, et un homme tellement
« peu mortel qu'il se rappelait avoir été Euphorbe. Je viens
« de vous dire de qui je tiens ma philosophie, et je vous ai
« avoué qu'il n'en était pas lui-même l'auteur, mais qu'il
« l'avait reçue en héritage Pour moi, je ne mets pas en cause
« les voluptueux qui, pour satisfaire leur gourmandise,
« engraissent des phénicoptères [1], des faisans, des martes,
« et jamais je n'ai accusé nos riches pour des poissons ou
« des chevaux achetés trop cher, je n'ai jamais reproché a
« personne une robe de pourpre, ni une étoffe de Pamphylie
« ou quelque autre vêtement délicat, et voici, ô Dieux ! que
« je suis mis en jugement pour de l'asphodèle [2], pour des
« gâteaux et pour les aliments les plus purs !

    « Mon vêtement même n'est pas épargné, l'accusateur
« veut me l'enlever comme un objet de grande valeur pour
« les magiciens. Mais, sans entrer dans des considérations
« sur ce qui vient des animaux ou des objets inanimés, sur
« ce qui fait qu'un vêtement est pur ou impur, je le de-
« mande, en quoi la laine est-elle supérieure au lin ? La laine
« a été arrachée à un animal très-doux et très-cher aux
« Dieux, qui ne dédaignent pas la vie de bergers; et même
« les Dieux (ou la mythologie) ont honoré un de ces ani-
« maux d'une toison d'or le lin se sème tel qu'il est, et les
« fables ne l'ont jamais doré. Il n'en est pas moins vrai que,
« parce qu'il n'a pas été enlevé a un être animé, il semble
« pur, et aux Indiens, et aux Égyptiens, et à Pythagore et
« à moi; et c'est pour cela qu'il est devenu le vêtement des
« philosophes, des hommes qui adressent aux Dieux des
« prières, et de ceux qui leur font des sacrifices. Elles sont
« pures aussi les nuits qu'on passe sous le lin : cár les

1. Espèce de poisson, ainsi appelé de deux mots grecs qui signifient
ailes (c'est-à-dire nageoires) rouges.

2. Plante de l'espèce des liliacées.

« songes envoient à ceux qui vivent comme moi des oracles
« plus clairs.

« Il faut aussi me justifier de la chevelure que je portais.
« On l'a accusée de malpropreté ! Ici je suppose que j'ai
« pour juge, non pas Euphrate, mais ces jeunes gens aux
« cheveux blonds et bien peignés, qui enflamment leurs
« amants ou les maîtresses chez lesquelles ils vont se di-
« vertir. Libre à eux de s'estimer heureux et de croire qu'il
« y a lieu de leur envier leur chevelure et les parfums qui
« en dégouttent, libre à eux de dire que je suis le rebut de
« Vénus et que je n'aime qu'à ne pas aimer. Je leur dirai :
« Pauvres insensés, respectez un usage dorien : l'usage de
« laisser croître les cheveux vient des Lacédémoniens, il a
« fleuri chez eux au temps où ils étaient le plus belliqueux.
« Le roi de Sparte Léonidas avait de longs cheveux, comme
« signe de bravoure, et pour inspirer du respect à ses amis,
« de l'effroi à ses ennemis. Et c'est pour cela que les Spar-
« tiates de son temps laissaient croître leur chevelure comme
« ceux du temps de Lycurgue [1] et d'Iphitus [2]. Le fer ne doit
« pas toucher à la chevelure d'un philosophe : car il n'est
« pas convenable de l'approcher de l'endroit qui est le foyer
« des sens, la source des voix sacrées, des prières et des
« paroles interprètes de la sagesse. Empédocle marchait à
« travers les villes de la Grèce, la tête ceinte de bandelettes,

1. Bien qu'il y ait dans ce discours, dont Philostrate veut nous faire
admirer la simplicité, bien de la recherche et du mauvais goût, nous ne
saurions comprendre ce passage comme Westermann, qui voit ici, dans
le grec, un jeu de mots aussi absurde qu'intraduisible. D'après lui ce
passage signifierait : « Sparte ne se glorifie pas moins de Léonidas
« que de Lycurgue ».

2. De quel Iphitus veut parler Apollonius, ou, sous son nom, Philostrate? Ce ne peut guère être le roi d'Élide, qui passe pour avoir fondé
les jeux Olympiques. C'est plutôt l'un des compagnons d'Hercule, fils
d'Euryte, roi d'Æchalie (sur les confins de la Messénie et de la Laconie).

« de la pourpre la plus éclatante, composant des hymnes
« dans lesquels il disait que d'homme il deviendrait Dieu.
« Et moi, qui portais une chevelure inculte, et qui n'avais
« senti le besoin de faire aucun hymne sur elle, je me
« vois mis en justice et traduit devant un tribunal. Que
« dois-je penser d'Empédocle? Est-ce lui-même qu'il chan-
« tait, ou n'est-ce pas plutôt le bonheur d'un temps où sa
« tenue n'était l'objet d'aucune délation?

  « Mais c'est assez parler de ma chevelure : elle est cou-
« pée, et l'envie a prévenu l'accusation. Cette même envie
« me force a me justifier d'un autre crime, d'un crime
« effroyable et bien capable d'épouvanter, non-seulement
« vous, ô prince! mais Jupiter lui-même. Mon accusateur
« dit que, frappés par mes prestiges, les hommes me pren-
« nent pour un Dieu et proclament partout ma divinité.
« Mais, avant de m'accuser, il aurait fallu dire par quels
« enseignements, par quelles paroles, par quels actes si
« merveilleux j'avais pu amener les hommes à m'adresser
« des prières Car jamais (quoique je sache fort bien ce qui
« en est), jamais je n'ai dit à des Grecs[1] quelles migrations
« a subies ou doit subir mon âme, jamais je n'ai répandu
« de telles suppositions, jamais je n'ai eu la prétention de
« prononcer ou de chanter des oracles, comme le font tant
« d'interprètes des Dieux[2], et je ne connais pas une ville
« où les citoyens se soient rassemblés pour faire des sacri-
« fices en l'honneur d'Apollonius. Et cependant j'ai été
« tenu en grande considération par tous ceux qui ont eu
« besoin de moi Or quels sont ceux-là? Les uns sont des ma-
« lades qui demandaient la guérison, les autres, des hommes
« qui voulaient pratiquer plus religieusement les initia-
« tions et les sacrifices, qui voulaient déraciner l'insolence

1. Il l'a dit seulement aux brachmanes (Voyez plus haut, p. 114).
2. Voyez les *Éclaircissements historiques et critiques.*

« et fortifier les lois. Ma récompense pour tout cela, ç'a été
« de les voir se trouver meilleurs. Et c'étaient autant de
« services que je vous rendais. Les bouviers ne rendent-ils
« pas service aux propriétaires de bœufs lorsqu'ils les
« domptent? Les bergers, quand ils engraissent le bétail,
« ne travaillent-ils pas à enrichir le possesseur de ce bé-
« tail? Quand les gardiens des abeilles éloignent des ruches
« les maladies, ne sont-ce pas eux qui empêchent leurs
« maîtres de perdre leurs essaims? Il en était de même de
« moi. En corrigeant les défauts des citoyens, je redressais
« pour vous les cités. Aussi, quand même ils m'auraient
« pris pour un Dieu, c'est une erreur qui vous aurait été
« profitable. Car ils m'écoutaient avec empressement, et
« craignaient de faire tout ce qui déplaît à un Dieu. Mais
« on n'a rien cru de semblable : ce que l'on a cru, c'est
« qu'il y a une sorte de parenté qui unit l'homme à la
« Divinité; c'est par là que seul des animaux il connaît les
« Dieux, et qu'il raisonne sur sa nature et sur ce qui le
« fait participer de la nature divine. Sa forme même dit qu'il
« ressemble à un Dieu, comme le prouvent la peinture et
« la sculpture; et il est persuadé que les vertus lui vien-
« nent de la Divinité; que les hommes vertueux sont des
« hommes divins, presque des Dieux. C'est une pensée
« dont l'origine ne doit pas être rapportée aux Athéniens :
« il est vrai qu'ils ont les premiers donné des surnoms
« comme ceux de *Justes* et d'*Olympiens*[1], surnoms qui sem-
« blent contenir quelque chose de plus divin que ce qui
« convient à des hommes : mais cette pensée fut émise pour
« la première fois à Delphes par l'oracle d'Apollon. Ly-
« curgue, le roi sparte, était venu au temple de Delphes
« peu de temps après avoir composé les lois qui réglaient

1. Le premier de ces surnoms a été donné à Aristide, le second à Périclès.

« la constitution lacedemonienne Apollon se demande en
« quels termes il doit lui adresser la parole, quel nom il lui
« doit donner. Au commencement de son oracle[1], il dit hésiter
« s'il doit l'appeler homme ou Dieu, puis il parle clairement,
« et lui décerne, comme à un homme vertueux, le titre de
« Dieu Cependant il n'en est résulté pour Lycurgue ni débat
« ni péril chez les Lacedémoniens : ils ne l'accusèrent pas de
« vouloir passer pour un immortel, parce qu'il n'avait pas
« repris Apollon lorsqu'il s'entendit appeler Dieu par lui; au
« contraire, ils approuvèrent l'oracle, sans doute parce que,
« avant de connaitre cet oracle, ils avaient pensé de même Les
« Indiens et les Égyptiens pensent comme l'oracle de Delphes.
« Les Égyptiens sont injustes envers les Indiens sur divers
« points, par exemple, ils blâment leurs préceptes de con-
« duite mais pour leur doctrine sur l'auteur du monde,
« ils l'approuvent à tel point qu'ils l'enseignent eux-mêmes,
« quoiqu'ils la tiennent des Indiens D'après cette doctrine,
« Dieu a créé l'univers, et il l'a créé parce qu'il est bon. Si
« donc la bonté est un des attributs de la Divinité, je dis
« que les hommes qui sont vraiment bons ont quelque chose
« de divin. Par ce monde, qui dépend de Dieu son auteur,
« il faut entendre tout ce qui est dans le ciel, dans la mer,
« sur la terre, à laquelle tous participent également, la
« seule inégalité qu'il y ait entre eux étant celle des condi-
« tions. Mais il y a un monde qui dépend de l'homme de
« bien, et qui ne dépasse pas les limites de la sagesse.
« Vous-même, ô prince! vous avouerez que ce monde
« exige un homme semblable a Dieu. Quelle est la forme
« de ce monde ? Les âmes déréglées prennent successive-
« ment toutes les formes, obéissant à une sorte de folie;
« pour elles les lois sont hors d'usage, la modération n'a

1. Cet oracle a été conservé par Hérodote (livre I).

« pas de place, le culte des Dieux est avili, elles n'ont d'a-
« mour que pour le bavardage et la mollesse, d'où naît
« l'oisiveté, mère de tous les vices. Les âmes de cette sorte,
« dans leur ivresse, se précipitent sur toute chose, sans que
« rien puisse arrêter leur élan, quand même elles pren-
« draient tous les breuvages qui, comme la mandragore,
« passent pour provoquer le sommeil. Il faut qu'il y ait un
« homme qui veille à ce monde-là; c'est un Dieu envoyé
« par la sagesse. Voila celui qui pourra arracher ces mal-
« heureuses âmes aux appétits où elles se portent avec une
« violence extraordinaire, et particulièrement à la fureur
« des richesses, qui est telle qu'elles ne se déclarent pas
« satisfaites tant qu'elles n'en sont pas gorgées. Il pourra
« aussi les empêcher de se souiller par des meurtres mais
« les purifier une fois un meurtre commis, la chose n'est
« possible ni à moi ni a Dieu, créateur de l'univers.

« Venons a ce qu'on me reproche au sujet d'Éphèse sauvée
« de la peste, et permettons à Euphrate d'arranger les faits
« de la manière la plus favorable à l'accusation. Je suppose
« que cette accusation soit ce que je vais dire Chez les Scy-
« thes ou les Celtes, sur les bords de l'Ister ou du Rhin, il
« y a une ville aussi considérable qu'Éphese en Ionie cette
« ville, qui est un repaire de Barbares rebelles à votre au-
« torité, allait être détruite par la peste, Apollonius l'a sau-
« vée Même contre une accusation semblable, un sage
« ne serait pas embarrassé de se défendre, pour peu qu'il
« eût affaire à un prince qui voulût avoir raison de ses
« ennemis, non par les maladies, mais par les armes A
« Dieu ne plaise, ô Prince ! que jamais une ville périsse
« soit à cause de moi, soit a cause de vous ! Puissé-je ne
« jamais voir, gisants dans les temples, des malades qui
« viennent y chercher la santé ! Mais ne nous inquiétons
« pas des Barbares, et ne rendons pas à la santé des peu-

« ples qui sont nos ennemis, que nul traité ne lie à notre
« race. Eh! qui s'opposera au salut d'Éphèse, de cette ville
« qui tire son origine de la plus pure race attique ; qui est de
« toutes les villes d'Ionie et de Lydie celle qui a pris les
« plus grands accroissements, qui, sortant des limites dans
« lesquelles elle a été fondée, semble s'avancer dans la
« mer, qui est pleine d'écoles de philosophes et de rhé-
« teurs; et qui, aimant la science, doit sa puissance non à
« sa cavalerie, mais à la multitude des hommes qu'elle at-
« tire? Quel serait, à votre avis, le sage qui renoncerait à
« porter secours à une telle ville, s'il se rappelait que Dé-
« mocrite a sauvé autrefois de la peste les habitants d'Ab-
« dère, s'il songeait que l'Athénien Sophocle apaisa, dit-
« on, les vents furieux [1], s'il avait entendu dire qu'Empé-
« docle mit un frein à l'impétuosité d'un nuage qui avait
« crevé sur Agrigente [2]?

    « Ici l'accusateur m'interpelle (vous l'entendez, ô Prince!)
« et me dit   « Ce n'est pas pour avoir sauvé les Éphésiens
« que je vous accuse, c'est pour leur avoir prédit la venue de
« la peste   c'est là quelque chose qui dépasse la science
« humaine, quelque chose de surnaturel, et vous n'avez pu
« arriver a ce résultat sans être versé dans la magie et les
« sciences occultes. » Que dirait donc Socrate, qui se disait
« averti par son démon de plusieurs événements ? Que di-
« raient Thalès et Anaxagore, les philosophes ioniens, dont
« l'un prédit quelle serait la fertilité des oliviers, dont
« l'autre annonça à l'avance plusieurs phénomènes cé-

---

1. Allusion à des fables qui se trouvent en grand nombre dans les
biographies de Sophocle, comme dans celles de presque tous les poëtes
ou philosophes de l'antiquité. Plutarque lui-même s'est souvenu d'une
de ces biographies dans sa *Vie de Numa*, où il dit que Sophocle logea
chez lui Esculape.

2. Voyez Diogène de Laërte, VIII, 60. Porphyre, *Vie de Pythagore*,
p. 193.

« lestes ? Diraient-ils que c'est par la magie qu'ils ont fait
« ces prédictions ? Et cependant ce n'est pas pour magie
« qu'ils ont été traduits devant un tribunal, et je ne vois
« nullement dans les accusations intentées contre eux le
« reproche d'avoir fait acte de magiciens en prédisant quel-
« quefois l'avenir Cela aurait paru ridicule, et un tel re-
« proche adressé a des sages n'eût pas semble soutenable,
« même en Thessalie, où l'on bafouait les vieilles gens qui
« faisaient descendre la lune sur la terre par leurs enchan-
« tements. Comment donc me suis-je aperçu du fléau qui
« menaçait Éphèse ? Vous avez entendu l'accusateur vous
« dire que le régime que je suis n'est pas celui des autres
« hommes, et moi-même j'ai commencé par vous apprendre
« combien mes aliments sont légers et combien ils me sont
« plus agréables que la sensualité ne l'est aux autres : ce
« régime, ô Prince ! conserve à mes sens une subtilité in-
« connue aux autres hommes, il dissipe tous les nuages
« qui peuvent les obscurcir, il me permet de voir, comme
« dans un miroir brillant, tout ce qui est et tout ce qui
« sera. Le sage, en effet, lorsqu'un fléau tombe sur quel-
« que contrée, n'attendra pas que la terre jette des va-
« peurs, que l'atmosphère se soit épaissie ; mais il sentira
« l'approche de ces phénomènes, moins vite que les Dieux,
« plus vite que les autres hommes Les Dieux voient ce qui
« arrivera, les hommes ce qui est arrivé, les sages ce qui
« est sur le point d'arriver C'est en particulier, ô Prince !
« qu'il faut me demander les causes des maladies pestilen-
« tielles · elles appartiennent à une science trop abstruse
« pour être développées en public. Mais croyez-vous qu'un
« régime tel que le mien produise seulement la subtilité des
« sens ? Ne pensez-vous pas qu'il donne de la force pour les
« plus grandes choses et les plus merveilleuses ? Ce que je dis,
« on peut en voir la preuve en bien des faits, mais surtout

« dans la peste d'Éphèse. Le fléau avait pris la forme d'un
« vieux mendiant Je l'ai deviné sous ce déguisement, je
« l'ai vaincu, et peu content d'apaiser le mal, je l'ai détruit.
« Quel est le Dieu que j'implorai en cette circonstance? C'est
« ce qu'apprend la statue que j'ai élevée à Éphèse, en souve-
« nir de ce fait, a Hercule Sauveur [1] J'ai en effet demandé
« l'assistance d'Hercule, parce que, par sa science et sa force,
« il délivra jadis l'Élide de la peste, en la purgeant des éma-
« nations qu'exhalait la terre sous le règne d'Augias. Pensez-
« vous, ô Prince! qu'un magicien qui voudrait s'en faire
« accroire rapporterait a un Dieu ce qu'il aurait fait lui-
« même? A qui ferait-il admirer son art, s'il faisait honneur
« à un Dieu des merveilles qu'il opère? Quel est le magi-
« cien qui invoquerait Hercule? Les misérables de cette
« espèce aiment bien mieux attribuer ce qui arrive à leurs
« fosses et aux Dieux infernaux, dont Hercule ne fait pas
« partie, car il est pur et bienveillant pour l'humanité Je
« l'ai aussi un jour imploré pour le Péloponèse la, en effet,
« un spectre, une *lamie* [2], errait autour de Corinthe, dévo-
« rant les beaux jeunes gens. Et pour qu'Hercule vînt à
« mon aide, je n'ai pas eu à le gagner par de riches présents :
« il lui a suffi d'un gateau de miel, d'un peu d'encens, et
« de la perspective de faire du bien aux hommes Il n'ambi-
« tionnait pas d'autre récompense pour les travaux que lui
« imposait Eurysthée. Prince, ne trouvez pas mauvais que
« je vous parle d'Hercule : Minerve le protégea parce qu'il
« était vertueux et faisait du bien aux hommes.

    « Voulez-vous maintenant que je me justifie au sujet du

1. Voyez plus haut, livre IV, ch. 10, p. 147.
2. Être fantastique, du genre des *empuses* (Voyez plus haut, p. 52 et
p. 163). Il est même probable que cette *lamie* n'est autre que l'*empuse*
dont il a été question p. 163, et que nous avons ici le dénoûment d'une
histoire qui avait pu paraître inachevée.

« sacrifice? Vos gestes me disent votre désir[1]. Écoutez donc
« la pure vérité, que j'allegue pour ma défense Quelque
« prix que j'attache au bonheur des hommes, jamais je n'ai
« fait pour eux de sacrifices, jamais je n'en ferai, jamais je
« ne toucherai à des autels où l'on fera couler du sang,
« jamais je ne ferai de prières les yeux fixés sur un couteau
« ou sur une victime comme celle dont parle mon accusa-
« teur. Votre prisonnier, ô prince! n'est pas un Scythe, il
« n'appartient pas à un peuple barbare, il ne s'est jamais
« mêlé aux Massagetes ni aux habitants de la Tauride ces
« peuplades mêmes, je les détournerais de leurs féroces sa-
« crifices Quelle folie ne serait pas la mienne, quand je parle
« souvent de la divination, de sa puissance et des limites
« de cette puissance, quand mieux que personne je sais
« que les Dieux manifestent leur volonté aux hommes purs
« et sages, même sans qu'ils consultent les devins, quelle
« folie ne serait pas la mienne, d'aller consommer un sacri-
« fice sanglant, de toucher à des victimes horribles et né-
« fastes, qui me souilleraient et m'empêcheraient d'enten-
« dre mes voix divines Mais laissons de côté l'horreur
« d'un tel sacrifice. Rappelons à mon accusateur ce qu'il
« vient de dire lui-même. c'est lui-même qui m'absout. En
« effet, il dit que j'ai prédit la peste aux Éphésiens sans avoir
« besoin d'aucun sacrifice. Pourquoi donc aurais-je eu
« besoin de sacrifices sanglants pour des choses que je pou-
« vais savoir même sans sacrifices? Qu'avais-je besoin de
« divination pour des choses que je savais, moi et bien
« d'autres? »

1. Voici déjà la seconde fois que, dans ce discours écrit et préparé,
nous voyons des allusions à ce qui se serait passé à l'audience. Philostrate avait pour ce fait singulier une explication toute trouvée : c'est
qu'Apollonius qui, s'il n'était pas magicien, était devin, avait prévu tous
ces incidents.

« Si je suis mis en cause au sujet de Nerva et de ses
« amis, je n'ai qu'à répéter ce que je vous ai déjà dit quand
« vous m'avez parlé de ce grief. Je juge Nerva digne de
« tous les honneurs et de tous les éloges qu'on donne à un
« homme, mais je ne le crois pas propre à exécuter : son
« corps est miné par des infirmités qui remplissent son
« âme d'amertume, et qui font qu'il suffit a peine a l'admi-
« nistration de sa fortune Il admire en vous la vigueur du
« corps et de l'esprit, et cela est tout simple : car les
« hommes sont ordinairement portés à admirer ce dont ils
« sont incapables. Nerva se sent animé aussi envers moi
« de sentiments respectueux jamais je ne l'ai vu rire en
« ma présence, ni badiner comme on fait entre amis, mais
« il me parle avec timidité et même en rougissant, comme
« les jeunes gens devant leurs pères et leurs maîtres ; et,
« comme il sait que, ce que j'apprécie avant tout, c'est la
« modestie, il cultive cette vertu avec tant de soin que je le
« trouve humble a l'excès A qui donc paraîtra-t-il vrai-
« semblable que Nerva ambitionne l'empire, lui qui n'as-
« pire qu'à une chose, à gouverner sa maison ; qu'il
« ait conversé avec moi des plus graves intérêts, lui qui
« n'ose pas me parler des moindres, enfin qu'il ait formé
« de concert avec moi des projets que, s'il pensait comme
« moi, il ne formerait de concert avec personne ? Quant à
« Orphitus et à Rufus, ces hommes justes et modérés, mais
« un peu lents d'esprit, je puis vous l'assurer, les accuse-
« t-on aussi de viser a l'empire ? J'ignore si l'on ne se
« trompe pas plus a leur égard qu'à l'égard de Nerva. Leur
« reproche-t-on d'être les complices de Nerva ? Il est encore
« plus croyable que Nerva ait ambitionné l'empire qu'il
« n'est croyable qu'ils lui ont fait concevoir cette ambition.
    « Mais celui qui m'accuse devait aussi examiner une
« chose : dans quelles vues, selon lui, prêterais-je mon con-

« cours à des gens qui songeraient à renverser l'empereur?
« Il ne prétend pas que j'aie reçu d'eux de l'argent, ni que
« j'aie été entraîné dans leur parti par des présents Exa-
« minons maintenant si je n'ai pas des prétentions élevées,
« et si je n'ai pas différé mes exigences jusqu'au moment où
« ils seront parvenus à l'empire, me disant qu'alors je
« pourrais plus demander et plus obtenir. Comment le sau-
« rons-nous ? Rappelez-vous, prince, et votre règne, et celui
« de vos prédécesseurs, de votre frère, de votre père, enfin
« de Néron J'ai vécu au grand jour sous ces empereurs;
« tout le reste du temps, je l'ai passé chez les Indiens. Pen-
« dant ces trente-huit ans (car c'est l'intervalle qu'il y a de-
« puis ce temps jusqu'à vous) l'on ne m'a pas vu à la porte du
« palais des empereurs, si ce n'est en Égypte; mais c'était
« à la porte de votre père, qui n'était pas encore empereur, et
« qui me disait être venu exprès pour moi. Jamais je n'ai dit
« aux princes, ni aux peuples sur les princes aucune parole
« basse, jamais je ne me suis glorifié d'avoir reçu de leurs
« lettres, ni de leur en avoir écrit, jamais je ne me suis
« manqué a moi-même au point de les flatter pour en re-
« cevoir des présents. Me demandez-vous si je me mets au
« rang des riches ou des pauvres? Je vous réponds que je
« me classe parmi les plus riches : car n'avoir besoin de
« rien, cela vaut pour moi la Lydie entière et le Pactole.
« Comment donc, pour aspirer aux largesses des empereurs,
« aurais-je jeté més vues sur des empereurs en espérance,
« et aurais-je différé mes désirs jusqu'à leur avénement,
« moi qui n'avais rien voulu tenir de vous et des autres
« empereurs, que je voyais fermement assis sur le trône?
« Comment aurais-je pensé à des changements de gouver-
« nement, moi qui ne songeais pas à me faire valoir au-
« près des gouvernements établis? Et cependant, combien
« ne gagne pas un philosophe à se faire le flatteur des puis-

« sauts! Pour en juger, il suffit de voir les richesses d'Eu-
« phrate... Que dis-je? Ce ne sont pas des trésors qu'il a tirés
« de la, ce sont des sources de trésors. Le voici maintenant
« qui parle philosophie au milieu des comptoirs il est trafi-
« quant, revendeur, fermier des impôts, prêteur à usure, il
« est tout, marchand et marchandise. Il est à demeure aux
« portes des puissants, et on l'y voit plus que leurs portiers.
« Souvent le soir il lui arrive, comme aux chiens gourmands,
« de se trouver enfermé a l'intérieur Il ne donne -jamais
« une drachme à un philosophe, entassant pour d'autres
« ses richesses, gorgeant d'or l'Égyptien Euphrate, et
« aiguisant contre moi une langue qui mériterait d'être
« coupée.

   « Mais je vous abandonne Euphrate : vous-même, à
« moins que vous n'aimiez les flatteurs, vous le trouverez
« pire que je ne vous le représente Veuillez seulement
« écouter le reste de ma défense Que dirai-je, et sur quoi
« parlerai-je? Il y a dans l'accusation je ne sais quelle élégie
« sur un enfant arcadien que j'aurais mis en pieces la nuit,
« en songe peut-être, je ne sais pas trop ce que dit sur ce
« point mon accusateur. L'enfant appartiendrait à une
« bonne famille, et sa beauté aurait été celle des enfants
« arcadiens, qui éclate même sous de misérables vêtements!
« Il avait beau pleurer et me supplier je l'ai tué, dit mon
« accusateur, et après avoir trempé mes mains dans son
« sang, j'ai prié les Dieux de me devoiler l'avenir. Jusqu'ici,
« c'est moi qui suis en cause · ce qui suit touche les Dieux.
« Au dire de l'accusation, les Dieux auraient prêté
« l'oreille à ma prière, et m'auraient accordé de bons pré-
« sages, au lieu de punir mon impiété! Certes, une telle
« complaisance est bien coupable, mais ce n'est pas à moi
« d'en parler. Qu'il me suffise de me défendre sur ce dont
« j'ai à répondre. Quel est cet enfant arcadien? Puisqu'il

« était d'une famille distinguée, puisque ce n'était pas un
« esclave, l'accusateur devait demander quel était le nom
« des parents, de quelle famille il était, quelle ville arca-
« dienne l'avait nourri, à quels autels domestiques il avait
« été arraché pour être immolé en cet endroit. L'accusateur
« n'en dit rien, lui qui est si fort sur le mensonge. Il s'agit
« donc d'un esclave, car un enfant qui n'a pas de nom, pas
« de famille, pas de patrie, pas de fortune, ô Dieux! n'est-ce
« pas là un esclave? Les esclaves, en effet, n'ont pas de nom
« qui leur soit propre. Mais alors, a quel marchand appar-
« tenait cet esclave? Qui l'avait acheté en Arcadie? Si la
« race arcadienne est propre à la divination meurtrière [1], il
« est probable que cet enfant a été acheté bien cher, et que
« l'on a envoyé un exprès dans le Péloponèse pour nous
« ramener ce petit Arcadien. En effet, rien de plus facile que
« de se procurer ici-même des esclaves venus d'autres con-
« trées, du Pont, de la Lydie, de la Phrygie; on en rencontre
« des troupeaux que l'on amène ici; ces peuples, et en géné-
« ral tous les peuples barbares, ayant toujours été esclaves,
« ne se doutent pas de ce que l'esclavage a de honteux. C'est
« la coutume en Phrygie de vendre même ses enfants, et
« de ne plus s'en soucier ensuite. Mais les Grecs sont
« encore épris de la liberté, et un Grec ne vendra pas
« même un esclave pour être conduit hors de Grèce; aussi
« n'est-ce pas là qu'il faut aller pour voler des hommes et
« les réduire en esclavage, ni pour faire trafic d'esclaves de
« quelque manière que ce soit, et en Arcadie moins que
« partout ailleurs car, outre que ce sont, de tous les Grecs,
« les plus jaloux de leur liberté, il leur faut une multitude
« d'esclaves. L'Arcadie, en effet, est vaste et boisée, non-

1. Apollonius oppose ici la divination qui s'obtenait par l'examen des
entrailles des victimes, la *splanchnoscopie*, à la divination telle qu'il
l'entendait et la pratiquait. (Voyez plus haut, p 88, 132, 246, 361, etc)

« seulement sur les hauteurs, mais dans les plaines elle a
« donc besoin de beaucoup de laboureurs, de chevriers,
« de porchers, de bergers, de bouviers, d'éleveurs de
« chevaux, de bûcherons, et dès leur enfance on les forme
« à ces divers emplois Si les Arcadiens n'étaient pas tels
« que je les représente, si, comme les autres peuples, ils
« vendaient leurs. esclaves, quel intérêt trouverait cette
« prétendue science a ce que la victime vînt d'Arcadie? Les
« Arcadiens ne sont pas les plus instruits des Grecs, et il
« n'y a pas apparence que l'examen de leurs entrailles soit
« plus instructif que l'examem des entrailles des autres
« hommes ce sont, au contraire, les plus grossiers des
« hommes, ils tiennent beaucoup du porc, et comme lui,
« ils se nourrissent de gland.

     « Peut-être trouverez-vous que pour me justifier, j'ai
« usé de la rhétorique plus qu'il ne convient à mon carac-
« tère, quand j'ai parlé des mœurs des Arcadiens, et que
« j'ai fait une excursion dans le Péloponèse La manière
« de me justifier qui me convient, la voici: Je n'ai pas sa-
« crifié, je ne sacrifie pas, je ne trempe pas mes mains dans
« le sang, pas même dans le sang répandu sur les autels.
« C'étaient là les principes de Pythagore, ce sont ceux de
« ses disciples, des Gymnosophistes d'Égypte, des Sages
« Indiens, dont les doctrines ont été comme la source de
« celles des Pythagoriciens En sacrifiant comme ils le font,
« ils ne paraissent pas aux Dieux mal faire, au contraire,
« les Dieux leur accordent de vieillir dispos et sains, de pa-
« raître de jour en jour plus sages, d'échapper au pouvoir
« des tyrans, de n'avoir aucun besoin Il n'est pas invrai-
« semblable au contraire que les Dieux ont besoin d'hommes
« pieux, qui leur offrent des sacrifices purs. Je crois, en effet,
« que les Dieux pensent comme moi au sujet des sacrifices,
« et c'est pour cela qu'ils ont fait placer la contrée qui

« produit l'encens dans la partie la plus pure de la terre,
« afin que l'on pût sacrifier sans porter du fer dans les
« temples, sans verser du sang sur les autels. Et l'accusa-
« teur veut que, oubliant les Dieux, et m'oubliant moi-
« même, j'aie fait un sacrifice suivant des rites qui ne sont
« pas les miens, et que je ne voudrais voir suivis par
« aucun homme!

    « Le temps même qu'a indiqué mon accusateur est une
« preuve de mon innocence. Si le jour où il prétend que j'ai
« commis ce crime, je me suis trouvé dans la campagne, je
« reconnais avoir fait le sacrifice, et si j'ai fait le sacrifice, je
« reconnais avoir mangé de la victime. Vous me demandez
« avec instance si je n'étais pas alors à Rome vers ce temps-là.
« Et vous aussi, ô le meilleur des princes ! vous y étiez, et
« cependant vous ne vous reconnaissez pas coupable d'un tel
« sacrifice; l'accusateur y était aussi, et cependant il n'ira pas
« dire pour cela qu'il a commis un meurtre, il y avait aussi à
« Rome une foule innombrable d'hommes, qu'il vaudrait
« mieux exiler que de les envelopper d'accusations, dans
« lesquelles un indice de crime serait de s'être trouvé
« ici. Il semble cependant que le seul fait d'être venu a
« Rome est une présomption que l'on n'est pas coupable de
« tentatives rebelles · en effet, la résidence à Rome, dans
« cette ville où il y a tant d'yeux pour voir, tant d'oreilles
« pour entendre ce qui est et ce qui n'est pas, cette rési-
« dence ne permet guère d'y tramer de complot, à moins
« que l'on ne désire ardemment la mort, au contraire, les
« hommes prudents et modérés y apprennent à ne marcher
« qu'à pas lents et à ne pas aller au delà du permis. Qu'ai-
« je donc fait cette nuit, ô délateur? Figurez-vous que vous
« vous adressez cette question, puisque aussi bien vous êtes
« venu ici pour questionner. Voici quelle sera la réponse.
« Je préparais des accusations et des procès contre des

« hommes de bien, je cherchais à perdre des innocents et a
« persuader des mensonges a l'empereur, pour faire parler de
« moi, et pour souiller le prince du sang d'un juste » Si vous
« m'interrogez comme philosophe, je vous répondrai : « Je
« faisais comme Démocrite, je riais des choses humaines »
« Si vous m'interrogez comme étant moi-même, je vous
« dirai. « Philiscus de Mélos [1], qui avait philosophé avec
« moi durant quatre années, était malade en ce moment, et
« je veillais auprès de son lit il était dans un état déses-
« péré, et ne tarda pas à mourir de cette maladie. Oh !
« combien de bergeronnettes j'aurais voulu avoir alors pour
« le sauver [2] Par Jupiter, s'il y a quelques mélodies d'Orphée
« propres à ramener les morts à la vie, combien j'aurais
« voulu les savoir alors ! Pour lui, il me semble que je se-
« rais allé aux enfers, si cela se pouvait encore tant je me
« sentais attaché à lui par toute sa conduite si digne d'un
« philosophe, si conforme à mes goûts ! Ce que je vous dis,
« ô prince ! vous pouvez l'entendre de la bouche de Télé-
« sinus, personnage consulaire, car lui aussi, il était au lit
« du philosophe de Mélos, le soignant la nuit, avec autant
« d'empressement que moi. Vous défiez-vous de Télésinus,
« parce qu'il s'adonne à la philosophie? J'en appelle aux
« témoignages des médecins, qui sont Séleucus de Cyzique
« et Stratoclès de Sidon. Demandez-leur si je dis la vé-
« rité. Ils avaient avec eux plus de trente de leurs élèves,
« ce sont autant de témoins qui attesteront ce que je dis.
« Peut-être croirez-vous que, si j'en appelle au témoignage

---

1. **Mélos**, une des Cyclades Voici la première et la dernière fois
que Philostrate nous parle de ce Philiscus dans sa *Vie d'Apollonius de
Tyane*. Oléarius, trompé par son surnom de *Mélien* (les Méliens sont
un peuple de Thessalie), le confond mal à propos avec un sophiste thessalien nommé aussi Philiscus, que Philostrate avait connu dans sa jeunesse, comme il le dit lui-même (*Vie des sophistes*, II, 30).

2. Voyez les *Éclaircissements historiques et critiques*.

« des amis de Philiscus, c'est pour différer le procès, parce
« qu'ils sont partis pour lui rendre à Mélos les derniers de-
« voirs. Eh bien ! avancez, témoins ! car je vous ai fait venir
« tout exprès. » (*Ici les témoins déposent.*)

« Ces témoignages, ô Prince ! vous montrent clairement
« combien il y a de vérité dans cette accusation. Je n'étais
« pas dans les environs de Rome, mais à Rome même ; je
« n'étais pas hors des murs, mais dans une maison de la
« ville; je n'étais pas chez Nerva, mais chez Philiscus; je
« ne mettais personne à mort, mais je priais pour la vie
« d'un homme; je ne m'occupais pas d'empire, mais de
« philosophie; je ne tramais pas de complot contre vous,
« mais je cherchais à sauver un homme semblable à moi.
« Qu'est-ce donc que cette fable d'un meurtre? Pourquoi
« chercher à établir la foi en cette calomnie? Est-ce que
« l'on peut faire que ce qui est faux soit vrai, parce qu'on
« le dénonce comme vrai? Ne penserez-vous pas, ô Prince !
« qu'il n'y a rien de plus invraisemblable que ce sacrifice?
« Il a existé des devins habiles dans l'art d'examiner les
« entrailles des victimes; et l'on cite parmi eux les Mégis-
« tias d'Acarnanie, les Aristandre de Lycie, les Silanus
« d'Ambracie, qui étaient les sacrificateurs, le premier, de
« Léonidas, roi de Sparte; le second, d'Alexandre de Macé-
« doine; le troisième, de Cyrus le prétendant[1]. Assurément,
« s'ils avaient vu dans les entrailles humaines quelque
« chose de plus clair, de plus profond, de plus vrai, ils
« n'auraient pas été embarrassés de trouver des victimes
« humaines, car ils pouvaient disposer de rois qui avaient

---

1. Sur Mégistias, qui appartenait à la famille des Mélampodides,
voy. Hérodote, VII, 22. (Il a déjà été cité plus haut, IV, 23, p. 161.)
Aristandre est cité par Plutarque (*Vie d'Alexandre*), et par Lucien (*Phi-
lopatris*). Voyez encore, sur Silanus, Xénophon (*Anabase*, I, 7 ; V, 6 ;
VI, 4), qui se plaint de la perfidie de ce devin, mais qui ne laisse pas
de le consulter.

24

« sous la main je ne sais combien d'échansons et de pri-
« sonniers, qui pouvaient commettre des crimes avec im-
« punité, et qui n'avaient pas peur d'être dénoncés comme
« des meurtriers. Mais j'imagine qu'ils se sont dit, comme
« je me dis, moi qui suis accusé d'avoir immolé une vic-
« time humaine Les bêtes, qu'on immole sans qu'elles se
« doutent qu'elles sont en danger de mort, offrent cet avan-
« tage dans les sacrifices, que l'ignorance du péril laisse
« leurs entrailles sans trouble et sans altération; l'homme,
« au contraire, qui craint toujours la mort, même lors-
« qu'elle n'est pas imminente, comment pourra-t-il, quand
« la mort sera prochaine et sous ses yeux, présenter des
« entrailles propres à la divination, ou même de nature à
« fournir des présages heureux ? Vous allez voir, Prince,
« que ce que je dis est fondé sur la raison et sur la nature.
« Le foie, qui est, selon les experts en cet art, comme le
« trépied de la divination, est rempli de sang impur tout
« le sang pur est retenu par le cœur, qui le répand dans le
« corps entier par les canaux des veines; quant au foie, il
« contient le fiel, qui est soulevé par la colère et renfoncé
« dans toutes les cavités de cet organe. Ainsi, sous l'im-
« pression de la colère, le fiel fermente, et ne pouvant plus
« tenir dans son vase particulier, il se répand sur le foie,
« occupe toute la partie unie des entrailles, celle qui sert
« à la divination, au contraire, l'effet de la peur est que le
« fiel se resserre, et fait évanouir toutes les instructions
« qu'on peut tirer de l'examen du foie : alors, en effet, ce
« qu'il y a de pur dans le sang qui baigne le foie se retire,
« inondant, par un mouvement naturel, la membrane qui
« entoure le foie, et nageant au milieu d'une matière
« épaisse A quoi servirait-il donc, ô Prince ! de se souiller
« d'un meurtre, si la victime ne devait pas fournir de pré-
« sages? Ce qui empêche les présages, c'est que la nature

« humaine pressent la mort, et que ceux qui meurent, s'ils
« sont braves, s'irritent, s'ils sont lâches, s'abandonnent a
« la frayeur. C'est pour cela que, chez les peuples barbares
« qui ne sont pas dépourvus de toute civilisation, l'art des
« devins approuve le sacrifice des chèvres et des agneaux,
« parce que ces bêtes sont simples et presque insensibles,
« mais éloigne de ses mystères les coqs, les porcs et les
« taureaux, parce que ces animaux sont trop portés a la
« colère Je m'aperçois, ô Prince ! que mon accusateur
« s'impatiente de voir que je vous instruis de toutes ces
« choses, et que vous paraissez m'écouter avec attention
« Si tout ce que j'ai dit n'est pas clair, vous êtes libre de
« me poser des questions.

   « J'en ai fini avec l'accusation de l'Égyptien. Mais je ne
« veux pas laisser sans réponse même les autres calomnies
« d'Euphrate : aussi vous prierai-je, Prince, de juger lequel
« de nous deux est le meilleur philosophe. Euphrate s'a-
« charne à répandre des mensonges contre moi, moi, je
« dédaigne de semblables armes. Il vous considère comme
« un tyran; moi, comme un empereur. Il vous arme contre
« moi d'une épée; moi, je vous arme contre lui d'un dis-
« cours. Ce qui a donné matière a ses calomnies, ce sont
« les discours que j'ai tenus en Ionie, et qu'il dit vous avoir
« été hostiles. Eh quoi ! j'ai parlé des Parques et de la des-
« tinée . j'ai pris pour exemples les actions des princes,
« parce que ce sont, à ce qu'il semble, les plus importantes
« des actions humaines J'ai dit que la puissance des Par-
« ques est irrésistible, et que leur œuvre est tellement im-
« muable que si elles décrétaient l'empire à un citoyen,
« quand l'empire est aux mains d'un autre, et si cet autre
« venait à faire mourir l'élu des Parques, pour n'être pas
« détrôné par lui, le mort reviendrait a la vie pour que les
« arrêts des Parques reçussent leur exécution. Qu'est-ce

« que toutes ces hyperboles, si ce n'est un moyen de frap-
« per ceux qui ne se laissent pas convaincre par le vraisem-
« blable? C'est comme si j'avais dit Celui dont la destinée
« est d'être menuisier, cet homme, même s'il avait les
« mains coupées, serait menuisier, celui dont la destinée
« est de remporter a Olympie la victoire pour la course, cet
« homme, même s'il avait la jambe cassée, n'en serait pas
« moins vainqueur à la course, celui dont les Parques au-
« raient voulu faire un habile archer, cet homme, même
« quand il perdrait la vue, lancerait une flèche droit au
« but. Quand je parlais des princes, je songeais aux Acri-
« sius, aux Laius, aux Astyage, et à bien d'autres qui ont
« eu d'heureux commencements de règne, qui ont cru dé-
« truire leurs enfants ou leurs petits-enfants, et qui ont été
« renversés par ces enfants mêmes, que la destinée avait
« fait grandir dans l'obscurité [1]. Si j'avais du goût pour la
« flatterie, je vous dirais que je songeais à votre propre
« histoire vous étiez assiege dans cette ville par Vitellius;
« le temple de Jupiter, qui dominait Rome, était en flam-
« mes, et Vitellius disait que ses affaires etaient sauves s'il
« parvenait a mettre la main sur vous, sur vous qui n'étiez
« encore qu'un jeune homme, et qui n'étiez pas puissant
« comme aujourd'hui, et cependant les Parques en ont dé-
« cidé autrement Vitellius est mort, victime de son am-
« bition même, et vous siégez en sa place Mais je hais les
« accords de l'adulation, je les trouve sans cadence et sans
« harmonie coupons donc cette corde a ma lyre, et sup-
« posez que je n'ai nullement songé à vous, que je n'ai eu
« en vue que les Parques et la destinée ; car, selon mon
« accusateur, ce discours était dirigé contre vous. Eh bien!
« c'est là un langage accepté par la plupart des Dieux.

1. Acrisius fut tué par son petit-fils Persée; Laius, par son fils OEdipe;
Astyage fut renversé par son petit-fils Cyrus.

« Jupiter souffre que les poétes, dans leurs chants sur le
« combat des Lyciens[1], lui fassent dire

> « Hélas! Ce Sarpédon, que je chéris le plus parmi les hommes,
> « la Destinée veut qu'il périsse sous les coups de Pa-
> « trocle[2] »

« Il entend dire par là qu'il a cédé aux Parques la vie de son
« fils. Il entend dire encore, dans le chant sur le Séjour des
« Ombres, qu'il honora d'un sceptre d'or, après son tré-
« pas, Minos, frère de Sarpédon, et le fit sieger comme
« juge au tribunal d'Aïdonée[3], mais ne put le soustraire au
« pouvoir des Parques[4]. Pourquoi donc, Prince, vous irri-
« teriez-vous d'un langage que supportent les Dieux ? Les
« Dieux, dont l'état est immuable, ne punissent pas de mort
« les poétes pour parler ainsi. Il faut obéir aux Parques,
« souffrir sans impatience les vicissitudes de notre desti-
« née, et ne pas refuser d'écouter Sophocle, qui nous dit[5].

> « La Vieillesse et le Trépas n'épargnent que les Dieux ; tout
> « le reste est soumis aux coups victorieux du Temps »

« Aucun mortel pourrait-il mieux parler? Les prospérités
« des hommes sont mobiles, et le bonheur ne dure qu'un
« jour : celui-ci possède ce que j'ai possédé, un autre, ce
« qu'a possédé celui-ci, un troisième, ce qu'a possédé cet
« autre et nul n'a rien en propre. Songez à cela, Prince,
« et mettez un terme aux exils et aux supplices. Pour la

---

1. Allusion au chant XVIe de l'*Iliade*, où est rapporté le combat des
Lyciens, conduits par Sarpédon, contre les Grecs.
2. *Iliade*, XVI, v. 433. Nous donnons ici, pour plus de clarté, les
deux vers d'Homère, dont Philostrate n'a cité que le commencement.
3. C'est un des noms du Pluton.
4. *Odyssée*, XI, v. 566 et suivants.
5. Fragment d'une tragédie perdue de Sophocle.

« philosophie, vous, pouvez agir envers elle comme vous
« l'entendrez . la véritable philosophie est hors de toute
« atteinte. Arrêtez les gémissements des hommes car en
« ce moment l'écho répète de tous côtés, et de la mer, et
« surtout de`la terre, les cris lamentables des malheureux
« persécutés Les maux qui découlent de la, et ils sont
« innombrables, viennent de la langue des délateurs, qui
« vous rendent tout le monde odieux, ô Prince ! et vous
« rendent odieux à tout le monde »

VIII. Telle etait l'Apologie qu'avait préparée Apollonius.
A la fin de cette Apologie , j'ai trouvé la fin du premier
discours[1], c'est-à-dire ce vers d'Homère :

« Non, vous ne me ferez pas périr ; car périr n'est pas dans
« ma destinée, »

et tout ce qui précédait et amenait cette citation

Lorsqu'il fut sorti du tribunal de la manière merveilleuse
et inexplicable que nous avons dite[2], la conduite du tyran
ne fut pas celle qu'on attendait généralement La plupart
des assistants croyaient qu'il allait pousser des cris, faire
poursuivre Apollonius, et faire proclamer dans tout l'empire qu'il lui interdisait de s'y montrer ‘ mais il n'en fit
rien , soit qu'il voulût surprendre les assistants, soit qu'il
comprît enfin qu'il ne pouvait rien contre cet homme.
Peut-être croira-t-on qu'il le méprisa ‘ mais la suite prouvera qu'il ressentit plutôt du trouble que du mépris.

IX En effet, après cette cause, il en entendit une autre.
C'était une ville qui plaidait contre un particulier au sujet
d'un testament, si je ne me trompe. Domitien ne put se
rappeler ni le nom des parties, ni même le sujet de la con-

1. Voyez plus haut, ch. V, p. 342.
2. Voyez le même chapitre, fin.

testation. Ses questions étaient dépourvues de sens, et ses
réponses n'avaient pas le moindre rapport au procès. Il
etait impossible de ne pas voir que le tyran était troublé et
d'autant plus embarrassé, que ses flatteurs lui avaient fait
croire qu'il etait doué d'une mémoire imperturbable.

X. · Tel fut sur le tyran l'effet de la disparition d'Apollonius, qui montra ainsi que l'homme qui faisait la terreur
des Barbares était le jouet de sa philosophie. Apollonius
disparut du tribunal avant midi : dans la soirée, Démétrius
et Damis le virent à Dicéarchie [1]; et voilà pourquoi il
avait dit à Damis de se rendre a pied à Dicéarchie, sans
attendre que sa défense eût été prononcée. Il n'avait pas
annoncé d'avance ce qu'il voulait faire, mais il avait fait
agir l'homme qui était le plus dans sa familiarité comme il
convenait a ses desseins.

XI. Damis était arrivé la veille, et avait raconté a Démétrius les incidents qui avaient précédé le jugement. Ce
récit avait inquiété Démétrius, comme si c'était d'un autre
qu'Apollonius qu'il entendit parler : aussi le lendemain se
fit-il raconter les mêmes faits par Damis, en se promenant
avec lui sur le rivage de la mer, à l'endroit auquel se ratta-
chent les fables sur Calypso. L'un et l'autre désespéraient de
le voir revenir, tant ils jugeaient la tyrannie de Domitien
redoutable pour tout le monde; cependant, par égard pour le
caractère d'Apollonius, ils se conformèrent respectueuse-
ment aux instructions qu'il leur avait données. Découragés,
ils s'étaient assis dans un sanctuaire des Nymphes, où il y
a un bassin de marbre blanc contenant une eau vive qui ne
dépasse jamais les bords, et qui ne diminue jamais lorsqu'on
en puise. Ils commencèrent à s'entretenir de ce singulier
phénomène; mais, l'inquiétude que leur causait Apollonius

1. Nom grec de Pouzzoles (Voyez, sur ce fait merveilleux, les *Éclaircissements historiques et critiques*).

les ayant empêchés de s'intéresser à cette conversation,
ils se remirent à parler de ce qui avait précédé le jugement.

XII Damis recommença donc ses plaintes, et dit entre
autres choses : « Reverrons-nous jamais notre vertueux
« ami ? » En entendant ces mots, Apollonius, qui était déjà
dans le sanctuaire des Nymphes, lui dit   « Vous me rever-
« rez, ou plutôt vous m'avez revu. — Êtes-vous vivant?
« s'écria Démétrius, car, si nous n'avons devant nos yeux
« que l'ombre d'Apollonius, nous n'avons pas encore fini
« de le pleurer. » Apollonius lui tendit alors la main
« Prenez, lui dit-il, et si je vous échappe, dites que je suis
« un spectre venu de chez Proserpine, comme les Dieux
« infernaux en font voir à ceux qui sont abattus par la dou-
« leur; si, au contraire, je me laisse toucher, faites en sorte
« que Damis lui-même soit bien convaincu que je vis et
« que je n'ai pas quitté mon corps. » Il n'y avait plus moyen
de douter Demetrius et Damis se jetèrent donc au cou d'A-
pollonius, le serrèrent dans leurs bras, et l'interrogèrent
sur son apologie. « Sans doute vous ne l'avez pas pronon-
« cee, » lui dit Démétrius, « car vous deviez périr quoique
« innocent. — Vous vous etes peut-être défendu, mais
« avant le jour indiqué, » ajouta Damis : car il ne supposait pas que ce fût le jour même. « J'ai plaidé ma cause,
« répondit Apollonius, et je l'ai gagnée C'est aujourd'hui
« même que j'ai eu a me justifier, il y a quelques heures :
« il était près de midi. — Comment donc, demanda Démé-
« trius, avez-vous fait tant de chemin en si peu de temps?—
« Ne pensez pas, repartit Apollonius, au bélier de Phryxus
« ni aux ailes de Dédale : du reste, vous pouvez tout croire,
« et vous pouvez voir dans ce voyage l'intervention d'un
« Dieu. — Ce Dieu, répondit Démétrius, je le vois partout
« présent à vos actes et à vos discours, et c'est lui qui fait

« que vos affaires sont en ce point. Mais comment vous
« êtes-vous défendu? Quels ont été les divers chefs d'accu-
« sation? Quelles ont été les dispositions du juge? Quelles
« questions vous a-t-il faites? Qu'a-t-il approuvé ou blâmé?
« Dites-moi tout cela, pour que je puisse en instruire
« Télésinus car il ne manquera pas de m'interroger sur
« ce qui vous concerne. Il n'y a pas quinze jours que je
« soupais avec lui a Antium il s'endormit sur la table, au
« milieu du repas, il vit en songe des torrents de flammes
« inonder la terre, envelopper quelques personnes, et en
« atteindre d'autres qui fuyaient, tandis que vous restiez
« hors de leurs atteintes, et qu'elles s'ouvraient même pour
« vous livrer passage. Au sortir de ce rêve, il fit des liba-
« tions aux Dieux qui président aux heureux présages, et
« m'invita à me rassurer sur votre sort. — Je ne m'étonne
« pas, répondit Apollonius, que Télésinus songe à moi pen-
« dant son sommeil, car il y a longtemps qu'il pense a moi
« en veillant Pour ce qui est de mon jugement, je vous en
« instruirai, mais pas ici car il commence à se faire tard,
« et il est temps de rentrer en ville il est plus agréable de
« parler en marchant, les entretiens servent de compagnie.
« Il faut nous acheminer, tout en causant sur ce qui fait
« l'objet de vos questions. Je vais vous dire tout ce qui
« s'est passé aujourd'hui même au tribunal de l'empereur ·
« car vous savez déjà tous les deux les incidents qui ont
« précédé le procès, vous, Damis pour en avoir été témoin,
« vous, Démétrius, pour en avoir entendu le récit de Damis,
« et plus d'une fois a coup sûr, si je connais bien mon
« Démétrius. Je me bornerai donc a vous dire ce que vous
« ne savez pas encore, en prenant au moment où j'ai été
« appelé devant l'empereur, et où j'ai été sommé de compa-
« raître nu. » Sur ce, il se mit à rapporter toutes les réponses qu'il avait faites, jusqu'à la citation d'Homère :

« Non, vous ne me ferez pas périr, » etc., et il dit comment
il avait disparu du tribunal.

XIII Alors Démétrius s'écria « Je vous croyais hors de
« péril, mais le péril ne fait que commencer pour vous.
« Domitien va vous proscrire, se saisir de vous et vous
« ôter tout moyen de lui échapper. » Apollonius, renvoyant
bien loin la crainte de Démétrius, lui dit « Je voudrais
« qu'il ne lui fût pas plus facile de mettre la main sur vous
« que sur moi. Mais je vais vous dire dans quelles disposi-
« tions il se trouve. Après avoir longtemps prêté l'o-
« reille aux flatteurs, il vient d'entendre le langage du
« blâme · c'est un langage qui brise les natures despoti-
« ques et les indigne. Mais j'ai besoin de repos, car je n'ai
« pas plié le genou depuis le combat[1]. — Démetrius, dit
« Damis, vous savez quelle était mon opinion : je n'étais pas
« d'avis qu'Apollonius entreprît ce voyage, et vous l'en
« détourniez comme moi. Nous ne voyions pas la nécessité
« d'aller de gaieté de cœur affronter de si grands dangers.
« Plus tard je l'ai vu de mes yeux enchaîné, et je croyais
« qu'il était impossible d'échapper a ses ennemis; mais il
« m'a dit qu'il ne dependait que de lui de se débarrasser de
« ses fers, et il m'a montré sa jambe libre . dès lors j'ai
« compris que c'était un homme divin et fort au-dessus de
« notre sagesse Aussi, quand même je me trouverais avec
« lui dans un plus grand danger, je ne craindrais rien,
« etant sous sa conduite Mais voici la nuit qui arrive · en-
« trons dans une auberge, pour faire donner des soins a
« notre ami — Je n'ai besoin que de sommeil, dit Apollo-
« nius pour le reste, il m'est indifférent de l'avoir ou de
« m'en passer. » Il se mit alors à prier Apollon et le Soleil,
puis il entra dans la maison de Démétrius, se lava les pieds,

---

1. Métaphore orientale, empruntée à la langue des chameliers parlant de leurs bêtes.

engagea Damis et Demétrius à souper, puisqu'ils n'avaient pas encore pris leur repas du soir, se jeta sur un lit, et, appelant le sommeil par un vers d'Homère [1], il s'endormit comme si les circonstances presentes n'eussent pas été de nature à lui causer la moindre inquietude.

XIV. Le lendemain, au point du jour, Démétrius lui demanda vers quelle terre il avait l'intention de se diriger. Déjà il croyait entendre retentir a ses oreilles le bruit de chevaux qu'il s'imaginait envoyés à la poursuite d'Apollonius par le tyran furieux « Ni lui, ni d'autres, dit Apollo- « nius, ne me poursuivront Du reste, je vais m'embarquer « pour la Grèce. — Ce voyage est peu sûr : ce pays est si « ouvert à tous les regards ! Vous ne pourriez guère échap- « per au tyran dans un pays ignoré, comment le pourrez- « vous faire dans un pays si fréquente? — Je n'ai pas besoin « de me cacher, reprit Apollonius car si, comme vous « dites, la terre entière est soumise à l'autorité du tyran, ne « vaut-il pas mieux mourir au grand jour que mourir dans « un coin obscur? » Puis, se tournant vers Damis . « Savez- « vous s'il y a un navire qui doive partir pour la Sicile? — « Justement il y en a un ; cela est facile a voir : nous habi- « tons près de la mer, le crieur est a notre porte, et déjà « le navire est prêt à sortir du port . n'entendez-vous pas « les cris des passagers qui s'embarquent, et ne voyez-vous « pas les efforts des matelots pour lever l'ancre?— Eh bien ! « montons sur ce vaisseau, Damis nous irons d'abord en « Sicile, puis dans le Péloponèse. — C'est entendu, répon- « dit Damis, embarquons-nous. »

XV. Ils dirent adieu a Démétrius, et, comme ils le voyaient tout inquiet de leur départ, ils l'engagèrent à prendre con- fiance comme un homme de cœur qui s'intéressait à des

---

1. Voyez *Iliade*, XIV, v. 233.

hommes de cœur Un vent favorable les porta sur les côtes
de la Sicile. Ils dépassèrent Messine, et le troisième jour
abordèrent a Tauromınıum De là ils allèrent a Syracuse,
puis s'embarquèrent pour le Péloponèse vers le commencement de l'automne .Après six jours de navigation, ils
arrivèrent a l'embouchure de l'Alphée, à l'endroit où ce
fleuve décharge dans la mer Adriatique et dans la mer de
Sicile ses eaux toujours douces [1] Ils débarquèrent en cet
endroit, et pensèrent qu'il était trés-important pour eux
d'aller a Olympie : ils s'établirent dans le temple de Jupiter,
sans s'en écarter plus loin que jusqu'à Scillonte. Bientôt le
bruit se répandit dans toute la Grèce qu'Apollonius vivait
encore et qu'il était arrivé a Olympie. On crut d'abord que
c'était un bruit sans consistance car on avait désespéré de
lui en apprenant qu'il avait été enchaîné, et l'on n'avait
pas été sans entendre dire, soit qu'il était mort brûlé vif,
soit qu'il avait été traîné vif avec un croc enfoncé dans le
cou, soit qu'il avait été jeté dans un abîme, ou dans un
puits. Lorsque enfin il·se fut confirmé qu'Apollonius était
bien réellement vivant, la Grèce se porta tout entière a
Olympie avec un élan tel qu'elle n'en avait jamais montré
pour les jeux Olympiques. On accourut, non-seulement des
pays voisins, de l'Élide et de Sparte, mais du fond de l'isthme
de Corinthe les Athéniens, quoiqu'en dehors du Péloponèse, vinrent avec autant d'empressement que les Grecs
qui habitaient aux portes de Pise, et parmi eux, les citoyens
les plus illustres se rendirent au temple, ainsi que la jeunesse qui se rend a Athènes de toute la terre. On vit encore
venir à Olympie de Mégaride, de Béotie, d'Argolide, de Pho-

1. Allusion assez obscurément exprimée à la fable sur l'Alphée, qui,
disait-on , traversait la mer pour aller confondre ses eaux avec celles de
la fontaine Aréthuse en Sicile. Philostrate nomme ici la mer de Sicile
et l'Adriatique, pour indiquer la limite indécise de ces deux mers.

cide, de Thessalie, les hommes les plus considérables, les
uns qui avaient déja conversé avec Apollonius et voulaient
renouveler leur provision de sagesse, pensant qu'ils avaient
encore à apprendre plus de choses et de plus merveilleuses,
les autres qui ne le connaissaient pas et qui rougissaient
d'encourir le reproche de n'avoir pas entendu Apollonius
On lui demandait comment il avait pu échapper au tyran,
Apollonius crut devoir repondre sans jactance, il dit qu'il
s'était justifié et avait été renvoye acquitté. Bientôt arrivèrent d'Italie des voyageurs qui rapportèrent ce qui s'était
passé dans le tribunal; alors peu s'en fallut que les Grecs
ne fussent disposes à l'adorer   ce qui leur semblait le plus
divin en cet homme, c'est que de si grandes choses ne lui
eussent pas inspire le moindre orgueil:

XVI. Un des jeunes gens venus d'Athènes dit un jour que
Minerve etait favorable a l'empereur · « Cessez, lui dit
« Apollonius, de soutenir de pareilles choses a Olympie,
« et de calomnier la déesse devant son père » Le jeune
homme insista avec une certaine aigreur, et dit que la
déesse avait raison, parce que l'empereur était l'archonte
éponyme de la ville de Minerve « Préside-t-il aussi aux
« Panathénées? » demanda Apollonius. Par sa première
réponse il avait fermé la bouche à son interlocuteur, qu'il
avait convaincu de mal connaître les choses divines; par la
seconde il avait montré qu'Athènes serait en contradiction
avec le décret qu'elle avait rendu au sujet d'Harmodius
et d'Aristogiton, si, après avoir déclaré dignes de récompense publique ces deux citoyens pour ce qu'ils avaient
fait dans les Panathénées, elle allait par ses suffrages décerner aux tyrans sa suprême magistrature.

XVII. Sur ces entrefaites, Damis avertit Apollonius que
leur provision d'argent allait s'épuiser. « Demain, répondit
« Apollonius, je penserai à cela. » Le lendemain il se rendit

au temple, et dit au prêtre . « Donnez-moi mille drachmes
« sur le trésor de Jupiter, si vous croyez que cela ne doive
« pas trop le fâcher — Ce qui le fâchera, répondit le
« prêtre, ce n'est pas que vous puisiez a son trésor, c'est
« que vous n'y puisiez pas davantage »

XVIII. Apollonius se trouvait à Olympie en compagnie
d'un Thessalien nommé Isagoras. « Dites-moi, Isagoras,
« lui dit-il un jour, les jeux publics, est-ce quelque chose
« de réel ? — Je le crois bien, répondit Isagoras, c'est ce
« qu'il y a au monde de plus cher aux hommes et de plus
« agréable aux Dieux. — Mais quelle en est la matière ?
« Par exemple, si je vous demandais quelle est la matière
« de cette statue, vous me diriez qu'elle est composée d'or
« et d'ivoire. Dites-moi de même la matière des jeux pu-
« blics. — Mais, Apollonius, quelle peut-être la matière
« d'une chose qui n'a pas de corps ? — Comment ! elle est
« fort étendue et fort diverse. Il y a dans les jeux publics
« des sanctuaires, des temples, des stades, des théâtres, et
« une affluence d'hommes venus soit des pays voisins, soit
« des pays les plus éloignés, et même d'au delà de la mer
« Ils se composent aussi de presque tous les arts et de
« presque tous les talents, de la vraie science des poètes,
« des rhéteurs et des philosophes, et des combats gymni-
« ques et musicaux, comme c'est la coutume à Delphes. —
« A ce compte-là, reprit Isagoras, non-seulement les jeux
« publics se composent d'une matière, mais cette matière
« est plus merveilleuse que celle des villes : car ils ras-
« semblent et reunissent ce qu'il y a de plus excellent dans
« ce qui est bien et de plus relevé dans ce qui n'est pas
« commun. — Penserons-nous des jeux publics que ce
« sont des réunions d'hommes, comme quelques-uns le
« pensent des villes ou des vaisseaux? Ou embrassez-vous
« quelque autre opinion? — Celle-ci est parfaite, et il est

« juste de la suivre. — Elle est imparfaite, au contraire,
« pour qui l'envisage comme je fais. Il me semble, en effet,
« que les hommes ne peuvent se passer de vaisseaux, ni les
« vaisseaux d'hommes, que les hommes ne songeraient
« même pas à la mer, s'il n'y avait pas de vaisseaux ; que
« les murs des villes conservent les hommes, et que les
« hommes conservent les murs des villes de même, une
« fête publique est une réunion d'hommes, mais en même
« temps c'est le lieu où l'on doit se réunir, cela est d'autant
« plus vrai que sans la main des hommes, il n'y aurait ni
« murailles ni vaisseaux, et que les lieux qui servent aux
« jeux ont été gâtés par la main des hommes, qui leur a
« ôté leur caractère primitif, mais que cependant on juge
« convenable de s'y réunir, tant ils sont naturellement
« beaux. Sans doute, c'est la main des hommes qui a fait
« les gymnases, les portiques, les fontaines, les édifices,
« comme elle a construit les murs et les vaisseaux ; mais
« cet Alphée, cet hippodrome, ce stade, ces bois, existaient
« avant les hommes : l'Alphée fournit l'eau pour la boisson
« et pour le bain ; l'hippodrome, un vaste espace pour la
« course des chevaux ; le stade, une vallée d'une étendue
« déterminée dans laquelle les athlètes peuvent se rouler
« dans la poussière et disputer le prix de la course ; les bois
« fournissent des couronnes aux athlètes victorieux et un
« lieu d'exercice pour les coureurs. C'est parce qu'Hercule
« avait été frappé de tout cela, et qu'il avait admiré la
« beauté du site d'Olympie, qu'il le jugea digne des jeux
« qu'on y célèbre encore aujourd'hui. »

XIX. Apollonius passa quarante jours à Olympie, occupé
à de semblables discussions, et y mettant une grande ardeur. « Je parcourrai vos villes, ô Grecs ! dit-il un jour,
« pour m'entretenir avec vous dans les jeux publics, dans
« les solennités, dans les mystères, dans les sacrifices, dans

« les libations (car la présence d'un homme d'intelligence
« est nécessaire dans toutes ces fêtes) ; pour le moment, il
« faut que je fasse une descente à Lébadée, car je ne me
« suis pas encore mis en rapport avec Trophonius [1], bien
« que j'aie déja visité son temple. » Il s'en alla donc en
Arcadie [2], tous ses admirateurs s'attachèrent à ses pas Il y
a dans le sol, près de Lébadée, une ouverture qui est consacrée à Trophonius, fils d'Apollon· elle ne s'ouvre qu'à
ceux qui y pénètrent pour consulter l'oracle. Elle ne se voit
pas dans le temple, mais un peu plus haut, sur la colline,
elle est fermée par une barrière en fer. Pour y descendre, on
s'assied auprès de l'ouverture, et l'on est comme tiré en
bas. Ceux qui y pénètrent sont habillés de blanc ; ils tiennent à la main des gâteaux de miel pour apaiser les serpents qui gardent l'entrée. La terre les rend à la lumière
les uns tout près de l'ouverture, les autres fort loin ils se
trouvent transportés, les uns dela de la Locride et de la
Phocide, les autres, et les plus nombreux, sur les frontières
de la Beotie Etant donc entré dans le temple, Apollonius dit
« Je désire descendre dans l'antre de Trophonius pour con-
«‑sulter l'oracle. » Les prêtres s'y opposèrent. ils dirent au

1. Trophonius, quoique simple héros, comme Orphée, était, comme
lui (Voyez plus haut, IV, 14, p. 150), supposé rendre des oracles qui
ne cédaient guere en célébrité à ceux d'Apollon. Voyez dans Maury(*Hist.
des religions de l'antiquité*, II, p. 482 et suiv) une description plus complète que celle de Philostrate, d'après Pausanias et Plutarque, et une
explication toute physiologique des scènes étranges qui se passaient dans
l'antre de Trophonius.

2 C'est par erreur que Philostrate place en Arcadie l'antre de Trophonius Lébadée, dont il était voisin, était une ville de Béotie, peu
éloignée de Chéronée. On verra, dans les *Éclaircissements historiques et
critiques*, combien est peu sûre la géographie de Philostrate. Inutile de
refuter ce qu'il dit ensuite, que l'antre de Trophonius (dont l'entrée était
en Arcadie) avait des issues en Locride, en Phocide, en Béotie, et qu'il
tient tous ces détails des habitants de Lébadée (ch. XX).

peuple qu'il ne fallait pas permettre à un magicien de pénétrer les mystères de Trophonius : à Apollonius lui-même, ils dirent que l'on était dans une époque nefaste, où il n'était pas permis de consulter l'oracle. Ce jour-là, il parla philosophie près de la fontaine Mercyna [1] il examina la cause de l'oracle et la manière dont il se rendait; c'est en effet le seul qui se rende par la bouche même de celui qui consulte les Dieux. Quand le soir fut venu, il se présenta à l'ouverture de l'antre avec les jeunes gens qui le suivaient, enleva quatre des barreaux qui en fermaient l'entrée, et s'enfonça sous terre avec son manteau, comme s'il se fût préparé à une dispute philosophique. Cette résolution fut si agréable à Trophonius, qu'il apparut lui-même aux prêtres pour leur reprocher d'avoir traité Apollonius comme ils l'avaient fait, et leur ordonna de se rendre à Aulis [2], leur annonçant qu'il sortirait de l'antre en cet endroit d'une manière plus merveilleuse qu'il n'était arrivé à aucun homme. Apollonius sortit de dessous terre le septième jour, après avoir séjourné bien plus longtemps que n'ont coutume de le faire les autres hommes. Il tenait en main un livre contenant une réponse admirablement appropriée a la question qu'il avait adressée au Dieu Cette question était : « Quelle est, selon vous, ô Trophonius ! la plus belle et la « plus pure philosophie? » Et le livre contenait les préceptes de Pythagore. Par là l'oracle ne déclarait-il pas que son suffrage était acquis à la doctrine pythagoricienne?

XX. Le livre qu'Apollonius rapporta de l'antre de Trophonius est déposé à Antium, où il est l'objet d'une grande curiosité : Antium est une ville maritime d'Italie [3]. Je dois

1. Source voisine de l'antre de Trophonius.
2. Ville de Béotie, sur la côte, en face de Chalcis (en Eubée.)
3. C'était la capitale du pays des Volsques, et ce sont les éperons (*rostra*) de ses vaisseaux qui, après la victoire de Camille, décorèrent la tribune aux harangues du Forum.

dire que tout ce que je viens de rapporter, je le tiens des habitants de Lébadée. Quant au livre je crois qu'il fut plus tard
porté à l'empereur Adrien, avec quelques-unes des lettres
d'Apollonius (et non pas toutes), et que ce prince le laissa
dans son palais d'Antium, l'un de ses palais d'Italie qui lui
étaient le plus agréables.

XXI. Tous les disciples d'Apollonius, les *Apolloniens*,
comme on les appelait en Grèce, vinrent du fond de l'Ionie
trouver leur maître : ils se mêlèrent avec la jeunesse grecque, et furent un objet d'admiration à la fois par leur nombre et par leur enthousiasme pour la philosophie. Ils négli-
gaient la rhétorique, et ne témoignaient pas grande estime
pour ceux qui faisaient profession de cet art, disant que ce
n'était qu'un enseignement de bavardage ; mais ils se pressaient autour d'Apollonius. Et lui, semblable aux Gygès
et aux Crésus, qui, dit-on, laissaient ouvertes les portes de
leur trésor, et donnaient aux indigents la permission d'y
puiser, il distribuait sa sagesse à qui voulait l'entendre
et permettait à tout le monde de le questionner sur tous les
sujets.

XXII. Quelques personnes reprochaient à Apollonius
d'éviter la présence des magistrats des villes, de mener de
préférence ses disciples dans les endroits déserts ; et l'une
d'elles dit en riant qu'il chassait ailleurs son troupeau,
lorsqu'il voyait venir les hommes publics. « C'est vrai, dit
« Apollonius, je ne veux pas que les loups se jettent sur
« mon troupeau. » Que voulait-il dire par là ? Comme il
voyait les hommes publics regardés par la foule avec admiration, passant de la pauvreté à l'opulence, et si portés à
la haine, qu'ils faisaient de la haine métier et marchandise,
il détourna les jeunes gens de leur fréquentation ; et ceux
qui les fréquentaient, il leur faisait de sévères reproches,
comme pour les laver d'une honteuse souillure. Il avait

plus d'une cause de ressentiment contre les hommes publics, mais surtout il se souvenait de ce qu'il avait vu dans les prisons de Rome, de tous ces prisonniers et de toutes ces victimes ; et il attribuait tous ces excès moins au tyran qu'à la délation et à la funeste éloquence de ces misérables.

XXIII. Pendant qu'Apollonius philosophait en Grèce, on vit dans le ciel un phénomène extraordinaire : le disque du soleil apparut entouré d'une couronne semblable à l'arc-en-ciel, qui obscurcit ses rayons. Tout le monde comprit que c'était le présage de quelque révolution. Le proconsul d'Achaïe fit venir Apollonius d'Athènes en Béotie et lui dit: « J'entends dire, Apollonius, que vous êtes savant dans les « choses divines. — N'avez-vous pas entendu dire aussi « que je le sois dans les choses humaines? — Je l'ai oui « dire également, j'en conviens — Eh bien ! ne m'interro- « gez pas sur les volontés des Dieux, car la sagesse humaine « défend de porter sur ces choses un œil curieux. » Le proconsul insista pour qu'Apollonius lui dit son avis, ajoutant qu'il craignait pour sa part que la nuit n'enveloppât l'univers. « Confiance ! s'écria Apollonius. Car de cette nuit « sortira le jour. »

XXIV. Quand Apollonius, après un séjour de deux ans en Grèce, crut avoir donné assez de temps à ce pays, il s'embarqua pour l'Ionie suivi de toute sa jeunesse. C'est surtout à Éphèse et à Smyrne qu'il philosopha ; du reste, il alla aussi dans les autres villes ; partout il fut reçu avec plaisir, partout il parut digne d'être regretté et fut considéré comme fort utile aux gens de bien.

XXV. Le moment était venu où les Dieux allaient précipiter Domitien du haut de sa puissance. Il venait de faire périr Clément, personnage consulaire, auquel il avait donné sa sœur en mariage ; et trois ou quatre jours après, il avait

donné l'ordre de mettre à mort la veuve de Clément
Étienne, affranchi de cette matrone, qui était désigné par le
signe céleste, soit pour venger la première victime, soit
pour sauver les survivants, conçut contre le tyran un projet aussi hardi que celui des plus fiers citoyens d'Athènes :
il s'attacha une épée sous le bras gauche, qu'il enveloppa
de bandages comme s'il l'avait cassé, puis il s'approcha de
l'empereur au moment ou celui-ci sortait du tribunal. « J'ai
« besoin, lui dit-il, de vous parler en secret. j'ai des choses
« de la dernière importance à vous communiquer. » L'empereur consentit à l'entendre, et le fit entrer dans sa propre
chambre. « Votre mortel ennemi, Clément, lui dit alors
« Étienne, n'est pas mort comme vous le pensez. Il est en
« un endroit que je sais, et là il s'arme contre vous. » Cette
nouvelle fit pousser a l'empereur un grand cri : profitant
de son trouble, Étienne se jeta sur lui, et tirant l'épée de
son bras qu'il avait arrangé à cette intention, il lui porta a la
cuisse un coup qui ne fit pas mourir sur-le-champ Domitien, mais qui était mortel. Domitien était robuste et n'avait
que quarante-cinq ans : tout blessé qu'il était, il se jeta
sur Étienne, le terrassa et s'acharna sur lui, s'efforçant de
lui crever les yeux et de lui déchirer les joues avec le pied
d'un calice d'or qui se trouvait la pour les sacrifices. En
même temps il appelait Minerve à son secours. Les satellites, aux cris de détresse du tyran, entrèrent en foule ; et,
voyant qu'il rendait l'âme, ils l'achevèrent.

XXVI. Tandis que ces faits se passaient à Rome, Apollonius les voyait à Éphèse. Domitien fut assailli par Clément
vers midi : le même jour, au même moment Apollonius
dissertait dans les jardins attenant aux *xystes* [1]. Tout d'un

---

1. On appelait *xystes* des galeries couvertes où s'exerçaient les
athlètes pendant le mauvais temps. Autour des *xystes*, il y avait tou-

coup il baissa un peu la voix comme s'il eût été saisi d'une
frayeur subite. Il continua son discours, mais son langage
n'avait pas sa force ordinaire, ainsi qu'il arrive à ceux qui
parlent en songeant à autre chose. Puis il se tut comme
font ceux qui ont perdu le fil de leur discours, il lança vers
la terre des regards effrayants, fit trois ou quatre pas en
avant, et s'écria : « Frappe le tyran, frappe! » On eût dit
qu'il voyait, non l'image du fait dans un miroir, mais le
fait lui-même dans toute sa réalité. Les Éphésiens (car
Éphèse tout entière assistait au discours d'Apollonius)
furent frappés d'étonnement. Apollonius s'arrêta, semblable
à un homme qui cherche à voir l'issue d'un événement
douteux. Enfin il s'écria « Ayez bon courage, Éphésiens.
« Le tyran a été tué aujourd'hui. Que dis-je, aujourd'hui?
« Par Minerve! il vient d'être tué à l'instant même, pendant
« que je me suis interrompu. » Les Éphésiens crurent
qu'Apollonius avait perdu l'esprit : ils désiraient vivement
qu'il eût dit la vérité, mais ils craignaient que quelque
danger ne résultât pour eux de ce discours. « Je ne m'é-
« tonne pas, dit Apollonius, si l'on ne me croit pas encore :
« Rome elle-même ne le sait pas tout entière. Mais voici
« qu'elle l'apprend, la nouvelle se répand, déjà des milliers
« de citoyens la croient; cela fait sauter de joie le double
« de ces hommes, et le quadruple, et le peuple tout entier.
« Le bruit en viendra jusqu'ici : vous pouvez différer,
« jusqu'au moment où vous serez instruits du fait, le sa-
« crifice que vous devez offrir aux Dieux à cette occasion :
« quant à moi, je m'en vais leur rendre grâces de ce que
« j'ai vu. » Les Éphésiens restèrent dans leur incrédulité;
mais bientôt des messagers vinrent leur annoncer la bonne
nouvelle et rendre témoignage en faveur de la science d'A-

jours des bosquets, où venaient se promener les philosophes, comme
dans les gymnases : par exemple, dans l'*Académie*, dans le *Lycée*.

pollonius . car le meurtre du tyran, le jour où il fut
consommé, l'heure de midi, l'auteur du meurtre qu'avait
encouragé Apollonius, tous ces détails se trouvèrent parfaitement conformes à ceux que les Dieux lui avaient montrés
le jour de son discours aux Éphésiens.

XXVII. Trente jours après, Nerva lui annonça qu'il était
empereur par la volonté des Dieux et d'Apollonius; il ajouta
qu'il lui serait plus facile de régner, si Apollonius venait
lui donner des conseils. Apollonius lui écrivit cette lettre,
qui sur le moment parut énigmatique : « Prince, nous pas-
« serons ensemble la plus grande partie de notre existence,
« pendant laquelle personne ne nous commandera, et nous
« ne commanderons à personne. » Vraisemblablement il sentait qu'il allait bientôt quitter la terre, et que le règne de
Nerva serait court : en effet, Nerva ne régna qu'un an et
quatre mois; pendant ce temps il montra une grande modération

XXVIII. Apollonius cependant, pour ne pas paraître négliger un homme vertueux assis sur le trône, lui écrivit une
lettre qui contenait des conseils sur la manière de gouverner. Il appela Damis et lui dit « Voici une affaire qui vous
« réclame . les secrets contenus dans cette lettre à l'empe-
« reur sont tels qu'ils doivent lui être communiqués ou
« par moi ou par vous. » Damis dit qu'il ne s'aperçut que
plus tard de l'artifice d'Apollonius : sans doute la lettre
était bien adressée à l'empereur, et avait rapport à de très-
grands intérêts, mais elle aurait pu être envoyée par un
autre. Quel était donc l'artifice d'Apollonius ? Il paraît que
pendant toute sa vie il eut a la bouche cette sentence :
« Cachez votre vie, ou, si vous ne pouvez pas, cachez votre
« mort. » C'était donc pour éloigner Damis, et afin qu'il
pût quitter la terre sans témoins, qu'il se servit du prétexte
de cette lettre et du voyage que Damis devait faire à Rome.

Damis dit qu'en se séparant de lui il ne put se défendre d'une émotion particulière; cependant il ne savait pas ce qui allait arriver; et Apollonius, qui le savait parfaitement, ne lui dit rien de ce que l'on a coutume de dire lorsqu'on ne doit pas se revoir; et il voulut si bien paraître convaincu qu'il continuerait à vivre qu'il dit à Damis : « Quand vous « allez philosopher abandonné à vous-même, ayez les yeux « fixés sur moi. »

XXIX. Ici se termine la relation de Damis l'Assyrien sur la vie d'Apollonius de Tyane : sur la manière dont il mourut (si toutefois il est mort), il y a diverses traditions, mais Damis n'en a rapporté aucune. Pour moi, je ne dois point passer cela sous silence plus que le reste : car il faut que cette histoire ait une fin. Damis n'a pas non plus parlé de son âge : selon les uns, il avait alors quatre-vingts ans; selon les autres, il en avait plus de quatre-vingt-dix; selon d'autres, il avait passé la centaine; son corps, bien que vieilli, était robuste, et plus agréable que la jeunesse des autres. En effet, les rides elles-mêmes ont leur beauté, et cette beauté florissait surtout chez lui, comme le prouvent les portraits qui restent de lui dans le temple de Tyane, et les écrits dans lesquels on célèbre la vieillesse d'Apollonius comme supérieure à la jeunesse d'Alcibiade.

XXX. D'après une tradition, Apollonius mourut à Éphèse, soigné par deux servantes : car déjà il avait vu mourir ses affranchis, dont nous avons parlé au début de cette histoire. Comme il avait affranchi une de ses deux servantes, et que l'autre lui reprochait de ne l'avoir pas jugée digne de la même faveur, Apollonius dit à celle-ci : « Il est bon que « vous soyez son esclave; ce sera là le commencement de « votre bonheur. » En effet, après sa mort, cette femme fut l'esclave de son ancienne camarade, qui, pour un motif futile, la vendit à un marchand d'esclaves : quoiqu'elle ne

fût pas une beauté, un homme riche s'éprit d'elle, l'acheta,
en fit sa femme, et eut d'elle des enfants légitimes. D'après
un autre récit, c'est à Linde[1] que se termina la vie d'Apollonius · comme il venait d'entrer dans le temple de Minerve,
il disparut Les Crétois racontent ce fait d'une manière
encore plus merveilleuse que les habitants de Linde Selon
eux, Apollonius résidait en Crète, entouré de plus d'hommages qu'il n'en avait jamais eus Il entra dans le temple
de Dictynne[2] à nuit close. Les richesses de ce temple sont
gardées par des chiens qui, au dire des Crétois, ne le cèdent
en rien en férocité aux ours ni aux autres bêtes sauvages :
ces chiens, au lieu d'aboyer à son approche, vinrent le
caresser comme ils ne faisaient pas même pour les hommes
qui leur étaient le mieux connus. Les gardiens du temple
arrêtèrent Apollonius comme magicien et comme voleur,
prétendant qu'il avait jeté aux chiens quelque friandise, et
ils le chargèrent de chaînes Apollonius se dégagea pendant la nuit, et appelant les gardiens, pour qu'ils n'en
ignorassent, ils courut aux portes du temple, qui s'ouvrirent, et qui, aussitôt qu'il les eut franchies, se refermè-
rent On entendit alors des voix de jeunes filles qui chantaient · « Quittez la terre, allez au ciel, allez[1] » comme
pour l'engager à s'élever de la terre dans les régions supérieures[3].

XXXI. Même depuis sa disparition, Apollonius a soutenu
l'immortalité de l'âme. Il a enseigné que ce qu'on dit à ce
sujet est vrai; cependant il a déclaré ne pas approuver que
l'on discutât avec trop de curiosité sur des matières aussi
importantes. Il était venu à Tyane un jeune homme, hardi,

---

1 C'est une ville de l'île de Rhodes.
2. Nom d'une déesse crétoise, souvent confondue avec Diane. (Voyez
Maury, *Histoire des religions de la Grèce*, III, p. 150.)
3 Voyez les *Éclaircissements historiques et critiques*.

dans la controverse, et qui se rendait difficilement à la
vérité. Apollonius n'était plus au nombre des vivants, on
admirait son changement d'existence, et pas un homme
n'osait prétendre qu'il ne fût pas immortel. Comme il y
avait alors à Tyane un certain nombre de jeunes gens épris
de philosophie, la plupart de leurs discussions roulaient sur
l'âme. Notre jeune homme ne pouvait admettre qu'elle fût
immortelle. « Voici dix mois, dit-il a ceux qui l'entouraient,
« que je prie Apollonius de me révéler la vérité sur l'im-
« mortalité de l'âme; mais il est si bien mort que mes
« prières sont vaines, et qu'il ne m'est apparu, pas même
« pour me prouver qu'il fût immortel. » Ainsi parlait ce
jeune téméraire. Cinq jours après, il reparla du même sujet
avec ses compagnons, puis s'endormit dans le lieu même où
avait eu lieu la discussion   des autres jeunes gens, les uns
étaient occupés a lire, les autres traçaient sur le sol des
figures géométriques. Tout d'un coup, le jeune disputeur
bondit comme en proie à un accès de démence : il était à
moitié endormi, et couvert de sueur. « Je te crois, »
s'écria-t-il. Ses camarades lui demandèrent ce qu'il avait.
« Ne voyez-vous pas, leur répondit-il, le sage Apollonius?
« Il est au milieu de nous, écoute notre discussion, et
« récite sur l'âme des chants merveilleux. — Où est-il?
« dirent les autres. Car nous ne le voyons pas, et c'est un
« bonheur que nous préférerions à tous les biens de la
« terre. — Il paraît qu'il est venu pour moi seul . il veut
« m'instruire de ce que je refusais de croire [1]. Écoutez
« donc, écoutez les chants divins qu'il me fait entendre

   « L'âme est immortelle ; elle n'est pas à vous, elle est à la Pro-
   « vidence. Quand le corps est épuisé, semblable à un cour-
   « sier rapide qui franchit la barrière, l'âme s'élance et se

1. Voyez les *Éclaircissements historiques et critiques.*

« précipite au milieu des espaces éthérés, pleine de mépris
« pour le triste et rude esclavage qu'elle a souffert. Mais
« que vous importent ces choses? Vous les connaîtrez
« quand vous ne serez plus. Tant que vous êtes parmi les
« vivants, pourquoi chercher à percer ces mystères? »

Tel est l'oracle si clair qu'a rendu Apollonius sur les destinées de l'âme : il a voulu que, connaissant notre nature,
nous marchions le cœur content au but que nous fixent les
Parques.

Je n'ai pas souvenir d'avoir vu un tombeau d'Apollonius,
ni aucun monument de ce genre élevé en son honneur,
quoique j'aie parcouru la plus grande partie de la terre;
mais partout j'ai recueilli sur lui des récits merveilleux.
La ville de Tyane possède un temple d'Apollonius élevé
aux frais des empereurs[1] : car les empereurs ne l'ont pas
jugé indigne des honneurs qui leur sont décernés à eux-
mêmes.

1. Ceci fait sans doute allusion à l'*heroum* que lui consacra Caracalla. (Voyez Dion Cassius, LXXVII, 18.)

FIN DE LA VIE D'APOLLONIUS.

LETTRES

D'APOLLONIUS DE TYANE[1]

I. A EUPHRATE.

Je suis l'ami des philosophes : mais quant aux sophistes, aux grammairiens, et à tout le reste de cette misérable engeance, je ne me sens, et j'espère ne jamais me sentir pour eux aucune amitié. Cela ne s'adresse pas à vous, à moins que vous ne soyez de ces gens-là. Mais voici qui s'adresse à vous : modérez vos passions, efforcez-vous d'être philosophe, et de n'être pas envieux des philosophes véritables, car déjà vous approchez de la vieillesse et de la mort.

II. AU MÊME.

La vertu vient de la nature, de l'éducation, de l'exercice : trois choses qui, en vue de la vertu, méritent toute espèce de considération. Il faut voir si vous avez une des trois. Ou bien vous devez abandonner vos nobles études, ou bien vous devez en faire part gratuitement à qui en voudra pro-

1. J'ai traduit ces *Lettres* sur le texte que donne Oléarius dans son édition de Philostrate. L'authenticité de ces lettres est plus que douteuse. (Voir sur ce point une note à la fin des *Éclaircissements historiques et critiques sur la Vie d'Apollonius de Tyane.*)

fiter. Ne vous ont-elles pas déjà valu les richesses d'un Mégabyze?

III. AU MÊME.

Vous avez parcouru tous les pays, depuis la Syrie jusqu'en Italie, couvert de manteaux magnifiques, et, comme on dit, de manteaux de roi. Autrefois vous aviez un manteau de philosophe, une barbe blanche et longue, et puis c'était tout. Comment se fait-il donc que maintenant vous nous reveniez avec un vaisseau chargé d'or, d'argent, de vases de toute espèce, de riches étoffes, de tout l'attirail du luxe, du faste, de la vanité, de la folie? Quelle est cette cargaison, quel est ce nouveau genre de marchandise? Zénon, lui, était un simple marchand de fruits [1].

IV. AU MÊME.

Il faudrait peu de chose à vos enfants, s'ils étaient les enfants d'un philosophe. Vous devriez, en conséquence, ne songer à acquérir que le nécessaire, et surtout ne pas chercher ce que l'on n'acquiert qu'au prix de la considération. Mais, puisqu'il n'est plus temps de revenir sur ce qui est fait, au moins devriez-vous être tout disposé à répandre un peu autour de vous vos richesses : n'avez-vous pas des concitoyens, des amis?

V. AU MÊME.

La doctrine du plaisir n'a plus besoin de défenseur venant des jardins d'Épicure ni de son école : ne la voyons-nous pas tout à fait acceptée par le Portique? Peut-être

---

1. Allusion bizarre à la frugalité de Zénon. On sait qu'Apollonius, s'interdisant la viande, se nourrissait de légumes, de fruits, de gâteaux, etc. (Voyez *Vie d'Apollonius*, liv. I, viii, etc.)

allez-vous me contredire et m'opposer les discours et les
sentences de Chrysippe, mais je lis sur les registres de
l'empereur : *Euphrate a reçu tant* ; et plus loin : *Euphrate
a reçu tant.* Épicure ne recevait pas ainsi.

VI. Au même.

J'ai demandé à des riches s'ils n'avaient pas de soucis.
«Comment n'en aurions-nous point? me dirent-ils. — Et
« d'où viennent donc vos soucis? — De nos richesses. »
Euphrate, je vous plains, car vous venez de vous enrichir.

VII. Au même.

Quand vous vous serez dépêché de venir décharger votre
vaisseau à Égées [1], il vous faudra bien vite repartir pour
l'Italie, et recommencer à faire la cour aux malades, aux
vieillards, aux vieilles femmes, aux orphelins, aux riches,
aux voluptueux, aux Midas, aux Géta. Il faut tout remuer
quand on a de si bonnes marchandises à débiter. Ah ! que
ne puis-je percer votre vaisseau dans la demeure de Thé-
mis [2] !

VIII. Au même.

Peut-être allez-vous me mettre en accusation. A la bonne
heure! Enhardissez-vous donc; vous n'avez pas à être embarrassé, vous n'avez qu'à répéter ce qu'on dit tous les
jours : «Apollonius ne va jamais dans les bains. » C'est
qu'il ne sort jamais de sa demeure, et garde les pieds purs
de toute souillure [3]. « On ne voit jamais bouger une partie

1. Ville d'Éolie, au S.-O. de Cumes. (Voy. p. 8.)
2. Manière assez obscure d'exprimer cette idée : « Que ne puis-je
« mettre à nu vos impostures ? »
3. Apollonius répond à quelques-unes des objections qui lui sont
faites.

« de son corps. » Mais son âme est toujours en mouvement.
« Il porte les cheveux lòngs. » Il agit en Grec, parce qu'il
est Grec, et non en Barbare. « Il porte une robe lin. » Oui,
et ce qu'il y a de plus pur parmi les substances sacrées. « Il
« fait de la divination » C'est que les choses inconnues
sont plus nombreuses que les autres, et qu'il n'y a pas
moyen de connaître autrement l'avenir. « Mais cela ne con-
« vient pas à un philosophe. » Cela convient bien à un
Dieu [1]. « Il guérit les maladies et apaise les passions. »
C'est une accusation qui lui est commune avec Esculape.
« Il dit être le seul qui se nourrisse véritablement. » Oui;
les autres dévorent. « Ses discours sont brefs et sont tout
« de suite finis. » C'est qu'il est capable de garder le
silence. « Il s'abstient de viandes » C'est par là qu'il est
homme [2]. Si vous me dites que tels sont vos chefs d'accusation, Euphrate, peut-être ajouterez-vous celui-ci · « Si
« Apollonius avait quelque mérite, il aurait reçu, comme
« moi, de l'argent, des biens, un rang dans la cité. » Mais
c'est précisément s'il avait du mérite qu'il ne devait pas
recevoir. « Ne devait-il pas recevoir tout cela par égard pour
« sa patrie ? » Elle n'est pas sa patrie, la ville qui ne sait
pas ce qu'elle possède.

IX. A DION [3].

Si vous voulez charmer les oreilles, mieux vaut jouer de
la flûte ou de la lyre que faire des discours. Voilà quels
sont les instruments du plaisir, et l'art de donner du plaisir
s'appelle la musique. Le discours a pour but de découvrir

1. Apollon.
2. Selon les pythagoriciens, les animaux étant frères des hommes,
il était coupable de manger de leur chair. (Voyez Porphyre, *de l'Absti-*
nence des viandes, livre III)
3. Voyez la *Vie d'Apollonius.* (Liv. V, XL, p. 225.)

la vérité. Voilà ce qui doit être l'objet de vos actions, de vos écrits, de vos paroles, si du moins c'est pour cela que vous êtes philosophe.

X Au même.

Quelques personnes veulent savoir pourquoi j'ai cessé de parler, de philosopher en public. Que ceux qui s'intéressent à cela apprennent une chose · c'est que tout discours qui ne s'adresse pas à un homme en particulier est sans action Parler dans d'autres conditions, c'est parler par amour de la gloire.

XI. Aux magistrats de Césarée [1].

Les hommes, pour toute chose et par-dessus toute chose, ont d'abord besoin des hommes : puis ils ont besoin des cités. Car après les Dieux, ce sont les cités qu'il faut honorer, ce sont les avantages des cités qu'un homme sensé doit préférer à toute chose. S'il s'agit non pas de telle ou telle cité, mais de la plus considérable de la Palestine, de la plus florissante de toutes celles de ce pays par le nombre des habitants, par les lois, par les institutions, par les exploits de la guerre, par les travaux de la paix, comme est votre cité, il n'y en a pas une qui doive inspirer plus d'admiration et de respect, et à moi et à tout homme sensé. Voilà, du consentement général, quels sont les motifs de préférence, si le consentement général est quelque chose dans ce qui est de jugement. Que si votre cité est la première à honorer un homme, quand elle est cité, et quand cet homme est pour elle un étranger, venu d'un pays lointain, que pourra lui

---

1. Il s'agit de la ville de Césarée en Palestine, dont il remercie les magistrats de quelque grand honneur qu'ils lui avaient fait, probablement du droit de cité qu'ils lui avaient accordé.

donner en retour cet homme, et quel présent sera digne de leur mutuelle affection ? Je n'en connais qu'un : c'est que, se trouvant l'ami des Dieux par une sorte de privilége de sa nature, il leur demande pour la ville toute sorte de biens, et que ses prières soient exaucées. C'est ce que, quant à moi, je ne cesserai de faire pour vous : car j'aime les mœurs grecques, qui, par le moyen de l'écriture, communiquent à tous les avantages d'un seul. Apollonide, fils d'Aphrodise, est un jeune homme d'une nature vigoureuse et tout à fait digne du titre de citoyen de Césarée : je m'efforcera de faire qu'il vous devienne utile en toute chose, pourvu que la Fortune ne me soit pas contraire.

XII. AUX MAGISTRATS DE SÉLEUCIE.

Une cité qui a d'aussi bons sentiments que la vôtre envers les Dieux et envers les hommes dignes de respect, est heureuse elle-même et encourage à la vertu ceux en faveur desquels elle porte témoignage. Il n'est pas mal aisé de rendre le premier un bon office, et il n'y a rien de plus beau sur la terre. Mais ce qui est difficile, c'est de donner quelque chose en retour ; quant à rien faire qui égale le premier bienfait, cela est impossible. Car ce qui, dans le temps, est venu en second ne peut jamais être qu'en second. Aussi me faut-il avoir recours aux Dieux : je les invoque pour qu'ils récompensent en vous, non-seulement de plus puissants que moi, mais des hommes dont la bienveillance a été plus efficace. Car aucun mortel ne peut donner autant. Vous désirez que je vienne habiter dans votre ville : c'est là un effet de votre bonté pour moi, qui fait que je forme des vœux pour pouvoir me trouver au milieu de vous. Vos députés, Hiéronyme et Zénon, sont d'autant plus dignes d'être honorés par moi que ce sont des amis.

XIII. Aux mêmes

Straton a quitte la terre laissant ici tout ce qu'il avait de mortel. Pour nous, qui continuons ici la série de nos expiations[1], ou, si vous voulez, pour nous qui vivons, il nous faut veiller a ses affaires. Il faut que chacun, et aujourd'hui et plus tard, fasse quelque chose, soit comme parent, soit seulement comme ami　c'est maintenant que l'on va voir ceux qui ont véritablement mérité ces deux titres. Pour moi, j'aurai encore ici une occasion de vous témoigner combien je veux être tout à vous　je me charge du fils qu'il a eu de Séleucis, Alexandre, et je ferai de lui un de mes disciples. Déjà je lui ai donné quelque argent, je lui en aurais donné davantage, s'il avait été a propos qu'il en eût davantage.

XIV A Euphrate.

Souvent on me demande pourquoi je n'ai pas été appelé en Italie, et pourquoi, bien que n'ayant pas été appelé, j'y suis allé, comme vous et quelques autres. Je ne répondrai pas à la seconde question　je ne veux pas qu'on pense que je sais la cause de mon voyage en Italie, quand je ne m'inquiète pas même de la savoir. Quant a la première question, ma réponse est bien simple : on m'a appelé avec plus d'instance que je n'ai mis d'empressement à venir

XV. Au même.

Platon a dit[2] · La vertu ne connaît pas de maître. Quiconque n'honore pas ce précepte, et, au lieu d'être heureux

1. Doctrine pythagoricienne et platonicienne.
2. *République,* livre X, p. 617.

26

d'y conformer sa vie, se laisse corrompre par les richesses,
se donne par cela même une foule de maîtres.

XVI. Au même.

Il faut, selon vous, appeler mages les philosophes qui
procèdent de Pythagore, et aussi ceux qui procèdent d'Orphée. Eh bien! moi, je dis qu'il faut appeler mages ceux
qui procèdent de Jupiter, s'ils veulent être justes et divins.

XVII. Au même.

Les Perses appellent mages les hommes divins[1]. Un mage
est donc un ministre des Dieux ou un homme d'une nature
divine. Vous, vous n'êtes pas un mage, donc vous êtes un
athée.

XVIII. Au même.

Héraclite le physicien a dit que l'homme est naturellement déraisonnable. Si cela est vrai (et, selon moi, cela est
vrai), tout homme qui se repaît d'une vaine gloire doit se
voiler le visage de honte.

XIX. Au sophiste Scopélianus.

Il y a en tout cinq genres littéraires en prose : le genre
philosophique, le genre historique, le genre judiciaire, le
genre épistolaire et le genre des mémoires. Tel est l'ordre
dans lequel ils se présentent, d'après les caractères de
chaque genre. Mais, pour chacun, le premier est celui qui est
le plus conforme à ses facultés ou à sa nature; le second
consiste dans l'imitation des facultés supérieures que donne
la nature, pour celui qui en est dépourvu. Mais ces facultés

---

1. Je crois devoir ici apporter une légère variante au texte d'Oléarius.
Je lis θείους au lieu de θεός.

sont bien difficiles à atteindre par l'imitation ; de sorte que le caractère qui convient le mieux à chacun est son propre caractère, car il est le plus durable.

XX. Au même.

Si vous avez (et vous l'avez en effet) la faculté oratoire, cela ne suffit pas : il faudrait encore acquérir la sagesse. Car si vous avez la sagesse et pas de faculté oratoire, il vous faudrait aussi acquérir cette faculté. Car l'une a toujours besoin de l'autre, comme la vüe a besoin de la lumière, et la lumière de la vue.

XXI. Au même.

Fuyez les Barbares et ne cherchez pas à les commander ; car il n'est pas juste de rendre service à des Barbares.

XXII. A Lesbonax.

Il faut dans la pauvreté être un homme de cœur, et dans la richesse être un homme.

XXIII. A Criton.

Pythagore a dit que la médecine est le plus divin des arts. Si la médecine est l'art le plus divin, il faut que le médecin s'occupe de l'âme en même temps que du corps. Comment un être serait-il sain, quand la partie de lui-même qui est la plus importante serait malade ?

XXIV. Aux Hellanodices [1] et aux Éléens.

Vous voulez que j'assiste aux jeux Olympiques, et vous

1. Ce mot grec signifie : *Juges des Grecs.* C'était le titre qui était donné aux juges des jeux Olympiques.

m'avez envoyé à ce sujet des députés. Pour moi, je n'assisterais pas au spectacle de luttes corporelles, si, en négligeant de venir, je ne négligeais la lutte bien plus belle de la vertu.

XXV. Aux Péloponésiens.

Avant l'installation des jeux Olympiques, vous étiez ennemis : depuis, vous n'êtes pas amis.

XXVI. Aux sacrificateurs d'Olympie.

Les Dieux n'ont pas besoin de sacrifices. Que faut-il donc faire pour leur être agréable? Il faut, si je ne me trompe, chercher à acquérir la divine sagesse, et rendre, autant qu'on le peut, des services à ceux qui le méritent. Voilà ce qu'aiment les Dieux. Les impies eux-mêmes peuvent faire des sacrifices.

XXVII. Aux prêtres de Delphes.

Les prêtres souillent de sang les autels, et puis l'on s'étonne quelquefois de ce que les villes soient malheureuses, lorsqu'elles font tout pour être frappées de grandes calamités. O folie! Héraclite était un sage; mais lui-même il ne conseillait pas aux Éphésiens d'effacer avec de la boue les taches de boue [1].

XXVIII. Au roi des Scythes.

Zamolxis était un homme vertueux et un philosophe: Pythagore avait été son maître. Si dans son temps les Romains eussent été aussi puissants qu'aujourd'hui, il aurait

---

1. Il voulait dire d'effacer les souillures de ses fautes par les souillures des sacrifices.

recherché leur amitie Que si vous voulez combattre et lutter pour la liberté, faites-vous philosophe, cela veut dire homme libre

XXIX. A un législateur.

Les fêtes amènent des maladies C'est un repos pour les corps fatigués, mais une occasion de se charger le ventre.

XXX. A des proconsuls romains

Vous avez un pouvoir souverain Si vous savez commander, pourquoi, sous votre autorité, les villes declinent-elles? Si vous ne savez pas, il fallait apprendre avant de commander

XXXI. A des proconsuls d'Asie

Quand des arbres sauvages poussent pour le mal des hommes, à quoi sert de couper les branches, si on laisse les racines[1]?

XXXII Aux secretaires[2] de la ville d'Éphèse

Des statues, des peintures, des promenades, des théâtres, tout cela ne sert de rien dans une ville, si l'esprit n'y domine et si la loi n'y règne Toutes ces choses peuvent inspirer l'esprit et la loi, mais elles ne sont ni l'esprit ni la loi

XXXIII Aux Milésiens.

Vos enfants ont besoin de leurs pères, vos jeunes gens des vieillards, vos femmes de leurs maris, vos citoyens de magistrats, vos magistrats des lois, vos lois de philosophes, vos philosophes des Dieux, les Dieux de la foi des hommes.

---

1. Manière métaphorique de dire « A quoi sert de réprimer certains vices, si l'on n'attaque pas leurs principes? »
2. C'était le nom des premiers magistrats de la ville d'Éphèse.

Vous descendez d'ancêtres vertueux, vous devez haïr le présent

XXXIV. Aux savants du musée.

J'ai parcouru l'Argolide, la Phocide, la Locride, j'ai passé a Sicyone et à Mégare, et, après avoir longtemps parlé de philosophie en public, c'est là que j'ai cessé. Si vous me demandez quelle a été ma raison, je répondrai a vous et aux Muses · Je suis devenu Barbare, non par un long séjour loin de la Grèce, mais par un long séjour en Grèce

XXXV A Hestiée [1]

Chez nous, rien n'est plus opposé que la vertu a la richesse, et la richesse à la vertu. Chacune d'elles grandit quand l'autre diminue, et diminue quand l'autre grandit. Comment donc pourraient-elles se trouver ensemble chez le même homme? Il n'y a que les insensés qui puissent croire cette réunion possible, les insensés pour qui richesse est synonyme de vertu. Faites qu'on ne se trompe pas ainsi autour de vous sur mon compte, et ne me laissez pas donner le titre de riche plutôt que celui de philosophe. Je me croirais déshonoré, si l'on croyait que je voyage pour m'enrichir, lorsque quelques-uns négligent les richesses pour laisser un nom après eux, et sans même s'attacher à la vertu.

XXXVI Au Corinthien Bassus. [2]

Praxitèle de Chalcis est un fou furieux il est venu armé d'une épée pour m'assassiner C'est vous qui l'aviez envoyé, vous qui vous dites philosophe et agonothète[3] aux jeux Isthmiques. Pour le pousser au meurtre, vous aviez promis

---

1. C'est le frère d'Apollonius (Voyez lettres XLIV, XLV, LV, et *Vie d'Apollonius,* liv. I, xiii, p 14).

2. Sur ce Bassus, voyez la *Vie d'Apollonius* (liv. IV, xxvi, p. 165.)

3. C'est-à-dire *président des jeux.*

de lui livrer votre femme, et cela, misérable, quand je vous
ai rendu tant de services!

XXXVII. Au même.

Que quelqu'un à Corinthe vienne à demander Comment
est mort le père de Bassus? Tous, étrangers aussi bien que
citoyens, répondent qu'il a été empoisonné Quel est l'em-
poisonneur? Les voisins même répondront C'est le philosophe Bassus. Et cependant ce miserable suivait en pleurant
le convoi funebre de son père[1]

XXXVIII. Aux habitants de Sardes.

Vous n'avez pas la première place pour la vertu, car
quelle serait cette vertu? Mais si vous avez la premiere
place pour le vice, vous l'avez tous également. Voilà ce que
diront des habitants de Sardes les habitants de Sardes eux-
mêmes C'est qu'il n'y a pas d'amitié entre eux, et que nul
n'ira par bienveillance dissimuler les défauts de son voisin.

XXXIX. Aux mêmes.

Les noms mêmes de vos classes sont affreux les Coddares, les Xyrisituares[1]! Voila les titres que dès leur naissance vous donnez à vos enfants, et vous vous estimez heureux d'en être dignes.

XL. Aux mêmes.

Coddares et Xyrisituares! mais comment appellerez-vous
vos filles? Car elles font elles-mêmes partie de ces classes,
et ce n'en sont pas les membres les moins audacieux.

XLI. aux mêmes.

Ne croyez pas que vos serviteurs vous soient dévoués.

1. On n'a pas de détails sur ces classes de citoyens de Sardes.

Comment le seraient-ils ? D'abord ce sont des serviteurs ,
ensuite la plupart d'entre eux font partie des classes oppo-
sées. Car eux aussi ont leur généalogie.

XLII Aux Platoniciens.

Si l'on offre de l'argent a Apollonius, et qu'on lui paraisse
estimable, il ne fera pas difficulté de l'accepter, pour'peu
qu'il en ait besoin Mais un salaire pour ce qu'il enseigne,
jamais, même dans le besoin, il ne l'acceptera.

XLIII. A ceux qui se croient sages.

Vous dites que vous êtes de mes disciples? Eh bien !
ajoutez que vous vous tenez chez vous, que vous n'allez
jamais aux Thermes, que vous ne tuez pas d'animaux, que
vous ne mangez pas de viande, que vous être libre de toute
passion, de l'envie, de la malignité, de la haine, de la calomnie, du ressentiment, qu'enfin vous êtes du nombre des
hommes libres. N'allez pas faire comme ceux qui, par des
discours mensongers, font croire qu'ils vivent d'une manière, tandis qu'ils vivent d'une manière tout opposée

XLIV A Hestiee, frère d'Apollonius.

Partout je suis regardé comme un homme divin; en
quelques endroits même on me prend pour un Dieu Dans
ma patrie, au contraire, pour laquelle j'ai tant cherché la
réputation, je suis jusqu'ici méconnu. Faut-il s'en étonner?
Vous-mêmes, mes freres, je le vois, vous n'êtes pas encore
convaincus que je sois supérieur a bien des hommes pour
la parole et les mœurs Et comment mes concitoyens et mes
parents se sont-ils trompés à mon égard? Hélas ! cette erreur m'est bien douloureuse. Quoi ! il faut que, sur les seuls
points que les plus ignorants n'ont pas besoin qu'on leur

apprenne, j'avertisse ma patrie et mes frères[1] Je sais bien
qu'il est beau de considérer toute la terre comme sa patrie,
et tous les hommes comme ses frères et ses amis, puisque
tous descendent de Dieu et sont d'une même nature, puisque
tous ont partout absolument les mêmes passions, puisque
tous sont hommes également, qu'ils soient nés Grecs ou
Barbares. Il n'en est pas moins vrai que les liens du sang
triomphent de tous les raisonnements, et que ce qui est
proche attire ce qui est proche. Ainsi l'Ulysse d'Homère
préfère Ithaque même a l'immortalité que lui offre une
déesse [1]. Je vois cette loi régner même chez les animaux
dépourvus de raison. Les volatiles ne couchent jamais hors
de leurs nids. Le poisson peut être enlevé aux siens par le
pêcheur, mais son instinct ne cesse pas de le reporter vers
eux. Jamais les bêtes féroces n'ont été amenées, même par
la faim, à gîter hors de leurs tanières. La nature a produit
l'homme, et ce qui est plus, elle a produit le sage. Eh bien!
une terre peut lui offrir tout, elle ne lui offrira rien tant
qu'elle ne présente pas a ses regards les tombeaux de ses
pères [2].

XLV. Au même

Si la philosophie est ce qu'il y a de plus estimable au
monde, et si l'on me considère comme philosophe, comment
pourrait-on m'accuser de haïr mon frère, et cela pour une
cause honteuse et qu'un homme libre ne saurait avouer?
C'est pour de l'or que je haïrais mon frère, et cela quand
je m'efforçais de mépriser l'or, même avant d'être philosophe! Si je ne vous ai pas écrit, la cause n'est pas celle-

1. Voyez l'*Odyssée*, livre V, v. 102 et suivants.
2. Cette lettre, qui est peu d'accord avec les doctrines d'Apollonius,
et qui d'un bout à l'autre accuse la rhétorique, suffirait pour donner des
doutes sur l'authenticité de tout ce recueil épistolaire.

là , cherchez-en une autre plus acceptable. Je ne voulais pas m'exposer au reproche d'orgueil, en vous écrivant la vérité, ou bien au reproche de bassesse, en vous écrivant des mensonges : l'un et l'autre est également pénible à des frères et en général a des amis. Je veux vous donner une preuve de mon amitié. Si la Divinité le permet, après avoir visité mes amis de Rhodes, je viendrai vous voir a la fin du printemps.

XLVI. A Gordius.

On dit que vous avez des torts envers Hestiee, vous qui étiez son ami, s'il est vrai que vous ayez des amis. Prenez garde, Gordius, de trouver, non pas une apparence d'homme, mais un homme Embrassez pour moi votre fils Aristoclide, et puisse-t-il ne pas vous ressembler ! Vous aussi, dans votre jeunesse, vous étiez irréprochable.

XLVII. Au sénat et au peuple de Tyane.

Vous m'ordonnez de revenir, j'obéis Ce qu'une ville peut faire de plus flatteur pour un homme, c'est de rappeler un de ses citoyens pour lui faire honneur. Pour moi, si j'ai fait tous mes voyages, c'est (puissé-je ne pas paraître présomptueux en parlant ainsi!), c'est afin de vous conquérir de la gloire, un nom retentissant et l'amitié de cités et d'hommes illustres. Je ne dis pas que vous n'eussiez mérité encore plus de considération, mais voilà tout ce qu'ont pu faire les facultés de parole et de zèle que j'ai reçues en partage.

XLVIII. A Diotime

Vous vous êtes trompé, quand vous avez pensé que j'eusse besoin de quoi que ce soit, qui me fût donné, soit par vous, avec qui je n'ai jamais rien eu de commun, soit par tout

autre qui vous ressemblât, et de cette façon. Du reste, il ne
vous eût servi à rien de vous mettre en dépense, car j'ai
coutume d'obliger sans en tirer profit. C'est pour moi le
seul moyen de rester fidèle a mes habitudes Telle est ma
manière d'agir envers tous mes concitoyens, je pourrais
dire envers tous les hommes ; c'est ce que vous diront tous
mes concitoyens, que j'ai obligés toutes les fois qu'ils m'ont
demandé quelque chose, et auxquels je n'ai jamais rien demandé en retour. Ne vous formalisez donc pas si j'ai fait a
mon ami les reproches qu'il méritait pour avoir commencé
par recevoir de vous un présent, et s'il l'a rendu aussitôt a
Lysias, votre ami et mon ami, ne connaissant aucun des
esclaves que vous aviez laissés en partant. Si l'on parle de
moi de deux manières, il en sera toujours de même Faut-il
s'en étonner? La fatalité veut que, sur tout ce qui domine,
il se tienne des propos contradictoires. Ainsi sur Pythagore,
sur Orphée, sur Platon, sur Socrate, on a non-seulement dit,
mais écrit des choses toutes différentes les discours mêmes
sur la Divinité se ressemblent-ils partout[1] ? Mais les bons
accueillent la vérité, et les mauvais le mensonge. De ce
genre, je veux dire du mauvais, sont les discours satiriques.
Il est juste, pour ce qui me concerne, de vous dire seulement que des Dieux mêmes m'ont déclaré un homme divin[2],
et cela non pas en particulier, mais en public Je vous
choquerais si j'insistais sur un tel témoignage, ou si j'en
ajoutais de plus flatteurs. Je prie pour votre santé.

XLIX. À PHERUCIEN.

Votre lettre m'a fait le plus grand plaisir Elle était pleine

---

1. Nous lisons ποῦ au lieu de ὅπου, que donne le texte d'Oléarius, et
qui ne donné pas un sens satisfaisant.

2. Il fait sans doute allusion aux Brachmanes, qui, pour lui, étaient
des Dieux (Voyez *Vie d'Apollonius*, liv. III, xviii, p. 110).

d'intimité, pleine du souvenir des liens qui nous unissent. Je suis convaincu que vous désirez vivement me voir et être vu de moi. J'irai donc vous trouver le plus tôt possible. Aussi, restez où vous êtes Dès que je serai près de vous, vous serez, de tous mes familiers et de tous mes amis, celui avec lequel je serai le plus souvent, cela vous est dû.

L A EUPHRATE.

Le savant Pythagore était de la race des Dieux [1]. Mais vous, vous me semblez bien loin de la philosophie, de la véritable science Sans cela vous ne diriez pas de mal de Pythagore, et vous ne haïriez pas ceux qui s'efforcent de marcher sur ses traces. Croyez-moi, vous devriez faire autre chose Car, pour la philosophie, vous l'avez manquée, et vous ne l'avez pas plus atteinte que Pandare n'atteignit Ménélas lors de la rupture de la trêve [2].

LI. AU MÊME.

On vous reproche d'avoir reçu de l'argent de l'empereur [3]; et l'on n'a pas tort, à moins qu'il ne soit faux que vous vous soyez fait payer pour votre philosophie, et cela si souvent, aussi cher, et par un autre qui vous croyait sérieusement philosophe

LII AU MÊME

Qu'on aille trouver un pythagoricien, quels avantages et combien d'avantages en retirera-t-on ? Je vais vous les dire:

1. Dans les *Vers dorés*, attribués à Pythagore, les philosophes sont partout appelés des Dieux. D'ailleurs on disait que Pythagore descendait de Jupiter, et il fut quelquefois considéré chez les anciens comme une des formes d'Apollon Hyperboréen (Voyez Oléarius, note sur ce passage).

2. *Iliade*, chant IV.

3. Voyez *Vie d'Apollonius*, liv. V, xxxviii, p. 225.

la science du législateur, la géométrie, l'astronomie, l'arith-
métique, la science de l'harmonie, la musique, la médecine,
et tous les divins secrets de la divination. Ce n'est pas
tout, en voici d'autres encore plus considérables : un grand
esprit, un grand cœur, de la majesté, de la constance, une
bonne renommée, la connaissance des Dieux, et non des
opinions sur les Dieux, la croyance raisonnée et non su-
perstitieuse dans les démons, l'amour des uns comme des
autres, le contentement de soi-même, la persévérance, la
frugalité, l'art d'avoir peu de besoins, la vigueur des sens,
l'agilité, la respiration facile, un bon teint, une bonne
santé, un esprit tranquille, enfin l'immortalité ¹ Veuillez
maintenant me dire que reçoivent de vous ceux qui vous
ont vu. Serait-ce la vertu que vous avez?

LIII. Claude au sénat de Tyane ¹.

Nous avons honoré comme il le mérite, c'est-à-dire
comme il faut honorer les philosophes les plus éminents,
votre concitoyen Apollonius, philosophe de l'école de Pythagore, qui a parcouru avec éclat la Grèce et fait beaucoup
de bien à vos jeunes gens, et nous avons voulu vous assurer par lettres toute notre bienveillance.

LIV Aux préteurs romains

Quelques-uns d'entre vous veillent aux ports, aux édifices, aux portiques et aux promenades. Mais quant aux
enfants, aux jeunes gens et aux femmes qui sont dans nos

---

1. Voici une tradition oubliée dans la *Vie d'Apollonius de Tyane.*
Philostrate ne nous parle nulle part de la bienveillance que Claude aurait
témoignée à Apollonius. Oléarius dit que cette tradition n'a pas été connue de Philostrate, ou qu'il n'y a pas ajouté foi. La première raison est
sans doute la vraie. Cette lettre est plus que suspecte.

villes, nul n'en prend souci, ni vous ni les lois. Est-ce une bonne chose que d'être gouverné par vous?

LV. Apollonius a son frère.

La nature veut que chaque chose, après son accomplissement, disparaisse c'est ce qui fait que tout vieillit, puis meurt. Ne vous affligez donc pas si votre femme a péri à la fleur de l'âge, et puisque l'on compte la mort pour quelque chose, ne pensez pas que la vie vaille mieux, la vie, qui, pour les hommes sensés, est de tout point plus triste que la mort Montrez-vous le frère, je ne dis pas d'un philosophe, mais, ce qui est plus rare, d'un pythagoricien et d'un Apollonius. Que votre maison reste la même Si nous avons fait des reproches à votre première femme, nos craintes ne manquaient peut-être pas de fondement Que si elle est toujours restée respectable, attachée à son mari, et par conséquent estimable, pourquoi n'attendrions-nous pas d'une nouvelle épouse les mêmes qualités? Il est probable même qu'elle voudra être meilleure que l'autre, qu'elle aura vue si tendrement regrettée par vous Au surplus, songez à la position de vos frères L'aîné n'est pas même marié[1] Le plus jeune a bien l'espoir d'avoir des enfants, mais plus tard Nous sommes trois frères, et pas un de nous n'a d'enfants Il y a là un danger pour la patrie et pour notre descendance. En effet, si nous sommes sur de certains points supérieurs à notre père (il a sur nous une supériorité, c'est qu'il est notre père), pourquoi nos enfants ne nous surpasseraient-ils pas? Je forme donc des vœux pour la naissance d'enfants auxquels nous laisserons notre nom, comme nos ancêtres nous ont laissé le leur. Les

---

1. C'est de lui-même qu'il parle.

larmes m'ont forcé d'interrompre cette lettre, et je n'avais rien de plus important à vous écrire.

LVI. Aux habitants de Sardes.

Crésus, en passant l'Halys, perdit l'empire des Lydiens. Il fut pris vivant, fut chargé de chaînes, monta sur le bûcher, vit le feu allumé et s'élevant déjà à une certaine hauteur : cependant il continua de vivre, parce que les Dieux l'aimaient. Que fit ensuite cet homme, votre ancêtre et le roi de vos ancêtres? Ce roi, qui avait été traité ainsi contre toute justice, fut admis à la table de son vainqueur, et fut pour lui un conseiller fidèle, un ami dévoué. Parmi vous, au contraire, je ne vois que perfidie, déloyauté, haine, profanation, impiété dans vos rapports envers vos parents, vos enfants, vos amis, vos proches, vos voisins. Vous agissez en ennemis, et cela sans avoir passé l'Halys, ou sans qu'on l'ait passé pour entrer chez vous. Et la terre, l'injuste terre, vous donne ses fruits!

LVII. A des écrivains habiles.

La lumière indique la présence du feu, lequel ne peut se produire sans la lumière. Le feu est donc ce qui nous affecte; et quand nous sommes affectés, nous sommes brûlés. La lumière ne fait que montrer à nos yeux son éclat, elle ne leur fait pas violence, elle les attire. L'éloquence ressemble, ou bien au feu, et nous en sommes affectés, ou bien à la lumière, et nous sommes éclairés par elle. Et comme ce dernier effet est le meilleur, je le demande aux Dieux, si ce n'est pas trop demander.

LVIII. Consolations a Valérius.

Personne ne meurt, si ce n'est en apparence, de même

que personne ne naît, si ce n'est en apparence En effet, le passage de l'essence à la substance, voila ce qu'on a appelé naître, et ce qu'on a appelé mourir, c'est, au contraire, le passage de la substance à l'essence Rien ne naît, rien ne meurt en réalité mais tout paraît d'abord pour devenir ensuite invisible; le premier effet est produit par la densité de la matière, le second par la subtilité de l'essence, qui reste toujours la même, mais qui est tantôt en mouvement, tantôt en repos Elle a cela de propre dans son changement d'état, que ce changement ne vient pas de l'extérieur le tout se subdivise en ses parties, ou les parties se réunissent en un tout, l'ensemble est toujours un. Quelqu'un dira peut-être. Qu'est-ce qu'une chose qui est tantôt visible, tantôt invisible, qui se compose des mêmes éléments ou d'éléments différents ? On peut répondre. Telle est la nature des choses d'ici-bas, que, lorsqu'elles sont massées, elles paraissent à cause de la résistance de leur masse, au contraire, quand elles sont espacées, leur subtilité les rend invisibles; la matière est nécessairement renfermée ou répandue hors du vase éternel qui la contient, mais elle ne naît ni ne meurt Comment donc une erreur aussi grossière que celle-ci a-t-elle subsisté si longtemps? C'est que quelques personnes s'imaginent avoir été actives quand elles ont été passives · elles ne savent pas que les parents sont les moyens, et non les causes de ce qu'on appelle la naissance des enfants, comme la terre fait sortir de son sein les plantes, mais ne les produit pas. Ce ne sont pas les individus visibles qui se modifient, c'est la substance universelle qui se modifie en chacun d'eux [1]. Et cette substance,

---

1. Oléarius fait ici observer avec raison que ce langage a de grands rapports avec celui de Spinoza. Le panthéisme est l'une des doctrines les plus vieilles qui aient paru dans le monde. C'est la première philosophie de toutes les races indo-européennes.

quel autre nom lui donner que celui de substance première?
C'est elle seule qui est et devient, dont les modifications
sont infinies, c'est le Dieu éternel, dont on oublie à tort le
nom et la figure pour ne voir que les noms et les figures
de chaque individu. Mais ce n'est rien encore. On pleure
lorsqu'un individu est devenu dieu, non par un changement de nature, mais par un changement d'état. Si l'on
veut avoir égard à la vérité, il ne faut pas déplorer la mort,
il faut, au contraire l'honorer, et la vénérer. Or quelle est
la marque d'honneur la plus convenable et la plus digne?
C'est de laisser à Dieu ceux qui sont rentrés dans son sein,
et de commander aux hommes qui vous sont confiés, comme
vous le faisiez auparavant. Ce serait une honte pour vous,
si le temps, et non le raisonnement, vous rendait plus
ferme : car le temps efface les chagrins même des moins
philosophes. Ce qu'il y a de plus illustre sur la terre, c'est
un grand pouvoir; et parmi ceux qui ont un grand pouvoir, le plus recommandable est celui qui se commande à
lui-même tout le premier. Est-il conforme au respect qu'on
doit à Dieu de se plaindre de la volonté de Dieu? S'il y a un
ordre dans l'univers (or sans contredit il y en a un), et si
cet ordre est réglé par Dieu, le juste ne désirera pas les
bonheurs qu'il n'a pas : un tel désir vient d'une préoccu-
pation égoïste et contraire à l'ordre; mais il estimera comme
un bonheur tout ce qui lui arrivera. Avancez dans la sagesse, et songez à guérir votre âme : rendez la justice et
corrigez les coupables; tout cela vous fera oublier vos larmes. Vous ne devez pas penser à vous avant de penser au
public : c'est le contraire que vous devez faire. Quels sujets
de consolation n'avez-vous pas! Tout le peuple a pleuré
avec vous votre fils. Ne ferez-vous pas à votre tour quelque
chose pour le peuple? Ce que vous devez faire pour lui,
c'est de ne pas aller plus loin dans votre douleur, et d'y

27

mettre fin avant lui. Vous dites n'avoir pas d'amis; mais il
vous reste un fils. Et celui que vous croyez avoir perdu, ne
vous reste-t-il pas? Il vous reste, dira tout homme sensé.
En effet ce qui est ne saurait périr, car s'il est, c'est qu'il
doit être toujours, ou bien il faudra croire que le non-
être puisse passer a l'être. Et comment cela aurait-il lieu,
quand l'être ne passe point au non-être? Ce n'est pas tout.
Un autre vous dira que vous manquez au respect envers
Dieu, et que vous êtes injuste. Oui, vous manquez au respect envers Dieu, et vous êtes injuste envers votre fils,
ou plutôt vous manquez de respect envers lui. Voulez-vous
savoir ce qu'est la mort? Faites-moi périr aussitôt après
le dernier mot que je prononce . aussitôt, prive de mon enveloppe matérielle, je suis plus puissant que vous. Vous
avez pour vous consoler le temps, vous avez une femme
sérieuse et qui vous aime, vous avez tous les biens de la
vie c'est à vous de vous demander le reste a vous-même.
Un ancien Romain [1], pour sauver la loi et le respect du
commandement, mit a mort son fils, il le mit a mort ayant
une couronne sur la tête. Cinq cents villes sont soumises a
votre empire [2], vous êtes le plus illustre des Romains; et
vous vous mettez dans un état à ne pouvoir bien adminis-
trer votre maison, bien loin de pouvoir gouverner des villes
et des peuples. Si Apollonius était auprès de vous, il per-
suaderait à Phabulla même [3] de cesser de pleurer.

LX. A Euphrate [4].

Praxitele de Chalcis est un fou furieux . on l'a vu, armé

1. Titus Manlius (Voyez Tite-Live, VIII, 7).
2. Oléarius fait remarquer qu'il résulte de ce passage que Valérius
était proconsul d'Asie. Il s'appuie sur un passage de Josèphe (*Guerre des
Juifs*, II, 16), et sur un autre de Philostrate (*Vies des Sophistes*, II, 3).
3. C'était sans doute la femme de Valérius.
4. Nous omettons le n° LIX du recueil d'Oléarius. C'est une courte

d'une épée, à ma porte, à Corinthe, avec un de vos disciples[1]. Pourquoi vouliez-vous me faire assassiner ?

« Ai-je jamais dérobé vos bœufs?..... Ne sommes-nous
« pas séparés par beaucoup de montagnes couvertes
« d'arbres et par la mer retentissante[2]? »

Quelle distance n'y a-t-il pas entre votre philosophie et la
mienne !

LXI. A LESBONAX.

Le Scythe Anacharsis était savant. Les Scythes peuvent
donc être savants.

LXII. LES LACÉDÉMONIENS A APOLLONIUS [3].

On vous remettra le gage des honneurs que nous vous
avons conférés : cette lettre, revêtue du cachet de notre
cité, vous les fera connaître.

LXIII. APOLLONIUS AUX ÉPHORES ET AUX LACÉDÉMONIENS.

J'ai vu vos concitoyens sans barbe, les jambes et les
cuisses épilées et blanches, couverts des plus fines étoffes,
ayant aux doigts une foule d'anneaux du plus grand prix,
et aux pieds une chaussure ionienne. Je n'ai pas reconnu
en eux les envoyés de Lacédémone; dois-je en croire la
lettre qui me les présentait comme tels?

lettre du roi de Babylone Garmus au roi indien Néogynde. Ces noms ne
se trouvent pas dans la *Vie d'Apollonius de Tyane*, et il n'est nullement
question d'Apollonius dans cette lettre.

1. Voyez la lettre XXXVI.

2. Citation d'Homère, *Iliade*, I; v. 154 et suiv. (Querelle d'Achille et
d'Agamemnon.)

3. Au sujet de cette lettre et de la suivante, voyez *Vie d'Apollonius*,
IV, 31.

LXIV. Aux mêmes.

Vous m'appelez souvent pour venir en aide aux lois et
être utile à votre jeunesse. La ville de Solon n'a pas besoin
de m'appeler ainsi. Songez à Lycurgue, et rougissez

LXV. Aux Éphésiens du temple de Diane.

Vous avez conservé tous les rites des sacrifices, tout le
faste de la royauté. Comme banqueteurs et joyeux convives,
vous êtes irréprochables   mais que de reproches n'a-t-on
pas a vous faire, comme voisins de la déesse nuit et jour !
N'est-ce pas de votre milieu que sortent tous les filous, les
brigands, les marchands d'esclaves, tous les hommes injustes et impies ¹? Le temple est un repaire de voleurs.

LXVI. Aux mêmes.

Il est venu d'une terre grecque un homme, Grec d'esprit
et de cœur, sans être ni Athénien ni Mégarien. Il se nomme
Apollonius et veut visiter votre déesse Donnez-lui un endroit qu'il n'ait pas besoin de purifier, même y restant cons-
tamment

LXVII. Aux mêmes

Le temple est ouvert a ceux qui sacrifient, qui prient,
qui chantent des hymnes, aux suppliants, aux Grecs, aux
Barbares, aux hommes libres, aux esclaves. Voilà une loi
merveilleusement divine. J'y reconnais les attributs de
Jupiter et de Latone Plût aux Dieux qu'il n'y en eût pas
d'autres !

LXVIII Aux Milesiens.

Vous avez éprouvé un tremblement de terre, c'est ce qui

---

1. Allusion au droit d'asile, qui rendait inviolables même les scélérats
réfugiés aux pieds des autels.

est arrivé à bien d'autres villes. Mais ce malheur était pour
elles un effet de la fatalité, et l'on voyait entre les citoyens
de la commisération, non de la haine. Vous seuls vous vous
armez du fer et du feu même contre les Dieux, et cela contre
des Dieux dont vous avez besoin et avant et après le danger.
Vous aviez parmi vous un philosophe, ami des Grecs, qui
souvent avait annoncé ce fléau en public; et, lorsque le
tremblement de terre est arrivé, vous l'accusez tous les
jours d'en être la cause. O folie de tout un peuple! Et cependant on compte Thalès parmi vos ancêtres.

LXIX. A des citoyens de Tralles.

Beaucoup d'hommes viennent à moi de divers côtés, les
uns pour une cause, les autres pour une autre; les uns
jeunes, les autres vieux. J'examine les dispositions et le
caractère de chacun avec autant d'attention que je puis, et
j'observe s'il est bon ou mauvais citoyen. Jusqu'ici je ne
saurais préférer à vous, qui êtes de Tralles, ni les Lydiens,
ni les Achéens, ni les Ioniens, ni même les peuples de la
Grande-Grèce, les Thuriens, les Crotoniates, les Tarentins,
ou quelques autres de ce fortuné pays de l'Italie, comme
on l'appelle; ou d'autres terres. Pourquoi donc, quand j'ai
pour vous tant d'estime, ne viens-je pas habiter au milieu
de vous, moi qui suis de votre race? Je vous le dirai une
autre fois. Pour le moment, qu'il me suffise de vous adresser
des éloges, à vous et à vos magistrats, qui surpassent en
sagesse et en vertu les magistrats de beaucoup d'autres
cités, surtout de celles d'où vous tirez votre origine.

LXX. Aux habitants de Saïs.

Vous êtes une colonie athénienne, à ce que dit Platon
dans le *Timée*. Cependant les Athéniens repoussent de l'At-

tique une déesse qui vous est commune, à eux et à vous, la déesse Neith, qu'ils appellent *Athéné*. Ils ne restent pas Grecs. Comment ne restent-ils pas Grecs? Je vais vous le dire Les Athéniens n'ont pas de sages vieillards, personne n'y laisse croître toute sa barbe, et même personne n'y porte de barbe. Mais on trouve près des portes des adulateurs, devant les portes des sycophantes, à l'entrée des longs murs des trafiquants de prostitution, sur les ports de Munychie et du Pirée des parasites. A la déesse il ne reste pas même le cap Sunium.

LXXI. Aux Ioniens [1].

Vous croyez qu'on doit vous appeler Grecs à cause de votre origine, et de la colonie que les Grecs ont autrefois établie chez vous. Mais ce qui fait un peuple grec, ce sont non-seulement les coutumes, les lois, la langue, la manière de vivre, mais encore l'air et la mine. Mais vous, pour la plupart, vous n'avez pas même gardé les noms de vos pères; mais votre nouvelle felicité [2] vous a fait perdre les attributs de vos ancêtres. Ils feraient bien de ne pas vous recevoir dans leurs tombeaux, car vous leur êtes devenus étrangers Autrefois vous portiez des noms de héros, de navigateurs, de législateurs : maintenant vous prenez les noms des Lucullus, des Fabricius, des heureux Lucius [3]. J'aimerais mieux m'appeler Mimnerme [4].

LXXII. A Hestiée.

Mon père Apollonius avait trois Ménodotes parmi ses ancêtres : vous, vous voulez du premier coup vous nommer

1. Voyez *Vie d'Apollonius*, IV, 5, p. 144.
2. Allusion ironique à l'administration romaine.
3. Allusion à Lucius Cornelius Sylla, surnommé *Felix*.
4. Poëte et musicien grec, né à Colophon (v* siècle av. J.-C.).

Lucretius ou Lupercus, sans avoir aucun de ces noms parmi vos ancêtres Si vous tenez pour honteux le nom de quelqu'un, du moins n'ayez pas sur vos traits sa ressemblance.

LXXIII. Au même.

Nous sommes loin de notre pays, et la Fortune nous sourit. Cela ne m'empêche pas de songer aux affaires de la ville. La destinée prépare la fin prochaine des hommes qui sont à la tête de l'administration. Vous serez commandés par de petits jeunes gens, puis par des enfants. Ici il y a à craindre . quelle sécurité pour une barque gouvernée par des enfants? Cependant je ne crains pas pour vous, car notre vie approche de son terme

LXXIV. Aux stoïciens.

Bassus était jeune et fort à court d'argent, bien que son père fût très-riche Il s'enfuit d'abord a Mégare avec un amant et même un trafiquant de prostitution car il leur fallait vivre et subvenir aux frais du voyage. De là il alla en Syrie Il accueillit le jeune Euphrate et quiconque eut envie de ce bel objet, pour satisfaire la plus honteuse des passions.

LXXV. Aux habitants de Sardes.

Le fils d'Alyatte ne put sauver la capitale de son empire ni par la force ni par les conseils . cependant il était roi, et il était Crésus. Mais vous, quel lion avez-vous écouté, quand vous avez engagé une guerre fratricide, enfants, jeunes gens, hommes faits, vieillards, et même jeunes filles et femmes? C'est a croire que votre ville est consacrée, non à Cérès, mais aux Furies Cérès aime les hommes · d'où vient votre fureur contre eux?

LXXVI Aux mêmes.

Il était naturel qu'un philosophe qui vénère l'antiquité
voulût visiter une ville antique et puissante comme la
vôtre Je suis donc venu de moi-même, sans attendre que
je fusse appelé, comme je l'ai été par un grand nombre d'autres villes. J'ai voulu voir si je pourrais rendre à
votre ville l'unité de mœurs, d'esprit, de loi et de religion.
J'ai fait pour arriver a ce but tout ce qui dépendait de
moi . la discorde, a dit un sage, est pire que la guerre.

LXXVII. A ses disciples.

En parlant, je n'ai songé qu'à la philosophie, je n'ai
nullement songé à Euphrate. Qu'on ne pense pas que je me
sois ému de l'épée de Praxitèle ou du poison de Lysias. Ce
serait bon pour le même Euphrate.

LXXVIII. A Iarchas et aux sages Indiens.

J'en jure par l'eau de Tantale, a laquelle vous avez bien
voulu m'initier [1].

LXXIX. A Euphrate.

L'âme qui ne se rend pas compte de ce dont le corps peut
se contenter ne peut arriver à être contente d'elle-même

LXXX. Au même.

Les hommes les plus sages sont les plus brefs dans leurs
discours Si les bavards souffraient ce qu'ils font souffrir
aux autres, ils ne parleraient pas tant.

1. Voyez *Vie de Philostrate*, III, 25, 32, 51.

LXXXI. A ses disciples.

Simonide a dit qu'il ne s'était jamais repenti de s'être tu, mais souvent d'avoir parlé.

LXXXII. Aux mêmes.

La loquacité fait commettre bien des imprudences, le silence ne compromet jamais.

LXXXIII. A un Délien.

Le mensonge est d'un esclave, la vérité, d'un homme libre.

LXXXIV. A ses disciples.

Ne pensez pas que, donnant des conseils aux autres, j'en prenne moi-même à mon aise. C'est en vivant moi-même de pâtes et de choses de ce genre que je vous engage à vous nourrir ainsi.

LXXXV. A Idoménée.

Nous nous sommes efforcés de nous contenter de mets simples et exigus, non pour que ces mets suffisent à notre corps, mais pour que notre âme se fortifie à ce genre de nourriture.

LXXXVI. A un Macédonien.

La colère s'épanouit dans la fureur.

LXXXVII. A Aristoclès.

La colère est une affection de l'âme qui, si elle n'est soignée, dégénère en une maladie du corps.

LXXXVIII. A Satyrus.

La plupart des hommes sont disposés à s'excuser de leurs fautes, et à se porter accusateurs de celles des autres.

LXXXIX. A Danaus

Un travail, quand il est en train, s'exécute sans peine.

XC. A Dion.

Ne pas être né n'est rien être né est un malheur.

XCI. A ses frères.

Il ne faut porter envie à personne car les bons méritent d'être heureux, et il n'y a pas de bonheur pour les méchants.

XCII. A Denys.

Il est inappréciable, avant les épreuves de l'adversité, de connaître toutes les ressources de la tranquillité d'esprit.

XCIII. A Numénius

Quand on a perdu des amis, il ne faut pas les pleurer bruyamment, mais nous souvenir que c'est avec eux que nous avons passé la plus agréable partie de notre existence.

XCIV. A Théétete.

Que la vue des maux d'autrui vous console des vôtres.

XCV. A un inconnu.

La vie est courte pour l'homme heureux pour celui qui vit dans le malheur, elle est bien longue.

FIN DES LETTRES

ÉCLAIRCISSEMENTS

HISTORIQUES ET CRITIQUES

L'IMPÉRATRICE JULIE (p. 5).

C'est Julia Domna, seconde femme de Septime Sévère, mère de Caracalla et de Géta. Voir sur son caractère, ses mœurs et son goût pour les lettres, Xiphilin, Spartien et Hérodien. Dans ses *Vies des sophistes* (II, 30, 1), Philostrate la désigne sous le nom de *l'impératrice philosophe* : c'est à ce titre que Ménage lui a donné une place dans son ouvrage latin sur les *Femmes philosophes* (ch. XVI). On a, parmi les *Lettres* de Philostrate, une lettre à l'impératrice Julie (la 73e), où il fait l'éloge de Gorgias et des sophistes en général.

CHRONOLOGIE DE LA VIE D'APOLLONIUS DE TYANE (p. 5).

On n'a pas de date bien certaine sur la vie d'Apollonius de Tyane. On sait seulement qu'il naquit peu avant ou peu après l'ère chrétienne et mourut dans le 1er siècle de cette ère. Oléarius a fait de grands efforts, peut-être inutiles, pour déterminer la date de sa vie, de sa mort et des principaux faits de son existence.

Selon lui, bien que Philostrate ait manqué d'exactitude dans la chronologie, il n'est pas impossible de tirer de son récit quelques dates certaines ou du moins approximatives. D'après ses calculs, Apollonius de Tyane serait né l'an 2 ou 3 avant Jésus-Christ, et voici le tableau chronologique qu'il dresse de la vie d'Apollonius à la fin de la préface de son édition de Philostrate : An 17 de Jésus-Christ, commencement de son époque de silence (I, 14; p. 16 de notre traduction); — 43, voyage à Babylone (I, 23; p. 28); — 46, voyage dans l'Inde (II, 20; p. 70); — 47, retour à

Babylone (III, 58; p. 138), — 61, séjour à Olympie, pendant les jeux (IV, 27; p. 166); — 63, voyage à Rome, sous *Néron* (IV, 39; p. 178), — 66, voyage en Espagne, id. (V, 1; p. 186); — 69, voyage en Égypte et en Ethiopie sous Vespasien (V, 24; p. 205); — 92, voyage à Rome, sous Domitien; prison; apologie (VII, 22 et suiv.; p. 312), — 93, séjour de deux ans en Grèce (VIII, 24, p. 387); — 96, mort d'Apollonius de Tyane (VIII, fin).

Voyez plus bas la note sur la page 35 (*Difficultés de chronologie*).

LA FONTAINE DU SERMENT (p. 7).

« Plusieurs peuples se sont vantés d'avoir de ces prétendues eaux d'épreuve, que par cette raison ils appelaient *probatoires*, et qu'ils employaient également dans les cas de prévention et de soupçon de crime. Toutes ces belles découvertes sont tombées dans le discrédit, à mesure que les nations se sont éclairées.

« Ammien Marcellin (LXXIII) fait aussi mention de la fontaine miraculeuse du voisinage de Tyane, mais il la fait sortir d'un marais; et d'ailleurs il lui attribue une autre propriété, tout aussi chimérique, celle de ne jamais déborder par les accidents qui font enfler les autres, et de s'absorber, pour ainsi dire, elle-même. » (Legrand d'Aussy, *Vie d'Apollonius de Tyane*, I, p. 11).

LE CRIMINEL DÉCOUVERT PAR APOLLONIUS (p. 11).

« Il n'y a rien dans toute cette histoire qui puisse passer pour un vrai miracle, et l'entente entre le prêtre d'Esculape et Apollonius paraît manifeste. Appollonius n'avait point assuré que cet homme fût indigne de recevoir des grâces d'Esculape, il l'avait seulement conjecturé, et sa conjecture était fondée sur une raison très-frivole. S'il eût su certainement le crime de cet homme, il n'aurait pas manqué de le découvrir d'abord. Il en avait peut-être ouï parler comme d'un méchant homme, et cela lui suffisait pour avancer hardiment la conjecture. Le prêtre d'Esculape, de son côté, n'était pas peu embarrassé. Comment congédier un homme qui avait commencé par lui faire des présents si considérables? La perte de son œil n'était pas du nombre de ces maladies qui peuvent se guérir par des remèdes. La sentence d'Apol-

lonius vint fort à propos pour le tirer d'embarras; le Dieu ne
manqua pas de |lui apparaître en songe et de la confirmer. Les
Ciliciens qui se trouvaient à Égée l'informèrent en même temps
(et peut-être même l'avaient-ils déjà fait auparavant) de l'accident de cet homme. On se servit de cette occasion pour faire valoir la réputation d'Apollonius et pour conserver la confiance que
le peuple avait au dieu Esculape. Voilà tout le mystère. » (L'abbé
du Pin, *Histoire d'Apollonius de Tyane convaincue de fausseté*,
p. 127.)

CHASTETÉ D'APOLLONIUS (p. 15).

« J'entends bien ne pas me marier et n'avoir commerce avec
aucune femme. » Tel est le langage que Philostrate prête à son
héros, et en effet dans la relation qu'il donne de la vie d'Apollonius, cette parole ne reçoit pas de démenti. Il est vrai que Philostrate ne revient plus sur ce sujet : s'il parle quelque part de
la chasteté d'Apollonius, ce n'est que pour signaler sa résistance
à de grossières débauches (p. 13). Il y a là, ce semble, une omission calculée. Car pourquoi le biographe, ou, pour mieux dire,
le panégyriste d'Apollonius, n'aurait-il pas mieux fait ressortir
chez lui cette vertu, si elle avait été bien établie? mais il n'en est
rien. « Le bruit commun, dit Tillemont, accusait Apollonius de
n'être nullement chaste, et on en marquait quelques histoires particulières. » (*Hist. des empereurs*, t. II, p. 135.) En effet, non-seulement il y a cette histoire d'une aventure amoureuse en Scythie,
que Philostrate écarte ici par une fin de non-recevoir; mais il y en
a une autre qui est rapportée par Philostrate lui-même, dans
un autre ouvrage; preuve évidente qu'il n'a pas dit dans la *Vie
d'Apollonius* tout ce qu'il aurait pu dire. Voici le passage de Philostrate : « Le sophiste Alexandre, né à Séleucie, avait pour père
« un homme très-exercé dans le genre judiciaire, et pour mère
« une femme d'une beauté remarquable, comme l'attestent ses
« portraits : elle ressemblait à l'Hélène d'Eumélus, peinture si re-
« marquable, qu'elle a été jugée digne d'être placée dans le forum
« des Romains. Elle eut, dit-on, plusieurs adorateurs, entre
» autres Apollonius de Tyane, qui n'en fit pas mystère; et elle
« renonça aux autres amants pour prendre Apollonius, afin
« d'avoir du plus divin des hommes un enfant d'un naturel élevé.

« Le fait est invraisemblable pour bien des raisons que nous avons
« développées dans la *Vie d'Apollonius*. » (*Vies des sophistes*, livre II,
ch. v.) Or il n'y a rien de semblable dans la *Vie d'Apollonius*, si
ce n'est la page qui a donné lieu a cette note; et la seule raison
que Philostrate y donne, c'est le silence d'Euphrate sur ce point,
silence qui peut s'expliquer, soit par la communauté des mêmes
faiblesses, soit par' toute autre cause.

APOLLONIUS CONNAIT TOUTES LES LANGUES (p. 22).

Au sujet de cette connaissance innée de toutes les langues, attribuée à Apollonius, Eusèbe entreprend de réfuter Philostrate par
lui-même, mais sa réfutation porte plutôt sur d'autres passages
que sur celui qu'il a en vue. « D'où;vient, dit-il, qu'ailleurs Philostrate lui ôte cette connaissance des langues, et qu'au lieu de
la lui laisser comme une prérogative de sa naissance, il la lui fait
acquérir par la voie ordinaire de l'étude? Car il dit qu'à mesure
qu'il avança en âge, il parut avoir une mémoire fort heureuse, et
un naturel fort propre aux sciences. A quatorze ans son père le
mena a Tarse, et le mit entre les mains d'Euthydème, excellent
maître de rhétorique. Il demeura sous sa conduite, et conversa
avec des disciples de Platon, de Chrysippe et d'Aristote... Mais
il donna principalement son application et son estime à celle de
Pythagore. Est-ce donc ainsi qu'il est réduit à s'instruire des
opinions des philosophes, lui qui sait toutes les langues sans les
avoir jamais apprises, et qui découvre les secrets les plus cachés
des cœurs des hommes ? Nous avons à ajouter au nombre des
maîtres d'Apollonius les savants de l'Arabie, qui lui ont enseigné
l'art de deviner par le moyeu des oiseaux. Eufin, s'il avait
quelque chose de divin, ce que l'on publie de ses maîtres est
une imposture; et si ce qu'on publie de ses maîtres est véritable,
la divinité qu'on lui attribue est une fable. » (*Sur la Vie d'Apollonius de Tyane contre Hiéroclès*, ch. IX., trad. du président Cousin.)

A propos du livre II, Eusèbe revient sur ce sujet et donne enfin
l'objection qu'il aurait dû donner tout de suite: «Philostrate dit
que quand Apollonius fut arrivé aux Indes, il se servit d'un interprète pour parler au roi Phraote. Cet homme, qui peu auparavant savait toutes les langues, a aujourd'hui besoin du ministère

d'un autre pour expliquer ses pensées; et, au lieu qu'il connaissait les secrets des cœurs, comme s'il eût été un Dieu, il n'entend maintenant non plus qu'un sourd, et a recours à un truchement, pour apprendre quelle est la manière de vivre du roi, et pour le supplier de lui donner des guides qui le conduisent au lieu où habitent les Brachmanes. Ce prince, au contraire, quoique barbare, fait retirer l'interprète, s'explique heureusement, parle grec, et fait paraitre de l'érudition et du savoir. » (*Ibid.*, ch. xiv.)

Cette contradiction de Philostrate est une de celles sur lesquelles s'appuie Rohrbacher (*Hist. de l'Église cathol.*, IV, p. 373) pour déclarer que la *Vie d'Apollonius de Tyane* n'est qu'un roman.

LE ROI VARDANE (p. 25).

Voir, sur l'histoire de ce Vardane ou Bardane, Tacite (*Annal.*, XI, 8). Ce passage a paru à Tillemont offrir quelques difficultés de chronologie. Dans les notes sur le règne de Claude (p. 1031), il déclare que Philostrate est, pour les dates, en contradiction avec Tacite. Nous pensons, avec Oléarius, que le récit de Philostrate est d'un vague d'où il est difficile de tirer une date qui puisse contredire ou confirmer les indications de Tacite. Il paraît établi que Vardane devint roi des Parthes, l'an 44 après Jésus-Christ.

LE ROI DARIDÉE (p. 30).

Quel est ce Daridée? Les dates qu'indique Philostrate désignent Artaxerxe Mnémon. Pourquoi Philostrate l'appelle-t-il Daridée? C'est une question qu'Oléarius, dans son commentaire, déclare ne pas se charger de résoudre. Comme lui, nous la renverrons à d'autres.

DESCRIPTION DE BABYLONE (p. 32).

« Quand Philostrate vient à parler de Babylone, il la décrit, non telle qu'elle était dans le temps d'Apollonius, mais de la manière qu'elle a été décrite par les auteurs, lorsqu'elle était dans sa plus grande splendeur, et augmente même ce qu'ils en ont dit. Il dépeint les palais et les maisons superbes de cette ville, et n'ou-

blie rien de ce que la fable et l'histoire ont pu contribuer à son
embellissement. Jamais on n'a tant exagéré la grandeur des murs
de Babylone. Hérodote [1] leur donne bien quatre cent quatre-
vingts stades de circuit ; mais ils n'avaient, selon lui, que
deux cents coudées de haut et cinquante de large. « Pline [2]
dit que ses murs étaient de soixante mille pas de tour, de deux
cents pieds de haut, de cinquante de large. La plupart des
autres géographes ne leur donnent que deux cent cinquante
stades de circuit, et à l'egard de la largeur, ils se contentent de
dire que deux chariots pouvaient passer à côté l'un de l'autre
sur l'épaisseur du mur. Mais, dans le temps de Philostrate, il s'en
fallait bien que Babylone fût en cet état. Selon Strabon [3], elle
avait dix lieues de tour, et des murailles épaisses de trente-deux
pieds ; mais elle était presque toute déserte et ruinée. Pline, contemporain d'Apollonius, dit qu'il n'y restait plus que le temple de
Bélos, et qu'elle était réduite en une affreuse solitude, Nicanor
l'ayant dépeuplée en bâtissant Séleucie Pausanias ; qui vivait
sous Marc-Aurèle, assure [4] qu'il n'en restait plus que les murailles avec le temple de Bélos ; et Dion rapporte que Trajan, ayant
voulu venir voir cette ville si célèbre, n'y trouva plus que des
ruines. Il n'y a donc point d'apparence qu'elle fût encore, du
temps d'Apollonius, telle que Philostrate la décrit, et que les rois
des Parthes y fissent leur demeure, au contraire, Josèphe, Pline,
Tacite, Hérodote et Ammien Marcellin, sont témoins que Ctésiphon etait le siége de l'empire des Parthes et la demeure des rois
des Parthes. » (L'abbé du Pin, *Histoire d'Apollonius convaincue
de fausseté*, p. 37.)

Voir encore sur cette question Sainte-Croix (*Mémoires de l'Aca-
demie des inscriptions*, t. XLVIII, p. 20 et suiv.), et Letronne,
ibid., *Nouvelle série*, t. X (*Mémoire sur la statue vocale de Memnon.*)

DIFFICULTÉ DE CHRONOLOGIE (p. 35).

« Philotraste dit que, quand Apollonius vint à Babylone, Vardane
était roi des Parthes et qu'il venait de rentrer dans son royaume,
dont il avait été dépossédé, qu'il y avait deux ans et deux mois

1. Livre I, ch. 178. — 2. *Histoire naturelle*, VI, 30, 4. — 3. Livre
XII, X, ch. 5. — 4. Livre IV, 31, 5.

que ce prince avait recouvré son royaume; qu'Apollonius demeura vingt mois à sa cour; qu'en étant parti pour aller voir les brachmanes des Indes, et ayant passé quatre mois avec eux, il trouva encore Vardane à son retour; que la demeure ordinaire des rois des Parthes était à Babylone. Voici l'histoire de Vardane comme elle est rapportée par Josèphe et par Tacite.

Josèphe [1] dit que Vardane, fils d'Artabane, ayant succédé à son père, et voulant faire la guerre aux Romains, fut tué par les Parthes, et son royaume donné à son frère Gotarzes. Tacite [2] dit que Gotarzes ayant fait mourir son frère Artabane avec sa femme et ses enfants, les Parthes firent venir Bardane, troisième frère, qui chassa Gotarzes et assiégea Séleucie; que Gotarzes ayant ramassé du secours, revint chez les Parthes, et obligea Vardane de lever le siége de Séleucie, pour venir défendre ses États; que les Parthes préférèrent Vardane à Gotarzes; que ce dernier se retira dans l'Hircanie, et que Vardane étant retourné devant Séleucie, la prit sept ans après qu'elle s'était révoltée contre son père; que Gotarzes se repentant d'avoir cédé le royaume, et rappelé par la noblesse des Parthes, ramassa des troupes; mais que Vardane, étant allé au-devant de lui, le défit près du fleuve Ginden, et qu'après cette victoire il devint si insupportable aux Parthes, qu'ils le tuèrent dans une partie de chasse, et rendirent le royaume à son frère Gotarzes. Tout ceci se passa dans les années 46, 47 et 48 de Jésus-Christ, et Vardane n'a pu être que deux ans et demi sur le trône, au lieu que, selon la supputation de Philostrate, il faudrait qu'il eût régné au moins quatre ans et demi.

« Il y a encore dans Philostrate un anachronisme plus considérable, il fait dire à Apollonius, dans son Discours à l'empereur Domitien [3], qu'il a vécu avec éclat, principalement sous l'empire de son frère et de son père, et sous celui de Néron; qu'il avait fait auparavant son voyage des Indes, et qu'il y avait trente-huit années depuis ce temps jusqu'au règne de Domitien. Si l'on compte ces trente-huit années jusqu'au temps qu'il parlait à Domitien, en 94 ou 95, il n'aurait fait son voyage dans l'Inde qu'en 56 ou environ; et en ce temps-là ce n'était pas Vardane, mais Vologèse,

1. *Antiquités juives*, XX, 3, 3.
2. *Annales*, XI, 8.
3. Voyez p. 363 de notre traduction.

qui était roi des Parthes, que si l'on finit ces trente-huit années
au commencement du règne de Domitien, en 81, le voyage d'A-
pollonius dans l'Inde doit être placé en l'année 43, dans laquelle
Artabane vivait encore. » (L'abbé Du Pin, *Hist. d'Apoll. convaincue
de fausseté*, p. 33 et suiv.)

Tillemont (*Hist. des Empereurs*, t. II, p. 128) avait déjà fait
à Philostrate ces objections sur la chronologie de la vie d'Apollonius. Oléarius n'admet pas ces objections, et voici ce qu'il répond : « Vardane, d'après Tacite (*Annales*, XI, 8), régna vers l'an
47 de Jésus-Christ. C'est à propos de cette année qu'il rapporte
ses actes; mais on voit assez qu'ils ne peuvent tenir dans l'espace
d'un an, et lui-même dit que ce qu'il rapporte des Parthes eut
lieu *vers ce temps*. Rien n'empêche donc de supposer que Vardane remonta sur le trône en l'an 43, qu'Apollonius le visita en
l'an 45 (car sa visite eut lieu deux ans et quelques mois après le
rétablissement de Vardane sur le trône des Parthes), qu'il revint
auprès de Vardane deux ans et quelques mois après, l'an 47, au
retour de son voyage chez les Indiens, qu'enfin Vardane fut tué
en l'an 49, qui est, du reste, la date assignée par Tillemont. De
cette époque jusqu'à l'an 54 ou 55, Apollonius put rester caché au
fond de l'Asie. Philostrate nous dit qu'il passa un temps assez
long chez les Massagètes et en Tauride [1], et il est certain qu'il
s'arrêta chez quelques autres peuples, par exemple en Syrie et
en Cappadoce. Or l'année 54, à laquelle se terminent ces trente-
huit ans d'Apollonius, est la première année du règne de Néron.
Apollonius a donc pu dire que sous ces empereurs, c'est-à-dire
sous Néron et ses successeurs, jusqu'à Domitien, il a vécu au.
grand jour. Quand il parle *du reste du temps qu'il a passé dans
l'Inde*, cela ne veut pas dire qu'il ait passé chez les Indiens le
reste de son temps, car la durée de son séjour dans l'Inde est déterminée par Philostrate de manière à ne pas laisser place à l'erreur. Apollonius se borne à citer le principal événement qui a

---

1. Je crois qu'ici Oléarius n'a pas entendu le texte de Philostrate,
que je comprends comme Westermann. Ce qui prouve que Westermann
a raison, c'est que nulle part dans la vie d'Apollonius, où il y a tant de
voyages, il n'est question d'un voyage en Tauride. Voyez la *Vie d'Apollonius*, livre VIII, ch 7, § 10, édit. Oléarius, § 33, édit. Westermann,
p. 361 de notre traduction, où l'on peut lire : « Apollonius *ne s'est jamais* mêlé aux Massagètes ni aux habitants de la Tauride. »

signalé le reste de sa carrière, ou, ce qui est peut-être préférable, il entend par *le temps qu'il a passé dans l'Inde*, le temps qu'il a passé à vivre conformément aux maximes des Indiens. » (Traduit de la *Préface* latine d'Oléarius, p. xxxviii.)

ERREUR AU SUJET DE DARIUS OCHUS (p. 35).

Ceci ne fait pas honneur aux connaissances historiques de Philostrate, ou, si l'on veut, d'Apollonius. Le Darius auquel il est fait allusion, Darius *Nothus* ou Darius *Ochus*, n'a nullement régné soixante ans, mais seulement dix-neuf ans (423-404). Oléarius et Castillon veulent épargner à Philostrate cette erreur chronologique, et traduisent : « Se croyant près de la mort, à l'âge de soixante ans. » Malheureusement le texte grec ne peut guère avoir qu'un sens, c'est celui que donnaient les anciennes traductions latines de Rinuccini et de Bérould, et que nous maintenons avec M. Westermann (*Philostratorum opera*, Didot, 1849). L'opposition qu'Apollonius établit ensuite entre Vardane et Darius Ochus nous paraît établir définitivement ce sens : l'ignorance d'Ochus, après soixante ans de règne, est un argument contre la prétendue science de Vardane, qui n'en est qu'à la troisième année de règne. Est-ce donc la première fois qu'un rhéteur aura sacrifié l'exactitude historique à un mouvement oratoire? D'ailleurs, est-ce la seule inexactitude de tout ce récit, et Philostrate ne paraît-il pas confondre l'empire des assyriens, celui des Perses et celui des Parthes? Les rois Assyriens sont les seuls qui aient eu leur résidence à Babylone. Celle des rois perses était à Suse, à Persépolis ou à Ecbatane. Celle des rois parthes fut à Ctésiphon ; Babylone était déjà déserte au temps de Pline (V. Guillemin, *Histoire ancienne*, p. 43). Tout ce que dit ici Philostrate de Babylone doit donc être lu, comme une grande partie de ses récits, avec une extrême défiance.

VOYAGE DANS L'INDE (p. 49).

« Le voyage dans l'Inde est l'endroit de l'histoire de Philostrate où paraît le plus la fiction dans les personnes, dans les choses et dans les circonstances. Le dessein d'aller chercher la sagesse chez les Brachmanes et les Hyrcaniens est déjà quelque chose de fort extraordinaire, particulièrement dans un homme qui prétendait l'avoir trouvée, et qui disait hardiment « J'ai cherché étant jeune, maintenant il n'est plus temps de chercher, mais d'enseigner ce que j'ai trouvé. » Il va pourtant chercher au bout du monde ce qu'il avait tout trouvé. » (L'abbé Du Pin, *Hist. d'Apollonius convaincue de fausseté*, p. 26)

APPARITION D'UNE EMPUSE (p. 52).

Ce récit n'étonnerait pas un adepte du spiritisme, qui verrait là l'apparition de quelques mauvais esprits. Legrand d'Aussy ne nie pas le fait, mais il en donne une explication qui lui ôte tout caractère merveilleux :

« Probablement ce prétendu génie malfaisant était quelque montagnard du canton, quelque voleur nocturne, qui, épiant le moment où la caravane serait endormie, venait rôder autour d'elle, et s'était affublé de quelque habillement étrange, pour effrayer celui de la troupe qui serait chargé de faire sentinelle. L'exorcisme qu'il fallait a un pareil démon était de lui montrer qu'on était sur ses gardes, et c'est ce que fit Apollonius, en ordonnant à ses compagnons de le poursuivre avec des clameurs et des injures. Par cette ruse innocente, il leur donnait le change sur un brigand qui pouvait avoir des armes, tandis qu'ils n'en avaient pas, il commandait à leur imagination, ranimait leur courage, et se débarrassait du voleur. » (*Vie d'Apollonius de Tyane*, t. I, p. 193.)

AUTELS SUR LES RIVES DE L'HYPHASE (p. 94).

« Tous les historiens d'Alexandre parlent d'autels érigés par ordre d'Alexandre sur la rive orientale de l'Hyphase, en l'honneur des douze premiers dieux. Apollonius, selon Philostrate, les découvrit et y lut ces inscriptions :

A AMMON MON PÈRE,
A MON FRÈRE APOLLON, etc.

« Sans doute Alexandre était capable d'imaginer de pareilles folies, mais aurait-il voulu se rendre ridicule aux yeux d'une ar-

mée qui venait de se mutiner à cause de ses projets trop ambitieux. Toutes ces inscriptions doivent être mises au nombre des
impostures dont est rempli l'ouvrage de Philostrate. » (Sainte-
Croix, *Examen des historiens d'Alexandre*, p. 399.)

LES ONAGRES (p. 96).

Artus Thomas, dans ses *Notes à la traduction de Blaise de Vigenère* (1611, in-4°), pense, et nous pensons avec lui, qu'il s'agit
ici de la *licorne*, l'un des animaux fantastiques les plus populaires
au moyen âge. « Tous ont écrit, dit-il, et tous pensent encore à
« présent que sa corne a beaucoup de pouvoir contre le venin,
« tesmoin ceste belle et grande qui est en l'abbaye de Saint-
« Denys en France, et de laquelle ceux qui boivent de l'eau où
« elle a trempé disent s'estre fort bien trouvés. » Sur la licorne,
voir Ferdinand Denis, *Le monde enchanté*.

LA CITADELLE DES BRACHMANES (p. 104).

Voici, sur ces prodiges des Brachmanes, l'avis d'Eusèbe, *Réponse
à Hiéroclès sur la Vie d'Apollonius*, ch. 24, traduction du président Cousin : « Nous sommes sans doute obligés de témoigner
beaucoup de reconnaissance à l'historien d'Apollonius pour la
peine qu'il nous épargne. Car, quand il décrit les tonnerres qui
tombent en terre et qui remontent dans l'air, les vents qui sont
renfermés dans un muid, les trépieds qui se remuent d'eux-mêmes,
les statues de bronze qui font le tour de la table et qui versent du
vin dans les coupes, et qu'il fait ces récits aussi sérieusement
que s'il les croyait véritables, il donne assez à connaître ce que
l'on peut juger des autres, et découvre clairement combien on
doit les tenir fabuleux. »
Artus Thomas (*Notes à la trad. de Blaise de Vigenère*, p. 479)
semble avoir une opinion moins arrêtée : « Quant à ce que nous
conte icy Philostrate de ceste bastille ou citadelle imprenable,
cela sent ses fables ordinaires, lesquelles il preuve par sa seule
authorité; aussi n'y aura-t-il guère que lui qui les veuille croire,
cela sentant trop son roman et sa fable du *Chasteau d'Apolydon*,
de l'*Isle enchantée*, et autres semblables contes faits à plaisir.
Que s'il y a eu de ces Oxydraques (comme il y a de bons autheurs

qui croient qu'il n'y a jamais eu de semblable ville à celle qui
nous est icy représentée), et qu'on ait ouy ces foudres et ces tonnerres, qui ne dira que les démons faisaient icy paraître en tout
et partout leur puissance pour attirer, par cet artifice, les plus
habiles de ce grand peuple à leur service? » Ce n'était pas la peine
de commencer par douter, pour arriver à cette supposition. Artus
Thomas semble plutôt vouloir confirmer à sa manière que vouloir
réfuter le récit de Philostrate.

PRODIGES DES BRACHMANES (p. 106).

S'il fallait en croire Oléarius, Damis, dans sa relation, aurait
transformé en des faits matériels les métaphores de son maître.
Apollonius, par ces paroles, n'aurait voulu exprimer que le déta-
chement des choses de la terre dans lequel vivaient les Brachmanes. Cette explication toute rationaliste est étrange de la part
de l'éditeur et du traducteur de la *Vie d'Apollonius de Tyane*.
Qu'étaient les Brachmanes pour Apollonius? Des sages, presque
des Dieux; sans doute, mais c'étaient aussi pour lui des magiciens,
comme on peut le voir au livre V, ch. 12 de cette *Vie* (p. 195).

Tillemont a mieux compris Philostrate quand il dit, avec une
mauvaise humeur un peu naïve . « Si le récit de cet auteur a quelque chose de véritable, ces Brachmanes n'étaient pas des dieux,
comme ils avaient l'insolence de le dire (III, 18, p. 110), mais
d'infâmes magiciens; et il ne faut pas douter, vu l'estime qu'A-
pollonius en témoigna toujours depuis, que dans les entretiens
qu'il eut avec eux, ou Damis même n'assista pas, il n'en ait appris
de nouvelles manières de se familiariser avec les démons, et de
trouver l'enfer sur la terre (*Hist. des Empereurs*, t. II, p. 128). »

Un écrivain chrétien du quatrième siècle, Palladius, évêque d'Hé-
lénopolis, s'est montré moins sévère pour les Brachmanes, dont
il a fait les heros d'un roman philosophique et moral. Il est vrai
que, pour lui, l'éloge des Brachmanes est surtout une apologie
détournée du monachisme. (Voir notre *Histoire du Roman dans
l'antiquité*, p. 289 et suiv.)

L'AME DU MONDE (p. 125).

Ceci est une doctrine qui est empruntée à la philosophie
grecque : on s'étonne qu'elle semble nouvelle au pythagoricien

Apollonius, car cette idée, empruntée sans doute au panthéisme
oriental, avait été adoptée par Pythagore, et s'était transmise à
Platon et aux platoniciens (V. *Dictionn. des sciences philosophiques*,
au mot *Ame du monde*). .

APOLLONIUS ET LA DIVINATION (p. 130)

Nous voyons Apollonius, d'après Philostrate, s'exercer dans
l'art de la divination, sous la direction des Brachmanes, Philostrate va nous dire plus loin qu'Apollonius écrivit quatre livres
Sur l'astrologie En toute circonstance, Apollonius se fait fort de
lire dans l'avenir ; il dit tenir cette faculté du régime pythagoricien qu'il suit (V. p. 246, 341, 353, 359, 361), il fait l'éloge de
la divination, qu'il dit avoir donné aux hommes la médecine
(p. 130-132). Et cependant, si l'on veut l'appeler devin, il repousse
cette qualification (V. p. 193). De même nous verrons plus loin
que, traité de magicien, il s'en défend avec insistance (V. l'Éclaircissement sur la p. 349). En général, il est à remarquer qu'Apollonius ne définit pas bien ce pour quoi il veut qu'on le prenne :
au dire de Philostrate lui-même, ses contemporains ne surent jamais bien s'il était homme, démon ou dieu, et il ne paraît pas
qu'il se soit jamais soucié de dissiper les doutes à ce sujet.

Le livre d'Apollonius, *Sur l'astrologie*, ne nous est pas parvenu, mais il nous est resté sur ce sujet plusieurs ouvrages de
l'antiquité. Le plus important, celui qui seul consolerait de la
perte de tous les livres de ce genre, est le dialogue de Cicéron
Sur la divination, qui n'est autre chose que le développement
de ce mot attribué au vieux Caton : « Je ne comprends pas que
« deux augures puissent se regarder sans rire. » Cicéron, qui
était augure, traite des diverses espèces de divinations en homme
d'autant plus disposé à en rire qu'il les a lui-même pratiquées.
Nous avons encore, en grec, un traité *Sur la divination d'après*
les pulsations, et un autre *Sur la divination d'après les taches du*
corps, composés par un certain Melampus, sous le règne de Pto-
lémée Philadelphe ; un traité *Sur l'art d'interpréter les songes,*
d'Artémidore d'Éphèse, contemporain des Antonins, et, sur le
même sujet, deux autres traités d'un certain Astrampsychus, et
du Byzantin Nicéphore Grégoras[1].

1. V. Schœll, *Histoire de la littérature grecque,* III, p.399 ; V, p.378.

On avait beaucoup écrit, dans l'antiquité, pour et contre la
divination. Eusèbe (*Préparation évangélique*, liv. IV) dit que, de
son temps, on comptait six cents ouvrages contre les oracles, il
est probable que, pour les oracles, il n'y en avait pas beaucoup
moins. Il nous est resté quelques-uns de ces plaidoyers en faveur
de la divination. L'un d'eux, intitulé *Sur l'astrologie*, se trouve
dans les œuvres de Lucien, mais il est difficile, pour bien des
raisons, de le lui attribuer Plutarque, à lui seul, en a écrit plusieurs : *Que signifie le mot EI gravé sur la porte du temple de
Delphes? — Pourquoi la Pythie ne rend plus ses oracles en vers.
— De la cessation des oracles.*

Sur les diverses pratiques de la divination, les castes de devins
en Orient, en Grèce et à Rome, et tout ce qui a rapport à cet
art si fort en honneur dans l'antiquité, on peut consulter les ouvrages suivants.

Van Dale, *De oraculis veterum*, qu'on ne lit plus guère que
dans l'agréable abrégé qu'en a donné Fontenelle (*Histoire des
oracles*),

Le P. Lebrun, *Histoire critique des pratiques superstitieuses*;

Morin, *Dissertation sur les augures* (*Mém. de l'Acad. des Inscriptions et Belles-Lettres*, I, p. 29),

Diderot, article sur la divination, dans l'*Encyclopédie*;

Dictionnaire des sciences occultes, art. *Divination*, dans l'*Encyclopédie théologique* de M. l'abbé Migne;

B. Mulder, *Disputatio quâ vetustissimorum philosophorum pla-
cita de divinatione exponuntur* (Roterodami, 1829, 8°);

H. J. Merxlo, *Disputatio de vi et efficaciâ oraculi Delphici*
(*Trajecti ad Rhenum*, 1822, 8°);

Fr. Cordes, *Disputatio de oraculo Dodonæo* (Groninga, 1826, 8°);

G. H. Wolff, *De novissimâ oraculorum ætate* (Berolini, 1854, 4°);

Alexandre, *Oracula Sybillina*,

Alfred Maury, *Histoire des religions de la Grèce*, t. I, p. 328 et
suiv., t. II, p. 466 et suiv, *La Magie et l'Astrologie dans l'antiquité et au moyen âge*, passim.

GÉOGRAPHIE DE LA VIE D'APOLLONIUS (p. 138).

La géographie est un des côtés les plus faibles de la *Vie d'A-
pollonius de Tyane.* « Philostrate, dit l'abbé Du Pin (*ouvrage cité*,

p. 37), n'est pas meilleur géographe que chronologiste. Il fait partir Apollonius d'Antioche, et le fait aller d'abord à Ninive (I, 19, p. 22) ; de Ninive, il le fait aller en Mésopotamie (I, 20, p. 23), qu'il lui avait fallu traverser tout entière pour venir à Ninive, soit qu'il fût venu par l'Arabie en faisant un grand circuit, comme Philostrate a l'air de le supposer, soit qu'il fût venu droit d'Antioche par le chemin le plus court. » Le même critique dit plus loin (p. 49) : « Le retour d'Apollonius (III, 52 et suiv., p. 136) est décrit avec tant de négligence par Philostrate, qu'il le fait entrer par la mer Rouge dans l'embouchure du fleuve de l'Euphrate, pour revenir à Babylone. Le fleuve qui se décharge dans le golfe Persique, et qui conduit à Babylone, n'est point l'Euphrate, mais le Tigre, et ce n'est point le golfe Persique, mais le golfe Arabique, qui a proprement le nom de mer Érythrée ou mer Rouge. »

Il ne faudrait pas attacher trop d'importance à cette dernière objection, car les anciens ont souvent appliqué le nom de mer Érythrée à toutes les mers qui baignent l'Arabie, la Perse et l'Inde. On peut le voir dans le *Périple de la mer Érythrée*, d'un auteur anonyme (*Geographi græci minores*, t. I, édit. Didot). Mais en y regardant de plus près que l'abbé Du Pin, on trouve bien d'autres erreurs. Philostrate dit (III, 52, p. 136) que l'Hyphase se jette, comme l'Indus, dans la mer Érythrée, et il fait de son embouchure une description effrayante. Or l'Hyphase est un affluent de l'Indus, au milieu des terres. Il dit encore (III, 50, p. 135) que, en descendant vers la mer, Apollonius avait à sa droite le Gange, à sa gauche l'Hyphase : c'est le contraire qui serait le vrai. D'ailleurs le Gange n'a rien de commun avec la contrée que, selon le récit de Philostrate, Apollonius est supposé avoir visitée. Il est au fond, non de la mer Érythrée, ni même du golfe Persique, mais du golfe aujourd'hui appelé golfe du Bengale. Évidemment nous avons affaire à un rhéteur ignorant qui compte sur l'ignorance de ses lecteurs. Il est vrai que ces contrées étaient peu connues, et que Philostrate a pu être induit en erreur par des autorités suspectes. Il suffit de parcourir la collection des *Petits géographes* pour voir quels ont été les tâtonnements de la science géographique. La source où a puisé Philostrate paraît être un certain Orthagoras, dont il ne reste que le nom, et qu'il cite au chapitre LIII (p. 156).

Cet exemple suffit pour faire apprécier la valeur des indica-

tions géographiques de Philostrate. On aurait fort à faire si l'on
voulait, d'après sa relation, démêler les ramifications du Caucase
(II, 2, p. 50). Sur l'Espagne, il ne dit rien que de vague ou de
faux (liv. V, 1 et suiv., p. 186). C'est bien pis lorsqu'il prétend
décrire l'Éthiopie, les monts Catadupes et les cataractes du Nil
(liv. VI, ch. 1 et suiv., p. 230). Là où il est le plus inexcusable,
c'est quand il veut parler de l'antre de Trophonius : il met en Arcadie (VIII, 19, p. 384) cet antre, qui est en Beotie : il dit qu'on
descend sous le sol en Arcadie, et qu'on revient à la lumière en
Locride, en Phocide, en Béotie ; il affirme y être allé lui-même
et ne faire que répéter ce qu'il a entendu dire aux habitants de
Lébadée, ville de Béotie, près de laquelle était une des issues de
ce souterrain.

HONNEURS RENDUS A APOLLONIUS A SON RETOUR DE L'INDE
(p 141).

« Quand Philostrate décrit le retour d'Apollonius des Indes en
Grèce, il assure que les Dieux déclarèrent qu'ils lui avaient communiqué leur puissance, et qu'ils lui renvoyèrent des malades
pour recevoir de lui la guérison. En le ramenant d'Arabie, de
Perse et des Indes, il le représente comme un homme tout
extraordinaire et tout divin, et raconte aussi de lui des choses
plus extraordinaires et plus surprenantes que tout ce qu'il en
avait dit auparavant Cependant on lui peut proposer en cet endroit une difficulté très-considérable, et lui demander pourquoi,
si Apollonius était dès le point de sa naissance d'une condition
plus excellente et plus parfaite que les hommes, il ne fit point de
miracles avant que d'avoir consulté les savants des nations étrangères. Qu'avait-il besoin pour cet effet de la doctrine des Mages,
des Brachmanes et des Gymnosophistes ? Ce n'est pourtant qu'a-
près avoir converse avec eux qu'il déploie les tresors de sa science.
Ce n'est qu'après avoir appris des Arabes le langage des oiseaux,
qu'il explique au peuple d Éphèse l'avis qu'un passereau donnait
à ses compagnons d'aller manger le grain qui était répandu sur
un chemin. » (Eusebe, *Réponse à Hieroclès*, ch. 26, traduction du
président Cousin.)
    Voici ce que pense Tillemont des oracles qui se déclarent en
faveur d'Apollonius : « Il fut admiré à Éphèse, les démons mêmes

y contribuant par les oracles qu'ils rendaient en sa faveur. »
(*Hist. des empereurs*, I, p. 129.) Ailleurs il fait remarquer « qu'A-
pollonius pouvait être a Ephèse en même temps que saint Paul. »
(*Mem. pour servir à l'Hist. ecclésiast.*, I, p. 264.)

DON DE SECONDE VUE (p. 142).

Le mot de *seconde vue* n'est nulle part dans la *Vie d'Apollonius
de Tyane*, si ce n'est peut-être au VIIIe livre, cb. 26, p. 388 (V. l'É-
claircissement sur ce passage), mais le fait d'une vue de choses
éloignées dans le temps ou dans l'espace se trouve en plusieurs
endroits (V. p. 173, 212, 233, 236, 282, 285, 309, 388). Il est vrai
qu'ici Philostrate présente le fait, moins comme un exemple du don
de seconde vue que comme une preuve qu'Apollonius entendait le
langage des oiseaux. L'abbé Fleury, qui d'ordinaire explique par
l'intervention des démons les prodiges d'Apollonius, se décide à
nier celui-ci : « On crut ainsi qu'il entendait le langage des oiseaux. Mais il est aisé de juger qu'il avait remarqué en passant
ce blé répandu, et avait inventé le reste. » (*Hist. ecclésiast.*, I,
p. 121.)

Legendre, auteur d'un *Traité de l'opinion* (Paris, 1733, in-12),
qu'il aurait dû intituler plutôt *Traité des diverses opinions répandues chez les hommes,* dit (tome II, 1re partie, p. 137) : « Le car-
dinal Bennon et Duplessis-Mornai ont renouvelé cette histoire
pour l'attribuer au pape Grégoire VII. » Nous laissons aux curieux
le soin de vérifier cette assertion.

LE DÉMON DE LA PESTE CHASSÉ D'ÉPHÈSE (p. 147).

L'abbé Fleury semble craindre de se prononcer sur cette aventure, et il donne a choisir entre deux explications : « On croira,
si l'on veut, que le démon fit paraître un fantôme pour favoriser
son prophète. Mais il est assez vraisemblable qu'il n'y ait eu que
de la hardiesse et de l'industrie; qu'en faisant ôter les pierres, il
fit mettre un chien mort, et que l'on ne chercha pas plus avant :
car il est aisé d'en imposer à un peuple prévenu. » (*Hist. ecclésiast.*, I, p. 122.)

Legrand d'Aussy ne pense pas que cette histoire mérite l'honneur d'être réfutée · « Je n'en ferais, dit-il, aucune mention, si je

ne croyais y entrevoir la vérité qui a pu lui donner naissance.

« On sait que chez les Grecs, la religion et les arts personni-
fiaient et représentaient, sous des traits humains, et avec des caractères distinctifs, les vertus et les vices, les bons et les mauvais génies, les maladies et les fléaux, la discorde, la guerre et
la mort, en un mot tout ce qui pour nous n'est qu'un être abs-
trait, ou un état passager de l'âme et du corps Éphèse est ravagée
par la peste ou par une épidémie mortelle, a qui on donne le nom
vague de peste, parce qu'on ne sait comment la désigner. La confiance qu'a inspirée Apollonius le fait rappeler dans la ville. Par
ses lumières en médecine, par ses conseils et les précautions de
propreté qu'il indique, il arrête le mal, et la reconnaissance lui
érige un monument qui, exécuté par un artiste sans goût, le
représente faisant étouffer le fléau, sous la forme d'un quadrupède noir et hideux.

« Cette plate allégorie donne lieu, par la suite, à une fable plus
sotte encore. Les générations suivantes la prennent à la lettre.
On lui donne, d'après les principes de la religion grecque, une
ombre de méchanceté vraisemblable, en supposant que ce mauvais démon de la peste, mort en bête, s'était introduit dans la ville
et avait pénétré dans les maisons sous la figure d'un mendiant
décrépit. Avec le temps, ce conte s'accredite. Au siècle de Philostrate, la tradition le donne comme l'événement lui-même. Philostrate, écrivain sans critique et sans philosophie, l'adopte à son
tour, et c'est ainsi qu'il nous le transmet. » (*Vie d'Apollonius*,
I, p. 266.)

APOLLONIUS ET L'OMBRE D'ACHILLE (p. 154).

Nous renvoyons à un autre *Éclaircissement* ce qui concerne les
ombres et les démons. Au sujet de ces questions adressées par
Apollonius à l'ombre d'Achille, Eusèbe fait cette objection :

« Quoi donc! cet homme qui n'ignore rien, et qui connaît jusqu'à l'avenir, ne sait pas si Achille a un tombeau, ni s'il a été
pleuré par les Muses et par les Nymphes. Il est obligé de s'informer de ces choses-là, et de demander à Achille si Polyxène fut
tuée à son tombeau, et si Hélène retourna à Troie. Ces questions-
là ne sont-elles pas fort serieuses, fort importantes, fort dignes
du soin et de l'application d'un grand philosophe? De plus, il

témoigne s'étonner de ce que la Grèce avait pu produire un si
grand nombre de héros dans un même temps, et douter si Palamède s'était trouvé parmi eux au siége de Troie. Est-il possible qu'un homme qui converse avec les dieux visibles et invisibles ignore des choses si communes, et qu'il n'ait point de
honte de faire des questions si légères? » (*Réponse à Hiéroclès*,
ch. 28, trad. du président Cousin.)

APOLLONIUS CHASSE UN DÉMON (p. 158).

« Tout cecy fut faict de propos délibéré par Apollonius, par
dépit de ce que le jeune homme s'estoit moqué des *libations qui
se faisoient par les oreilles :* car il faisoit fort dangereux l'offen-
ser, et personne ne s'y est guère attaqué qu'il ne s'en soit res-
senty à la manière des sorciers, de sorte que, se voulant venger
de ce jeune homme, il luy envoya un démon qui luy fit faire tout
ce que vous avez peu lire en ce chapitre. Car que ne faisoit point
le diable en ces temps-là sur la pauvre nature humaine? et tout
cecy se faisoit à dessein, pour faire voir qu'Apollonius avoit bien
le pouvoir de chasser les diables ; mais Philostrate n'arrange
point bien icy son conte ; car il devoit faire que cestuy-cy eût
fait paraître auparavant qu'il estoit possédé ; car cela eust eu
bien plus de suite que, sur un petit ris assez à propos, dire incontinent qu'il estoit démoniaque et faire sortir le diable à l'instant. » (Artus Thomas, *Notes* à la trad. française de Bl. de Vigenère, t. I, p. 792.)

Fleury explique ce fait par l'intervention *des démons*, d'accord
avec Apollonius de Tyane : « Si Apollonius avait commerce avec
les démons, comme les païens même l'en accusaient, on peut
bien croire qu'ils s'entendaient avec lui, pour entrer dans les
hommes et en sortir, afin de lui donner crédit et d'obscurcir les
miracles des chrétiens, qui les chassaient tous les jours. »
(*Hist. ecclésiastique*, t. I, p. 123.)

Saint Augustin rapporte comme avérés plusieurs faits d'exorcismes, dont nous citerons un, où il y a encore plus de merveilleux que dans le récit de Philostrate.

« Dans une métairie, près d'Hippone, il y a un monument en
l'honneur des deux martyrs Gervais et Protais. On y porta un
jeune homme qui, étant allé vers midi, pendant l'été, abreuver

son cheval à la rivière, fut possédé par le démon. Comme il était étendu mourant et semblable à un mort, la maîtresse du lieu vint sur le soir, selon sa coutume, près du monument, avec ses servantes et quelques religieuses, pour y chanter des hymnes et y faire sa prière. Alors le démon, frappé et comme réveillé par ces voix, saisit l'autel avec un frémissement terrible, et, sans oser ou sans pouvoir le remuer, il s'y tenait attaché et pour ainsi dire lié. Puis, priant d'une voix gémissante, il suppliait qu'on lui pardonnât, et il confessa même comment et en quel endroit il était entré dans le corps de ce jeune homme. A la fin, promettant d'en sortir, il en nomma toutes les parties, avec menace de les couper quand il sortirait, et, en disant cela, il se retira de ce jeune homme. Mais l'œil du malheureux tomba sur sa joue, retenu par une petite veine comme par une racine, et la prunelle devint toute blanche. Ceux qui étaient présents et qui s'étaient mis en prière avec les personnes accourues au bruit, touchés de ce spectacle et contents de voir ce jeune homme revenu à son bon sens, s'affligeaient néanmoins de la perte de son œil, et disaient qu'il fallait appeler un médecin. Alors le beau-frère de celui qui l'avait transporté, prenant la parole : « Dieu, dit-il, qui a chassé le démon à la prière de ces saints, peut bien aussi rendre la vue à ce jeune homme. » Là-dessus il remit comme il put l'œil à sa place et le banda avec son mouchoir ; sept jours après, il crut pouvoir l'enlever, et il trouva l'œil parfaitement guéri. » (*La Cité de Dieu*, livre XXII, ch. 8, traduction de M. Saisset.)

« — Le commencement fait voir que ce jeune homme n'était pas aussi fou qu'on le veut faire croire. Il avait raison de rire de la proposition d'Apollonius, et tout homme sage en aurait ri pareillement. Il n'est pas surprenant qu'Apollonius le voulant faire passer à toute l'assemblée pour un possédé, il se soit mis dans des emportements qui lui firent perdre la raison et dire des extravagances. Apollonius ayant de son côté persuadé par là l'assemblée que cet homme était tel qu'il l'avait dépeint, continue à l'insulter, faisant semblant de parler au démon. Cet homme, poussé à bout, et ne sachant plus comment se tirer d'affaire, laisse croire au peuple qu'il avait été possédé, et feint d'être guéri. Il n'y a rien à tout cela de merveilleux que la statue qui tomba dans le moment ; mais qui nous peut assurer que ce ne soit pas une invention de Philostrate ou de Damis, ou un artifice d'Apollonius, qui avait des gens apostés pour jeter à bas la statue dans le moment qu'il avait commandé au démon d'y entrer? » L'abbé Du Pin, *Histoire d'Apollonius convaincue de fausseté*, p. 54)

« — Je croirais faire injure à mes lecteurs d'entreprendre la discussion de ce prétendu miracle. Il est des choses tellement absurdes, que, pour empêcher les gens sensés d'y croire, il suffit de les leur raconter ; et parmi toutes celles de ce genre que Philostrate a insérees dans son recit, et qui sont visiblement son ouvrage, on peut certainement compter celle-ci. Apollonius trouve un jeune libertin. Par ses discours il le ramène à la vertu, lui fait embrasser la philosophie, et detruit en lui le penchant à 'la débauche. Cet esprit de libertinage, un historien romanesque l'appelle démon. Il le fait chasser par le philosophe, il joint a son récit quelques détails d'obsession pour l'embellir, et voilà un miracle. » (Legrand d'Aussy, *Vie d'Apollonius*, t. I, p. 289.)

Legrand d'Aussy, poursuivant son idée, pouvait rappeler une histoire semblable de conversion d'un jeune libertin, opérée par un philosophe, et cela sans exorcisme C'est l'histoire du jeune Polemon, qui entre chez le philosophe Xenocrate après une orgie, et trouble par ses interruptions irrévérentes la leçon du philosophe, mais finit par se laisser gagner à la doctrine du maltre et par devenir son disciple (Valere Maxime, VI, 9, 1).

LE PHILOSOPHE MÉNIPPE ET UNE EMPUSE (p. 164).

Legrand d'Aussy trouve avec raison le dénoûment de cette histoire peu satisfaisant. « Apollonius, dit-il, laisse la coupable sortir tranquillement, et par conséquent, lui donne la liberté de recommencer ailleurs son anthropophagie. » — (Voir de nouveaux détails sur ce dénoûment, p 360, et note.)

Après cette objection, qui ne s'adresse qu'au narrateur, Legrand d'Aussy interprète ainsi ce récit merveilleux, qu'il trouve *fort bête* :

« Dans une ville connue par son libertinage, et renommée par ses courtisanes, telle qu'était Corinthe, une femme riche, mais coquette, méchante et de mauvaises mœurs, sera devenue amoureuse du jeune Menippe, et lui aura proposé de l'épouser. L'espoir d'une fortune, les jouissances de la richesse, tentent le pauvre cynique. Il est prêt à conclure, quand Apollonius l'éclairant sur sa femme, et lui montrant la honte et le malheur qu'il se prépare, l'arrête sur le bord du précipice.

« L'anecdote presentée ainsi n'a rien que de probable; et le rôle qu'y joue le sage Tyanéen est digne de lui. Mais des écrivains, amateurs du merveilleux, l'auront dénaturée, et de cette femme amoureuse et méchante, qui avait voulu un jeune mari pauvre pour le dominer entièrement, ils en auront fait une lamie luxurieuse, une ogresse qui n'attendait que le mariage pour manger son amant. Mais ce qui chez eux offre une contradiction très-remarquable, c'est que cet homme, qu'ils représentent comme supérieur aux puissances infernales, comme commandant aux lamies, aux possedés, au démon de la peste, n'est plus rien de tout cela, quand il rencontre des ennemis personnels Alors son pouvoir surnaturel paraît être nul, et il se voit contraint de les combattre avec les armes qu'emploient les autres hommes, c'est-à-dire avec la raison et la vérité. » (*Vie d'Apollonius*, t. II, p. 20.)

Il y a dans Euripide une histoire analogue d'un fantôme qui se fait aimer sous la figure d'une femme. C'est dans la tragédie d'*Hélène.* Euripide suppose (ce qui est une fiction renouvelée du poëte Stésichore) que Junon, pour se venger de Pâris, lui avait livre, a la place d'Hélène, un fantôme formé à son image, et que la véritable Hélène avait été enlevée par Mercure et transportée en Egypte dans le palais de Protée. (Voir Patin, *Etudes sur les tragiques grecs,* IVᵉ vol., p. 76.)

On lit dans la *Vie de saint Bernard*, par Ernald, un récit qui a plus de rapports encore avec celui de Philostrate, sur une femme aimée par le diable et délivrée par le saint. Voici le récit d'Ernald .

« Il y avait en Aquitaine une malheureuse femme qui avait cédé aux douces paroles d'un demon lascif. Elle était mariée à un brave soldat qui ne se doutait point d'un commerce si abominable. Le démon la possedait dans le même lit où était couché le mari, et l'affreuse passion de l'invisible adultère ne lui laissait point de repos. Pendant sept ans ce fut un secret, et la malheureuse se garda bien de decouvrir sa honte; mais, au bout de ce temps, elle fut prise de confusion et d'épouvante Elle ne pouvait supporter l'idée de tant de souillures et du jugement de Dieu qui la menaçait à chaque instant de la damnation éternelle. Dans

son effroi, elle court trouver des prêtres et leur avoue son crime.
La voilà courant d'église en église, et implorant le pardon des
saints ; mais ni ses aveux, ni ses prières, ni ses aumônes n'ont
d'effet. Chaque jour elle est en butte aux mêmes attaques du démon, qui semble encore plus acharné. Enfin son crime devient
public. Son mari en est informé et la repousse en la maudissant.
Sur ces entrefaites, l'homme de Dieu, averti, arrive avec sa suite
en ce lieu. A cette nouvelle, la malheureuse vient se jeter trem-
blante à ses pieds, et tout en larmes lui avoue son affreuse passion et la séduction dont elle est le jouet depuis si longtemps.
Tout ce que les prêtres lui ont commandé de faire, elle l'a fait,
mais inutilement : son oppresseur n'a pas manqué de lui annoncer l'arrivée de l'abbé, et lui a défendu avec menace de le
venir trouver ; il lui a dit que cette démarche ne lui servirait de
rien, et que, l'abbé une fois parti, celui qui avait été son amant
deviendrait le plus cruel de ses persécuteurs. L'homme de Dieu
écoute son récit, la console par de douces paroles, lui promettant le secours du ciel ; et, comme la nuit approchait, il l'invite
à revenir le jour suivant, pleine de confiance en Dieu. Elle revient le lendemain et raconte à l'homme de Dieu les blasphèmes
et les menaces qu'elle vient d'entendre cette nuit même de la
bouche du démon couché près d'elle. « Ne t'inquiète pas de ces
menaces, lui dit l'homme de Dieu ; prends ce bâton, place-le dans
ton lit, et tu en éprouveras la puissance. » La femme fait ce qui
lui avait été commandé. En se couchant, elle appelle à son secours
le signe de la croix et place le bâton près d'elle. Le démon arrive
aussitôt ; cette fois il ne tente pas ses attaques habituelles et n'approche pas du lit ; mais il la menace de venir la tourmenter
cruellement après le départ de l'abbé. C'était bientôt le jour du
Seigneur. L'homme de Dieu voulut que l'évêque fît assembler le
peuple dans l'église. Là, le dimanche, au milieu d'une foule immense, assisté des évêques de Chartres et de Nantes, il monte
en chaire pour commander à tous les fidèles réunis de tenir un
cierge allumé. Lui-même en fait autant, ainsi que les évêques et
les clercs. Alors il raconte les hardiesses inouïes du démon et
jette l'anathème sur l'esprit fornicateur, qui, même contre sa
nature, avait brûlé d'amour et s'était rendu coupable de telles
souillures. Tous les fidèles répètent l'anathème ; puis, au nom
du Christ, il lui interdit d'approcher désormais non-seulement de

29

cette femme, mais de toute autre femme. Avec la flamme des cierges consacrés s'éteignit la puissance du démon. la femme reprit son commerce avec son mari après sa confession, et ne revit plus désormais le démon. Il s'était enfui, chassé à tout jamais. » (*Sancti Bernardi Vita, auctore Ernaldo*, dans les OEuvres de saint Bernard, édition Gaume, t. II, col. 2167.)

Qu'aurait dit Legrand d'Aussy, s'il avait lu le récit d'Ernald? Et cependant tous ces récits ne sont rien auprès de certaines relations sur les démons *incubes* et *succubes* qui ont trouvé place non-seulement dans les livres de sorcellerie, mais dans des livres historiques même, par exemple dans les Mémoires de Palma Cayet, le précepteur et l'historien de Henri IV. Nous renvoyons les lecteurs curieux de ces sortes de choses à sa *Chronologie septenaire* (Collection Michaud et Poujoulat, t. XII, 2e partie, p. 61, 74, 257, 279), et surtout à sa *Chronologie novenaire*, où se trouve (*Ibid.* 1re partie, p. 310-317) un récit trop long pour être inséré ici, mais qui dépasse tout ce que l'imagination la plus avide de fantastique peut souhaiter. Palma Cayet, qui était un peu suspect de magie, déclare « le cas esmerveillable, » et ce n'est pas trop dire. Il s'agit d'une pauvre chambrière de Louviers qui en 1591 eut commerce avec le diable, qui venait la voir sous la figure, tantôt d'un grand homme noir, tantôt d'un chat, tantôt d'un oiseau, tantôt d'un brandon de feu le diable la maltraitait et bouleversait tout son ménage, la justice, s'étant émue de ces faits, fut tenue en échec assez longtemps, ainsi que l'Église, et le prévôt ne se tira de là que contusionné et meurtri. Dix archers qui la tenaient par ses vêtements ne pouvaient l'empêcher de s'enlever en l'air fort haut, et quelquefois « les pieds en haut et la « tête en bas, sans que ses accoustrements se renversassent, au « travers desquels il sortait, par devant et par derrière, grande « quantité d'eau et de fumée puante. » L'obsession cessa lorsqu'on eut coupé les cheveux de la malheureuse, dont elle avoit fait don au diable.

UNE ILE SORTIE DES FLOTS (p. 173).

« Rien ne fait mieux voir que cet endroit, que Philostrate n'a eu d'autre dessein que d'accommoder à la vie d'Apollonius tous les événements merveilleux, car la production de cette île nou-

velle, de quelque manière qu'on la compte, est beaucoup antérieure au temps qu'Apollonius était dans l'île de Crète. Cette
île, nommée Thia, parut longtemps avant l'an 39 de N. S. :
selon Pline, sous le consulat de Silanus et de Lucius Balbus ; selon Sénèque, l'an 46 ; selon Cassiodore, l'an 55 ; selon Dion,
l'an 57 ; et, selon Eusèbe, l'an 44 de J.-C., qui est fort éloigné
du temps qu'Apollonius était en Crète, qui est au moins l'an 60
de J.-C. Comme il ne demeura pas longtemps en Crète, son
voyage de Rome doit être placé à l'an 62 ; cependant Philostrate
dit qu'il y vint sous le consulat de Télésinus, qui est l'an 66. »
(L'abbé du Pin, *Histoire d'Apollonius convaincue de fausseté*, p. 60.)

MUSONIUS ACCUSÉ DE MAGIE (p. 173).

D'après la leçon de Westerman, Musonius est considéré comme
Babylonien. Oléarius explique fort bien qu'il ne s'agit pas de sa
patrie, mais des connaissauces qu'on lui attribuait : Babylonien
était synonyme de magicien. Ce Musonius est un philosophe
stoïcien, né à Vulsinie, et qui n'avait rien de commun avec Babylone. Voir Pline le Jeune, *Lettres*, III, 11 ; Tacite, *Histoires*, III,
81, etc. — Il est peu probable que Philostrate ait voulu tromper
ou se soit trompé sur un personnage si connu.

PRÉDICTION D'APOLLONIUS AU SUJET DE NÉRON (p. 182).

« Sans doute le philosophe voulait parler de l'orage et rassurer
la société en disant qu'il en serait de celui-ci comme de tant d'autres, qui, après beaucoup de fracas, finissent sans causer le moindre
accident. Mais on suppose toujours aux moindres paroles des
hommes extraordinaires une intention et une portée qu'elles sont
loin d'avoir, et c'est ce qui arriva dans cette circonstance.
« La phrase d'Apollonius, toute simple qu'elle était, fut regardée
comme prophétique. On s'attendait à un événement remarquable,
quoiqu'il n'annonçât rien de précis à ce sujet, et trois jours
après, il y en eut effectivement un, qu'on ne manqua pas d'y appliquer. Néron étant à table, et au moment de boire, le tonnerre
tomba tout à coup auprès de lui, brisa dans ses mains la coupe
qu'il portait à la bouche, et sortit sans lui avoir fait d'autre mal
que beaucoup de peur. Tacite dit que cet événement arriva pendant que Néron était dans une de ses maisons de campagne. Il

ajoute que le tonnerre tomba sur les plats et renversa la table : *Ictæ dapes mensæque disjecta.* Mais il place le fait avant le consulat de Télésinus. » (Legrand d'Aussy, *Vie d'Apollonius*, t. II, p. 63.)

LA JEUNE FILLE RENDUE A LA VIE (p. 184).

Eusèbe commence par faire remarquer que Philostrate lui-même semble ne pas ajouter foi à ce miracle, et essaye tout le premier de l'exprimer d'une manière naturelle; puis il ajoute : « Si un miracle aussi évident que celui-là avait été fait à la vue de Rome, aurait-il été inconnu à l'empereur, aux sénateurs et à Euphrate, qui demeurait en ce temps-là dans cette capitale de l'empire, et qui accusa peu après publiquement Apollonius de magie? Un fait de cette importance aurait sans doute fourni la matière au premier et au principal chef d'accusation. » Voici ce que dit, en ce même endroit, Eusèbe au sujet de deux miracles rapportés plus haut dans le IVe livre : « Il n'est pas nécessaire d'employer beaucoup de paroles pour montrer combien il était aisé de faire deux des miracles qu'on attribue à Apollonius. L'un ne consiste qu'à avoir chassé des démons d'un lieu en un autre. On prétend qu'il en chassa un du corps d'un jeune homme fort débauché, et qu'il en écarta un autre qui prenait la figure d'une femme, et qui, selon le savant auteur de cette histoire, était de ceux qu'on appelle empuses. » (*Réponse à Hiéroclès*, ch. 30, trad. du président Cousin.)

Malgré la nuance d'ironie qui perce dans ces dernières lignes, on voit assez qu'Eusèbe ne fait pas difficulté d'ajouter foi à ces exorcismes. Il ne refuse pas tout à fait de croire aux prodiges d'Apollonius; mais il les croit des œuvres du diable, comme on peut le voir au chapitre 35, où, après avoir énuméré les miracles d'Apollonius rapportés dans le VIe livre de sa *Vie*, il dit : « Voilà les merveilles qu'on prétend qu'Apollonius a faites. Il serait à propos d'en examiner les circonstances, pour montrer que, quand ces faits seraient véritables, ils ne devraient être attribués qu'au secours qu'Apollonius aurait reçu du démon. Car enfin, si la maladie contagieuse qu'il prédit à Éphèse (V. p. 143) pouvait avoir été découverte par la seule subtilité de ses sens, dont il se tenait redevable à sa manière de vivre et à sa grande tempérance, elle pouvait aussi lui avoir été révélée par les esprits impurs. Toutes les autres prédictions qu'on lui attribue peuvent être révoquées

en doute par des arguments tirés de Philostrate même. Mais, quand
on demeurerait d'accord qu'il les aurait faites, on aurait toujours
lieu de soutenir que ce serait par l'assistance du démon qu'il aurait connu quelque chose de l'avenir. Car on n'oserait dire qu'il
l'ait connu entièrement, et il est clair qu'il n'a pas prévenu ni
prédit toutes choses, qu'il a souvent témoigné du doute et de l'ignorance sur plusieurs sujets, et qu'il a souvent interrogé les autres
pour s'instruire. Ceux auxquels les Dieux communiquent leurs
lumières n'ont pas besoin de consulter les hommes. On jugera
aisément, par ce que nous avons dit, de ce que l'on doit croire du
miracle de la peste apaisée à Éphèse (V. p. 146), et on reconnaîtra
que ce n'est qu'illusion et imposture. Pour ce qui est de la con-
férence d'Achille (V. p. 154), quelle apparence que l'âme de ce
héros eût quitté le séjour des bienheureux pour aller à son tombeau? Il y a donc lieu de dire que le fantôme qui y parut n'était
qu'un démon impur. C'en était un aussi sans doute qui fut chassé
du corps du jeune homme débauché (V. p. 158). Que s'il délivra
Ménippe de l'empuse ou de la lamie qui le possédait (V. p. 164),
ce fut peut-être par le secours d'un autre démon plus puissant
qu'elle. On doit attribuer à la même cause et la guérison du jeune
homme qui commençait à entrer en rage pour avoir été mordu
d'un chien enragé, et la délivrance du chien même (V. p. 286).
Ainsi tous les prodiges et les miracles d'Apollonius ne procéde-
ront que de l'intelligence qu'il avait avec les démons. »

Legrand d'Aussy n'est pas d'aussi bonne composition, et il n'admet, ici comme partout, le récit de Philostrate qu'à la condition
d'en donner une explication naturelle :

« Combien, en effet, ne voit-on pas journellement, dit-il, de
personnes qui, réputées sans vie, n'éprouvent qu'un sommeil
léthargique ! Il est possible que cette jeune fille fût tombée dans
cet état d'engourdissement général où toutes les fonctions vitales
se trouvent suspendues. Il se peut qu'il subsistât encore chez
elle quelque étincelle de vie qui avait échappé aux observations
des parents, et qu'Apollonius aura découverte par les connaissances particulières qu'il avait acquises en médecine.

« D'ailleurs (et c'est la remarque que fait son historien), au moment où il toucha la morte, une grosse pluie vint à tomber. En
supposant qu'elle n'était qu'en léthargie, la fraîcheur et l'impression de l'eau sur son visage suffisaient peut-être pour l'en tirer, et

le thaumaturge, dans un pareil moment, aura eu beau jeu.
« Mais c'est insister trop longtemps sur des conjectures dont
la base est absurde. Cette résurrection est probablement un de
ces faits qu'on a insérés dans la vie d'Apollonius, pour la rendre
plus merveilleuse, et qui n'ont jamais existé, parce qu'ils n'ont
jamais pu exister. Si celui-ci avait eu lieu dans une ville telle que
Rome, et pour une famille si distinguée, on ne peut douter qu'il n'eût
acquis une célébrité peu ordinaire, et que les historiens du temps
ne se fussent fait tous un devoir de le transmettre à la postérité. Or,
ni Dion, ni Suétone, ni Tacite, ni aucun des écrivains qui ont parlé
de Néron, ne paraissent l'avoir connu, et ce silence seul suffirait
pour le faire suspecter, quand de lui-même et par sa nature il ne
serait point apocryphe. » (*Vie d'Apollonius*, t. II, p. 77.)

Ce récit est un de ceux qui paraissent donner quelque vraisemblance à l'opinion d'après laquelle la *Vie d'Apollonius de
Tyane*, par Philostrate, serait une contrefaçon suivie et prémé-
ditée des Évangiles. M. l'abbé Freppel, qui a repris récemment
cette opinion dans son *Cours d'éloquence sacrée*, juge ce passage
de Philostrate décisif : « S'il vous restait quelque doute, dit-il,
sur cette contrefaçon des miracles de l'Évangile tentée par le sophiste de Lemnos, je citerai le récit de la résurrection d'une jeune
fille, qu'il attribue à son héros : c'est une fiction calquée sur le
miracle opéré par le Sauveur en faveur de la fille de Jaïre. Pour
le coup, le romancier grec sent qu'il s'est trop aventuré. Aussi
a-t-il soin d'ajouter que peut-être la prétendue morte conservait
encore un reste de vie. » (Les *Apologistes*, 2ᵉ série, p. 104.) Selon
nous, si Philostrate avait eu l'intention qu'on lui prête, il ne se
serait pas arrêté à moitié chemin. Mais, quelque étrange que soit
la ressemblance, peut-être y a-t-il plutôt ici rencontre que contrefaçon : ce qui le ferait croire, c'est que Philostrate, à ce propos,
rappelle Alceste rendue par Hercule à la tendresse de son époux.
Un souvenir d'Euripide n'est-il pas plus naturel à supposer chez
le sophiste païen qu'une parodie systématique des Évangiles ?

PRÉDICTION D'APOLLONIUS A ALEXANDRIE (p. 206).

Legrand d'Aussy ne demande pas mieux que d'admettre ce fait,
mais toujours à la condition de l'expliquer : « Physionomiste ha-
« bile, sans doute il avait découvert sur le visage de ce malheu-

« reux quelques-uns de ces traits distinctifs qui sont le partage
« de l'innocence, qu'elle conserve jusque dans ces terribles mo-
« ments, et que l'œil sait, quand il est exercé, y démêler plus ou
« moins. » (*Vie d'Apollonius*, t. II, p. 111.) L'abbé Du Pin, moins
disposé en général à croire aux récits de Philostrate, donne aussi
son explication : « Quand ce fait serait véritable, il se peut faire
que tout cela se fît d'intelligence ; qu'Apollonius était averti de
l'innocence de ce condamné, ou qu'il y avait quelque intrigue
secrète pour le sauver, quoiqu'il fût coupable, et qu'on se servît
pour cela d'Apollonius, qui, nouvellement venu en Égypte, ne
demanda pas mieux que de trouver cette occasion de se faire admirer par le peuple. » (*Hist.* d'Apollonius *convaincue de faus-*
seté, p. 81.)

APOLLONIUS ET VESPASIEN EN ÉGYPTE (p. 208).

« Il est aisé de voir qu'il y a beaucoup d'affectation dans cette
narration de Philostrate, et qu'il y a plus de fiction que de réalité.
Premièrement, il est certain que Vespasien ne vint point à Alexandrie pour voir Apollonius[1], mais pour affamer la ville de Rome,
en empêchant qu'on y portât du blé, comme Tacite le rapporte.
Ce même auteur dit qu'il y alla aussitôt après avoir reçu la nouvelle de la bataille de Crémone, qui se donna le 25 octobre de
l'an 69. Quand il la reçut, il était déjà en Égypte, et partit promptement pour aller à Alexandrie. Il n'y a donc guère d'apparence
qu'il n'y soit entré (comme Philostrate le suppose) que le 19 dé-
cembre, qui était le jour que le Capitole fut brûlé. Mais cet auteur
a retardé l'arrivée de Vespasien dans Alexandrie, afin de faire
concourir l'entrevue de cet empereur et d'Apollonius avec le temps
de l'incendie du Capitole, et pour avoir lieu de dire qu'Apollonius
avait connu par inspiration cet événement, et qu'il le déclara à
ce prince. Les discours que l'on fait tenir à Vespasien, les honneurs qu'on veut qu'il ait rendus à Apollonius, la confiance qu'on
suppose qu'il a eue en lui, jusqu'à le rendre arbitre du sort de
l'empire, sont des choses si extraordinaires et si peu vraisem-

1. Philostrate ne dit pas cela; tout au plus le laisse-t-il entendre. Il
dit simplement que, « se trouvant dans le voisinage de l'Égypte, Vespa-
« sien voulut venir en ce pays. »

blables, qu'il est difficile de ne pas croire qu'elles sont inventées,
ou du moins beaucoup exagérées par l'historien. » (L'abbé Du Pin,
(*L'Hist. d'Apoll. convaincue de fausseté*, p. 83.)

SECONDE VUE D'APOLLONIUS (p. 212).

Voici un véritable exemple de seconde vue, c'est-à-dire de vue
à distance. Legrand d'Aussy en parle comme d'une prédiction,
et trouve plus d'une objection à y faire :
« Comment un devin aussi habile qu'Apollonius, aussi bien
instruit de ce qui venait de se passer à plusieurs centaines de
lieues loin de lui, ignorait-il donc la part qu'avaient dans l'événement le frère et le fils de celui auquel il parlait? Comment
arrive-t-il qu'il connaît l'incendie du temple, et ne connaît pas
ceux des parents ou amis de Vespasien qui ont péri dans les
flammes ou après le combat, comme Sabinus, ou qui, par adresse,
comme Domitien, ont eu le bonheur d'échapper? Sa science divinatoire était-elle donc bornée? ou plutôt Philostrate, qui si souvent lui prête des prédictions, ne lui en suppose-t-il pas quelquefois qui sont doublement absurdes? » (*Vie d'Apollonius*, t. II,
p. 122.)

EUPHRATE ET APOLLONIUS.

Nous voyons ici Apollonius recommander à Vespasien Euphrate comme un vrai philosophe; or ils vont se brouiller, et
Apollonius n'en parlera plus que comme d'un hypocrite de philosophie. Cela suggère à Eusèbe quelques réflexions contre le
prétendu don qu'avait Apollonius de lire dans l'avenir. Il faut
avouer que Philostrate est bien naïf de fournir ainsi des armes
contre son héros.
« Admirons un peu ici la pénétration d'Apollonius. Euphrate
est pour lui un homme de bien et un savant homme, maintenant
qu'il n'a aucun différend avec lui. Dès qu'il en aura (et il en aura
incontinent), il en fera un autre portrait. Voyez les couleurs dont
il le trace dans une lettre à Domitien [1]. N'est-il pas clair qu'Apol-
onius a loué et blâmé Euphrate, et qu'après l'avoir recommandé

1. Eusèbe désigne par là l'apologie d'Apollonius. Voyez p. 364.

à Vespasien comme un homme de probité et de savoir, il le représente à Domitien son fils comme un misérable noirci de crimes? Ce personnage qui pénètre si clairement dans l'avenir ne sait ni ce qu'est Euphrate, quand il en parle à Vespasien, ni ce qu'il sera un jour. Je me trompe : dès qu'il parla de lui à Vespasien, il en marqua quelque chose de désavantageux. Cependant quelle légèreté, de parler au même prince en sa faveur, et d'obtenir que les portes du palais lui soient ouvertes ! Il n'y a personne, pour peu qu'il ait de lumière, qui ne voie très-clairement que tout ce que Philostrate a avancé pour persuader qu'Apollonius connaissait les choses les plus cachées et pénétrait fort avant dans l'avenir est moins capable de donner de lui cette opinion que d'en donner une toute contraire. Mais, dit-on, s'il n'a pas prévenu, ni prédit l'avenir, il a eu d'autres vertus. Il a été généreux et libéral envers ses amis. Cette noble inclination d'obliger n'a paru qu'aux occasions où personne n'en avait besoin. Car si, dans un temps, il a procuré à Euphrate l'entrée du palais de Vespasien, dans un autre, où ils étaient devenus ennemis, il l'a décrié de la manière que nous avons vue. Mais je n'ai pas dessein de m'arrêter davantage sur ce sujet, ni de reprocher à Apollonius l'injurieux traitement qu'il a fait à un des plus célèbres philosophes de son siècle, et dont la réputation est encore fort grande aujourd'hui. Cependant quiconque aurait envie de déclamer contre Apollonius en trouverait ici une belle occasion. Car, si Euphrate est généralement reconnu pour un homme recommandable par sa science et par sa sagesse, comment exemptera-t-on de malignité celui qui a une si grande démangeaison de le reprendre, et d'ailleurs comment l'excusera-t-on des autres défauts dont l'aura repris un si grand homme? » (*Contre Hiéroclès*, ch. 33, trad. du présid. Cousin.)

Tillemont donne quelques détails sur cet Euphrate, le grand ennemi d'Apollonius : « Quoi que Philostrate et Apollonius disent pour décrier Euphrate, il ne laissait pas d'être regardé généralement, 200 ans après sa mort, comme le plus illustre et le plus estimé des philosophes de son temps. Pline le Jeune relève Euphrate par de grands éloges (*Lettres*, I, 10), et il le connaissait à fond. Épictète, dans Arrien (*Manuel*, 29, 3; *Dissertations* III, 15, 8; IV, 8), non-seulement estime extrêmement son éloquence, mais le loue encore beaucoup de ce qu'il avait tâché de vivre en

philosophe avant que d'én prendre les marques extérieures. Il
mourut en stoïcien (Voir Dion Cassius, liv. LXIX, p. 791), au
commencement du règne d'Adrien, avec la permission duquel il
prit de la ciguë pour finir les incommodités de sa maladie et de
sa vieillesse. Eunape (*Préface*) nous apprend qu'il était Égyptien, et semble lui attribuer des écrits plus importants que ceux
qu'il avait composés contre Apollonius, dont parle Philostrate
(I, 13). (*Hist. des empereurs*, t. II, p. 136.)

PRÉCEPTE ATTRIBUE A ARISTOTE (p 221).

Il est douteux qu'un tel précepte ait jamais été donné par Aristote. Les passages cités par Oléarius, à l'occasion de cette assertion que Philostrate prête à Apollonius, sont dans un sens tout
contraire (Voyez *Politique*, liv. III, ch xı, et liv. V, ch. x). Philostrate fait sans doute allusion à quelque passage d'Aristote,
où, avec son impassibilité ordinaire, il aura cite le conseil allé-
goriquement donné par le tyran Périandre au tyran Thrasybule
(V. Herodote, I, 80, et Diogène de Laerte, I, 100); conseil qui,
d'après Tite-Live (liv. I), fut donné aussi, sous la même forme,
par Tarquin le Superbe à son fils Sextus. Aristote sera ainsi devenu responsable d'une maxime qu'il n'avait sans doute fait que
rapporter.

STATUE PARLANTE DE MEMNON (p. 235).

Tout porte a croire que cette description de la statue de Memnon n'est qu'une amplification de rhétorique, où l'imagination
de Philostrate se donne carrière Lucien, contemporain de Philostrate, plaisante sur les nombreuses exagérations dont ce colosse était l'objet, et il en fait débiter quelques-unes par son
Menteur (*Philopseud.*, c. 33). Plus tard, au iv siècle, le rhéteur
Himerius enchérira sur ces exagérations, et fera réciter au colosse des vers lyriques (V. son *Discours* XVI, ch. 1). Voici comment M. Letronne juge ce passage de Philostrate dans son savant
Mémoire sur la statue vocale de Memnon (*Académie des inscript.*,
nouvelle série, t. X) : « Les auteurs de la *Description de Thèbes*,
« (p. 90) ont cru trouver dans ce passage une preuve certaine que
« le colosse, brisé par un tremblement de terre l'an 27 avant

« Jésus-Christ, était retabli du temps de Philostrate. Ce sophiste
« fait une description pompeuse du *temenos* de Memnon, et de
« sa statue, qu'il représente comme entière; mais, chose sin-
« gulière ! personne n'a fait attention que Philostrate, de son
« propre aveu, rapporte en cet endroit les paroles mêmes de
« Damis. Or cette remarque est capitale, puisqu'il en résulte que
« cette description est tirée d'un ouvrage composé dans le cours
« du Ier siècle, près de 150 ans avant l'époque où il fut retabli
« (sous Septime Sévère). Quand on voit donc ce Damis nous
« peindre Memnon sous la figure d'un beau jeune homme im-
« berbe (il est probable qu'il était représenté avec de la barbe),
« et dont les yeux et la bouche annoncent qu'il *va parler*, on
« ne peut méconnaltre dans son recit une description imagi-
« naire...

« Il est encore assez singulier qu'on ait pris (*Description de*
« *Thèbes*, ibid.) pour de l'exactitude ce que Damis raconte de la
« position du colosse « lequel, dit-il, appuie ses deux mains sur
« son trône, et se penche en avant, dans l'attitude d'un homme
« qui se lève pour saluer, » position qui n'est celle d'aucun co-
« losse égyptien Que dire de pareils détails, sinon que Damis ou
« n'avait pas vu Thèbes non plus que Philostrate, ou se jouait de
« la crédulité de ses lecteurs? . . . .

« On n'a pas non plus remarqué que, dans la description don-
« née par Damis de la statue de Memnon et de son *temenos*, il n'y
« a rien absolument qui s'applique au colosse de Thèbes · il ne
« s'agit là que de Méroé, où Damis, comme Strabon (XVII, 1176),
« et Pline (VII, 2, 373, 29), a placé les Éthiopiens *Macrobiens*. En
« effet, selon ce biographe, Memnon n'avait jamais été à Troie,
« il avait vécu et était mort à Méroé, après un règne glorieux
« de cinq âges d'hommes, et il était encore *tout à fait jeune* lors-
« qu'il mourut. »

SECONDE VUE D'APOLLONIUS (p. 237).

Nous étendons un peu ici le sens ordinairement donné au mot
de seconde vue, faute d'en connaltre un autre qui rende l'idée :
ce n'est pas une vue des choses à distance dans l'espace, mais
bien dans le temps, et cela dans le passé. Pour ce qui est du
fait lui-même, nous rencontrons encore ici les explications de
Legrand d'Aussy :

« Peut-être n'était-ce pas. sans dessein qu'Apollonius avait
parlé du mort comme d'un descendant du brigand Thamus. Damis
ne voit en cela qu'un acte nouveau de ce talent divinatoire
qu'avait son maître, et dont sans cesse il donnait des preuves.
Moi, je crois y voir un trait d'adresse infiniment favorable au
meurtrier. Si l'homme qu'il avait tué descendait réellement de
Thamus, la révélation de ce fait rendait nécessairement son cas
plus graciable aux yeux des Gymnosophistes et de ses compa-
triotes. S'il n'en descendait pas, l'assertion d'Apollonius était une
supposition mensongère, il est vrai ; mais ce léger mensonge produisait, pour le pénitent, les mêmes effets, enfin, sous quelque
aspect qu'on l'envisage, sa politique, selon moi, ne mérite que
des eloges. » (*Vie d'Apollonius*, t. II, p. 145.)

LES CATARACTES DU NIL (p. 270).

« Philostrate conduit Apollonius aux cataractes du Nil, formées
par des montagnes « aussi hautes que le Tmolus » et d'où le Nil
se précipite avec un fracas qui rend sourds les gens de pays. Ce
conte, qui se trouve deja dans Cicéron (*Songe de Scipion*, c. 5),
et que Pline a répété (*Hist. naturelle*, V, 9 ; VI, 28) [1], n'a jamais
pu s'appliquer aux cataractes de Syène, trop bien connues des
anciens pour qu'on en fit l'objet d'exagérations aussi ridicules;
et l'auteur de la *Description de Syene* (p. 13, 14) a eu tort d'en
conclure qu'il s'était fait un changement dans la constitution physique des cataractes . car ce n'est pas avec de pareilles données
qu'il faut faire de la géologie. Ce conte ne peut s'appliquer qu'à
des cataractes imaginaires qu'on plaçait vers Méroé.

« Un Éthiopien avait dit au rhéteur Aristide qu'il y a 36 cataractes entre Pselcis et Méroé (*In Ægypt.*, édit. Dindorf, t. II,
p. 461). Cicéron n'y fait qu'une allusion légère; Pline l'a recueil-
lie parce qu'il recueillait tout, mais il n'y avait qu'un romancier
de profession [2] qui pût se permettre de parler en témoin ocu-
laire de ces cataractes et d'autres encore plus éloignées, dont la
prodigieuse hauteur était de huit stades, ou de 4,800 pieds. » (Letronne, *Mémoire* déjà cité *sur la statue vocale de Memnon*.)

1. Ajoutez Sénèque, *Questions naturelles*, IV, 2.
2. Le mot s'adresse, non à Philostrate, mais à Damis, dont Philostrate dit avoir suivi les *Mémoires*.

APOLLONIUS ET LE SATYRE (p. 273).

Artus Thomas (dans ses *Notes* sur la traduction de Vigenère, 2ᵉ vol., p. 391), se pose cette question : Y a-t-il des satyres ? Et il est tenté de la résoudre par l'affirmative. On jugera de ses raisons : « Ces satyres pourraient bien n'être pas chose du tout fabuleuse, puisque saint Jérôme, en la *Vie de saint Antoine*, dit qu'il y en eut un qui apparut au bienheureux saint Antoine, « de petite « stature, le nez renfrogné, des cornes au front, et la partie de- « puis la ceinture en bas terminée en forme de chèvre; auquel, « après avoir fait le signe de la croix, il demanda qui il était. « L'autre lui fait réponse : Une créature mortelle, l'un des habi- « tants de ce désert, que l'abusé paganisme appelle faunes, sa- « tyres et incubes, et a révérés comme dieux. » Celui aussi qui a traduit la mythologie de Natalis Comes dit que, « l'an 1548, Philippe, archiduc d'Autriche, mena quant et luy à Gênes deux satyres : l'un en aage d'un jeune garçon, l'autre en aage viril. Et cela estant, la difficulté seroit vidée. » Arfus Thomas finit par dire qu'il se peut que les satyres ne soient autres que des singes, et ce qui le lui fait croire, c'est ce qui est dit de leur humeur lascive. Puis il ajoute : « Quant à ce que dit ici Philostrate, qu'Apollonius usa de certaines menaces secrètes, cela monstre assez qu'il ne faisoit action quelconque où il ne se servist de la magie. Il vouloit faire voir qu'en un instant il disposoit de toute chose, et avoit pouvoir, par sa seule parole, de faire tout ce que bon luy sembloit. Et il est remarquable que le diable ait permis à ce personnage d'entreprendre tant sur son pouvoir, qu'il se soit laissé mener à la baguette par luy. »

LE TRÉSOR DEVINÉ PAR APOLLONIUS (p. 283).

Écoutons encore le bon Artus Thomas expliquer, dans ses *Notes* à la traduction de Vigenère (t. II, p. 427), ce prodige de divination : « Saint Hippolyte, en son *Discours sur l'Antechrist*, tient que le diable réserve de longue main tous les thrésors qui se perdent en la mer et qui se cachent en la terre, pour en faire part à ce fils de perdition. Mais il semble qu'il ait voulu favoriser Apollonius, son précurseur, en toutes sortes, lui faisant trouver si prompte-

ment ce thrésor, pour le faire valoir en ce pays de Tarse, où l'a-
postre saint Paul avoit fait plusieurs miracles Il va chercher les
choses qu'aiment le plus ces peuples, qui estoient l'argent et la
volupté, encore le fait-il avec malice, car il veut qu'on croye que
ce qu'en a fait Apollonius, ç'a été par charité, pour secourir un
pauvre homme et tirer ses filles du danger qu'elles estoient
prestes d'encourir, à sçavoir la perte de leur honneur. »

APOLLONIUS PRIS POUR UN DÉMON. — DE LA CROYANCE AUX DÉMONS A CETTE ÉPOQUE (p. 325).

Voici la seconde fois qu'Apollonius est pris pour un démon (V.
p. 25). Il est assez naturel de se demander ici ce que c'était qu'un
démon, d'après les croyances de l'antiquité païenne. Il y aurait
un livre à faire sur la *Démonologie* chez les Grecs et chez les Romains : nous nous bornerons à quelques indications sommaires,
mais précises.

Plutarque croyait à l'existence de cinq espèces de substances
animées : 1° les *Dieux*, 2° les *démons* (δαίμονες), c'est-à-dire des
êtres surnaturels, d'un ordre inférieur aux Dieux, 3° les *héros*
(ἥρωες), c'est-à-dire les âmes des morts, 4° les *hommes*, 5° les *bêtes*
(*Dialogue sur le ιι du temple de Delphes*, ch 13). Mais il s'en faut
que cette division ait toujours été nettement reconnue. Non-seulement les *héros* et les *démons* ont été souvent confondus, mais
bien souvent, surtout dans l'origine, le mot de *démon* (δαίμων)
s'appliquait indifféremment à toute espèce de divinité, surtout à
cette divinité vague et terrible qu'on appelait le Destin. Ce mot
n'a pas d'autre sens dans Homère (V Alf. Maury, *Hist. des religions de la Grèce*, t. I, p 565 et p. 262).

Dans Hésiode, le nom de *démons* s'applique à des êtres surnaturels, d'un ordre inférieur aux Dieux, et qui répondent à ce que
nous entendons par les *Génies* Ce sont les hommes de l'âge d'or
que Jupiter a ainsi transformés. « Lorsque la terre eut recouvert
« les hommes de cette race, Jupiter, dans sa volonté puissante,
« en fit des *démons*. Ces âmes vertueuses habitent sur la terre, où
« elles sont les gardiennes des mortels ; elles observent les bonnes
« et les mauvaises actions. Enveloppées d'air, elles parcourent la
« terre entière, répandant la richesse sur leurs pas : telle est la
« royale prérogative qui leur a été accordée » (Hésiode, *Les Œuvres et les Jours*, v. 121-125.)

Pindare va plus loin. Il attribue à chaque personne un *démon* ou un *génie protecteur* (*Pythiques*, III, 109. Bœckh), et parle de démons qui « président à la naissance des hommes. » (*Olympiques*, XIII, v. 105.)

Mais la démonologie des Grecs ne s'établit que plus tard, et par le travail des philosophes, qui réduisirent en systèmes les idées éparses dans les poëtes, auxquelles ils mêlèrent leurs propres idées. Platon le premier donna l'essor aux spéculations sur les démons, qui occupent une grande place dans sa philosophie, et surtout dans les doctrines de l'école néo-platonicienne. Non-seulement, dans le *Théagès*, il représente Socrate parlant de son *démon* et des *voix* qui souvent lui donnaient sur l'avenir d'utiles avertissements[1] ; mais, dans divers dialogues, dans le *Timée*, dans le *Phèdre*, dans les *Lois* (livre XI), et dans l'*Épinomis*, ouvrage apocryphe, mais qui est sorti de l'école de Platon, on trouve toute une hiérarchie de dieux et de démons. Ces démons sont des génies dont le corps est composé principalement d'éther ; habituellement invisibles, ils peuvent, quand ils le veulent, apparaître aux hommes. Ils s'occupent des affaires humaines, et sont les intermédiaires entre les hommes et les dieux suprêmes (V. Henri Martin, *Études sur le Timée de Platon*, t. II, p. 144 ; Alfred Maury, *Hist. des religions de la Grèce*, t. III, p. 421 et suiv.).

On s'est demandé si toute cette démonologie de Platon était bien sérieuse, et s'il ne fallait pas la ranger parmi ces allégories et ces mythes sous lesquels il aimait à présenter sa pensée. Ce qui est certain, c'est que les platoniciens et les néo-platoniciens l'ont prise tout à fait au sérieux, et ont, sous toutes les formes, enseigné qu'il existe des puissances intelligentes répandues dans les espaces sublunaires. C'est un point sur lequel s'accordent Maxime de Tyr[2], Plutarque[3], Plotin, et toute l'école d'Alexan-

---

1. Voir encore, sur le démon de Socrate, Apulée, qui l'appelle un Dieu (*De Deo Socratis*) ; Plutarque (*Dialogue sur le démon de Socrate*) ; Ælius Aristide, III, p. 36 ; Maxime de Tyr, *Dissertations XVI et XVII* ; le livre de M. Lélut *sur le démon de Socrate*, où l'auteur essaye de donner une explication physiologique des faits rapportés par Platon, et conclut que Socrate avait des hallucinations.

2. Voyez *Dissertations XIV, XXVI et XXVII*.

3. Voir son *Dialogue sur la cessation des oracles*, ses *Traités sur les*

drie[1]. Il y a, dans les *Ennéades* de Plotin, tout un livre sur les démons (*Ennéade* IIIe, livre IV) : nous nous contentons de renvoyer à
l'excellente traduction de M Bouillet (t. II, p. 92 et suiv.), et aux
Eclaircissements qui l'accompagnent (t II, p. 530 et suiv.).

A côté de la démonologie philosophique, où les démons étaient
des intermédiaires entre la divinité et l'homme, et présidaient à
chaque vie d'homme, il y avait la démonologie populaire, où les
démons étaient confondus avec les *héros*, c'est-à-dire avec les âmes
des morts, avec'ce que l'on appelle aujourd'hui les *esprits*. C'est
évidemment le sens qu'a le mot *démon* dans les deux passages de
la *Vie d'Apollonius* que nous avons rappelés (p 25 et p. 325). En
effet, les deux fois, ce mot est prononcé pour exprimer une idée
qui réveille une impression de terreur, comme auraient pu l'être
aussi bien les mots d'*ombre* et de *fantôme*. La vue d'Apollonius
produit sur le satrape de Babylone et sur Domitien le même genre
d'effroi que produirait ce qu'on appelle vulgairement un *revenant*.
Les histoires de revenants sont nombreuses dans l'antiquité. On
en trouve déjà la trace dans Ménandre, dont une comédie était
intitulée le *Fantôme*, et dans une autre comédie grecque dont est
imité le *Revenant* de Plaute (*Mostellaria*), elles se multiplient au
siècle de Philostrate Pline le Jeune en conte une dans ses *Lettres*
(VII, 27), Lucien s'en amuse dans son *Ami des mensonges*, Phlégon
de Tralles en remplit tout un livre (*Faits merveilleux*. V. *Historic.
græcor. fragmenta*, édit Didot, t III, p. 641). Philostrate lui-même
a composé, sous ce titre l'*Héroïque*, un ouvrage étrange, tout
plein de récits fantastiques sur les *héros*, c'est-à-dire sur les *ombres*, ou plutôt (comme on dirait aujourd'hui) sur les *esprits* des
combattants de la guerre de Troie.

Nulle part on ne voit mieux que dans l'*Héroïque* de Philostrate
les developpements qu'avaient pris les croyances philosophiques
et populaires au sujet de ces êtres surnaturels qu'on appelait des
démons ou des *héros*. Un passage de la *Vie d'Apollonius de Tyane*
en donne une idée · c'est le récit de l'apparition de l'ombre d'A-
chille à Apollonius (V. p. 148 et p. 152). On y voit Apollonius converser avec l'ombre d'Achille, qui est représentée comme conser-
vant toutes ses passions d'autrefois, encore pleine d'amour de la

opinions des philosophes (livre I, ch. 8), sur *Isis et Osiris*, ch. 25
et 26), etc

1. Voir Maury, ouvrage cité, III, p. 426 et suiv.

gloire, d'affection pour Patrocle et de haine contre les Troyens.
Qu'on ne se hâte pas trop de mettre de tels récits sur le compte de
l'imagination populaire : plus d'un philosophe était arrivé, dans ses
spéculations, à des croyances toutes semblables. On en jugera par
deux passages de Plutarque sur la nature des démons, leurs fonctions, leurs sentiments, etc.: « Les démons sont plus robustes que les
« hommes et beaucoup plus puissants ; il y a en eux un élément di-
« vin, mais mélangé, mais impur ; ils sont à la fois âmes et corps,
« et par conséquent capables de plaisir, de peine, et de toutes
« les affections de ce genre, dont ils sont troublés, les uns plus,
« les autres moins. Il y a parmi les démons, comme parmi les
« hommes, des différences de vertu. Il y a de bons et de mauvais
« démons... » (Isis et Osiris, ch. 25 et 26.) — « Parmi les âmes
« humaines, celles qui sont plus vertueuses deviennent des héros,
« les héros sont changés en démons, et quelques-unes en petit
« nombre, entièrement purifiées par un long exercice de vertus,
« sont élevées à la nature divine. Il en est, au contraire, qui sont
« incapables de maîtriser leurs désirs, se rabaissent jusqu'à se
« plonger de nouveau dans des corps mortels, pour y mener,
« comme dans une atmosphère nébuleuse, une vie obscure et mi-
« sérable..... Il ne faut pas mettre sur le compte des Dieux les
« rapts, les exils, les retraites, les états de servitude que des ré-
« cits fabuleux leur attribuent, mais sur celui des démons, qui
« sont sujets aux passions des hommes..... Après une certaine
« révolution de siècles, les démons subissent la mort. » Suit un
récit fantastique sur un vaisseau qui, naviguant dans la mer Ionienne, aurait entendu une voix appeler le pilote, et lui ordonner
d'aller en un certain endroit annoncer que le grand Pan était
mort (Dialogue sur la cessation des oracles, ch. x et suiv.). Il reste
à expliquer comment et pourquoi il arrive aux démons, selon
l'expression de Plutarque, de se plonger de nouveau dans les corps
mortels. Ils peuvent le faire, étant d'une nature subtile et déliée
(V. Maxime de Tyr, Dissert. XIV); et s'ils le font, c'est qu'ils man-
quent d'organes pour goûter les plaisirs sensuels, et sont obligés
d'emprunter les organes humains (V. les citations données par
M. Maury, Hist. des religions de la Grèce, t. III, p. 427 et 430). —
V. Binet, Traité histor. des dieux et des démons du paganisme.

LA JAMBE OTÉE DES FERS (p. 332).

Eusèbe (Réponse à Hiéroclès) semble admettre ce fait, en l'attri-

30

buant à la magie, malgré les protestations de Philostrate. Voyez
plus loin l'éclaircissement sur la page 349 (*Apollonius se justifie*
du reproche de magie).

Telle est aussi l'opinion d'Artus Thomas, qui s'écrie a ce propos :
« Voila comment Apollonius n'était pas magicien ! Car quel secret
physique et naturel y peut-il avoir à s'oster une jambe des entraves? Car il n'avait point ceste herbe de Mars, qu'on a voulu fa-
buleusement dire ouvrir les serrures ; c'estait un homme destitué
de tous moyens humains, et toutesfois il fait icy ce que tous les
hommes ensemble n'eussent su faire, à savoir de s'oster des fers
et s'y remettre sans les ouvrir ; le diable voulant rendre ceci
égal au miracle de saint Pierre, au chapitre xii des *Actes des*
Apôtres, qui sortit de sa prison les portes fermées et au milieu de
ses gardes. Il est vrai que saint Pierre sortit tout à fait, et Apollonius ne fit qu'un tour de souplesse, etc. » (*Notes* à la traduction
de Bl. de Vigenère, 2ᵉ vol , p. 584)

Fleury attribue ce fait à l'intervention du démon : « Damis ne
croyait pas que cette merveille pût s'attribuer à un art magique,
puisque Apollonius l'avait faite sans aucun sacrifice, sans aucune
prière, sans aucune parole, comme si les démons ne pouvaient
agir sans cet appareil ! » (*Hist. ecclésiast.*, t. I.)

L'abbé Du Pin n'y voit qu'un simple *tour de souplesse*, comme
dit Artus Thomas, et cela sans recours à la magie : « Ne se pouvait-il pas faire qu'il eût trouvé le moyen d'ouvrir et de refermer
le lien qui tenait sa jambe attachée? » (*L'Hist. d'Apoll. convaincue*
de fausseté, p. 151.)

APOLOGIE D'APOLLONIUS (p. 344).

« Voici comment il avait composé ce discours. » — Nous avons
traduit littéralement. On lit dans la traduction latine d'Oléarius :
« Hoc modo ab eo ornata fuit, » et dans Castillon, qui suit Oléarius . « Voici cette harangue telle qu'il la composa » Le texte
n'est pas tout à fait aussi explicite. Personne ne croira que cette
harangue soit l'œuvre d'Apollonius, et il est probable que Philostrate lui-même ne tient pas à ce qu'on le croie trop. Il s'est
donné beaucoup de mal pour polir cette harangue, et il ne veut
pas perdre tout le fruit de sa peine. Il vient de dire lui-même :
« Ceux qui écouteront sans mollesse Apollonius et moi. » Croira-

t-on que cela veuille dire : Apollonius qui a prononcé ce discours,
et moi qui le répète? N'est-il pas plus vraisemblable que cela
signifie : la composition est d'Apollonius, et j'en ai reproduit les
idées? Tout porte à croire que cette *apologie* n'est pas autre chose
qu'une de ces *Déclamations* qui étaient si goûtées dans les écoles :
non-seulement on y sent partout l'apprêt et la recherche, c'est-
à-dire l'opposé de ce qui était, selon Philostrate, le caractère du
style d'Apollonius ; mais le rhéteur se trahit à d'évidentes imitations des discours judiciaires, par exemple à la discussion sur
l'*alibi* (p. 367), et au passage sur l'appel aux témoins (p. 369).
Tout cela est contraire à l'idée que Philostrate a voulu précédemment donner de l'attitude prise par Apollonius dans le débat. Mais, au risque de se contredire, Philostrate ne peut résister
au plaisir de glisser ici un morceau du genre judiciaire, comme
Achille Tatius, par exemple, en insérait jusque dans un roman
d'amour. Qu'est-ce que cette absurde supposition de témoins appelés tout exprès à Rome? Qu'est-ce que ce Philiscus, dont il
n'est pas question ailleurs dans la *Vie d'Apollonius*, et qui lui
fournit la preuve de son *alibi*? Évidemment, c'est une pièce de
rapport, laquelle même est assez mal ajustée. Peut-être a-t-elle
été après coup ajoutée par Philostrate, qui, après avoir souvent
opposé Apollonius à Socrate, aura voulu faire comme les panégy-
ristes de Socrate, et, comme Platon, comme Xénophon, prêter à
son héros une *apologie*. Le nom de Socrate revient deux fois a
l'occasion de ce procès (*V.* p. 295 et p. 300), et il y a dans le VII°
et le VIII° livre une réminiscence du *Criton :* comme Socrate,
Apollonius résiste au conseil que lui donne Démétrius ; comme
Socrate, il discute s'il lui est permis de fuir ; et, comme Socrate,
il décide qu'il restera, quoi qu'il lui puisse arriver. Mais, ce dont
Philostrate ne paraît pas se douter, c'est que, d'après son récit,
Apollonius a moins de mérite que le sage Athénien : car sa personne, selon lui, est hors de danger (*V.* p. 342).

APOLLONIUS SE JUSTIFIE DU REPROCHE DE MAGIE (p. 349).

C'est le point le plus difficile de l'apologie d'Apollonius.
Ici il est nécessaire de faire observer, avec M. Alfred Maury
(*La magie et l'astrologie dans l'antiquité et au moyen âge*,
p. 109), que les philosophes qui se livraient à des pratiques mys-

térieuses se défendaient de l'imputation de magie. Ils disaient
qu'il fallait distinguer entre la *magie* et la *théurgie* Les néo-platoniciens, par exemple, se disaient des *théurges*, et repoussaient
la qualification de *magiciens*. Les docteurs chrétiens refusaient,
non sans cause, de reconnaître ces distinctions, et confondaient
dans une même réprobation la *magie* et la *théurgie*, comme on
peut le voir dans la *Cité de Dieu* de saint Augustin (livre VIII,
ch 19).

Pour ce qui est d'Apollonius, Eusèbe n'accepte pas toutes les
raisons que Philostrate met dans sa bouche. Il revient sur le
prodige rapporté p. 332, et que Damis prétend avoir été fait
sans aucune opération magique. « Il est juste, dit-il, d'examiner
la raison que Philostrate en rapporte : « C'est, dit-il, qu'il lui
avait vu faire un miracle, sans offrir de sacrifice, sans dire de
prières, sans proferer de parole. » Il en avait donc use autrement quand il avait fait les autres, et au lieu qu'alors il n'avait
eu aucun sujet d'étonnement, il est frappé ici à la vue d'un
spectacle nouveau, et ne peut dissimuler la surprise où il se
trouve. Mais je ferais volontiers une comparaison de ces deux
miracles que l'on prétend qu'Apollonius fit quand il tira son pied
d'entre les fers, et qu'il disparut du lieu de l'audience, et des
paroles qu'on assure qu'il dit à Domitien. Car, comme ce prince
commandait de le lier, il lui fit ce raisonnement : « Si vous êtes
persuadé que je sois magicien, comment prétendez-vous que l'on
puisse me lier ? et si l'on peut me lier, comment m'accusera-t-on,
après cela, d'être magicien ? » Je voudrais donc me servir contre
lui de la même méthode, et l'interroger de cette sorte : « Si vous
n'êtes pas magicien, comment est-ce que vous avez tiré votre
pied d'entre les fers ? et si vous avez tiré votre pied d'entre les
fers, comment est-ce que vous n'êtes pas magicien ? De plus, si
ce qu'on vous a mis les fers aux pieds est une preuve que vous
n'êtes pas magicien, ce que vous vous en êtes délivré de vous-même
est une preuve que vous l'êtes. » (*Contre Hiéroclès*, trad. du
présid. Cousin.)

Philostrate a beau déclamer en plusieurs endroits contre la
magie (*V.* p. 195, 332, etc.), et présenter son héros comme étranger à ces pratiques qu'il juge criminelles. Pour Lucien, Apollonius de Tyane est un magicien (*V. Alexandre ou le faux devin*,
ch. 5) ; c'est un magicien pour toute l'époque byzantine, où il

n'était bruit que des *talismans d'Apollonius*. C'est un fait que Tillemont et Legrand d'Aussy, à défaut de Philostrate, ont consigné
dans la *Vie d'Apollonius* : « On dit [1] qu'il avait mis à Byzance
trois cigognes de pierre, pour empêcher ces oiseaux d'y venir, des
cousins de cuivre, des puces, des mouches et d'autres petits animaux pour le même effet, que l'empereur-Basile fit ôter, et plusieurs autres figures qui marquaient, disait-on, ce qui devait arriver à cette ville jusqu'à la fin du monde. La *Chronique d'Alexandrie* [2]
dit que partout où il allait dans les villes et dans les campagnes, il
mettait de ces sortes de figures et de talismans. » (Tillemont, *Hist.
des empereurs*, t. II, p. 131.) — « Nicétas, auteur du xiiiᵉ siècle,
écrit qu'à Constantinople on voyait encore au palais des portes
d'airain chargées de caractères magiques par Apollonius, et qu'on
les fit fondre, parce qu'elles étaient devenues, pour les chrétiens
eux-mêmes, un sujet de superstition. Au viᵉ siècle, si l'on en croit
le patriarche Anastase, cité par Cédrénus, il existait des talismans pareils dans Antioche. » (Legrand d'Aussy, *Vie d'Apollonius
de Tyane*, t. II, p. 184 et p. 297.)

LA FAMILLE D'APOLLONIUS (p. 350).

Voici une nouvelle preuve à l'appui de ce que nous avons dit
page 466 de cette *Apologie*, à savoir, que c'est une pièce de rapport, une œuvre apocryphe. Il y est question *des frères* d'Apollonius de Tyane, et nous avons pu voir dans le Iᵉʳ livre qu'il n'est
question que d'un frère d'Apollonius (p. 14). Dans les *Lettres d'A-
pollonius*, on voit que ce philosophe avait deux frères (V. p. 406,
408 et 414). Il suffit d'avoir signalé ces contradictions, qui n'ont
pas grande importance.

DE LA DOCTRINE DE LA TRANSMIGRATION DES AMES (p. 351).

L'exposition de la doctrine de la transmigration des âmes, ou
métempsycose, ou encore *palingénésie* (V. Saint Augustin, *Cité de
Dieu*, XXII, 28), qui se trouve éparse en divers endroits de l'œuvre
de Philostrate (V. p. 110, 115, 351, 354; *Lettres*, p. 401), en est
un des points les plus intéressants; mais, pas plus que les autres

1. Codin, *Orig.*, C, p. 4. Voir aussi Tzetzès, *Chiliad.* I.
2. *Chron. Alex.*, p. 590.

doctrines que paraît avoir propagées Apollonius de Tyane, elle n'a rien qui lui soit propre. En cela, comme en presque toute chose, il n'a été que l'ardent rénovateur des spéculations pytha-goriciennes.

Mais Pythagore lui-même n'est pas, il s'en faut bien, le premier qui ait répandu cette croyance, qui est une des plus anciennes de l'humanité. L'homme a tellement soif d'une autre vie, qu'il ne lui a pas suffi de l'immortalité après celle-ci; bien souvent il s'est imaginé que son existence actuelle avait été précédée d'autres existences, et que son âme avait revêtu successivement plusieurs corps. L'idée de la métempsycose est même, selon M. Franck, la première forme sous laquelle s'est présenté à l'esprit humain le dogme de l'immortalité[1] ; et cette idée se trouve au berceau de presque toutes les religions et de presque toutes les philosophies de l'antiquité, par exemple chez les Indiens, les Égyptiens, les Chaldéens et les Perses[2].

« Dans l'Inde, l'idée de la métempsycose se lie étroitement à celle de l'émanation. La matière, le corps, est le dernier degré des émanations de Brahma ; par conséquent la vie, c'est-à-dire l'union de l'âme avec le corps, est une déchéance, un mal. Il en est de même de tout ce qui touche à la vie, des actions, des sensations, des plaisirs comme des peines. La fin de l'âme est de mourir à toutes ces choses, afin de s'élever, par la contemplation, au repos absolu dans le sein de Dieu d'où elle est sortie. Si elle est dans ce monde, c'est pour expier les fautes qu'elle a pu commettre dans une vie antérieure, et tant qu'elle ne les a pas réparées, elle est condamnée à passer d'un corps dans un autre, d'un plus parfait dans un moins parfait, et réciproquement, selon qu'elle est elle-même remontée vers le bien ou descendue plus bas dans le mal. Telle est la doctrine enseignée dans la philosophie Vaiséchika. Selon le système Védanta, l'âme n'est pas une emanation de Brahma, mais une partie de lui-même, et comme

---

1 *Dictionnaire des sciences philosophiques*, art. *Métempsycose* Cela n'est nullement prouvé On ne constate pas encore la métempsycose, mais on trouve l'immortalité de l'âme dans les plus anciens poëmes de l'Inde, par exemple dans le *Rig-Véda*. (Voyez *Revue germanique*, 30 novembre 1861, leçon *sur la migration des âmes*, faite à l'Association scientifique de Berlin, par M. le docteur Jurgen Bona Meyer.)

2. Voir la leçon du docteur Meyer.

une etincelle d'un feu flamboyant sans commencement ni fin. La
naissance et la mort lui sont étrangères ; elle ne fait que revêtir,
pour un instant, une enveloppe corporelle, et dans cet état elle
souffre, elle est atteinte par les ténèbres de l'ignorance, elle est
soumise à la vertu et au vice, et passe successivement par plusieurs corps. Le cercle de ses métamorphoses embrasse toute la
nature organisée, depuis la plante jusqu'à l'homme. Il n'y a que la
science sacrée qui puisse l'arracher à ce cercle de douleurs et
d'humiliations, pour la rendre au sein de l'âme universelle. »
(Franck, *Dictionn des sciences philosophiques*, art. cité.)

On retrouve la métempsycose chez les Égyptiens, et meme
Hérodote semble leur attribuer l'invention de cette doctrine.
« Les Égyptiens, dit-il, sont les premiers qui aient avancé que
l'âme de l'homme est immortelle ; que lorsque le corps vient à
périr, elle entre toujours dans celui de quelque animal, et qu'a-
près avoir passe ainsi successivement dans toutes les espèces
d'animaux terrestres, aquatiques, volatiles, elle rentre dans un
corps d'homme, et que ces différentes transmigrations se font dans
l'espace de trois mille ans. Je sais que quelques Grecs ont adopté
cette opinion, les uns plus tôt, les autres plus tard, et qu'ils en
ont fait usage comme si elle leur appartenait. Leurs noms ne me
sont point inconnus, mais je les passe sous silence. » (II, 123.)

Larcher, dont nous venons de citer la traduction, croit qu'Hérodote fait ici allusion à Phérécyde de Scyros et à Pythagore, son
disciple (vie siècle avant J.-C.). Il faudrait y ajouter Empédocle[1].
L'historien d'Halicarnasse distingue les anciens et les nouveaux
partisans de la métempsycose chez les Grecs. Peut-être par les
anciens désignait-il les disciples d'Orphée, que M. Franck (art.
cité) croit antérieurs à toute relation entre les Egyptiens et les
Grecs. Mais la critique[2] s'est demandé si les doctrines mises sous
le nom d'Orphée n'étaient pas un emprunt fait plus tard par des
faussaires à la philosophie de Pythagore. Si la doctrine de la métempsycose était venue en Grèce de l'Egypte ou de l'Inde, nous
n'avons pas à le rechercher ici ; qu'il nous suffise d'établir qu'en
Grèce elle se recommandait de deux grands noms, celui d'Orphée
et celui de Pythagore.

1. Voyez Karden, *Empedoclis reliquiœ*, et l'article *Empédocle*, dans le
Dictionn. des sciences philosophiques.
2. Voyez Lobeckh, *Aglaophamus*, p. 795 : *De migratione animarum.*

« Chez les Grecs, dit M. Franck, cette doctrine a pris un caractère conforme au génie de ce peuple, également éloigné du mysticisme nuageux de l'Inde et du naturalisme miraculeux de l'Égypte. Pythagore n'admettait pas, avec les sages des bords du Gange, que l'âme doive parcourir le cercle de toutes les existences; il renfermait ses métamorphoses dans les limites de la vie animale. Il ne la condamnait pas non plus, comme les prêtres égyptiens, à entrer fortuitement dans le premier corps qui s'offre à sa rencontre; il mettait des conditions à cette union : une certaine convenance, ou, pour parler sa langue, une certaine harmonie, était nécessaire, selon lui, entre les facultés de l'âme et la forme ou l'organisation du corps qui devait lui appartenir. Avec cela, il posait les bases d'un spiritualisme plus positif, en enseignant expressément que l'âme, séparée du corps, a une vie qui lui est propre, dont elle jouit avant de descendre sur la terre, et qui constitue la condition des *démons* ou des *héros* (V. Diogène de Laërte, VIII, 31; Plutarque, *qu'on ne peut vivre heureux en suivant la doctrine d'Épicure*). »

Platon a aussi adopté la doctrine de la métempsycose, et il la prouvait par une brillante hypothèse, qui était pour lui un fait, par la *réminiscence*. Selon Platon, apprendre n'est pas autre chose que se souvenir de ce que nous avons appris dans une autre existence. Mais entre les existences successives de l'homme, il y a des intervalles, et pendant ces intervalles, selon Platon, comme selon Pythagore, l'âme est dans les enfers. La durée de cet intervalle entre une existence et une autre est de mille ans (Voir le *Phédon* et le Xᵉ livre de la *République*, *Vision d'Her l'Arménien*).

Ce sont les doctrines que Virgile met dans la bouche de son Anchise, exposant à Énée le système du monde (*Énéide*, VI, v. 748) :

. . . .
« Has omnes (ANIMAS), ubi mille rotam volvère per annos,
« Lethæum ad fluvium Deus evocat agmine magno,
« Scilicet immemores supera ut convexa revisant,
« Rursus et incipiant in corpora velle reverti. »

Mais ce qui n'était pour Virgile que l'occasion de beaux vers fut peu de temps après, pour les néo-pythagoriciens, dont Apollonius de Tyane est le chef, et pour les néo-platoniciens d'Alexandrie, le sujet d'un enseignement dogmatique. « Le principe de

l'émanation, comme l'entendaient les Alexandrins, ou le panthéisme idéaliste, se prête peu, par sa nature, dit M. Franck (art.
cité), à la théorie de la transmigration des âmes : car l'âme, dans
ce système, n'est qu'une idée, et la matière qu'une négation. Cependant la métempsycose est entrée dans l'école de Plotin et
d'Ammonius Saccas, mais comme une tradition pythagoricienne
ou comme un emprunt de la démonologie orientale, non comme
une conséquence de ses propres doctrines. C'est le Syrien Porphyre qui essaya d'accommoder cette idée avec la philosophie de
son maître. Admettant, comme un fait démontré, l'hypothèse platonicienne de la réminiscence, il enseigne que nous avons déjà
existé dans une vie antérieure, que nous y avons commis des
fautes, et que c'est pour les expier que nous sommes revêtus
d'un corps. Selon que notre conduite passée a été plus ou moins
coupable, l'enveloppe qui recouvre notre âme est plus ou moins
matérielle. Ainsi les uns sont unis à un corps aérien, les autres
à un corps humain ; et, s'ils supportent cette épreuve avec rési-
gnation, en remplissant exactement tous les devoirs qu'elle im-
pose, ils remontent par degrés au Dieu suprême, en passant par
la condition de *héros*, de *dieu intermédiaire*, d'*ange*, etc. Porphyre
ne fait pas descendre la métempsycose jusque dans la vie animale, quoiqu'il reconnaisse aux hommes une âme douée de sen-
sibilité et de raison. En regard de cette échelle spirituelle qui va
de l'homme à Dieu, Porphyre nous en montre une autre qui descend de l'homme à l'enfer, c'est-à-dire au terme extrême de la
dégradation et de la souffrance : ce sont les *démons* malfaisants
qui sont répandus dans le monde entier, et qui, poursuivant les
âmes humaines, les contraignent à rentrer dans un corps lorsqu'elles en sont séparées. » Pour plus de détails sur la doctrine
de la transmigration des âmes chez les néo-platoniciens, nous
renvoyons à la traduction de Plotin par M. Bouillet, et aux Éclaircissements qui l'accompagnent (t. I, p. 385, 538 ; t. II, p. 282,
534, 578, 673, 676).

« La doctrine de la métempsycose, dit le docteur Meyer[1],
n'est jamais entrée dans les croyances de l'Ancien ni du Nouveau
Testament, bien qu'il existe des traces de son admission par quelques partisans isolés[2], même par quelques sectes. Les kabbalistes
et les rabbins l'ont développée dans leurs écrits de la façon la

1. *Revue germanique*, article cité. — 2. Origène, par exemple.

plus aventureuse. Elle a trouvé aussi des partisans dans l'Église chrétienne, à l'origine, jusqu'à ce que le grand concile œcuménique de Constantinople, en 553, l'eût condamnée comme hérétique. »

La même doctrine, avec quelques modifications, faisait partie de l'enseignement des Druides[1], et récemment, un nouvel effort pour populariser en France cette doctrine a servi de point de départ à une sorte de tentative de rénovation du druidisme parmi nous (voir l'article *Druidisme* dans l'*Encyclopédie nouvelle*, et le livre de *Terre et ciel*, de Jean Reynaud, dont M. Caro a rendu compte avec autant d'esprit que de convenance (V. ses *Études morales sur le temps présent*); — l'*Immortalité*, par Alfred Dumesnil). Déjà la transmigration des âmes comptait, en France même, plusieurs partisans déclarés, parmi lesquels nous ne citerons que Saint-Simon, l'apôtre (V. *Doctr. de Saint-Simon, Exposition*, p. 12), Pierre Leroux (voir le livre de l'*Humanité*), Charles Fourier, le fondateur de l'école phalanstérienne (V. *Théorie de l'Unité universelle*, t. II, p. 304-348), et Prosper Enfantin, l'élève de Saint-Simon (V. la *Vie éternelle, passée, présente, future*), sans compter les adeptes du spiritisme, qui n'ont qu'un pas à faire pour aller de la croyance aux esprits à la croyance en la métempsycose. Ces deux nuances se trouvent dans certaines pièces des dernières œuvres d'un de nos poëtes, que les partisans des esprits et les partisans de la métempsycose se croiront peut-être autorisés à revendiquer pour un des leurs (voir, dans les *Contemplations* de V. Hugo, la belle légende sur la mère et l'enfant (le *Revenant*), et la pièce qui a pour titre : *Ce que dit une voix d'ombre*).

Pour achever ce rapide et incomplet coup d'œil sur l'histoire de la doctrine de la métempsycose, ajoutons qu'elle est encore représentée, dans les temps modernes, par Giordano Bruno en Italie, en Hollande par Van Helmont, en Allemagne par Lessing, Schopenhauer, Schubert, Lichtenberg, Schelling, etc. Il est aussi curieux de noter que l'idée de la transmigration des âmes, que nous venons de voir en Orient et en Occident, depuis les temps les plus reculés jusqu'à nos jours, se retrouve dans les croyances de quelques peuples de l'Amérique, qui font entrer les âmes des morts dans certains oiseaux qui volent et font du bruit pendant

1. Voyez Henri Martin, *Hist. de France*, 1er vol., 2e édit. — L'*Enchanteur Merlin*, par M. de La Villemarqué.

la nuit. « Dans l'imagination enfantine de ces peuples, dit Grimm, « l'âme est un oiseau qui s'envole de la bouche du mourant[1]. »

APOLLONIUS NIE AVOIR PRONONCÉ DES ORACLES (p. 354).

Est-ce une mystification d'Apollonius ou de son biographe? Jouent-ils, l'un ou l'autre, sur les mots? Nous ne savons. Ce qui est certain, c'est que les prédictions d'Apollonius de Tyane sont fort nombreuses, d'après le récit de Philostrate (V. p. 10, 13, 40, 44, 143, 144, 162, 182, 195, 200, 206, 277, 293, 309, etc., etc.). Il est probable qu'Apollonius subtilise ici sur les expressions : il nie avoir prononcé des oracles comme ceux qui parlent au nom des Dieux. Selon lui, il n'a fait que deviner, et cela, grâce à une lucidité d'intelligence qui tient à la pureté de son régime de buveur d'eau et d'herbivore (V. l'*Éclaircissement* sur la divination p. 439, et les passages indiqués en cet endroit).

LES BERGERONNETTES (p. 368).

Ce souhait est ironique; car Apollonius, qui dit ne pas employer la magie, fait ici allusion à une opération magique. La bergeronnette jouait un grand rôle dans les charmes et enchantements, surtout lorsqu'il s'agissait d'amour. Pindare (*Pythiques*, IV, v. 384) dit que le charme de la bergeronnette était un présent fait aux hommes par Vénus. La magicienne de Théocrite (*Idylle* IIe), composant un charme, répète sans cesse : « Bergeronnette, ramène vers ma demeure mon infidèle amant. »

DISPARITION ET RÉAPPARITION D'APOLLONIUS (p. 375).

Parmi les prodiges que Philostrate rapporte d'Apollonius, voici l'un des plus étranges et des plus controversés. L'abbé Du Pin cherche à l'expliquer :

« Apollonius a pu disparaître en se dérobant dans la foule, n'étant plus gardé après sa sentence d'absolution. Jusqu'ici il n'y a rien que de naturel. Ce qui suit est plus extraordinaire. Étant sorti du prétoire quelque temps avant midi, il se trouva, si l'on en croit Philostrate, le même jour sur le soir à Pouzzoles, qui

1. Voyez la leçon du docteur Meyer (*Revue germanique*).

est à près de cinquante lieues de Rome .. La vérité de ce fait n'a
d'autre fondement que le témoignage d'Apollonius; qui déclare à
Damis et à Démétrius, qu'il avait comparu, ce même jour-là qu'il
leur parlait, devant l'empereur à Rome, et qu'il fallait que ce fût
quelque Dieu qui l'eût secouru pour faire tant de chemin en si
peu de temps, sans ailes et sans cire comme Icare. Il avoue qu'il
avait bien besoin de repos, parce que depuis qu'il était sorti du
prétoire, il ne s'était point reposé. Si c'était par une vertu divine qu'Apollonius eût été transporté, le Dieu qui lui avait fait
faire tant de chemin en si peu de temps, eût dû aussi le préserver
de cette grande lassitude. Ne conte-t-on pas quantité de semblables histoires, qui ne sont pas plus véritables que celle-ci, de
gens qui après avoir fait de très-longues traites en peu d'heures,
par des sortiléges, se trouvent accablés de lassitude? Si l'on était
d'humeur a croire, comme plusieurs font, ces sortes d'histoires,
on pourrait dire qu'Apollonius a été transporté de la même manière de Rome à Pouzzoles. Mais il y a bien plus d'apparence
qu'il employa du moins un jour et demi à faire ce voyage, et
qu'il fit accroire à Damis et à Démétrius qu'il était parti le même
jour de Rome; d'ailleurs il n'est pas absolument impossible
qu'après avoir descendu sur le Tibre jusqu'à Ostie, il eût fait ce
trajet par mer en dix ou douze heures de temps, puisqu'un vaisseau leger ayant bon vent fait plus de cent lieues en vingt-quatre
heures, comme l'experience le fait voir tous les jours. » (L'abbé
Du Pin, *Hist d'Apollonius convaincue de fausseté*, p` 111)

Legrand d'Aussy, qui, apres avoir donne tant d'explications de
ce genre, commence a se lasser, se borne à dire qu'Apollonius
était un *imposteur*, et que Damis en était un autre. Tillemont,
qui a plus d'une fois expliqué les prodiges qu'on rapporte d'Apollonius par l'intervention du diable et par la magie, est ici de
l'avis de Legrand d'Aussy : « Nous avons voulu rapporter cet
événement, le plus célèbre de la vie d'Apollonius, dans les propres
termes de son historien, qui n'a pas trop songé a le faire paraître croyable, ou y a mal réussi. » Il dit un peu plus loin :
« Quand on ne voudrait pas douter de la vérité des faits que rapporte Philostrate, on ne saurait les lire sans voir que ce sont des
effets du demon et de la magie, et non d'une puissance divine,
comme Philostrate tâche en divers endroits de nous le persuader » (*Hist des empereurs*, t. II, p 133 et suiv.)

Fleury ne tergiverse pas comme Tillemont. Il voit dans ce prodige, comme dans les autres, l'intervention manifeste du malin esprit : « Apollonius, après être venu de Rome à Dicéarchie, dit
qu'il avait grand besoin de repos. Aussi dit-on qu'il reste une
lassitude extraordinaire à ceux que le démon a transportés d'un
lieu à un autre. » (*Hist. ecclésiast.*, t. I, p. 306). Artus Thomas,
qui voit aussi, l'action du diable dans tous les prodiges d'A-
pollonius, ne s'étonne nullement de celui-ci : « Nous avons,
dit-il, d'infinis exemples que les diables transportent les hommes
d'un lieu en un autre en un instant. Alphonse de Castro (*Adv.*
hæret. I, 15), Scotus (sur le livre II des Sentences de Pierre Lom-
bard, dist. 8) soutiennent que cela se peut. Ulriet le meunier, en
un petit livre qu'il a fait d'une dispute qui fut agitée devant l'empereur Sigismond sur ce subject, dit qu'il fut arresté par infinis
exemples et jugements que Satan transportoit les sorciers véritablement en corps et en âme..... Robert Triez (*De Thec. mag.*,
c. 5) raconte une plaisante histoire sur ce subject : c'est qu'un
certain magicien désirant de posséder une fille de laquelle il
étoit amoureux, la ravit, et l'ayant montée sur un baston, la
porta par l'air jusque sur un chasteau assis en Bourgogne, d'où
il fut aperçu par un autre magicien, lequel avec ses charmes le
contraignit de descendre en la cour du chasteau, où il demeura
tout honteux avec sa proye, sans se pouvoir bouger, estant sifflé
et moqué de plusieurs notables personnages qui estoient là as-
semblés, mais spécialement de son compagnon en magie, auquel
cependant il rendit promptement la pareille, etc. » (*Notes sur la*
trad. fr. de Blaise de Vigenère.)

MORT DE DOMITIEN VUE A DISTANCE PAR APOLLONIUS (p. 388).

Ceci est un nouvel exemple de *seconde vue*; Philostrate lui-
même se sert ici de l'expression de *voir*; selon lui, Apollonius
n'est pas seulement informé de l'évènement par une inspiration
d'en haut, il en est témoin, il y assiste.

Le même fait est raconté par l'historien Dion Cassius, qui ne
craint pas de se porter garant de son authenticité, et qui ajoute
même au récit de Philostrate cette circonstance, qu'Apollonius
nomma expressément le meurtrier : « Apollonius de Tyane,
« comme on l'a su dans la suite de ceux qui se trouvaient dans

« les deux endroits, au même jour, et à la même heure qu'on
« tuait Domitien, monta, soit à Éphèse, soit ailleurs, sur une
« pierre élevée; et, ayant assemblé beaucoup de monde, il s'é-
« cria : « Fort bien, Étienne! Étienne, courage! Frappe ce meur-
« trier. Tu l'as frappé, tu l'as blesssé, tu l'as tué. » Quoique bien
« des gens trouvent la chose incroyable, cependant c'est un fait. »
(*Histoire romaine*, liv. LVII, *extraits* de Xiphilin.)

On lit dans Tillemont (*Hist. des empereurs*, t. II, p. 113) :
« Baronius (*Annales ecclésiastiques*, I, p. 98) ne trouve point de
difficulté à croire que ce fait est véritable, étant aisé aux démons de connaître ce qui se fait par tout le monde, et de le faire
connaître aux hommes quand il plaît à Dieu de le leur permettre. C'est ce que saint Antoine enseignait à ses disciples, »
comme nous l'apprenons de saint Athanase (Athan., V. *Ant.*).

DISPARITION FINALE D'APOLLONIUS. — QU'EST APOLLONIUS POUR PHILOSTRATE, HOMME, DIEU OU DÉMON (p. 392)?

« Finalement nous sommes arrivés à la fin de ce grand enchanteur qui s'en est tant fait accroire pendant sa vie, et qui a
voulu encore être tenu pour Dieu à sa mort... Que pouvons-nous
donc dire à ceste fin tant estrange, sinon que véritablement
il fut ouï une voix du ciel qui fendit la terre pour l'engloutir,
et le faire descendre tout vif aux enfers, comme un Trophonius, un Amphiaraüs, et surtout un Julien l'Apostat, qui en criant
(estant blessé d'une flèche venue du ciel): *Tu as vaincu, Galiléen,*
fut englouti tout vif dans la terre, dit saint Grégoire de Nazianze
dans l'*Éloge d'Athanase*. » (Artus Thomas, *Note à la trad.* de Bl.
de Vigenère.)

— « Apollonius dit souvent qu'il voulait mourir sans qu'on le
sût, afin de passer pour immortel comme Empédocle. Ainsi nous
avons lieu de croire que sa mort a été tragique, selon ce que dit
Lucien [1], qui appelle toute l'histoire d'Apollonius une tragédie. »
(Tillemont, *Hist. des empereurs*, t. II, p. 133.)

Au sujet de cette disparition, une question se présente assez
naturellement à nous : Que voulait paraître Apollonius, qu'est-il
pour Philostrate, homme, Dieu ou démon? Je pense qu'on eût fort

1. *Alexandre, ou le Faux devin*, p. 476, c. 5.

embarrassé Philostrate lui-même en lui posant cette question ; car ce sophiste sans conviction et sans portée, dont on a voulu faire un ardent et redoutable sectaire, ne sait pas bien à quoi s'en tenir sur la véritable nature d'Apollonius, et son indécision est manifeste. Il commence par dire (p. 5) qu'Apollonius est une incarnation de Protée, par conséquent un Dieu ; mais il n'en reparle plus, à moins qu'on ne veuille voir une allusion à sa prétendue divinité dans ce qu'il lui fait dire à Domitien : « Vous ne me ferez pas périr. » (P. 342.) Mais cela s'entendrait tout aussi bien d'un *démon*, et c'est ce que, en général, Philostrate semble vouloir faire croire (*V.* surtout p. 4, 331, 378). Cependant on pourrait tirer de nombreux passages cette conclusion que, pour Philostrate, Apollonius était tout simplement un *homme divin*, comme Apollonius lui-même se représente dans les *Lettres* qui lui sont attribuées (p. 408, 411, 124).

Philostrate le montre, en effet, considéré comme un Dieu dans plusieurs pays où il passe, ainsi que le lui avaient prédit les Brachmanes (p. 135) ; et le même Philostrate, dans le récit de la disparition finale de son héros, laisse entendre qu'il n'était pas fâché de propager cette opinion, puisqu'il ne voulait pas qu'on pût constater sa mort ; mais il paraît croire à cette mort (p. 391) plutôt qu'aux récits merveilleux qu'il rapporte ensuite comme par manière d'acquit. De plus, quelle attitude lui donne-t-il devant Domitien ? Quel langage lui fait-il tenir, pour répondre à cette accusation qu'il se fait adorer comme un Dieu ? Il lui prête le désaveu le plus formel (p. 354-357). On peut objecter, à la charge d'Apollonius de Tyane, que les Lacédémoniens étant disposés à lui décerner les honneurs divins, il crut bon de s'y soustraire par la fuite, pour cette raison qu'il voulait éviter l'envie (p. 169). On le voit, Philostrate est le premier à fournir des armes contre son héros ; tant il tient peu, quoi qu'on ait dit, à faire de lui un Dieu. •

APPARITION DE L'OMBRE D'APOLLONIUS (p. 393).

Legrand d'Aussy réfute en partie ce récit, et en partie le prend sur un ton plaisant :

« Il se peut, dit-il, que l'homme qui raconta cette vision ait été payé pour jouer ce personnage. Mais, en le supposant de bonne foi, on peut penser aussi qu'occupé depuis longtemps d'une question importante dont il attendait avec impatience la solution, il

aura cru entendre cette décision dans un rêve. Ce sont la des
effets de l'imagination très-ordinaires Mais pour les Tyanéens,
ce fut une apparition réelle. Ils ne doutèrent point du miracle,
et, sans songer que la doctrine prêtée à leur compatriote était
contraire à celle de la métempsycose, qu'il avait professée toute
sa vie, ils l'en révérèrent avec plus de ferveur encore. Cette dé-
votion ne fut pas perdue : la ville, près de deux siècles plus tard,
en retira le fruit. » (*Vie d'Apollonius*, II, p. 279.)

Et il raconte à sa manière une histoire encore plus merveilleuse, qu'il emprunte à Vopiscus, le biographe d'Aurélien. Voici
le récit de Vopiscus · « On raconte qu'Aurélien, arrivé aux portes
de Tyane, trouva les portes fermées et dit plein de colère « Je
« n'y laisserai pas un chien ! » mais qu'Apollonius de Tyane, ancien philosophe, qui jouissait d'une grande réputation de sagesse,
sincère adorateur des immortels, et qu'on devrait regarder comme
un Dieu, se présenta brusquement au prince au moment où il entrait dans sa tente, et lui dit en latin, afin qu'Aurélien, qui était
Pannonien, pût le comprendre : « Aurélien, si tu veux vaincre,
« garde-toi de penser a faire mourir mes concitoyens; Aurélien,
« si tu veux régner, abstiens-toi du meurtre des innocents, sois
« clément, Aurelien, si tu veux vaincre. » Les traits du vénérable
philosophe n'étaient pas inconnus a Aurélien ; il avait vu son portrait dans plusieurs temples. Surpris d'abord, il lui promit un
tableau, des statues et un temple, et reprit des sentiments plus
humains. Voilà ce que je tiens de graves personnages, ce que j'ai
trouvé dans les livres de la bibliothèque Ulpienne, et ce que je
crois par respect pour Apollonius. Car y eut-il jamais de mortel
plus digne, plus saint, plus grand, plus respectable, plus sublime
que lui? Il a rendu la vie aux morts, il a fait et dit bien des choses
au-dessus de la portée ordinaire des hommes. Quiconque est curieux de les connaître peut lire les auteurs grecs qui ont écrit
sa vie. Pour moi, si je vis, je donnerai, sous les auspices de ce
grand homme, un abrégé de sa vie, non que ses actions aient
besoin de ma plume, mais pour étendre encore davantage la connaissance de choses dignes d'admiration. » (*Vie d'Aurélien*, ch. 24,
dans l'*Hist. d'Auguste*, trad. de Moulines.)

APPENDICE.

DES LETTRES ET AUTRES ÉCRITS MIS SOUS LE NOM D'APOLLONIUS DE TYANE.

Les écrits qui ont été mis sous le nom d'Apollonius de Tyane sont les suivants :

1° Son *Apologie*, dont Philostrate nous dit avoir conservé le fond, sinon la forme (V. p. 466);

2° Un traité en quatre livres *Sur l'Astrologie*, cité par Philostrate (V. p. 130);

3° Un livre *Sur les sacrifices* (V. p. 130), dont un passage est cité par Eusèbe (*Préparat. évangél.*, l. IV, c. 13);

4° Un *Hymne à la Mémoire* (V. p. 16);

5° Un livre intitulé *la Doctrine de Pythagore*, qui est sans doute le même qu'une *Vie de Pythagore* que lui attribue Suidas, et dont Jonson et Meiners ont cru voir des fragments dans quelques endroits des *Vies de Pythagore* de Jamblique et de Porphyre (V. Fabricius, *Bibl. græca*, I, p. 830, Harles);

6° Un *Testament* cité par Philostrate (p. 5 et 327), et dont il signale cette particularité, qu'il était écrit en ionien. Peut-être verra-t-on dans ce titre une contrefaçon de plus de l'Écriture sainte. Ce serait une erreur. Il nous reste de l'antiquité païenne le souvenir de plusieurs *Testaments* écrits par des philosophes pour résumer leur doctrine : il en existe un sous le nom de Platon, mais il est apocryphe. Cet usage était très-fréquent, surtout dans l'école pythagoricienne, à laquelle appartenait Apollonius. D'ailleurs le mot de *Testament*, appliqué à l'Écriture, est fort impropre; le vrai sens est *ancienne alliance, nouvelle alliance* (V. le *Thesaurus linguæ græcæ*, édit. Didot, au mot Διαθήκη);

7° Des *Lettres* adressées à des princes, à des sophistes, à des philosophes, à des peuples. Philostrate parle de ces *Lettres*, et en donne un certain nombre dans sa *Vie d'Apollonius* (p. 4, 136, 144, 160, 165, 166, 185, 187, 225, 226, 274, 278, 323, 336). Il nous a été conservé un recueil de *Lettres d'Apollonius de Tyane*, dont nous avons donné plus haut la première traduction en français, et qui, s'il était authentique, nous représenterait le seul ouvrage d'Apollonius aujourd'hui connu. Mais il est assez vraisemblable

31

qu'aucune de ces *Lettres* n'est d'Apollonius de Tyane, et qu'elles viennent de la même source que ces *Lettres de Phalaris*, dont Bentley a démontré le caractère apocryphe, c'est-à-dire qu'elles sont l'œuvre des rhéteurs et des sophistes des siècles postérieurs.

Remarquons d'abord que pas une des *Lettres* qui composent ce recueil ne se trouve citée dans la *Vie d'Apollonius* de Philostrate, ensuite que Stobée paraît avoir eu entre les mains un recueil de *Lettres d'Apollonius* plus volumineux que celui qui nous est resté ; car il cite, dans son *Anthologie* (V. *passim*), des fragments de *Lettres* que nous n'avons pas. Cela ne prouve encore qu'une chose, c'est que le recueil qui nous est resté est incomplet. Mais, pour peu qu'on les lise avec un esprit critique, il est peu de ces *Lettres* qui n'inspirent plus que des doutes. Presque partout on y sent la main de rhéteurs uniquement préoccupés de l'effet littéraire; et il n'en est, pour ainsi dire, pas une qui mérite l'éloge que leur donne Philostrate, dans la première des *Lettres* qui nous restent de ce sophiste : « Apollonius de Tyane et Dion sont, après les anciens, ceux qui ont le mieux observé le caractère du style épistolaire. » Ce ne sont, du reste, qu'éloges de soi-même, que forfanteries indignes d'un philosophe, si maigre philosophe que l'on suppose qu'ait été Apollonius. Enfin quelques-unes de ces lettres semblent en opposition avec les doctrines connues de ce philosophe (V. p. 409, 416), et d'autres viennent contredire la vie d'Apollonius, telle qu'elle nous est rapportée par Philostrate, ce qui prouve qu'il y a erreur d'un côté ou de l'autre (V. p. 413, note, et p. 414, sur ses deux frères, etc.). Nous avons cru cependant devoir donner ces *Lettres*, pour que ce volume contînt tout ce que l'antiquité nous a laissé, soit d'Apollonius, soit au sujet d'Apollonius.

FIN DES ECLAIRCISSEMENTS.

TABLE ANALYTIQUE

DES MATIÈRES.

FIN DE LA TABLE ANALYTIQUE.

TABLE GÉNÉRALE

DES MATIÈRES

FIN

Paris —Imprimerie P -A. BOURDIER et Cᵉ, 30, rue Mazarine

JUL 1 1905

PUBLICATIONS NOUVELLES
DE LA LIBRAIRIE ACADÉMIQUE DIDIER

A. CHASSANG

HISTOIRE DU ROMAN dans l'antiquité grecque et latine et de ses rapports
avec l'histoire (Ouvrage couronné par l'Académie des Inscriptions).
in-8 ....

H. DE LA VILLEMARQUÉ

L'ENCHANTEUR MERLIN, son histoire, ses œuvres, son influence.
in-8 ....

MATTER

SAINT-MARTIN, LE PHILOSOPHE INCONNU, sa vie et ses écrits.
Martinez et leurs groupes. 1 vol. in-8 ....

ALFRED MAURY

LE SOMMEIL ET LES RÊVES. Études psychologiques sur ces phénomènes.
1 vol. in-8 ....
LA MAGIE ET L'ASTROLOGIE dans l'antiquité et au moyen âge.
1 vol. in-12 ....

F. DE SAULCY

HISTOIRE DE L'ART JUDAÏQUE, tirée des textes sacrés et profanes.
in-8, planches ....

BARTHÉLEMY SAINT HILAIRE

LE BOUDDHA ET SA RELIGION. Nouvelle édition augmentée.
le Nirvâna. 1 vol. in-8 ....

D' CASTLE

PHRÉNOLOGIE SPIRITUALISTE. Nouvelles études de psychologie.
1 vol. in-8 ....

Sous presse

LE SPIRITUALISME RATIONNEL, par M. G. H. LOVE. 1 vol.
LES MYSTIQUES ET LES THÉOSOPHES, depuis Fénelon,
par M. MATTER.

Paris. — Imprimerie de P.-A. Bourdier et Cie, rue Mazarine.

Lightning Source UK Ltd.
Milton Keynes UK
UKHW022153040821
388278UK00002B/234